权威·前沿·原创

皮书系列为
"十二五""十三五""十四五"时期国家重点出版物出版专项规划项目

BLUE BOOK

智 库 成 果 出 版 与 传 播 平 台

新能源汽车蓝皮书

BLUE BOOK OF NEW ENERGY VEHICLE

中国新能源汽车产业发展报告（2022）

ANNUAL REPORT ON NEW ENERGY VEHICLE INDUSTRY IN CHINA (2022)

主编／中国汽车技术研究中心
日产（中国）投资有限公司
东风汽车有限公司

社会科学文献出版社
SOCIAL SCIENCES ACADEMIC PRESS (CHINA)

图书在版编目（CIP）数据

中国新能源汽车产业发展报告 . 2022 / 中国汽车技
术研究中心，日产（中国）投资有限公司，东风汽车有限
公司主编 . --北京：社会科学文献出版社，2022.8
（新能源汽车蓝皮书）
ISBN 978-7-5228-0457-6

Ⅰ.①中⋯ Ⅱ.①中⋯ ②日⋯ ③东⋯ Ⅲ.①新能源
-汽车-研究报告-中国-2022 Ⅳ.①U469.7

中国版本图书馆 CIP 数据核字（2022）第 126627 号

新能源汽车蓝皮书
中国新能源汽车产业发展报告（2022）

主　　编 / 中国汽车技术研究中心
　　　　　日产（中国）投资有限公司
　　　　　东风汽车有限公司

出 版 人 / 王利民
组稿编辑 / 邓泳红
责任编辑 / 张　媛
责任印制 / 王京美

出　　版 / 社会科学文献出版社 · 皮书出版分社（010）59367127
　　　　　地址：北京市北三环中路甲 29 号院华龙大厦　邮编：100029
　　　　　网址：www.ssap.com.cn
发　　行 / 社会科学文献出版社（010）59367028
印　　装 / 天津千鹤文化传播有限公司

规　　格 / 开　本：787mm×1092mm　1/16
　　　　　印　张：28.25　字　数：427 千字
版　　次 / 2022 年 8 月第 1 版　2022 年 8 月第 1 次印刷
书　　号 / ISBN 978-7-5228-0457-6
定　　价 / 128.00 元

读者服务电话：4008918866

新能源汽车蓝皮书编委会

刘可歆	刘天枝	刘万祥	刘仲夏	马玉洁
梅运彬	秦兰芝	邱锴俊	邵学彬	石　红
时　间	宋承斌	王　赛	王　文	王　宇
吴喜庆	吴　征	夏显召	徐　枭	杨　烨
张　鲁	张永伟	章涟漪	郑冰洁	周博雅
周　玮	周怡博	郑天雷	朱　雷	祝月艳

欲了解中国新能源汽车发展及汽车相关政策最新动态，请关注"新能源汽车蓝皮书"和"CATARC 中汽政研"微信公众号。

序　言

　　发展新能源汽车是汽车产业全面贯彻新发展理念，构建新发展格局，落实碳达峰、碳中和工作的重要路径，党中央、国务院一直高度重视新能源汽车产业发展。在各方共同努力下，我国新能源汽车市场持续取得突破，2021年产销同比增长约160%，市场销量达到352万辆，产销连续7年位居全球第一，产业链上下游实现有效贯通，产业步入了规模化快速发展新阶段。面向未来，百年大变局加速演变，产业链体系加速重构，融合创新成为常态，迫切需要全行业携手同心、共担责任，加快推动我国汽车产业高质量发展。中国汽车技术研究中心将始终坚守"引领汽车行业进步，支撑汽车强国建设"的初心使命，秉承打造成为"政府最认可的产业智库、行业最尊重的合作伙伴、公众最信赖的权威机构和员工最自豪的事业平台"的发展宗旨，自觉承担服务政府、服务行业的政治责任和社会责任，切实担当央企国家队使命，为我国汽车强国建设贡献智慧。

　　几番磨砺方成器，十载耕耘自见功。作为中汽中心产业智库一项重要研究成果，新能源汽车蓝皮书已连续出版10年，有幸见证了中国新能源汽车产业从小到大、从弱到强的十年发展成就，已成为中汽中心联合行业资深专家发挥行业智库作用的重要媒介，为政府决策、行业研究、企业发展提供了重要参考。我们希望新能源汽车蓝皮书不只是新能源汽车产业历史发展的记录者和思考者，更是产业未来发展的推动者和引领者。

　　2022年新能源汽车蓝皮书主要设置总报告、回顾篇、专家视点篇、NEVI指数篇、热点篇、展望篇、借鉴篇和附录等八个篇章。其中，今年特别增设"回顾篇"和"展望篇","回顾篇"通过回顾产业发展历程、总结发展成效和经验教训，旨在为产业未来发展提供有益借鉴和决策依据；"展望篇"对低碳化和智能化背景下，我国新能源汽车产业发展的机遇、挑战与路径进行深入研判，旨在前瞻谋划产业未来发展。此外，"总报告"、"专家视点篇"和"NEVI指数篇"主要客观记录和评价2021年以来新能源汽车产业运行情况；"热点篇"围绕造车新势力投资价值、车网融合、换电模式和汽车芯片行业管理等行业热点议题进行深入探讨；"借鉴篇"深入剖析部分发达国家最新政策动态及对我国的启示，助力我国新能源汽车产业高质量发展。

本书的顺利出版离不开领导、专家、合作伙伴的支持。感谢本书顾问及汽车相关领域专家为本书的策划和编写提出了许多宝贵的意见和建议，感谢社会科学文献出版社为本书的出版提供了大量帮助。日产（中国）投资有限公司、东风汽车有限公司作为我们的合作伙伴一直以来大力支持我们的工作，在此表示诚挚的谢意！

中汽中心资深首席专家吴松泉，中汽中心首席专家刘斌、方海峰，本书副主编姚占辉，对本书内容进行了多次审改；本书顾问张书林、赵英、周荣等专家进行了审评；本书主编、中汽中心资深首席专家黄永和进行了终审定稿。

本书的编撰出版凝聚了许多人的厚望、关爱和支持，我谨代表新能源汽车蓝皮书编委会，向为本书提供支持和帮助的各位专家、企业以及相关单位表示衷心的感谢！由于时间仓促，书中难免还有不少疏漏和不足，敬请各位专家、同行和读者批评指正。

中国汽车技术研究中心有限公司党委书记、董事长

2022年6月14日

摘　要

　　"新能源汽车蓝皮书"是关于中国新能源汽车产业发展的年度研究报告，2013年首次出版，本书为第10本。本书在日产（中国）投资有限公司和东风汽车有限公司的支持下，在多位新能源汽车及相关行业内资深专家、学者顾问的指导下，由中国汽车战略与政策研究中心的多位研究人员，以及行业内相关领域的专家共同撰写完成。

　　本年度报告包括总报告、回顾篇、专家视点篇、NEVI指数篇、热点篇、展望篇、借鉴篇、附录八个部分。总报告综述2021年中国新能源汽车产业发展情况；回顾篇梳理我国新能源汽车产业发展历程，总结成效和经验；专家视点篇邀请行业知名专家评述2021年以来新能源汽车产业发展的热点问题；NEVI指数篇从产业、企业、产品三个维度对新能源汽车进行客观评价；热点篇分析了造车新势力、新能源汽车与能源融合、换电模式、汽车芯片等行业热点内容；展望篇探索了"双碳"目标下新能源汽车发展机遇、智能电动汽车发展前景、汽车跨界融合发展战略等前瞻性课题；借鉴篇重点介绍了全球新能源汽车市场发展趋势、欧美日新能源汽车政策最新动态及美国加利福尼亚州低碳燃料标准发展启示等内容。

　　回顾新能源汽车发展历程，我国新能源汽车产业大体经历了"技术探索、试点示范、推广应用、快速发展、规模化应用"等阶段，在不断探索与创新中，逐步构建了全方位、系统化的政策体系，建立了全球最完备的技术标准体系，形成了结构完整、自主可控的产业体系，取得了显著的经济效益和社会效益。2021年，我国新能源汽车销量再创新高，达到352万辆，

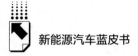
连续七年稳居世界首位。我国新能源汽车电动化水平快速提升，智能化技术加速突破，动力电池先进技术不断创新应用，驱动电机技术与国际先进水平基本相当，电控技术差距逐步缩小。我国新能源汽车产业国际竞争力排名升至第二位，企业整体竞争力达到历史最高水平，产品智能化水平良好，但部分功能对中国典型驾驶场景适应性不足。传统汽车企业加速布局，乘用车企业竞争格局日益激烈，新能源客车龙头企业的竞争力稳中有进，头部货车企业竞争优势初步形成。"双碳"战略推动下，我国智能电动汽车与清洁能源、智慧城市和智能交通加速融合。此外，全球疫情扩散叠加俄乌冲突等外部不利因素，产业内外部发展环境和形势发生很大变化，汽车产业链、供应链安全问题日益突出，国际新能源汽车产业进入了新一阶段的竞争中，需要加强分析研判、认真研究应对。建议聚焦核心技术研发，提高我国下一代新能源汽车技术链、产业链发展的自主掌控能力，并建立适应新形势、新需求的新政策体系，多措并举推动新能源汽车产业高质量发展迈出新步伐。

2022年"新能源汽车蓝皮书"对我国新能源汽车产业发展情况进行了全面系统的介绍和分析。既从受众的角度让广大读者了解中国新能源汽车产业发展现状和趋势，宣传普及新能源汽车发展理念；又从专业角度客观评价新能源汽车技术、产品，分析产业发展面临的问题并提出建议措施。该书将有助于汽车产业管理部门、研究机构、整车和零部件生产企业、社会公众等了解中国新能源汽车产业发展的最新动态，为政府部门出台新能源汽车产业相关政策法规、企业制定相关战略规划提供必要的借鉴和参考。

关键词： 新能源汽车　汽车产业链　竞争力

目 录 ⬎⤴

Ⅰ 总报告

Ⅱ 回顾篇

Ⅲ 专家视点篇

Ⅳ NEVI 指数篇

Ⅷ 附 录

皮书数据库阅读**使用指南**

总 报 告

General Report

B.1

2021年中国新能源汽车产业发展报告

黄永和　刘桂彬*

摘　要： 2021 年，在产业各界共同努力下，借助消费环境持续向好契机，中国新能源汽车市场化进程进一步加速。欧美主要国家也纷纷强化发展新能源汽车的战略定位、延长新能源汽车财税支持政策，并强调提升本土产业链稳定性和竞争力，有力推动全球新能源汽车市场实现大幅增长。中国新能源汽车产业实现超预期发展，全年销量再创新高，达到352.1 万辆，连续七年居世界首位，市场渗透率大幅提升至13.4%，电动化、智能化技术交替提升，加速融合，自动驾驶技术商业化实现多点落地开花，并吸引更多业外企业跨界加入竞争。中国动力电池、电驱动、原材料行业发展优势地位进一步稳固，汽车芯片行业也积极凝心聚力、谋局突破。充电基础设施覆盖广度和密度得到显著提升，换电模式呈现爆发

---

* 黄永和，教授级高级工程师，中汽中心资深首席专家，长期从事汽车产业政策研究；刘桂彬，教授级高级工程师，中汽中心汽车标准化研究所总工程师，长期从事汽车产业标准研究。

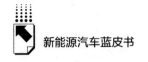

式发展态势。在国家"双碳"战略推动下,新能源汽车政策环境持续优化,逐步形成包容性强、鼓励创新、支持有力的政策氛围。多重因素综合作用下,我国新能源汽车产业竞争力已跃升至全球第二。展望未来,我国应进一步深化改革鼓励创新,坚持新能源汽车扩内需、稳外需齐抓,强化新能源汽车产业链自主可控,加速融入全球市场,持续推动产业高质量发展。

关键词: 新能源汽车 汽车市场 汽车产业链 高质量发展

一 市场:全球市场实现大幅增长,中国进入市场化新阶段

(一)欧美主要国家强化支持政策,全球新能源汽车销量实现翻番

2021年全球新能源汽车销量达689.0万辆,同比增幅达110%。截至2021年底,全球新能源汽车累计销量已超1800万辆,新能源汽车占当年整体汽车销量的比例由2013年的0.3%提升至2021年的8.3%。

分国家来看,全球新能源汽车市场分布较为集中,中德美法英五国合计占比达到81%。同时,欧美主要国家进一步强化新能源汽车发展的战略定位,纷纷延长新能源汽车财税支持政策,强调提升本土产业链稳定性和竞争力。德国、美国、英国、法国等欧美国家2021年新能源汽车销量分别达69.1万辆、67.3万辆、32.6万辆和32.1万辆,同比分别增长72%、105%、80%、64%,分别位列全球新能源汽车销量排名第二至第五(见图1)。

(二)中国市场进入快速发展阶段,渗透率突破10%关键节点

随着系列政策持续发力、经济环境持续向好和多款明星产品有效带动,2021年中国新能源汽车月度销量连续12个月打破同期历史纪录。2021年全

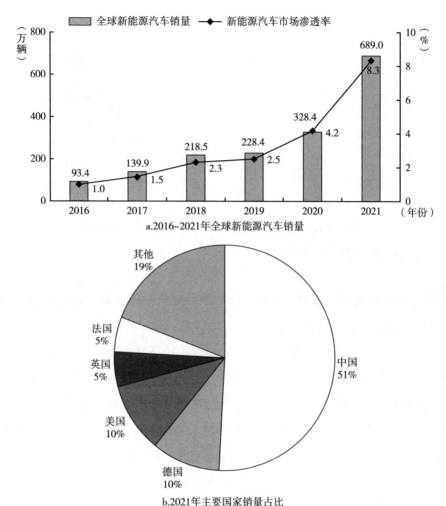

a.2016~2021年全球新能源汽车销量

b.2021年主要国家销量占比

图1 2016~2021年全球新能源汽车销量及2021年主要国家销量占比

资料来源：EV Volumes，中国汽车工业协会。

年，新能源汽车产销分别完成354.5万辆和352.1万辆，同比分别增长159.5%和157.5%，新能源汽车市场渗透率也由2020年的5.4%大幅提升至2021年的13.4%（见图2）。

（三）新能源乘用车市场表现亮眼，商用车市场份额稳步提升

2021年中国新能源乘用车销量为333.4万辆，同比增长167.5%。从乘

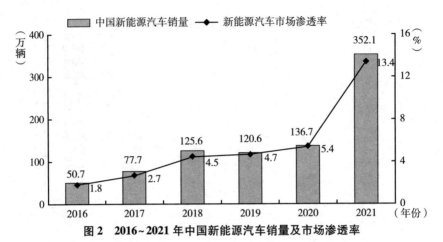

图2 2016~2021年中国新能源汽车销量及市场渗透率

资料来源：中国汽车工业协会。

用车车型级别来看，微型车产品持续热销，继续带动A00级新能源轿车市场份额回升，2021年A00级轿车占比为28%，较2020年（26%）上升2个百分点；A级、B级、C级（及以上）轿车占比分别为20%、9%、5%，较2020年分别下降4个、8个和1个百分点；A0级轿车及MPV等其他车型占比分别为1%和2%，较2020年均上升约1个百分点。SUV车型占比提升，2021年占比达35%，较2020年（26%）上升9个百分点（见图3）。新能源商用车市场实现稳步增长，2021年销量达18.6万辆，同比增长54%。

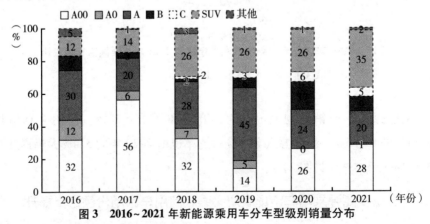

图3 2016~2021年新能源乘用车分车型级别销量分布

资料来源：机动车保险数据。

（四）纯电动车型持续占据主导地位，插电式混合动力市场增速开始回升

据中国汽车工业协会统计，2021年中国纯电动汽车（BEV）、插电式混合动力汽车（PHEV）、燃料电池汽车（FCEV）销量分别为291.6万辆、60.3万辆和1596辆，占比分别为82.8%、17.1%和0.1%（见图4）。纯电动车型占据市场主导地位，插电式混合动力车型主要集中在乘用车领域，主要车型包括理想ONE、比亚迪秦PLUS DM-i/宋PLUS DM-i/唐DM-i/汉PHEV等，以比亚迪DM-i系列为代表的新一代混动架构获得市场认可，带动2021年PHEV乘用车销量达60.3万辆，同比增长143%。

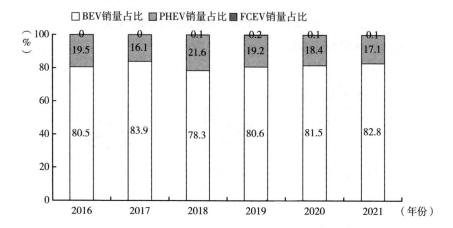

图4　2016~2021年新能源汽车分动力类型销量分布

资料来源：中国汽车工业协会。

（五）乘用车私人消费占比近八成，非限购地区占比明显提升

据机动车保险数据统计，中国新能源乘用车私人消费继续提升，2021年销量达225.3万辆，占整体新能源乘用车的比例由2020年的72%提升至78%（见图5）。非限购地区消费潜力日益显现，2021年非限购地区新能源汽车销量为213.5万辆，占比约69%；北京、上海、广州、深圳、天津、杭

州、海南等7个限购地区销量为95.1万辆，占比约31%，较2020年下降9个百分点（见图6）。

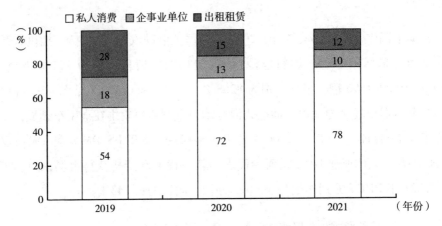

图5　2019~2021年新能源乘用车分应用领域销量分布

资料来源：机动车保险数据。

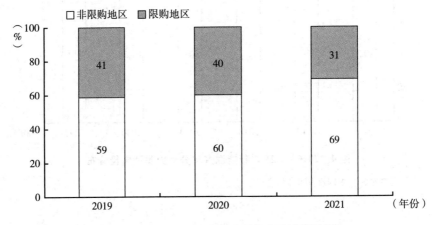

图6　2019~2021年新能源乘用车分区域销量分布

资料来源：机动车保险数据。

（六）新阶段市场仍面临成本、供给、盈利等多重压力

我国新能源汽车市场已进入规模化快速发展新阶段，面临一些新情况、

新问题。从短期市场来看，一是近期面临多重涨价风险。动力电池价格上涨、芯片供应紧缺、补贴退坡、下阶段财税政策尚不明确等问题叠加，导致企业面临较大成本压力，多款车型连续发布涨价通知，市场价格出现动荡。二是供需矛盾已经显现。新能源汽车销量持续上升，市场需求不断走高，但受近期疫情防控、供应链受阻影响，提车周期普遍从1~2个月延长至4~5个月甚至半年。

从市场未来发展来看，需要持续解决产品供给和商业模式等问题。一是产品结构需不断调整。目前新能源乘用车以高低两端市场为主，2021年中端A级车市场占比仅为20%，市场结构与传统乘用车以中端市场为主的"纺锤形"结构差异较大，需要企业进一步丰富产品供给，满足市场需求。二是商业模式需持续完善。整车销售仍是新能源汽车企业主要盈利模式，企业前期投入巨大、产出低于预期，伴随市场由政策驱动向市场驱动转变，原有的政策端盈利需要切换至用户服务端盈利，需要找到稳定、健康的商业模式，支撑新能源汽车市场持续快速增长。

二 产业：电动化、智能化加速融合，产业竞争进一步加剧

（一）乘用车行业发展情况

1. 市场集中度与往年基本持平，中国品牌产品竞争力提升

2021年中国新能源乘用车销量达到333.4万辆，排名前十企业合计销量约201.3万辆，占比69.1%①，市场集中度同往年基本持平（见表1）。长安和小鹏在2021年赶超了北汽新能源和奇瑞，成功进入销量前十行列。比亚迪、上汽通用五菱、特斯拉等头部企业优势逐步稳固，全年合计销量126.1万辆，占比43.4%，三家企业连续两年占比达到40%及以上。同时，

---

① 为便于数据计算，本段中占比数据均统一由机动车保险数据计算所得。

中国品牌新能源乘用车 2021 年实现销量 247.6 万辆，同比增长 1.7 倍，占比 74.3%。当前市场上具备电动化、网联化、智能化特征的智能电动汽车广受欢迎，中国新能源汽车企业顺应趋势，加速研发生产布局。除蔚来、小鹏、理想、合众、威马、零跑等新势力企业外，东风、上汽、长安、广汽、北汽、吉利、长城等汽车企业，也先后推出了岚图、智已、飞凡、阿维塔、埃安、极狐、极氪、沙龙等全新品牌车型。

表1　2019～2021 年中国新能源乘用车企业销量排名前十

单位：万辆，%

排名	2019 年			2020 年			2021 年		
	企业	销量	占比	企业	销量	占比	企业	销量	占比
1	比亚迪	17.9	20.9	上汽通用五菱	16.5	14.7	比亚迪	52.6	18.1
2	北汽新能源	8.5	9.9	特斯拉	14.4	12.9	上汽通用五菱	42.3	14.6
3	吉利	6.5	7.6	比亚迪	13.8	12.4	特斯拉	31.2	10.7
4	上汽乘用车	5.7	6.7	广汽乘用车	6.4	5.7	长城	13.4	4.6
5	上汽通用五菱	4.7	5.5	长城	5.5	4.9	广汽乘用车	12.3	4.2
6	奇瑞	3.9	4.5	北汽新能源	4.7	4.2	上汽乘用车	11.4	3.9
7	长城	3.6	4.2	蔚来	4.3	3.9	长安	10.2	3.5
8	长安	3.5	4.1	上汽乘用车	4.2	3.7	小鹏	9.7	3.3
9	江淮	3.2	3.8	奇瑞	4.0	3.6	理想	9.1	3.1
10	上汽大众	3.1	3.6	理想	3.3	3.0	蔚来	9.1	3.1

资料来源：机动车保险数据。

2. 造车新势力表现亮眼，跨界造车队伍不断壮大

在产业融合发展趋势下，新能源汽车边界外延，参与企业逐渐增多，造车新势力企业逐步成为行业的一股重要力量。以蔚来、理想、小鹏、合众、威马、零跑等为代表的新势力企业，紧跟中国消费者需求变化，凭借智能化功能、科技感、性价比等特点，受到了年轻消费者的青睐，产销规模和市场份额不断提升，蔚来、理想、小鹏三家企业更是步入销量前十行列。当前传统汽车企业和互联网公司、软件公司的跨界融合更为广泛，华为、百度、小米、大疆、360、小牛电动等科技企业，开始进军新能源汽车领域，造车新势力的队伍不断壮大。其中，华为与北汽、小康和长安等企业合作推出了多款车型，百度携手吉利组建了集度汽车，小米宣布10年内将在新能源领域投资100亿美元，大疆和上汽通用五菱联名打造新宝骏 KiWi EV 车型，360联合哪吒汽车打造智能电动产品，小牛电动发布新能源汽车品牌 NIUTRON 等。

3. 多家企业发布最新战略规划，加速推动电动化及碳中和目标

2021年中资企业陆续发布企业战略目标，其中长城、一汽、东风、上汽等企业纷纷发布了2025年的新能源汽车产销规模和占比目标，加速电动化、智能化转型，助力新能源汽车产业在"十四五"期间快速发展；同时，理想、小鹏等新势力企业也制定了2025年达百万辆级别的年销量目标。此外，日产、大众、丰田等传统跨国汽车企业也顺应产业发展趋势，积极推出多款纯电动车型，提速电动化战略，加速实现碳中和（见表2）。

表2　主要新能源汽车企业最新战略规划

序号	企业	重要内容
1	吉利	发布"智慧吉利2025"战略和"雷神动力"品牌。吉利将加速向智能时代转型，成长为科技驱动的全球汽车企业。形成全栈自研能源、自动驾驶、智能网联、智能座舱等核心技术领域的生态系统。5年内，吉利汽车集团将推出超过25款智能新能源新产品，引领中国品牌迈入智能时代。2025年集团总销量365万辆；2025年海外销量达到60万辆；2025年碳排放总量减少25%；实现100%全场景数字化价值链；2025年 EBIT 率超8%；3.5亿股股权，首批激励万名员工
2	长城	2025年实现年销400万辆，其中80%是新能源汽车，营业收入超过6000亿元。未来5年内累计研发投入1000亿元，聚焦新能源和智能化两大领域，发力纯电动、氢能、混动等领域，智能化方面将发力在低功率大算力芯片、碳化硅等第三代半导体关键核心技术，以及现代传感、信息融合、人工智能等产业研发布局
3	比亚迪	宣布自2022年3月起停止传统燃油汽车的整车生产，未来汽车板块将专注于纯电动和插电式混合动力汽车业务。产品方面，2022年计划推出10款全新车型，其中包括7款海洋系列和3款王朝系列。销量方面，2022年新能源汽车目标销量120万辆，其中纯电动车型目标销量60万辆，插混车型目标销量50万~60万辆
4	理想	发布"2025战略"，目标是2025年占据国内电动车20%市场份额，销量达到160万辆，成为中国第一的智能电动车企业；坚持增程式技术路线，并打造高压纯电动平台

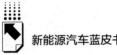

新能源汽车蓝皮书

续表

序号	企业	重要内容
5	小鹏	到 2025 年,将抢占我国电动车 10%的市场份额,2025 年完成 105 万辆的交付量
6	零跑	发布 2.0 战略,目标是在 2025 年底前推出 8 款车型,覆盖 35 万元以内的价格区间;2022 年进军海外市场;2025 年实现产销 80 万辆
7	一汽	到 2025 年,中国一汽将实现销量超过 600 万辆,年均增长 8%左右;营业收入过万亿元,年均增长 8%~9%。其中红旗品牌销量过百万辆,集团下属中国品牌新能源汽车占中国品牌销量比例超过 20%,智能网联汽车 L3 级以上渗透率达到 20%,L4 级以上渗透率达到 5%
8	东风	发布"十四五"发展战略规划,即"东方风起"计划,将打造整车、科技、服务三大事业群。到 2025 年实现新能源汽车销量 100 万辆,并将实现 L4 级智能网联汽车规模化示范应用,掌握 L5 级智能网联汽车关键核心技术
9	上汽	到 2025 年,在全球实现新能源汽车销量超过 270 万辆,占上汽整车销量的比重不低于 32%;力争在 2025 年前实现高质量的"碳达峰"
10	长安	"十四五"期间,整体投入 1500 亿元,聚焦软件、智能科技、低碳、新商业模式、高精尖人才等未来竞争高地,通过五个维度的精准发力,加快迈向世界一流汽车品牌。到 2025 年,总销量目标 400 万辆,其中长安品牌目标 300 万辆,新能源销量目标 105 万辆,新能源占比 35%。到 2030 年,总销量目标 550 万辆,其中长安品牌销量目标 450 万辆,新能源销量目标 270 万辆,占比 60%;海外市场占 30%
11	日产	发布"2030 愿景",计划在未来 5 年内投资 2 万亿日元,推出 23 款电驱化车型,其中包括 15 款纯电动车型,日产和英菲尼迪品牌的电驱化车型占比将超过 50%。发布 2050 年碳中和目标,通过固态电池和相关电池技术的创新,开发具有成本竞争力和高效能的电动车型;深入开发日产 e-POWER 动力总成,实现更高的能效;开发电池生态系统,为使用可再生能源的建筑物提供分散式发电;加强与能源部门的合作,支持电网脱碳;从"日产智能工厂"开始,进行生产工艺创新以提高汽车装配的生产力。努力提高能源和材料的使用效率,支持长期的碳中和目标
12	大众	可持续发展和实现碳中和将作为集团新战略的重要组成部分。到 2030 年,集团每辆汽车在整个生命周期内的碳足迹与 2018 年相比将减少 30%。同时,纯电动车型的份额预计上升到 50%。到 2040 年,集团在全球主要市场的所有新售车辆将接近零排放。最迟到 2050 年,集团将实现碳中和。到 2030 年,大众汽车电动车型的销量将占其总销量的 50%
13	丰田	2030 年前,在全球范围内推出包括乘用车、商用车等领域在内的共计 30 款 BEV(纯电动)汽车。届时,其 BEV 汽车全球年销量计划达到 350 万辆。雷克萨斯品牌将转型为纯电动品牌,其计划到 2030 年实现所有车型提供 BEV 版本,在中国、北美、欧洲实现百分百 BEV 车型销售,全球销量达 100 万辆。到 2035 年,雷克萨斯将实现全球百分百销售 BEV 车型

资料来源:根据公开资料整理。

4. 电动化水平稳中有升，智能化技术快速突破

在电动化方面，2021 年新上市的纯电动乘用车在电池系统能量密度、整车能耗及续驶里程等关键技术指标方面继续保持平稳微增态势。通过对 2021 年《新能源汽车推广应用推荐车型目录》的统计分析，在纯电动乘用车电池系统能量密度方面，行业平均水平为 149.8Wh/kg，与 2020 年的 150Wh/kg 相差不大；在纯电动乘用车电耗方面，2021 年行业平均水平较 2020 年略有提升，达到 14.5kWh/100km；在纯电动乘用车续驶里程方面，行业平均水平由 2020 年的 400km 提升至 2021 年的 410.4km，提升幅度为 2.6%（见图 7）。

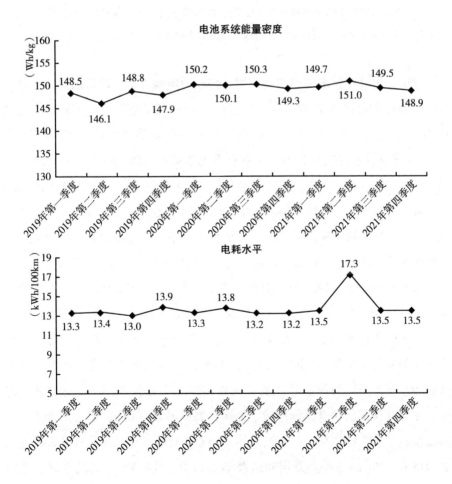

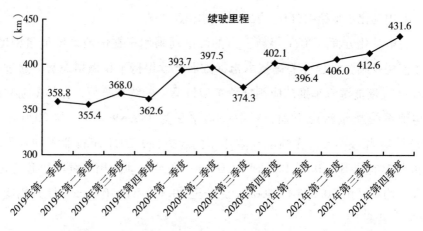

图7　2019~2021 年度推荐车型目录内纯电动乘用车车型主要技术参数变化

资料来源：2019~2021 年《新能源汽车推广应用推荐车型目录》。

同时，电动化技术加速市场应用。在动力电池方面，蜂巢能源的首款无钴电池循环寿命达 3000 次以上；宁德时代的钠离子电池，单体能量密度达160Wh/kg；广汽埃安配备海绵硅负极片电池技术的 AION LX PLUS 车型，CLTC 工况续驶里程达到 1000km。在整车电压平台方面，800V 高电压平台技术能够大幅提升整车效率，缩短充电时长。比亚迪汉 EV、北汽极狐阿尔法 S华为版等量产产品，2021 年实现 800V 高电压平台技术应用。此外，在插电式混合动力汽车领域，我国混合动力系统在节油率、综合传动效率上与国外先进水平相当，比亚迪、长城、吉利等企业产品热效率已达到 43%以上。

在智能化方面，寒武纪自动驾驶芯片的算力提升至 200TOPS，并快速向500~1000TOPS 迈进，以满足高级别自动驾驶技术需求；长城机甲龙、极狐阿尔法 S 华为版和小鹏 P5 等激光雷达车型逐步量产上市。具有智能化人机交互功能的智能座舱、"滑板底盘"、OTA 升级车辆软件系统等技术持续创新成为新竞争点。智能座舱主要体现在多模态交互技术、多传感器信息融合、多屏幕包围的信息显示环境三方面，如小鹏 P5、极氪 001、阿尔法 S 等座舱搭载了多个摄像头，并逐渐应用透明显示玻璃、全息影像等各种先进的显示技术。Rivian 等企业采用非承载车身结构、线控转向/制动系统、电池包与底盘一体化等技术，推动传统底盘向"滑板底盘"转化。为进一步支撑 OTA 技术的广泛应用，特斯拉、理想、威马、零跑等多数企业采用 OTA 升级的方式持续更新并优化车辆性能、功能及服务，不断推出对消费者更有吸引力的功能。

5. 产品端和产业环境等方面仍存问题

我国新能源乘用车取得了一定的先发优势，但领先优势尚不牢固，产业发展仍面临一些问题。一是产品特性有待提升。纯电动乘用车初始购置成本偏高，尤其是在 2021 年叠加动力电池上游原材料涨价等因素，导致纯电动乘用车购置成本依然居高不下。面对产品安全可靠性、低温适应性等痛点问题，新能源汽车企业急需加快技术攻关步伐。同时二手车残值偏低，不利于市场化推广应用。二是产业仍存车用芯片短缺问题。2021 年，由于缺芯问题，全球汽车企业几乎都出现了减产、限产、销量下滑的现象。面临芯片短缺问题，我国部分新能源乘用车企业存在不敢使用国产芯片、尚未与芯片企业联合开发等情况，这在一定程度上加剧了问题的严重性。三是配套环境还不够完善。当前充电基础设施建设相对滞后，充电桩数量呈现快速上升趋势，但是仍然赶不上新能源汽车的增长速度，新能源汽车数量与充电桩数量供需不平衡问题将越发明显。四是智慧城市、智能交通和智能汽车的跨界融合进程缓慢。当前"车网融合"过程中虽涉及众多行业企业，但新能源汽车企业尚未发挥主导作用，缺乏跨界合作的主动性，造成商业模式无法盈利、政府管理部门缺乏协同以及标准法规不统一等问题仍未解决。

（二）客车行业发展情况

1. 市场继续下滑，优势企业持续保持领先地位

2021 年，在疫情散发的情况下，受地方采购需求收缩、城市公交市场饱和、轨道交通挤压等因素影响，中国新能源客车市场持续下滑，全年销量为 4.8 万辆，同比下降 22%。排名前十企业新能源客车总销量 3.5 万辆，占比 72.6%，市场集中度有所下降。其中，宇通客车继续保持行业领先优势，全年销售 11369 辆，占比 23.5%（见表 3）。

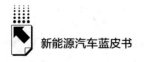

表3 2019~2021年中国新能源客车企业销量排名前十

单位：辆，%

排名	2019 年			2020 年			2021 年		
	企业	销量	占比	企业	销量	占比	企业	销量	占比
1	宇通客车	20817	26.6	宇通客车	15825	25.4	宇通客车	11369	23.5
2	中通客车	6309	8.1	中车电动	5204	8.4	中通客车	4933	10.2
3	中车电动	5101	6.5	中通客车	4303	6.9	中车电动	3826	7.9
4	比亚迪	4352	5.6	比亚迪	4100	6.6	比亚迪	3336	6.9
5	北汽福田	3753	4.8	苏州金龙	3395	5.5	苏州金龙	2981	6.2
6	中汽宏远	3520	4.5	安凯客车	3101	5.0	厦门金龙	2506	5.2
7	珠海广通	3331	4.3	厦门金龙	3036	4.9	安凯客车	1740	3.6
8	苏州金龙	3293	4.2	北汽福田	3004	4.8	厦门金旅	1692	3.5
9	厦门金旅	3183	4.1	厦门金旅	2267	3.6	南京金龙	1460	3.0
10	厦门金龙	3166	4.0	上海申沃	2043	3.3	北汽福田	1263	2.6

资料来源：机动车保险数据。

2. 加快业务结构转型，积极拓展商用车市场

立足城市、城际及农村等不同场景的市场需求，客车企业加强新能源客车产品的规划和开发，实现城市公交和公路客运领域的产品升级，比如宇通客车完成了宇威全系列 10~18 米纯电公交产品、12 米新能源公路产品布局，并推出 6 米微循环纯电公交产品，中通客车设计 7.5 米高端纯电动微巴，同时面向海外市场积极布局全系列产品。此外，在客车市场趋于饱和、逐步下行的背景下，原以客车业务为主的宇通、金龙、中车电动等企业，逐步拓展货车和专用车业务领域，形成了覆盖环卫、城市物流配送、工程车等的新能源产品结构，全面发力新能源货车市场。2021 年，紧跟燃料电池、换电等新技术新模式发展形势，宇通、厦门金龙、南京金龙等积极推出燃料电池重卡、换电重卡产品（见表4），据 2021 年《新能源汽车推广应用推荐车型目录》统计，三家企业共推出 17 款燃料电池货车和专用车车型、25 款换电货车车型，涉及牵引车、自卸车等车型，分别占相应车型总数的 12% 和 16%。

表 4　新能源客车企业业务转型布局

序号	企业名称	业务布局
1	宇通集团	积极布局货车板块,目前拥有客车和重卡两大商用车业务,向环卫、物流、工程机械等领域扩展。2021年宇通客车推出换电重卡产品,加强重卡市场布局
2	苏州金龙	已推出纯电动渣土车、氢燃料电池牵引车产品,计划推出涉及物流、环卫、冷链运输等应用领域的纯电动车辆
3	厦门金龙	2021年推出新能源牵引车,涵盖换电式纯电动车型和燃料电池车型;与广州易特智行科技有限公司合作建设张家口易龙智能氢能商用车产业基地,年改装生产1000~1500辆,具备组装生产公交、公路、物流、环卫四大类共九款氢燃料电池车型
4	中车电动	2020年推出涵盖洗扫、清洗、洒水、抑尘等场景的新能源环卫车,及纯电动厢式物流车;2021年推进新能源汽车组织结构调整,拆分成客车事业部、环卫车事业部、专用车事业部、动力系统及核心零部件事业部
5	南京金龙	2017年开始布局货车业务,目前形成了牵引车、搅拌车、自卸车、物流车等产品,2021年进一步加强燃料电池汽车、换电重卡产品布局

资料来源:网络公开资料。

3. 电动化技术稳步提升,燃料电池技术趋于成熟

客车企业联合供应商加强动力电池集成与管理,提升驱动电机技术水平,进一步提升整车性能和安全性。新能源客车能耗水平基本稳定,电池系统能量密度和续驶里程有一定提升。非快充类纯电动客车单位载质量能量消耗量维持在0.148Wh/(km·kg)左右;电池系统能量密度平均水平由2020年的154Wh/kg提升到2021年的158Wh/kg,提升了2.6%;续驶里程平均水平由2020年的435km提升到2021年的498km,提升了14.5%(见图8)。在燃料电池方面,宇通、金龙等客车企业加强燃料电池动力系统及整车集成技术研究和产业化应用,据2021年《新能源汽车推广应用推荐车型目录》统计,69款燃料电池客车车型的平均燃料电池系统额定功率为78.3kW,平均续驶里程为623km,满足长途客运运输需求。

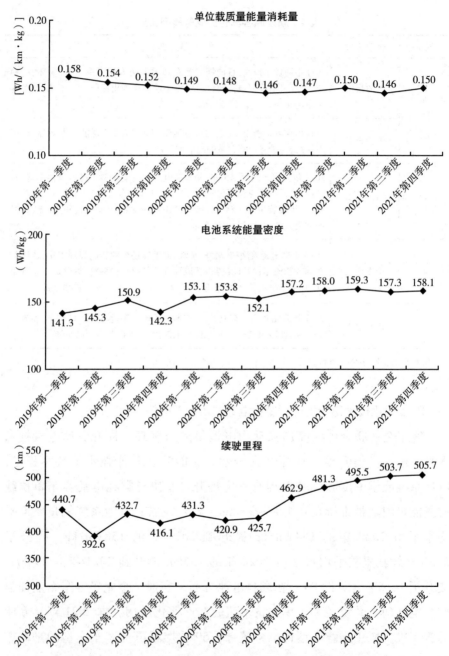

图8 2019~2021 年度非快充类纯电动客车车型主要技术参数变化

资料来源：2019~2021 年《新能源汽车推广应用推荐车型目录》。

4. 自动驾驶客车落地应用加速，车路协同助力智慧交通发展

客车企业积极推出自动驾驶客车产品，通过城市公交、机场接驳、园区摆渡等多个应用场景，加速 L3 级及以上自动驾驶客车落地应用，推动我国商用客车自动驾驶产业发展。在产品方面，宇通客车、金龙客车、开沃、北汽福田等以纯电动小巴为主，如小宇 2.0、开沃"蓝鲸号"等，主要应用于微循环公交、园区和景区接驳等；比亚迪、安凯客车、中车电动等以中型客车为主，如中车电动 C12AI，主要应用于城市公交领域。在落地应用方面，宇通客车、金龙客车、安凯客车等在北京、上海、广州、深圳、杭州等落地运营，比亚迪、中车电动、开沃分别在日本、法国、白俄罗斯开展示范运营。同时，在 5G、物联网等新技术融合推动下，客车企业加快数字化管理转型，通过提升服务水平提高自身竞争力。宇通、中通、金龙等客车企业分别推出公交智慧云、U-LINK、龙翼 Smart Go 等解决方案，利用大数据联网和云控平台建立对人、车、路的数字化监控和管理，助力智能网联汽车与智慧交通协同发展。

5. 市场下滑、配套条件不完善，制约客车企业做优做强

一是客车行业市场增长乏力。在不考虑新能源汽车财税支持政策前提下，新能源客车购置成本仍比传统客车偏高，而且受产品续驶里程短、充电不方便等因素影响，客运企业使用新能源汽车产品的意愿不足。此外，新能源客车产品还面临着安全隐患大、使用寿命短等问题，影响了车辆的运营效率。二是配套环境不完善。公交场站存在缺口，造成充电桩建设规划缺乏用地，补能设施建设数量与公交车辆的增长速度存在较大差距。新能源汽车维修保养专业技术人员存在缺口，且动力电池等维修项目仍需委托生产企业维护，在一定程度上降低了车辆的维修效率。

（三）货车行业发展情况

1. 货车市场实现翻倍增长，头部企业格局趋于稳定

2021 年，新能源货车销量 13.42 万辆，同比实现翻倍增长。在"双碳"目标要求下，以及公共领域电动化及换电模式试点、燃料电池汽车试点等多

方面政策的推进下，企业积极性提升，且市场需求进一步扩大，推动新能源货车市场呈现较好的发展势头。排名前十企业新能源货车总销量8.8万辆，占新能源货车市场的65.4%，市场集中度相比2020年有小幅提升。行业头部企业市场格局趋于稳定，凭借在微轻型新能源货车市场领域的持续发力，东风、重庆瑞驰继续保持行业领先位置，并实现销量翻倍增长，全年共销售3.23万辆，占新能源货车市场的24%（见表5）。

表5 2019～2021年中国新能源货车企业销量排名前十

单位：辆，%

排名	2019年			2020年			2021年		
	企业	销量	占比	企业	销量	占比	企业	销量	占比
1	南京金龙	5147	14.2	东风	6277	11.4	东风	16824	12.5
2	吉利商用车	4510	12.4	重庆瑞驰	5266	9.5	重庆瑞驰	15491	11.5
3	东风	3202	8.8	奇瑞商用车	4738	8.6	华晨鑫源	9439	7.0
4	比亚迪	2888	7.9	南京金龙	4529	8.2	山西新能源	8116	6.0
5	奇瑞商用车	2112	5.8	长安	2794	5.1	奇瑞商用车	7613	5.7
6	湖北新楚风	1709	4.7	华晨鑫源	2627	4.8	长安	7246	5.4
7	江西昌河	1636	4.5	上汽通用五菱	2175	3.9	广西汽车	6425	4.8
8	长安	1506	4.1	北汽福田	2078	3.8	北汽福田	6330	4.7
9	北汽福田	1421	3.9	厦门金旅	2053	3.7	上汽通用五菱	5256	3.9
10	中通客车	1225	3.4	江西昌河	1970	3.6	厦门金旅	5209	3.9

资料来源：机动车保险数据。

2. 主要企业加强战略规划布局，加速电动化智能化转型

新能源货车企业加强"十四五"时期战略规划布局，加速电动化和智能化转型，积极拓展多技术路线产品矩阵。东风将在"十四五"期间研发投入1000亿元，掌握关键核心技术，实现在商用车领域整体销量突破100万辆；上汽商用车"十四五"期间计划打造覆盖个人家庭、通勤、城际物流/客运、城市物流、公交、专用车等全场景的数十款新能源汽车产品，并聚焦港口、厂区等特定场景实现自动驾驶产品的应用；北汽福田将以电动物流车为主线，以城市配送和末端物流为核心市场，到2025年目标实现销量20万辆（见表6）。

表6　主要新能源货车企业战略规划

序号	企业名称	战略规划
1	东风	2021年9月发布"十四五"规划,将在未来5年研发投入1000亿元,掌握关键核心技术,实现在商用车领域整体销量突破100万辆,并将新增布局高端重卡"骁龙"项目等,构建中重卡、轻卡、VAN车、皮卡等4个电动化平台。东风旗下东风商用车还发布了生态品牌"鲲跃",持续推出纯电动中重卡、氢燃料重卡、智能化重卡和高品质牵引车等产品,并根据不同的场景诉求,打造系列"绿色智慧物流解决方案包"
2	上汽商用车	"十四五"期间将坚持纯电、混动、燃料电池三条技术路线,计划打造数十款整车产品,覆盖个人家庭、通勤、城际物流/客运、城市物流、公交、专用车等全场景,实现新能源商用车销量占比38%,并聚焦港口、厂区等特定场景与干线物流场景的L3级和L4级自动驾驶产品,实现智能网联装机率达到60%
3	北汽福田	2019年11月,发布福田智蓝新能源2025战略,明确将以电动物流车为主线,以城市配送和末端物流为核心市场,到2025年实现销量20万辆,市场占有率30%,销售收入150亿元,成为中国新能源商用车第一品牌
4	一汽解放	2021年9月成立新能源汽车事业部,发布新能源战略"蓝途行动",目标在2025年实现销售新能源汽车12万辆,2030年、2035年分别实现32万辆、50万辆的销量目标。在智能化方面,将在2023年实现高速公路L4级智能车商业运营,2025年实现全工况开放区域下L5级智能车运营,具备全工况自动驾驶功能
5	吉利商用车	规划到2025年进入重型货车行业第二梯队头部位置,目标实现销量5.6万辆,2030年进入重型货车行业第一梯队,目标实现销量10万辆

资料来源:根据公开资料整理。

3. 搭载磷酸铁锂电池的产品占据主流,核心技术水平稳步提升

2021年,新能源货车中搭载磷酸铁锂电池的车型占比达到95%,搭载三元锂电池的新能源货车车型占比不足5%。从核心技术水平来看,根据2021年《新能源汽车推广应用推荐车型目录》统计分析,2021年纯电动货车电池系统能量密度主要集中在140~160Wh/kg,单位载质量能量消耗量主要集中在0.27~0.29Wh/(km·kg),续驶里程主要集中在250~330km;燃料电池货车所搭载燃料电池系统的额定功率主要集中在110~120kW。

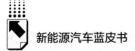

行业愈加重视动力系统效率的提升，助力新能源货车在电池系统能量密度、能耗等核心技术指标方面实现稳步提升。其中，纯电动货车动力电池系统能量密度行业平均水平由 2020 年的 141.6Wh/kg 提升到 2021 年的 149.3Wh/kg，提升约 5%，行业平均单位载质量能量消耗量水平由 2020 年的 0.258Wh/（km·kg）下降至 2021 年的 0.24Wh/（km·kg），下降约 7%。2021 年纯电动货车行业平均续驶里程达 317km，与 2020 年的 323km 相差不大（见图 9）。

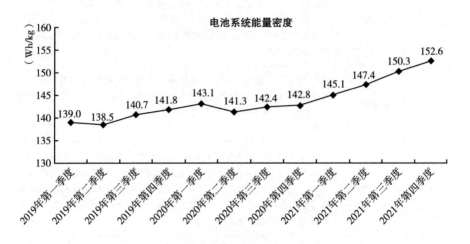

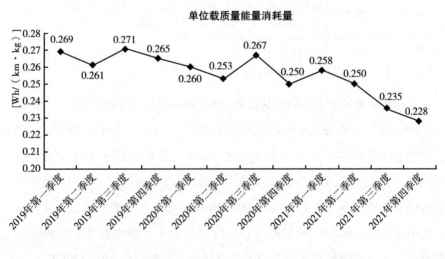

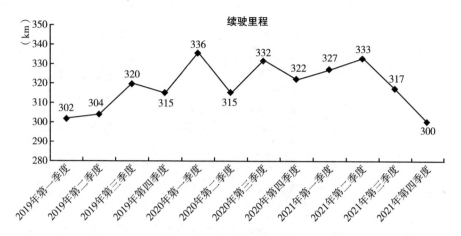

图9 2019~2021年度推荐车型目录内纯电动货车车型主要技术参数变化

资料来源：2019~2021年《新能源汽车推广应用推荐车型目录》。

4.行业加强多类型车型开发，换电、燃料电池货车加速应用

从企业产品布局来看，头部企业已经开发并推广应用多种技术路线的新能源货车车型，覆盖载货运输、自卸、牵引和环卫等多种类型（见表7）。部分企业加快换电货车、燃料电池货车开发应用，根据2021年《新能源汽车推广应用推荐车型目录》，上汽红岩、宇通、中国重汽、华菱汽车等企业开发的换电车型数量达159款，东风汽车、宇通、厦门金龙、北汽福田等企业开发的燃料电池货车数量达139款，相比2020年均实现大幅增加，2021年换电货车和燃料电池货车销量分别达3317辆、830辆，同比分别增长53倍、4.7倍。

表7 主要新能源货车企业开发的新能源货车产品情况

企业名称	品牌	主要车辆类型	主要技术路线
东风汽车	东风	厢式运输车、冷藏车、牵引车	纯电动、插电式混合动力、燃料电池、换电
上汽红岩	红岩	自卸车、牵引车	燃料电池、换电
奇瑞商用车	开瑞	厢式运输车、仓栅式运输车、垃圾车、自卸车	纯电动、换电
瑞驰汽车	瑞驰	厢式运输车、仓栅式运输车	纯电动、换电

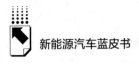

续表

企业名称	品牌	主要车辆类型	主要技术路线
宇通	宇通	厢式运输车、垃圾车、自卸车、牵引车	纯电动、燃料电池、换电
北汽福田	福田	厢式运输车、仓栅式运输车、邮政车、清洗车、垃圾车、混凝土搅拌车	纯电动、燃料电池、换电
厦门金旅	金旅	厢式运输车、冷藏车、邮政车	纯电动、燃料电池、换电
厦门金龙	金龙	厢式运输车、垃圾车、自卸车、牵引车	纯电动、燃料电池、换电
南京金龙	开沃	厢式运输车、自卸车、牵引车、洗扫车、混凝土搅拌车	纯电动、插电式混合动力、燃料电池、换电
吉利商用车	远程	厢式运输车、仓栅式运输车、邮政车、自卸车、牵引车	纯电动、插电式混合动力、换电
华菱汽车	华菱之星	自卸车、牵引车、混凝土搅拌车	纯电动、燃料电池、换电
中国重汽	豪沃	厢式运输车、仓栅式运输车、自卸车、牵引车、混凝土搅拌车	纯电动、插电式混合动力、燃料电池、换电

资料来源：2021 年《新能源汽车推广应用推荐车型目录》。

5. 中重型货车电动化进程缓慢，新技术、新模式仍需政策引导支持

一是电动化渗透率较低。近年来，我国新能源货车市场发展已取得较好的成绩，但整体电动化进程仍然缓慢，2021 年新能源货车仅占总体货车市场的 3.1%，尤其是中重型货车领域，电动化渗透率不足 1%，远低于行业平均水平。二是产品竞争力不足。相比燃油货车，新能源货车仍面临续驶里程不足、补能便利性差等问题，且车辆购置成本往往是同级别燃油车辆的 2~3 倍，在运输效率和经济性方面仍存在一定的提升空间。虽然行业企业正加强多类型新能源货车车型开发，但相比燃油货车，可应对复杂、多元应用场景需求的新能源货车类型仍然较少。三是新技术、新模式应用仍需政策引导支持。2021 年以来，燃料电池、换电等新技术、新模式虽加速在货车领域的应用，但由于存在产业链体系不完善、核心技术不够成熟、商业应用模式尚不清晰、基础设施建设数量较少等问题，当前燃料电池货车、换电货

车仍处于小规模示范阶段，尚未开展规模化应用，仍需进一步加强政策引导支持以推动产业化发展。

三 产业链：行业景气度持续向好，资源保障形势日趋复杂

（一）动力电池行业发展情况

1. 我国市场优势不断扩大，国际市场竞争更加激烈

2021年，我国动力电池装车量首次突破100GWh，达到154.5GWh，同比增长142.8%，占全球动力电池装车量比例由2020年的46.6%上升至52.1%，市场优势进一步提升。从企业来看，2021年全球动力电池装车量排名前十的企业中，我国企业占据6席，分别为宁德时代、比亚迪、中创新航、国轩高科、远景动力和亿纬锂能。其中，宁德时代连续五年装车量全球第一，2021年市场占比达到32.58%。从国内市场看，2021年我国动力电池装车量排名前十的企业中，LG新能源由第二名下降至第五名，中创新航和国轩高科分别上升至第三名和第四名，我国企业在国内市场的主导地位更加稳固（见表8）。此外，随着全球新能源汽车快速发展，欧美电池企业特斯拉、Northvolt、Britishvolt、ACC已基本完成上下游布局，开始加入全球动力电池市场竞争，对当前中日韩"三足鼎立"的产业格局发起挑战。

表8 2021年中国及全球市场动力电池装车量排名

单位：GWh，%

排名	全球市场			中国市场		
	企业名称	配套量	占比	企业名称	配套量	占比
1	宁德时代	96.7	32.58	宁德时代	80.51	52.11
2	LG新能源	60.2	20.28	比亚迪	25.06	16.22
3	松下	36.1	12.16	中创新航	9.05	5.86
4	比亚迪	26.3	8.86	国轩高科	8.02	5.19

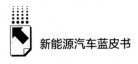

续表

排名	全球市场			中国市场		
	企业名称	配套量	占比	企业名称	配套量	占比
5	SKI	16.7	5.63	LG新能源	6.25	4.05
6	三星SDI	13.2	4.45	蜂巢能源	3.22	2.08
7	中创新航	7.9	2.66	塔菲尔	3.00	1.94
8	国轩高科	6.4	2.16	亿纬锂能	2.92	1.89
9	远景动力	4.2	1.42	孚能科技	2.45	1.59
10	亿纬锂能	3.1	1.04	欣旺达	2.06	1.33

资料来源：SNE Research、中国汽车动力电池产业创新联盟。

2. 产品性能保持较高水平，先进电池技术不断涌现

2021年，纯电动乘用车动力电池系统能量密度平均值达到149.8Wh/kg（见图10），其中三元电池系统能量密度约为166.1Wh/kg，较2020年提高7.1%，最高值达到206Wh/kg；磷酸铁锂电池系统能量密度约为130.5Wh/kg，与2020年基本持平，最高值达到172.3Wh/kg。同时，我国动力电池领域还涌现出多种创新性技术，并在短期内实现了量产应用。电池材料方面，蜂巢能源开发的无钴电池正式搭载长城欧拉樱桃猫车型，成为全球首款量产上车的无钴电池，该电池单体能量密度达到240Wh/kg以上，已接近三元电池水平；集成工艺方面，中创新航发布了面向TWh时代的One-Stop Bettery技术，主要包括超薄壳壁、多维壳体成型、多功能复合封装、一体桥接电连接等创新技术，使电池结构重量降低40%，零部件数量减少25%；新体系产品方面，宁德时代发布了第一代钠离子电池，电芯单体能量密度达到160Wh/kg，并可在零下20℃低温环境下，达到90%以上的放电保持率。

3. 企业加速产业投资布局，未来存在产能过剩风险

2021年，我国主要动力电池企业纷纷开启扩产模式，并大幅提升2025年产能规划目标，提前锁定未来市场空间。宁德时代在2021年连续宣布六项拟扩建投资项目，总投资额达到630亿元，新建产能超过184GWh，预计2025年总产能将达到670GWh。蜂巢能源也积极加速扩大产能，并发布面向2025年的领蜂"600"战略，第四次上调2025年产能目标至600GWh，较上

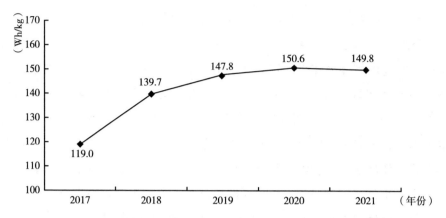

图10 2017~2021年纯电动乘用车动力电池系统能量密度发展趋势

资料来源：2017~2021年《新能源汽车推广应用推荐车型目录》。

一次目标提高了280GWh。我国宁德时代、比亚迪、中创新航、国轩高科、蜂巢能源、亿纬锂能、孚能科技和欣旺达等主要动力电池企业，在2025年的规划产能合计超过3TWh（见表9）。据中汽政研预测，2025年我国新能源汽车产销量将达到700万~900万辆，按照2021年我国单车平均带电量47.1kWh测算，预计2025年国内市场动力电池需求量为330~424GWh，存在产能过剩风险。

表9 截至2021年中国主要动力电池企业2025年产能规划

单位：GWh

序号	企业	规划产能
1	宁德时代	670
2	比亚迪	600
3	中创新航	500
4	国轩高科	300
5	蜂巢能源	600
6	亿纬锂能	200
7	孚能科技	120
8	欣旺达	140
合计		3130

资料来源：中汽政研根据企业公开发布资料整理。

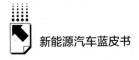
4. 多项举措强化行业管理，重点聚焦电池回收利用

2021年，国家部门相继发布了多项动力电池产业相关政策，持续加强电池行业政策体系建设。工业和信息化部修订发布了《锂离子电池行业规范条件（2021年本）》和《锂离子电池行业规范公告管理办法（2021年本）》，明确了电池企业在产能扩充、产品性能、工艺技术和企业管理等方面的相关要求。国家市场监督管理总局发布了《家用汽车产品修理更换退货责任规定》，将动力蓄电池等新能源汽车专用部件质量问题纳入了三包退换车条款，进一步适应了新能源汽车产业发展和消费升级需要。为了加强生态环境保护，提升资源利用水平，2021年我国还出台了《中华人民共和国固体废物污染环境防治法》《新能源汽车动力蓄电池梯次利用管理办法》《废锂离子动力蓄电池处理污染控制技术规范（试行）》等政策法规，通过明确车用动力电池生产者责任延伸制度，保障梯次利用电池产品质量，规范废动力蓄电池处理过程等方式，不断完善动力电池回收利用体系。

（二）电驱动行业发展情况

1. 电驱动市场集中度较高，车企自供比例稳中有升

2021年，我国电驱动系统装机量达到325.5万套，同比增长139.8%。电驱动系统、驱动电机和电机控制器装机量前十企业合计占比均超过70%，行业集中度较高。其中，特斯拉、弗迪动力和蔚来驱动作为电驱动系统装机量前三企业，合计市场占有率为51.6%；在驱动电机领域，弗迪动力、特斯拉和方正电机居前三位，装机量占整体市场的40%；在电机控制器领域，弗迪动力、特斯拉和汇川技术合计市场占有率为39.3%（见表10）。从配套角度来看，整车企业自研自产电驱动产品越来越普遍，自供规模也随整车销量增长而逐渐上涨，2021年整车企业自供比例达到58%，较2020年小幅增长，特斯拉、比亚迪、蔚来、上汽、小鹏、零跑等企业多采用自供方式强化供应链保障。

表 10　2021 年中国乘用车电驱动系统、电机和电控装机量排名

序号	电驱动系统			驱动电机			电机控制器		
	企业	装机量（套）	占比（%）	企业	装机量（台）	占比（%）	企业	装机量（台）	占比（%）
1	特斯拉	387229	22.2	弗迪动力	583689	17.9	弗迪动力	583689	17.9
2	弗迪动力	330906	19.0	特斯拉	387229	11.9	特斯拉	387229	11.9
3	蔚来驱动	181604	10.4	方正电机	332068	10.2	汇川技术	307831	9.5
4	日本电产	166736	9.6	上海电驱动	219918	6.8	阳光电动力	210072	6.5
5	汇川技术	86681	5.0	蔚来驱动	181604	5.6	联合电子	196908	6.0
6	上海电驱动	85110	4.9	日本电产	166736	5.1	蔚来驱动	181604	5.6
7	上海变速箱	79407	4.5	双林汽车	147050	4.5	上海电驱动	172783	5.3
8	联合电子	71258	4.1	联合电子	141939	4.4	日本电产	166736	5.1
9	小鹏汽车	69018	4.0	巨一动力	122632	3.8	巨一动力	122632	3.8
10	中车时代	50086	2.9	汇川技术	119716	3.7	英博尔	112447	3.5

资料来源：根据企业和网络公开资料整理。

2. 电机性能水平不断提升，集成电驱产品加速应用

2021 年，我国驱动电机功率密度已超过 4.5kW/kg，电机效率达到 94.5%以上，最高转速达到 16000r/min，驱动电机技术指标与国际先进水平基本相当。为进一步提升电驱系统性能，我国企业加快平台化、模块化和集成化产品的技术创新和量产应用。2021 年 9 月，比亚迪发布了基于 e 平台 3.0 的八合一电驱动总成，通过集成驱动电机、减速器、电机控制器、PDU、DC-DC、OBC、VCU 和 BMS，系统综合效率从 86%提升至 89%，并搭载海豚车型实现量产。除比亚迪外，华为、上汽、零跑、长安等企业也相继推出了多合一电驱产品。集成化的电驱平台能够覆盖不同车型对加速和爬坡等性能的需求，降低了不同车型定制化电驱动系统开发的资源成本。2021 年，我国三合一及以上电驱总成产品市场占有率超过 50%，电驱集成化已成为当前主流技术。

3. 电控技术差距逐步缩小，碳化硅控制器加速应用

我国电机控制器功率密度已从 2015 年的 8kW/L 大幅提高到 2021 年的

20kW/L，产品性能获得了较大提升，但在质量稳定性、使用寿命等方面与国外先进水平相比仍存在一定差距。其中核心功率器件 IGBT 市场仍由国外企业主导，其中英飞凌占据约一半市场份额。随着新能源汽车向高压平台发展，其对控制器功率器件提出更高的高压、高频、高功率、高温以及抗辐射等要求，第三代宽禁带半导体碳化硅（SiC）控制器成为新能源汽车企业重点布局的领域。比亚迪汉 EV 成为我国首款搭载 SiC 控制器的量产车型，蔚来汽车也在 ET7 车型上应用 SiC 功率器件。未来，随着技术不断进步和成本持续下降，SiC 控制器的应用规模将进一步扩大。

（三）原材料行业发展情况

1. 电池四大主材市场大幅增长，我国企业市场优势明显

我国新能源汽车销量增长推高了电池端需求，并进一步带动了正极、负极、电解液和隔膜等主要原材料市场的快速增长。2021 年，我国动力电池四大主材市场增幅均超过 75%，呈现大幅增长态势。其中，三元正极材料出货量 42.2 万吨，同比增长 80%，磷酸铁锂正极材料出货量 47 万吨，同比增长 279%，2018 年以来首次超过三元出货量。国内市场正极材料出货量前十企业均为中国企业，容百科技、湖南裕能分别在三元和磷酸铁锂细分市场中排名第一。2021 年负极材料出货量 72 万吨，同比增长97%，人造石墨占比上升至 84%，排名前三企业分别为贝特瑞、璞泰来和杉杉股份，市场占比合计达到 50%，集中度较高。2021 年我国电解液出货量约 50 万吨，同比增长 100%，动力电池领域应用占比达到 62%，较2020 年提高 10 个百分点，天赐材料、新宙邦、国泰华荣排名前三，市场集中度达到 62%。2021 年隔膜出货量达到 78 亿平方米，同比增长 110%，从产品结构上看以湿法隔膜为主，市场占比约 74%，恩捷股份、星源材质、中锂新材等龙头企业地位稳固，市场占有率合计超过一半（见表11）。整体来看，2021 年我国动力电池原材料出货量实现了大幅增长，我国企业市场优势明显。

表11　2021年我国动力电池原材料市场情况

原材料	正极材料		负极材料	电解液	隔膜
	三元材料	磷酸铁锂			
出货量	42.2万吨	47万吨	72万吨	50万吨	78亿平方米
同比增长	80%	279%	97%	100%	110%
前三企业	容百科技、天津巴莫、当升科技	湖南裕能、德方纳米、常州锂源	贝特瑞、璞泰来、杉杉股份	天赐材料、新宙邦、国泰华荣	恩捷股份、星源材质、中锂新材
前三企业市场占有率	33%	56%	50%	62%	53%

资料来源：高工锂电、EVTank。

2.碳酸锂价格创历史新高，企业加强锂矿资源布局

作为动力电池上游的主要基础原材料，2021年电池级碳酸锂价格实现大幅上涨，均价从年初的5.3万元/吨上涨到27万元/吨，涨幅超过4倍[1]，创我国碳酸锂价格的历史新高，对下游动力电池成本造成重要影响。碳酸锂的提取主要来自锂矿石和盐湖锂资源，在价格上涨、需求强劲的背景下，动力电池及原材料企业纷纷布局锂盐项目，开启全球"囤矿"模式。赣锋锂业斥资1316万美元获得阿根廷马里亚纳锂盐矿项目8.58%股权和10%矿产所有权，宁德时代投入2.4亿美元入股澳大利亚硬岩锂矿项目Manono，华友钴业拟用4.22亿美元收购津巴布韦前景锂矿公司100%股权。据上海有色网统计，2021年全球锂资源投资收购项目涉及金额超过400亿元，锂矿资源争夺战日趋激烈。

（四）汽车芯片行业发展情况

1.产业链多个环节存在短板，部分芯片实现国产应用

当前，我国汽车芯片产业链多个环节基础薄弱，包括EDA（电子设计自动化）工具、原材料、制造设备、晶圆加工等。EDA工具方面，我国

---

[1]　资料来源：SMM。

95%的市场份额被国外企业占据；原材料方面，我国8英寸晶圆自主率不足10%，12英寸晶圆自主率低于1%；制造设备方面，龙头企业上海微电子光刻机制程技术在90~130纳米水平，与国外差距较大；晶圆加工方面，头部企业中芯国际市场占有率不足5%，实现14纳米工艺量产，落后国际先进水平五年左右。整体来看，我国汽车芯片自给率不足5%，仅在IGBT等功率器件方面具有竞争力，其他类别严重依赖进口。近年来，我国企业大力投入汽车芯片的产品研发和推广应用，并在控制、计算类芯片上实现突破。2021年，地平线高性能计算芯片征程5、芯驰MCU控制芯片E3已通过车规级认证，并在国内车企开展量产应用。

2. 汽车芯片短缺问题延续，短期供应形势依然严峻

根据Auto Forecast Solutions数据，2021年由于芯片短缺，全球汽车市场累计减产约1027万辆。其中，中国减产198.2万辆，亚洲其他地区减产174万辆，北美洲减产317.8万辆，欧洲减产295.4万辆，南美洲减产35.5万辆，中东/非洲合计减产6.2万辆，我国减产量占比达到19.4%，仍然受到较大影响。汽车芯片短缺主要源于供需错配，汽车消费市场恢复迅速，晶圆加工产能释放缓慢，芯片产品供应速度无法满足汽车销量上涨的速度，而新冠肺炎疫情、自然灾害等因素则进一步加剧了供需失衡。受此影响，2021年汽车芯片价格持续上涨，全年涨幅达到20%~30%。汽车芯片的供应问题也拉长了产品交货周期，Susquehanna Financial Group数据显示，2021年12月芯片平均交货周期达到25.8周，较2021年1月增加82天。目前来看，我国未来两三年内汽车芯片短缺仍将处于紧张状态，形势依然严峻。

3. 多方应对汽车芯片问题，标准认证体系开始建立

针对汽车芯片供应紧张问题，国家部门多措并举提升芯片供给保障能力。2021年2月工业和信息化部发布了《汽车半导体供需对接手册》，收录了59家半导体企业的568款产品，以及26家汽车及零部件企业的1000条产品需求信息；组建了汽车半导体推广应用工作组，加强整车、零部件和芯片企业之间的供需对接；实施了汽车公告管理便企服务措施，促进替代产品装车应用；调查处理了汽车芯片囤积居奇、哄抬价格等不正当竞争行为。同时，行业机构积极开展标准化及检测认证体系建设工作。全国汽车标准化技术委员会完成了汽车芯片标准体系框架构建工作，从设计制造、通用规范、产品技术、匹配测试等方面启动标准编制工作；中汽中心构建了汽车芯片分类分级与测试认证评价体系，完成汽车芯片安全认证规范3项，并开展国内首批汽车芯片认证项目，逐步建立我国汽车芯片标准检测认证体系。

四 基础设施：充换电市场加快发展，服务保障能力逐步提高

（一）充电设施建设速度进一步加快

2021年，中国充电桩年度建设数量达到93.6万个，保有量达到261.7万个，同比增长55.6%，车桩比从2020年的2.9∶1微增至3.0∶1，基本保持稳定（见表12）。公共充电桩保有量114.7万个，其中星星充电、特来电、国家电网、云快充、南方电网等五家头部企业公共充电桩保有量约89.1万个，占比约78%。

表12 2020～2021年新能源汽车与充电基础设施保有量

年度	新能源汽车保有量（万辆）	充电基础设施保有量(万个)		车桩比
2020	492	168.2	80.7(公共)	2.9∶1
			87.4(私人)	
2021	784	261.7	114.7(公共)	3.0∶1
			147.0(私人)	

资料来源：公安部、中国电动汽车充电基础设施促进联盟。

根据中国电动汽车充电基础设施促进联盟统计数据，截至2021年底，公共充电桩保有量114.7万个，排名前十的区域共建成充电桩82.2万个，

占比71.67%，区域集中度较高，主要分布在广东、上海、江苏、北京、浙江、山东、湖北、安徽、河南、福建等地区（见表13）。

表13　2021年公共充电桩分布情况

单位：万个，%

省级行政区域	保有量	占比
广东	18.2	15.87
上海	10.3	8.98
江苏	9.7	8.46
北京	9.7	8.46
浙江	8.2	7.15
山东	6.0	5.23
湖北	5.9	5.14
安徽	5.8	5.06
河南	4.4	3.84
福建	4.0	3.49
其他省级行政区域	32.5	28.33
总计	114.7	100.00

（二）头部企业数量与规模有所扩大

根据中国电动汽车充电基础设施促进联盟数据，2021年，公共充电桩数量超过10万个的运营企业共4家，比2020年多1家，前4家企业公共充电桩数量为85.15万个，占比74.2%；公共充电桩数量超过1万个的运营企业共13家，比2020年多3家，前13家企业公共充电桩数量为106.54万个，占比92.9%（见图11）。

（三）换电站建设规模不断扩大

2021年，重型货运、出租网约与私人乘用车等领域换电站建设不断加速。截至2022年3月底，全国已建成乘用车换电站1451座，其中蔚来汽车915座、奥动新能源429座、杭州伯坦108座；国家电投建成商用车换电站近100座。宁德时代发布换电品牌EVOGO，聚焦换电模式的通用解决方案，

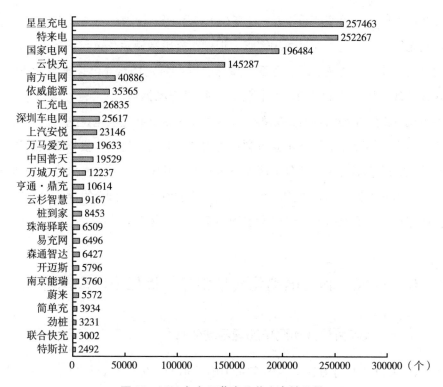

图 11　2021 年各运营商公共充电桩总量

资料来源：中国电动汽车充电基础设施促进联盟。

打造"巧克力电池"新型服务模式，首批 4 座换电站在厦门启动。根据企业发布资料，到 2025 年，奥动新能源规划建设 1 万座换电站，吉利规划建设 5000 座换电站，蔚来汽车规划建设 4000 座换电站（包括海外换电站 1000 座），国家电投规划建设换电站 4000 座，宁德时代计划 2021 年完成 30 座换电站建设。随着新能源汽车换电试点工作有序推进，换电站规模将进一步扩大。

（四）充电设施布局不合理、政策机制不完善

我国充电基础设施仍面临 些问题，难以满足新形势下新能源汽车补能需要。一是发展不均衡。公共充换电设施主要集中于一线中心城市，二、三

线及以下城市覆盖率严重不足，"有车无桩"问题较为严重；城市中心区域公共充换电设施基本满足使用需求，但城市外围区域、乡镇与农村地区设施建设明显滞后，高速公路服务区、城际公路等特定场景充电设施数量不足，导致平常时段"有桩无车"，节假日期间"充电拥堵"。二是行业盈利难。由于充电设施布局结构有待完善，我国主要城市公共充换电设施平均利用率依然不高，导致充电设施企业盈利普遍困难，制约了进一步投资建设的积极性。三是政策不完善。部分地区充电设施配套政策不完善，私人充电桩建设难、老旧充电设施运营维护不足、充电设施建设参与方配合力度不足等问题长期存在，影响充电网络健康发展和消费者使用体验。

五 政策：强化电动化转型引导，优化推广应用环境

（一）双碳目标推动汽车加速电动化转型

自2020年9月习近平主席宣布中国碳达峰、碳中和目标以来，国家层面不断深化顶层设计，系统布局落地行动。2021年10月，中共中央、国务院印发《关于完整准确全面贯彻新发展理念做好碳达峰碳中和工作的意见》（以下简称《意见》），对碳达峰碳中和工作进行系统谋划和总体部署，并从加快构建清洁低碳安全高效能源体系、加快推进低碳交通运输体系建设等10个方面提出31项重点任务，明确了"双碳"路线图、施工图。同月，国务院印发《2030年前碳达峰行动方案》（以下简称《方案》）聚焦"十四五"和"十五五"两个碳达峰关键期，对碳达峰行动作出总体部署，并提出包括能源绿色低碳转型行动、交通运输绿色低碳行动在内的"碳达峰十大行动"。《意见》和《方案》均提出要大力推广新能源汽车。其中，《方案》更加明确要逐步降低传统燃油汽车在新车产销和汽车保有量中的占比，推动城市公共服务车辆电动化替代，推广电力、氢燃料、液化天然气动力重型货运车辆，设定到2030年新增新能源、清洁能源动力的交通工具比例达到40%左右的目标。

（二）财税政策稳定市场预期

为稳定新能源汽车市场消费预期，财政部门对新能源汽车财税政策措施进行提前研究和发布。一是提前明确2022年新能源汽车购置补贴政策方案，保持现行技术指标体系不变，按照既定力度退坡，并取消了200万辆补贴规模上限，积极稳妥促进车辆推广应用。二是及时调整或更新2021~2022年新能源汽车免征车辆购置税政策和2022~2023年享受车船税优惠的节能与新能源汽车产品技术要求。车辆购置税优惠政策仅对受电动汽车测试标准更新影响较大的PHEV乘用车技术要求进行了调整，其他车型仍沿用原技术要求；车船税优惠政策对节能汽车技术要求不做调整或仅小幅加严，对新能源汽车仅调整了PHEV技术要求，与车辆购置税政策达成一致，以适应节能与新能源汽车产业发展和技术进步需要，从而保持市场总体稳定，避免因技术要求变更对市场造成过大冲击。

（三）推动新技术新模式创新应用

财政部等五部门正式启动燃料电池汽车示范应用工作，先后批准北京、上海、广东、河南、河北等五大示范城市群开展燃料电池汽车示范应用，支持地方加快建立完整产业链供应链，探索合理商业模式。工信部启动新能源汽车换电模式试点应用工作，将试点城市分为综合应用类、重卡特色类，评选出具有良好产业基础、示范场景、试点内容和目标清晰合理的8个综合应用类城市（北京、重庆、长春、济南、南京、合肥、武汉、三亚）、3个重卡特色类城市（包头、唐山、宜宾）纳入试点范围。工信部试行智能网联汽车道路测试与示范应用管理规范，交通运输部组织开展自动驾驶应用试点。同时，为解决汽车电动化、智能化、网联化给产业安全监管带来的风险挑战，市场监管总局等部门联合启动汽车安全沙盒监管试点工作，在后市场阶段对车辆应用的前沿技术进行深度安全测试，引导企业查找问题并加以改进，变被动监管为主动监管，鼓励企业应用新技术。

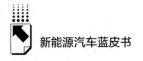

（四）优化使用保障助力推广应用

2021 年以来，我国新能源汽车市场加速渗透，但充电基础设施发展仍存在居民小区建桩难，公共设施不均衡、不协调等问题，2022 年 1 月，国家发展改革委等部门发布《关于进一步提升电动汽车充电基础设施服务保障能力的实施意见》（发改能源规〔2022〕53 号），明确要加快提升居住社区、城乡地区、高速公路充换电保障能力，加强新技术研发应用、充换电设施运维和网络服务以及质量与安全监管，做好配套电网建设与供电服务，加大财税金融支持力度，全面提高用户充电保障能力；目标到"十四五"末，我国电动汽车充电保障能力进一步提升，形成适度超前、布局均衡、智能高效的充电基础设施体系，能够满足超过 2000 万辆电动汽车充电需求。同时，中国保险行业协会发布的《新能源汽车商业保险专属条款（试行）》于 2021 年 12 月 27 日正式上线开启新能源条款相关服务。专属条款充分考虑新能源汽车风险特征与使用场景特性，在保险标的确定、主险条款设计与保险责任划分、附加险种设置以及月折旧率设定等方面更符合新能源汽车产品特点和风险特征，基本覆盖新能源汽车行驶、停放、充电、作业等多场景的常见风险，扩大了对新能源汽车的保障范围，更加满足消费者保险需求。

（五）地方多措并举优化消费环境

主要城市不断调整新能源汽车指标管理政策要求，并加强新能源汽车促消费支持。北京更加重视刚需家庭用车需求，新能源小客车配置指标数量优先向家庭配置，配比由 2021 年的 60% 上调至 2022 年的 70%，2023 年及以后该比例调整为 80%；深圳进一步放宽新能源汽车指标申领条件；广州计划加强新能源汽车管理要求。2022 年以来，各地还积极响应国家促消费号召，广东、上海、重庆、天津等诸多城市发布了购车消费支持、下乡支持、购车指标放宽、补能费用优惠、以旧换新支持等优惠政策，进一步优化新能源汽车市场消费环境。

六　指数：综合竞争力大幅提升，成为引领
　全球转型的重要力量

（一）中国产业国际竞争力稳步提升，逐步迈向高质量发展阶段

2021 年，中国新能源汽车产业国际竞争力排名第二，比 2020 年提高一位。综合指数为 97.2，是美国的 97.2%、德国的 1.01 倍、日本的 1.05 倍、韩国的 1.09 倍。

从新能源汽车产业国际竞争力排名可以看出，中国从 2012 年的第五位稳步提升至 2021 年的第二位，竞争力相对数值也从 2012 年的 62 提升至 2021 年的 97，中国新能源汽车产业国际竞争力稳步提高（见图 12）。

（二）企业竞争力明显提高，未来竞争将进一步加剧

2021 年新能源汽车企业综合指数为 267.1，同比增长 59%。2021 年，我国新能源汽车企业竞争力格局发生了较大变化，新能源汽车市场已经突破 2019~2020 年的瓶颈期，进入快速发展阶段。政策引导向市场主导转换、疫情反复与缺芯持续等市场环境的变化，使得企业排名不断变化。新能源乘用车企业竞争力格局从 2019 年的"四强"并立格局（比亚迪、北汽集团、上汽集团、吉利汽车）逐步演变为 2020 年的"三强"鼎立（上汽集团、特斯拉、比亚迪），再到 2021 年逐渐形成的"两足"鼎立（上汽集团、比亚迪），传统车企和造车新势力企业纷纷加速电动化布局，市场竞争日益激烈；新能源客车企业竞争力格局相对稳定，宇通客车头部地位愈发稳固，中通客车和中车电动表现亮眼，企业竞争力稳步提升。

（三）产品电动智能化水平良好，部分性能仍需持续改进

CCRT 智能电动汽车测评体系 2021 年对 10 款车型产品进行测试，通过智能化、电动化、驾乘体验、健康环保以及品质与保障五个板块，对车辆的性

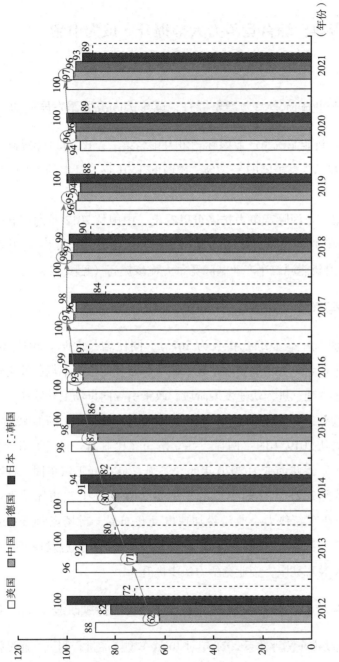

图 12 2012～2021 年新能源汽车产业国际竞争力综合指数

资料来源：根据中汽政研评价结果。

能指标进行全面分析。从总体得分率来看，10 款车型整体水平较好，平均得分率为 80.5%。其中，智能化方面，受测车型均具备一定程度的辅助驾驶安全与体验感，但仍存在预期功能安全水平不足、驾驶员监控机制不健全等问题。电动化方面，受测车型在常温测试下表现良好，而对于低温驾驶工况，其续驶里程衰减率较高，续驶里程估计准确度较低，并且电耗和百公里充电速率依然是困扰电动化性能的主要问题。在驾乘体验和健康环保方面，受测车型表现相近且相对良好，其性能表现能够基本满足使用要求。在品质与保障方面，受测车型的电磁抗扰性能、涉水性能较好，大部分车型获得满分，但也存在车型正面、尾部低速碰撞后的维修成本过高，低速碰撞经济性较低的问题。

七　建议：坚持扩内需、稳外需并重齐抓，持续推动产业高质量发展

我国高度重视新能源汽车产业发展，在全球范围内率先明确了发展新能源汽车的国家战略，采取综合措施推动产业创新发展。当前，新一轮科技革命和产业变革加速演进，我国新能源汽车产业仍处于"爬坡过坎"的关键时期，亟须再"扶一把、送一程"。建议立足新发展阶段，瞄准产业发展制高点，突出抓好重点领域和关键环节，加强统筹规划，建立适应新形势、新需求的政策体系，推动新能源汽车高质量发展。

（一）供需两端发力，持续优化完善支持政策

我国新能源汽车产业已进入规模化快速发展新阶段，为继续保持高速发展态势，巩固新能源汽车发展优势，守住"第一方阵"地位，仍需做好下一步政策支持工作。一是充分发挥财税政策积极作用。尽早研究明确 2023 年及以后新能源汽车车辆购置税优惠延续政策，加大对新一代智能电动汽车的支持力度。二是优化完善行业管理。尽快明确 2024 年及以后乘用车双积分政策管理要求，完善积分交易市场供需调节机制，加快制定商用车积分管

理政策。进一步完善智能网联汽车行业管理及安全保障体系。三是营造新能源汽车良好使用环境。研究出台"十四五"期间充电基础设施支持政策。力促地方政府清理和取消新能源汽车各类"限购""限行"政策。鼓励有条件的地方试点实施设立低排放区或零排放区、建设新能源汽车专属停车位、差异化征收停车费以及差异化设定道路使用权等政策。

（二）聚焦关键领域，增强双链安全可控能力

面向电动化、网联化、智能化融合发展新趋势，加快推动关键核心技术创新及产业化发展，进一步增强我国下一代新能源汽车在技术链、产业链方面的安全可控能力。完善以企业为主体、市场为导向、产学研用相结合的技术创新体系，充分依托国家科技计划，开展新一代动力电池新材料、高性能传感器、高算力芯片、车用操作系统、集成化电子电气架构、线控执行、V2X、高精度地图、网络安全等电动化、网联化、智能化先进技术创新突破，全面提升下一代新能源汽车核心技术水平。加快提升产业基础能力和产业链现代化水平，系统梳理识别产业链薄弱环节及"卡脖子"清单，设定分阶段、分领域的任务和目标，开展关键基础技术和产品的工程化攻关，重点支持行业的自主领军企业形成突破，尽早实现国产化替代及产业化应用。通过建立双链融合的"链长制"，打造政府部门、骨干企业、行业机构、产业基金协同体系，推动产业链资源统筹整合，加速产业链上下游协同，提升产业链稳定性和竞争力。

（三）结合重点领域，多措并举推进市场发展

我国新能源汽车成本优势尚未形成、充电设施供需不平衡、新技术新模式发展缓慢等问题依然存在，仍需多措并举稳步推进市场发展。一是推进新技术新模式示范应用。积极推进燃料电池汽车示范应用工作，加强关键零部件技术研发，加快产品研发和生产。开展换电模式应用试点，推动高效补能方式的发展和应用。开展智能网联汽车与智慧城市协同发展试点，探索双智商业化运营的路径。二是开展新能源汽车推广专项行动。加快启动公共领域

车辆电动化试点，提升城市物流配送、重型货车等领域车辆的电动化水平。开展新能源汽车下乡活动，合理引导消费者购买低碳环保车辆，促进大众消费。三是加快完善充换电基础设施布局。优化充换电基础设施规划布局，加强运维和网络服务，提高补能效率。研究出台充换电基础设施奖励政策，加快充换电基础设施建设。推进新能源汽车与绿色能源融合创新发展，开展有序充电、车网融合等技术应用示范。

（四）强化资源保障，加快夯实产业物质基础

原材料资源是促进我国新能源汽车产业高质量发展的物质基础，是实现产业规模化发展的重要推动力。当前，我国锂、钴、镍等动力电池关键原材料对外依存度均高达 80% 以上，资源保障面临严峻形势。建议充分利用全球市场资源，积极构建国内国际资源互济保障体系。一是对内强化供应体系。加快国内锂、镍等关键资源的开发和供给速度，同步加强产业链上下游企业供需对接和工作协调；严厉打击囤积居奇、资源炒作等不正当竞争行为，保障国内资源市场供需和价格稳定；健全电池及零部件回收利用体系，有序推进新能源汽车零部件再制造再利用发展；加强动力电池技术与材料创新，鼓励企业创新研发低锂、低镍、低钴或无钴电池技术，提升关键资源利用率。二是对外畅通贸易渠道。积极实施"走出去"战略，大力拓宽境外资源合作渠道和领域，支持国内企业参与海外矿产资源并购；对进口依赖度较高的原材料资源，研究实施海外贸易支持政策，帮助企业降低进口环节成本；将关键资源纳入国家战略资源储备管理，设置专项基金保障海外供应，提升关键资源保障能力。

（五）深化国际合作，全面融入全球市场

新能源汽车国际化发展是大势所趋，我国新能源汽车产业应紧跟全球化发展大趋势，全面增强国际竞争能力。从企业层面，一是完善海外经营布局，引导和鼓励优势企业制定中长期国际化发展战略，积极进行海外布局。积极开展国际产能合作，大力推进海外汽车产业园区建设，依托境外经贸合

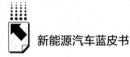

作区、工业园区等，承载汽车行业对外投资项目。二是引进海外先进技术，鼓励企业围绕新能源汽车关键"卡脖子"技术，积极与海外企业开展合作，引进海外先进技术并进行消化吸收再创新。从政府层面，一是加强国际经贸规则合作交流，充分发挥多边、双边合作和高层对话机制作用，积极参与欧盟碳边境调节机制等国际经贸规则制定，破除绿色壁垒。二是推动标准协同与国际互认，积极参与新能源汽车领域国际标准的制修订，提升国内标准与国际标准的一致性，推动全球电动汽车产品相关标准协同与国际互认。三是拓宽境外资源合作渠道，将新能源汽车关键原材料资源纳入国家战略资源储备管理，加强储备、海外并购、联合开矿等供应安全保障措施。对进口依赖度较高的原材料资源，研究实施海外贸易支持政策，提升关键资源保障能力。

回 顾 篇
Reviews

本篇重点回顾了 2009 年以来我国新能源汽车产业发展历程，分析产业发展成效并总结发展经验，提出面向下半场的发展建议。

从发展历程来看，我国新能源汽车产业分为"技术探索、试点示范、推广应用、快速发展、规模化应用"五个阶段：2009 年以前以技术创新布局和北京奥运会等赛事活动示范为主；2009～2012 年开展了"十城千辆"示范工程，明确了面向 2020 年产业发展规划，初步实现产业化发展；2013～2015 年强化政策体系建设，产业由导入期进入发展期；2016～2020 年新能源汽车智能化实现快速发展，自主品牌开始向上发展；2021 年至今产业进入规模化快速发展的新阶段。

从发展成效来看，我国新能源汽车产业累计制定出台了 300 多项国家政策，已发布 106 项新能源汽车国家和行业标准；贯通了基础材料、关键零部件、整车、制造装备等产业链关键环节，形成了配套完整、自主可控的产业体系；市场规模连续七年稳居世界首位，整车和关键零部件等部分技术和产品达到世界领先水平；充电基础设施保有量达到 261.7 万个，已建成全球最大规模充电设施网络；竞争力显著增强并跻身世界强国之列，从 2012 年排名第五逐步提升至 2021 年排名第二；截至 2021 年底，每年可节省燃油消耗超 1000 万吨，累计减少二氧化碳排放超过 1 亿吨，整车累计消费约 1.6 万亿元，带动全产业链工业增加值超过 6.4 万亿元。

从发展经验来看，在顶层战略上抢抓战略机遇并保持战略定力，在政府

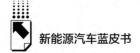

角色上充分发挥政府在战略性新兴产业发展中的重要作用，在政策支持上建立系统、精准、开放的政策法规体系，在生态体系上发挥超大规模市场优势建立内循环生态体系，在产业格局上以开放的思维推进产业转型升级。但产业发展也面临新的形势和需求，需要从管理层面、政策层面、产业层面加强分析研判、认真研究应对，以加快推动新能源汽车产业进一步转型升级。

展望未来，我国新能源汽车产业实现普及化发展仍任重道远，需要政策持续支持；产业新技术新模式将不断涌现，加强技术创新应用；跨领域跨行业融合创新势不可挡，把握机遇统筹推进；汽车产业的全球化发展更加明显，需要全面增强竞争能力。

B.2
中国新能源汽车产业发展回顾

新能源汽车政策研究课题组 *

摘　要： 我国新能源汽车产业经历了初期的技术攻关和示范应用，以及全国推广的快速发展阶段，最终成为引领全球汽车产业转型升级的重要力量。经过 20 余年产业发展，我国新能源汽车构建了全方位、系统化的政策体系，建立了完备的技术标准体系，形成了结构完整、自主可控的产业体系，部分技术和产品达到世界领先水平，市场规模连续 7 年稳居世界首位，建成全球最大规模充电设施网络，国际竞争力水平不断提升，取得了显著的经济效益和社会效益。在产业发展过程中，我国新能源汽车在顶层战略、政府角色、政策支持、生态体系、产业布局等层面积累并形成了"五大经验"，为全球新能源汽车发展贡献了中国智慧和中国方案。当前，全球汽车产业正在经历百年未有之大变局，我国新能源汽车产业发展面临新机遇、新挑战，要积极化危为机，加强统筹布局，建立适应新形势、新需求的政策体系，在变局中实现汽车产业高质量发展。

关键词： 新能源汽车　汽车产业　政策体系

---

* 新能源汽车政策研究课题组：组长姚占辉，高级工程师，中汽中心中汽政研新能源汽车政策研究部部长，长期从事新能源汽车政策研究；参与本文编写的课题组成员包括李鲁苗、吴征、简晓荣、吴喜庆、姜运哲、刘可歆、陈宜霖、李永康、时间、周玮。特别感谢中汽中心汽车标准化研究所郑天雷、徐枭、郝维健对新能源汽车标准内容的支持。

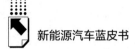

从 2001 年"十五"国家"863 计划"电动汽车重大科技专项启动算起，我国新能源汽车发展已历经 20 余年。我国新能源汽车产业保持战略定力，坚持一张蓝图绘到底，实现从无到有、从小到大，产业体系日趋完善，技术水平显著提升，产业规模持续壮大，位列全球新能源汽车第一梯队，走出了一条符合中国国情的新能源汽车发展道路。回顾过去，我国新能源汽车向国家、社会和大众消费者交出了一份亮丽成绩单，"上半场"取得积极成效。展望未来，我国汽车和新能源汽车产业面临新形势、新挑战，实现汽车强国目标仍任重道远，需要充分借鉴前期经验，砥砺前行，全力以赴应对"下半场"。

一 发展历程回顾

本文将我国新能源汽车产业 20 余年发展历程，分为"技术探索、试点示范、推广应用、快速发展、规模化应用"五个阶段，每个阶段的技术水平、产品性能、产业结构、政策标准、市场推广等都发生了变化，呈现不同的发展特点。本文在参考历年新能源汽车蓝皮书研究成果基础上，以政策变化、产业发展为回顾主线，结合行业重大事件，梳理和总结各阶段的发展情况和特征。

（一）2009年以前：技术创新布局和赛事活动示范

此阶段主要由政府牵头引导，开展研发布局并推动行业开展技术创新，依托重大赛事活动开展示范。重要事件包括"十五"国家"863 计划"电动汽车重大科技专项明确"三纵三横"研发布局、北京奥运会等赛事活动开展示范运营。

20 世纪 90 年代，美国、日本、欧洲等国家和地区重视零排放汽车的发展，我国也将发展电动汽车提上了日程。"八五""九五"期间，国家科技攻关计划①等提出对具有长远战略意义的电动汽车产业，支持基础性技术攻

---

① 国家科技攻关计划是第一个国家科技计划，也是 20 世纪中国最大的科技计划，1982 年开始实施。

关，实施电动汽车重大科技产业工程。1995 年，河北胜利客车厂、美国西屋公司、国防科工委、北京理工大学联合研发生产了 12 米长"远望号"纯电动客车①（见图 1）；1997 年，我国研发制造完成具有完全自主知识产权的新能源汽车用电机电控系统、自动变速传动系统；1998 年，我国加强动力电池布局②，并在许多整车和关键零部件技术上实现了"零"的突破。21世纪开始，我国继续加强新能源汽车自主研发能力建设，并推动生产制造能力建设，支持整车和零部件企业产业化发展。

图 1　"远望号"纯电动客车

资料来源：《中国汽车报》。

"十五"时期（2001~2005 年），我国明确了新能源汽车技术研发布局。2001 年，我国开始实施"十五"国家"863 计划"电动汽车重大科技专项③，

① 1995 年，胜利客车厂与美国西屋公司和国防科工委、北京理工大学联手合作，共同研发生产了长达 12 米的"远望号"纯电动客车。其中，美国负责提供动力系统、电机及控制器、电池等，中方负责开发电动汽车车身和底盘。

② 1997 年亚洲金融风暴爆发，全球的电池产品价格暴跌，在动力电池领域独占大头的日本企业，不得不加速退出镍镉电池市场。在此时机下，中国电池企业顺势进入镍镉电池行业，尤其是比亚迪与飞利浦、松下、索尼等日企达成合作，逐渐占据了镍镉电池市场。

③ 从国家汽车产业发展战略的高度出发，选择新一代电动汽车技术作为我国汽车科技创新的主攻方向，组织企业、高等院校和科研机构，以官、产、学、研"四位一体"的方式，联合进行攻关。

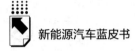

提出了"三纵三横"研发布局，即以混合动力汽车、纯电动汽车、燃料电池汽车三种整车技术路线为"三纵"，以多能源动力总成控制系统、电机及其控制系统、电池及其管理系统三个技术路线为"三横"，为我国新能源汽车技术创新和产业发展奠定了坚实的技术研发基础。"十五"期间，国家投入8.8亿元资金，支持整车企业、关键零部件企业、高校院所等开展电动汽车自主研发创新，并同步开展政策、法规、标准研究。经过五年左右发展，我国建立了涵盖电动汽车整车、关键零部件的共性技术研发创新平台，部分整车样车及动力电池、驱动电机的性能水平接近国际先进水平，申请了400余项发明专利，建立了一批产业化的中试基地和生产线，在企业和科研院所中培育了一批创新研发团队，基本完成了电动汽车技术储备工作（见表1）。

表1 "十五"国家"863计划"电动汽车重大科技专项取得的成果

项目	进展
共性研发技术平台	①建立了整车、动力蓄电池、驱动电机、燃料电池发动机等7个公共检测和试验平台，并制定出相关测试规范 ②建立起一批产业化的中试基地和生产线
整车技术开发	①燃料电池轿车和客车技术指标接近国际先进水平，运行里程均已超过3万公里 ②混合动力汽车性能样车节油30%以上，排放减少30%，轿车和客车最高车速分别超过160km/h和80km/h ③纯电动客车动力性、经济性均达到国际先进水平 ④纯电动轿车车型（天津清源开发）于2005年向美国出口112辆
关键零部件研发	①研制出轿车用净输出30~60kW、客车用净输出60~150kW的燃料电池发动机 ②大功率镍氢、锂离子动力电池功率密度等性能指标已接近国际先进水平 ③车用驱动电机产品的功率密度、效率等指标达到国际先进水平
商业化示范运营	在北京、天津、深圳、武汉、杭州、威海、株洲等7个城市开展小规模示范
人才队伍	形成涵盖200多家企业、高校和科研院所，2000多名技术骨干的研发队伍
标准建立	出台26项国家标准
专利水平	累计申请了796项国内外专利，其中发明专利413项

资料来源：科技部网站。

"十一五"时期（2006~2010年），我国新能源汽车进入技术研发和产业化同步推进阶段。2006年，我国开始实施"十一五"国家"863计划"节能与新能源汽车重大项目，按照"三纵三横"的研发布局，以整车集成为载体、动力系统为核心，重点突破关键零部件瓶颈技术，支撑产业化示范推广，5年累计投入11.6亿元中央财政资金。经过5年左右发展，我国攻克了节能与新能源汽车关键技术，形成了55个节能与新能源汽车研发平台、87个产业化基地，建立了15个国家试验室和工程技术中心，累计申请专利2011项（含发明专利1015项），占全球专利总量的8%。[1]

此阶段，我国举办的重大国际活动、赛事开始示范使用新能源汽车，为今后新能源汽车示范推广奠定了坚实基础（见图2）。2008年北京奥运会期间，我国实现了500辆节能与新能源汽车的投放和使用[2]，履行了"奥运中心区零排放"的申奥承诺[3]，也是国际奥运会首次提供种类最多、技术最先进、规模最大的零排放车辆运营服务。奥运会期间，新能源汽车"零失误、零故障"表现，进一步增强了我国企业发展新能源汽车的信心和决心，也为后续其他赛事活动的示范使用提供了借鉴。[4]

（二）2009~2012年：启动试点示范和明确发展战略

此阶段，中央政府在继续支持技术研发创新的基础上，还安排专项资金推动新能源汽车示范应用，并明确新能源汽车发展战略、研究制定新能源汽车产业发展规划以及相关支持政策。重要事件包括科技部等联合开展"十城千辆"示范工程、财政部发布购置补贴政策、国务院发布实施《节能与

---

[1] http://m. chinabgao. com/viewpoint/2355. html.

[2] 涵盖320余辆纯电动场地车（奥运场馆间）、75辆混合动力轿车（出租用车）、20辆燃料电池轿车（公务用车）、3辆燃料电池客车（公交车）、50辆锂离子电池纯电动客车（奥运村内环线等三条公交线路）、25辆混合动力客车（奥运公交专线）。

[3] 在1999年申奥承诺里面有一项要求：如果申奥成功，要在奥运中心区实现公交系统零排放。

[4] 2010年，上海世博会投放了超过1000辆新能源汽车，并配建了充电站、加氢站等基础设施，成为当时全球规模最大的新能源汽车商业化运营实践案例。2011年，深圳大运会投放了超过3000辆节能与新能源汽车，是当时集中示范车辆最多的活动。此外，2009年大连达沃斯论坛、2010年广州亚运会均投放了百辆节能与新能源汽车。

（a）2008年北京奥运会

（b）2009年大连达沃斯

（c）2010年上海世博会

（d）2011年深圳大运会

图2　投放使用节能与新能源汽车的国家重大活动

资料来源：网上资料。

新能源汽车产业发展规划（2012-2020年）》等。

2009年1月，科技部、财政部、国家发改委、工信部联合启动"节能与新能源汽车示范推广应用工程"，行业俗称"十城千辆"① 工程（见表2）。为了支持节能与新能源汽车示范推广，2009~2012年财政部对消费者购买列入《节能与新能源汽车示范推广应用工程推荐车型目录》（以下简称《推荐目录》）的车辆提供购置补贴，到2012年已累计投入200亿元。② 通过"十城千辆"工程，我国新能源汽车在产品数量、技术创新、市场推广和产业链等方面均实现了跨越式发展。截至2012年底，《推荐目录》涵盖

---

① 通过提供财政补贴，计划用3年左右时间，每年发展10个城市，每个城市推出1000辆新能源汽车开展示范运行，涉及这些大中城市的公交、出租、公务、市政、邮政等领域。

② https：//auto. dbw. cn/system/2009/09/26/052130970. shtml.

了 97 家汽车生产企业的 628 个产品型号①，25 个示范城市共推广示范新能源车辆 2.7 万辆，包括 2.3 万辆公共服务领域车辆和 0.4 万辆私人购买车辆。在技术路线上，整车涵盖纯电动、增程式、并联混动、混联混动等多元化技术路线，动力电池形成了磷酸铁锂、锰酸锂、超级电容、镍氢等多种类型。在产业链发展上，我国培育发展了一批重要的整车和关键零部件企业，以奇瑞、江淮、比亚迪等为代表的纯电动乘用车，以宇通、中通等为代表的纯电动客车，均实现了批量生产销售；以中信国安盟固利、中航锂电、合肥国轩高科、比克电池等为代表的动力电池企业，以精进电动、上海电驱动、天津松正、上海大郡等为代表的驱动电机和电机控制器企业，均实现了向整车企业批量配套。

表 2　"十城千辆"工程示范城市

批次	城市数量(个)	城市名单
第一批	13	北京、上海、重庆、长春、大连、杭州、济南、武汉、深圳、合肥、长沙、昆明、南昌
第二批	7	天津、海口、郑州、厦门、苏州、唐山、广州
第三批	5	沈阳、成都、呼和浩特、南通、襄樊

资料来源：工信部网站。

从战略和政策上看，这一期间，国际上部分国家积极探索新能源汽车支持政策，也有很多国家犹豫不决，对发展新能源汽车持怀疑态度。我国抓住了战略机遇，做了大量探索和实践工作（见表 3）。一是将发展新能源汽车作为战略导向。2009 年 3 月 4 日全国两会上，时任国家主席胡锦涛提出"发展新能源汽车代表了世界汽车业发展的方向，也符合我们的国情"，为我国汽车产业转型升级指明了方向。2009 年 3 月，国务院发布实施《汽车产业调整和振兴规划》，首次在顶层规划文件中提出"实施新能源汽车战略"，并明确了电动汽车在产能建设、市场占比、企业技术能力等方面的发展目标，进一步坚定了行业、企业和投资者的信心。2010 年 9 月，国务院常务会议上通过

---

① 数据来自《中国新能源汽车产业发展报告（2013）》。

《国务院关于加快培育和发展战略性新兴产业的决定》，将新能源汽车列为七大战略性新兴产业之一。2012 年 7 月，国务院印发《节能与新能源汽车产业发展规划（2012-2020 年）》，确立了发展新能源汽车的国家战略，系统提出了市场、技术等目标：到 2015 年实现纯电动汽车和插电式混合动力汽车累计产销量达到 50 万辆，动力电池模块比能量达到 150Wh/kg 以上；到 2020 年实现累计产销量 500 万辆，动力电池模块比能量达到 300Wh/kg 以上。二是对新能源汽车给予财税支持。2009 年 1 月，财政部和科技部联合发布《关于开展节能与新能源汽车示范推广试点工作的通知》，并制定了《节能与新能源汽车示范推广财政补助资金管理暂行办法》，对开展试点的新能源汽车给予购置补贴，补贴标准依据节能与新能源汽车和传统汽车的基础差价，并适当考虑技术进步、规模效应等因素确定。深圳、合肥、杭州等试点城市也制定了地方购置补贴政策，并在车辆推广、充电桩建设、停车优惠等方面出台了系列政策。2012 年 3 月，财政部等发布《关于节约能源 使用新能源车船车船税政策的通知》，开始实施新能源汽车车船税免征政策。三是初步建立适应新能源汽车产业发展特征的准入管理制度。2007 年 10 月，国家发改委发布《新能源汽车生产准入管理规则》，规定了新能源汽车产品量产的门槛和技术标准，为新能源汽车产品投放市场奠定了基础。2009 年 6 月，工信部出台了《新能源汽车生产企业及产品准入管理规则》，对新能源汽车"起步期、发展期、成熟期"三个技术阶段的产品提出了细化要求。

表 3　2009~2012 年中央层面新能源汽车主要政策

发布时间	发布部门	政策名称	核心内容
2009 年 1 月	财政部、科技部	《关于开展节能与新能源汽车示范推广试点工作的通知》（财建〔2009〕6 号）	在 13 个城市①开展试点工作，对采购公共服务领域的混合动力汽车、纯电动汽车和燃料电池汽车，提供一次性定额补助

① 13 个城市包括北京、上海、重庆、长春、大连、杭州、济南、武汉、深圳、合肥、长沙、昆明、南昌等。

发布时间	发布部门	政策名称	核心内容
2009 年 3 月	国务院	《汽车产业调整和振兴规划》	经过 3 年时间（2009～2011 年），形成 50 万辆纯电动、充电式混合动力和普通型混合动力等新能源汽车产能，新能源汽车销量占乘用车销售总量的 5%左右；提出"实施新能源汽车战略"
2009 年 6 月	工业和信息化部	《新能源汽车生产企业及产品准入管理规则》（工产业〔2009〕第 44 号）	将新能源汽车划分为起步期、发展期、成熟期三个不同的技术阶段①，对不同技术阶段的产品实施差异化管理方式；自 2009 年 7 月 1 日起实施
2010 年 10 月	国务院	《国务院关于加快培育和发展战略性新兴产业的决定》（国发〔2010〕32 号）	将新能源汽车列为七大战略性新兴产业之一，着力突破动力电池、驱动电机等关键核心技术，推进纯电动、插电式混合动力汽车推广应用和产业化，开展燃料电池汽车相关前沿技术研发
2012 年 3 月	财政部、国家税务总局、工业和信息化部	《关于节约能源 使用新能源车船车船税政策的通知》（财税〔2012〕19 号）	纯电动商用车、插电式（含增程式）混合动力汽车、燃料电池商用车免征车船税，纯电动乘用车和燃料电池乘用车不属于车船税征税范围；自 2012 年 1 月 1 日起实施
2012 年 3 月	科技部	《电动汽车科技发展"十二五"专项规划》（国科发计〔2012〕195 号）	重点突破电池、电机、电控等关键核心技术，以及电动汽车整车关键技术和商业化瓶颈，明确了技术平台"一体化"、车型开发"两头挤"、产业化推进"三步走"发展路径
2012 年 7 月	国务院	《节能与新能源汽车产业发展规划（2012 - 2020 年）》（国发〔2012〕22 号）	到 2020 年，纯电动汽车和插电式混合动力汽车生产能力达 200 万辆、累计产销量超过 500 万辆

资料来源：中汽政研整理。

---

① 根据新能源汽车整车、系统及关键总成技术成熟程度，国家和行业标准完善程度以及产业化程度划分。

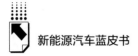

国家政策的大力支持，极大地调动了汽车企业研发生产新能源汽车的积极性。一是整车企业积极开展新能源汽车业务布局。汽车企业纷纷成立新能源汽车分公司或事业部，如江淮汽车成立新能源汽车部（2009 年 3 月）、北汽集团成立北京新能源汽车股份有限公司（2009 年 10 月）、奇瑞成立奇瑞新能源汽车技术有限公司（2010 年 4 月）、一汽集团成立新能源汽车分公司（2010 年 8 月）等；长安、上汽等企业纷纷发布新能源汽车发展战略，提出面向 2015 年或 2020 年的发展目标，打造新能源汽车专属平台，加强产品布局，扩大产能规模，不断扩大产销规模（见表 4）。这一时期，东风日产、上海通用等少数合资企业也推出了启辰、赛欧等纯电动车型，在华试水新能源汽车市场。二是部分企业积极推进新能源汽车技术研发与产业化。上汽、长安、江淮、吉利、奇瑞、比亚迪等企业也纷纷强化纯电动汽车研发，推出荣威 E50、奔奔 MiNi、同悦 iEV3、帝豪 EC7、瑞麒 M1、比亚迪 E6 等车型，覆盖微型、小型、紧凑型和中型轿车等各级别产品，并实现了小批量量产销售；部分企业也开始加强插电式混合动力汽车的研发产业化，如一汽奔腾 B50 PHEV、上汽荣威 550 PHEV、比亚迪 F3DM 等车型产品。三是关键零部件产业开始集聚。动力电池形成了 6~200Ah 多个系列产品，年产能近 200 亿 Wh，并初步形成了以珠江三角洲、长江三角洲、京津地区和中原地区为主的四大动力电池产业化聚集区域，代表企业包括科力远、国轩高科、中航锂电、天津力神等；驱动电机形成了覆盖 200kW 以下功率范围的系列化产品，核心指标达到相同功率等级的国际水平，代表企业包括上海电驱动、上海大郡、南车时代、精进电动、中山大洋等。

表 4 2012 年主要乘用车企业新能源汽车业务发展情况

企业	产业化情况	发展规划
长安	产品:奔奔 MiNi、奔奔 Love、悦翔等纯电动车型,志翔、杰勋等混合动力车型,志翔燃料电池车型等 市场:截至 2012 年底已销售 2800 余辆 年产能:20 万辆(含混合动力)	到 2020 年,打造 2 个纯电动平台、3 个混合动力平台,产销突破 65 万辆,占长安汽车总销量的 30%

企业	产业化情况	发展规划
上汽	产品:荣威 E50 市场:截至 2012 年底已销售荣威 E50 238 辆 年产能:6000 辆	"十二五"期间新能源汽车销量达到国内市场 20%的份额,陆续推出 5 款产业化的车型
江淮	产品:同悦 iEV 市场:截至 2012 年底已销售 4785 辆,占全国纯电动轿车销量的 60% 年产能:1 万辆	到 2015 年,实现年产能 10 万辆;到"十二五"末实现全面市场化运行
北汽	产品:E 系列和 C70 EV 版 市场:截至 2012 年底已销售 1300 辆 年产能:2 万辆	2015 年前,形成 15 万辆整车产能、20 万套整车控制器产能、15 万套电驱系统产能
比亚迪	产品:比亚迪 E6、K9 等 市场:截至 2012 年底已在深圳销售 2000 余辆 年产能:2 万辆乘用车,400 辆纯电动客车	到 2015 年,纯电动客车年产能达到 500 辆以上

资料来源:《中国新能源汽车产业发展报告(2013)》。

到 2012 年,我国新能源汽车形成了近百家自主整车和零部件企业,形成超过 60 万辆整车生产能力,基本掌握了关键核心技术,累计发布超过 350 款《道路机动车辆生产企业及产品公告》产品,部分产品综合性价比达到或接近同期国际先进水平,并已初步实现产业化发展,累计示范推广节能与新能源汽车近 3 万辆。总体来看,该时期我国新能源汽车仍处于起步阶段,面临技术不成熟、产品成本高、市场推广缓慢、企业投入不足等问题,但在国家政策支持引导下,新能源汽车行业迎来了良好的发展氛围,各类资源开始向新能源汽车领域聚集,为下一阶段新能源汽车规模化发展奠定了坚实基础。

(三)2013~2015年:扩大推广应用和完善政策体系

此阶段,我国在前期试点示范基础上,将新能源汽车推广应用政策扩大到全国实施，并强化了新能源汽车政策体系建设，初步形成了涵盖补贴支持、税收优惠、技术创新、投资管理、准入管理、基础设施、交通出行等全方位的政策体系。同时，国内外企业加速电动化布局、市场呈现爆发式增长。重要事件包括中央领导对新能源汽车发展多次作出重要指示批示、国务院发布新能源汽车推广应用指导意见、外资企业加强中国布局等。

经过"十五""十一五"时期的技术研发及试点应用，我国新能源汽车产业已具备了一定的自主研发和生产制造能力，产品具备了市场化应用的条件。同时，党中央、国务院对发展新能源汽车作出了一系列重要部署，为产业发展指明方向、明确目标。2014年5月，习近平总书记在上海汽车集团考察时，提出"发展新能源汽车是我国从汽车大国迈向汽车强国的必由之路，要加大研发力度，认真研究市场，用好用活政策，开发适应各种需求的产品，使之成为一个强劲的增长点"，进一步强调了我国汽车电动化转型的重大意义。2013~2015年，国务院常务会议多次研究部署新能源汽车发展，提出了"政府公务用车、公交车要率先推广使用新能源汽车""各地不得对新能源汽车实行限行、限购，已实行的应当取消"等要求；时任国务院副总理马凯分别到广东、安徽、上海、湖南、天津、江苏等地调研，并多次主持召开新能源汽车推广应用座谈会，解决了市场推广、技术创新、动力电池、基础设施、专用号牌等多个政策难题。

这一期间，从中央到地方，我国新能源汽车得到了更大力度、更全面的政策支持（见表5）。一是明确了协调机制。2013年11月，经国务院批复同意，我国建立了由工业和信息化部牵头，国家发展改革委、科技部、财政部、公安部等18个部门（后调整为20个）参加的节能与新能源汽车产业发展部际联席会议制度，各地方相继成立产业发展协调机制，构建了横向协同、纵向贯通的工作推进机制，统筹各方力量、形成发展合力，协调解决行业堵点、痛点，推动产业快速发展。二是建立了顶层政策体系。2014年7月，国务院办公厅出台《关于加快新能源汽车推广应用的指导意见》，首次系统建立了新能源汽车发展政策体系，从加快充电设施建设、创新商业模式、加快公共服务领域推广、完善政策体系、破除地方保护、加强技术创新和产品质量监管等方面，进行了系统部署；2015 年 5 月，国务院印发《中国制造 2025》，其作为我国实施制造强国战略第一个十年的行动纲领，从技术路线、核心零部件、自主品牌发展等方面，为新能源汽车的发展明确了方向和目标。三是加大财税政策支持力度。2013~2015 年，我国继续实施新能源汽车购置补贴政策，补贴标准逐年退坡，不再对混合动力汽车提供补贴支持；2014 年 8 月，财政部等发布《关于免征新能源汽车车辆购置税的公告》，开始对消费者购买的新能源汽车免征车辆购置税；2014 年 11 月，财政部等发布《关于新能源汽车充电设施建设奖励的通知》，2013~2015 年对推广城市或城市群提供充电设施奖励支持，其资金与新能源汽车推广数量挂钩；2015 年 5 月，财政部等发布《关于完善城市公交车成品油价格补助政策　加快新能源汽车推广应用的通知》，2015~2019 年对节能和新能源公交车每年提供 2 万~8 万元/辆的运营补贴；2015 年 5 月，财政部等发布《关于节约能源　使用新能源车船车船税优惠政策的通知》，继续实施新能源汽车免征车船税政策。四是配套实施一揽子政策工具。从行业管理、商业模式创新、充电设施发展、推广应用、安全管理等方面，有关部门研究制定了一揽子政策措施，先后出台了政府机关和公共机构购买新能源汽车方案（2014 年 6 月）、用电价格政策（2014 年 7 月）、启动电动汽车分时租赁项目试点（2015 年 1 月）、交通运输行业加快新能源汽车推广应用（2015 年 3 月）、新建纯电动乘用车管理（2015 年 6 月）、安全隐患排查（2015 年 8 月）、充电基础设施建设指导意见（2015 年 9 月）等政策。同时，为加快推动当地新能源汽车产业发展，地方政府配套出台了产业规划、购置补贴、运营补贴、基础设施、交通管理等方面的支持政策文件，截至 2015 年底共计出台超过 160 项政策文件。

表5　2013~2015 年中央层面新能源汽车主要政策

发布时间	发布部门	政策名称	核心内容
2013 年 9 月	财政部、科技部、工业和信息化部、国家发展改革委	《关于继续开展新能源汽车推广应用工作的通知》（财建〔2013〕551 号）	2013~2015 年，对示范城市给予综合奖励；2014~2015 年补贴标准在上一年基础上分别下降 10%、20%（新能源乘用车、纯电动专用车、燃料电池汽车）

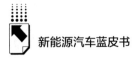

续表

发布时间	发布部门	政策名称	核心内容
2014 年 2 月	财政部、科技部、工业和信息化部、国家发展改革委	《关于进一步做好新能源汽车推广应用工作的通知》(财建〔2014〕11 号)	2014~2015 年补贴标准在 2013 年基础上分别下降 5%、10%
2014 年 7 月	国务院办公厅	《关于加快新能源汽车推广应用的指导意见》(国办发〔2014〕35 号)	从加快充电设施建设、引导企业创新商业模式、推动公共服务领域推广应用、完善财税等政策体系、破除地方保护、加强技术创新和产品质量监管等方面进行部署
2014 年 8 月	财政部、国家税务总局、工业和信息化部	《关于免征新能源汽车车辆购置税的公告》(财政部 税务总局 工业和信息化部公告 2014 年第 53 号)	自 2014 年 9 月 1 日至 2017 年 12 月 31 日,对消费者购买的新能源汽车免征车辆购置税
2014 年 11 月	财政部、科技部、工业和信息化部、国家发展改革委	《关于新能源汽车充电设施建设奖励的通知》(财建〔2014〕692 号)	2013~2015 年,对新能源汽车推广城市或城市群分年度安排充电设施奖励资金,资金与车辆推广考核结果挂钩
2015 年 3 月	交通运输部	《关于加快推进新能源汽车在交通运输行业推广应用的实施意见》(交运发〔2015〕34 号)	至 2020 年,城市公交、出租汽车和城市物流配送等领域的总量达到 30 万辆,新能源汽车运营效率和安全水平明显提升
2015 年 4 月	财政部、科技部、工业和信息化部、国家发展改革委	《关于 2016~2020 年新能源汽车推广应用财政支持政策的通知》(财建〔2015〕134 号)	2016~2020 年,增加单位载质量能量消耗量等指标,2017~2018 年补助标准在 2016 年基础上下降 20%,2019~2020 年补助标准在 2016 年基础上下降 40%
2015 年 5 月	财政部、国家税务总局、工业和信息化部	《关于节约能源 使用新能源车船车船税优惠政策的通知》(财税〔2015〕51 号)	纯电动商用车、插电式(含增程式)混合动力汽车、燃料电池商用车免征车船税,纯电动乘用车和燃料电池乘用车不属于车船税征税范围
2015 年 5 月	财政部、工业和信息化部、交通运输部	《关于完善城市公交车成品油价格补助政策 加快新能源汽车推广应用的通知》(财建〔2015〕159 号)	2015~2019 年,对符合技术指标和运营里程要求的节能和新能源公交车,每年提供定额运营补助

发布时间	发布部门	政策名称	核心内容
2015 年 6 月	国家发展改革委、工业和信息化部	《新建纯电动乘用车企业管理规定》（国家发展和改革委员会 工业和信息化部令第 27 号）	新建企业可以生产纯电动乘用车,不能生产任何以内燃机为驱动动力的汽车产品,需具备与项目投资相适配的自有资金规模和融资能力,且具有整车试制能力;自 2015 年 7 月 10 日起施行
2015 年 10 月	国务院办公厅	《关于加快电动汽车充电基础设施建设的指导意见》（国办发〔2015〕73 号）	到 2020 年,基本建成适度超前、车桩相随、智能高效的充电基础设施体系,满足超过 500 万辆电动汽车的充电需求

资料来源：中汽政研整理。

2013~2015 年，我国新能源汽车进入产业化加快发展阶段。比亚迪、上汽、北汽等国内企业加快新能源汽车产业化步伐，北汽绅宝 EV、比亚迪·秦、上汽荣威 550 PHEV、知豆 D1、众泰 E200、云 100 等新能源汽车成为市场热点产品，部分产品技术接近同期国际先进水平。日产、丰田、宝马、大众、戴姆勒等跨国企业通过启晨、开利、天越、首望等合资品牌渠道，正式在华布局本土化新能源汽车产品。客车产品已进入实用化阶段，宇通、比亚迪、金龙等企业新能源客车产品开始大规模投放城市公交市场。比亚迪、万向、力神、比克等国内电池企业快速成长，美国波士顿电池、韩国 SK、三星 SDI、LG 化学等外资电池企业开始在中国建厂、投产，产能由 2013 年的 1.4GWh 迅速增加到 2015 年的 40GWh，并形成了以珠江三角洲、长江三角洲、中原地区和京津地区为主的四大动力电池产业化聚集区。上海大郡、精进电动和中山大洋等主要驱动电机企业纷纷加速布局 10 万台以上产能，自主开发的驱动电机产品自给率达到 90%，且技术水平与同期国际水平基本相当。

到 2015 年，我国新能源汽车年销量已达到 33 万辆规模，占汽车整体市场的份额突破 1%（1.35%），首次成为全球最大的新能源汽车市场，产业由导入期开始进入发展期。同时，由于新能源汽车行业的高速发展，产业投资热度飙升，尤其是《新建纯电动乘用车企业管理规定》为非汽车制造业的企业提供了进入新能源汽车产业的窗口，腾讯、百度、乐视等互联网巨头纷纷宣布跨界造车，瞄准智能网联电动汽车，推动电动化、网联化和智能化融合发展。但该阶段，产业发展尚未成熟，政策体系仍处于不断完善之中，行业已出现投资过热苗头、产品与客户真实需求匹配尚存不足、充电基础设施建设滞后、地方保护现象突出等问题。

（四）2016~2020年：加速新能源汽车产业化步伐

此阶段，我国新能源汽车产业加快产业化发展步伐，技术水平加快提升、成本不断下降、市场规模快速扩大。国家不断完善支持政策体系，同时坚持扶优扶强、向市场驱动转变，不断扩大新能源汽车对内、对外开放。重要事件包括特斯拉入中国、新势力不断涌入、购置补贴政策突出"扶优扶强"、国务院办公厅发布《新能源汽车产业发展规划（2021-2035年）》等。

这一时期，我国新能源汽车政策体系进一步完善、支持力度更大，同时更加突出"扶优扶强"政策导向，产业也由政策驱动为主向"政策+市场"双轮驱动转变（见表6）。一是政策体系全面升级。在研发支持、准入管理、安全监管、推广应用、充电设施、回收利用等方面，政策进一步丰富完善。为加快新能源汽车技术攻关，科技部、工信部等部门实施国家重点研发计划"新能源汽车"专项、技改专项等，"十三五"期间累计安排27亿元财政资金①；2017年1月，工信部发布《新能源汽车生产企业及产品准入管理规定》，提高准入规则门槛要求，引导行业规范有序发展；工信部于2016年11月发布《关于进一步做好新能源汽车推广应用安全监管工作的通知》，要求已销售车辆接入国家新能源汽车监管平台，对车辆进行实时监控，强化运行安全；此外，国家层面还实施了新能源汽车专用号牌（2018年）、动力电池回收利用试点（2018年）、充电基础设施奖励、充电保障能力行动计划（2018年11月）、新能源汽车下乡活动（2020年7月）、公共领域车辆电动

---

① 工业和信息化部装备一司发文《回眸"十三五"我国新能源汽车产业发展迈入新阶段》。

化行动计划（2020 年 10 月）等支持政策。二是市场化机制进一步完善。工信部等于 2017 年 9 月联合发布《乘用车企业平均燃料消耗量与新能源汽车积分并行管理办法》，创造性地建立促进节能与新能源汽车协调发展的市场化机制，通过积分①合规性倒逼企业加快新能源汽车布局；2020 年 6 月，发布《关于修改〈乘用车企业平均燃料消耗量与新能源汽车积分并行管理办法〉的决定》，增加引导传统乘用车节能的措施，调整新能源汽车积分比例要求，建立了传统能源乘用车节能水平与新能源汽车正积分结转的关联机制，增强市场化调节作用。三是突出"扶优扶强"导向。新能源汽车"骗补"事件后②，2016~2020 年，国家根据产业发展情况对新能源汽车购置补贴政策进行了动态调整，逐步提升整车能耗、电池系统能量密度、纯电续驶里程等技术门槛，明确补贴标准退坡幅度，加强车辆运行监管等，推动技术进步，保障产品质量，扶持优势企业发展；2020 年开始，燃料电池汽车的购置补贴政策调整为示范应用支持政策，通过"以奖代补"方式，对入围示范的城市群给予奖励；在保证普惠制的前提下，国家参照 2017 年购置补贴政策技术门槛要求，分别在 2017 年 12 月发布的车辆购置税优惠政策、2018 年 7 月发布的车船税优惠政策中，增加了对新能源乘用车、客车、货车领域相应的技术要求。

表6　2016~2020 年中央层面新能源汽车主要政策

发布时间	发布部门	政策名称	核心内容
2016 年 1 月	财政部、科技部、工业和信息化部、国家发展改革委、国家能源局	《关于"十三五"新能源汽车充电基础设施奖励政策及加强新能源汽车推广应用的通知》（财建〔2016〕7 号）	2016~2020 年中央财政继续安排资金对充电基础设施建设、运营给予奖补,资金规模与新能源汽车推广量挂钩

① 包括企业平均燃料消耗量积分（CAFC 积分）与企业新能源汽车积分（NEV 积分）。
② 在国家高额购置补贴政策下，个别企业违法"骗补"或急功近利追求补贴，造成劣币驱逐良币。财政部于 2016 年 9 月发布《关于地方预决算公开和新能源汽车推广应用补助资金专项检查的通报》，对五家涉嫌骗补的企业进行公开通报，严肃整顿行业风气。2016 年 12 月 20 日，工信部发布行政处罚决定书，对存在严重骗补的四家企业进行处罚。

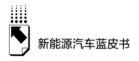

续表

发布时间	发布部门	政策名称	核心内容
2016 年 11 月	工业和信息化部	《关于进一步做好新能源汽车推广应用安全监管工作的通知》(工信部装〔2016〕377 号)	建立国家、地方、企业三级新能源汽车监管平台,明确新能源汽车生产企业是安全第一责任人
2016 年 12 月	财政部、科技部、工业和信息化部、国家发展改革委	《关于调整新能源汽车推广应用财政补贴政策的通知》(财建〔2016〕958 号)	增加整车能耗要求,提高续驶里程等指标要求;除燃料电池汽车外,各类车型 2019～2020 年补贴标准在现行标准基础上退坡20%;非个人用户购买车辆须满足 3 万公里累计运营里程;地方财政补贴不得超过中央财政单车补贴额的50%
2017 年 1 月	工业和信息化部	《新能源汽车生产企业及产品准入管理规定》(工业和信息化部令第 39 号)	从设计开发、生产制造、产品技术、质量保障、安全保障等各方面提高了企业准入门槛,并强化安全监管要求,自 2017 年 7 月 1 日起施行
2017 年 9 月	工业和信息化部、财政部、商务部、海关总署、质检总局	《乘用车企业平均燃料消耗量与新能源汽车积分并行管理办法》(工业和信息化部 财政部 商务部 海关总署 质检总局令第 44 号)	新能源乘用车技术要求基本与 2017 年购置补贴政策一致;2019～2020 年度新能源汽车积分比例要求分别为 10%、12%,自 2018 年 4 月 1 日起施行
2017 年 12 月	财政部、国家税务总局、工业和信息化部、科技部	《关于免征新能源汽车车辆购置税的公告》(财政部 税务总局 工业和信息化部 科技部公告 2017 年第 172 号)	自 2018 年 1 月 1 日至 2020 年 12 月 31 日,对购置的新能源汽车免征车辆购置税,须满足车辆技术指标要求
2018 年 2 月	财政部、工业和信息化部、科技部、国家发展改革委	《关于调整完善新能源汽车推广应用财政补贴政策的通知》(财建〔2018〕18 号)	提高能耗、续驶里程等技术门槛要求;合理降低纯电动和插电式混合动力汽车补贴标准,燃料电池汽车补贴力度保持不变;3 万公里运营里程调整为 2 万公里;自 2018 年 2 月 12 日实施
2018 年 7 月	财政部、国家税务总局、工业和信息化部、交通运输部	《关于节能 新能源车船享受车船税优惠政策的通知》(财税〔2018〕74 号)	纯电动商用车、插电式(含增程式)混合动力汽车、燃料电池商用车免征车船税,须满足车辆技术指标要求;纯电动乘用车和燃料电池乘用车不属于车船税征税范围

发布时间	发布部门	政策名称	核心内容
2018 年 12 月	国家发展改革委、国家能源局、工业和信息化部、财政部	《提升新能源汽车充电保障能力行动计划》(发改能源〔2018〕1698 号)	2018~2020 年,大幅提升充电技术水平,提高充电设施产品质量,加快完善充电标准体系,全面优化充电设施布局,显著增强充电网络互联互通能力,快速升级充电运营服务品质
2019 年 3 月	财政部、工业和信息化部、科技部、国家发展改革委	《关于进一步完善新能源汽车推广应用财政补贴政策的通知》(财建〔2019〕138 号)	适当提高能耗、续驶里程等技术门槛要求;运营里程要求调整为 2 年内完成 2 万公里;自 2019 年 3 月 26 日实施
2020 年 4 月	财政部、工业和信息化部、科技部、国家发展改革委	《关于完善新能源汽车推广应用财政补贴政策的通知》(财建〔2020〕86 号)	实施期限延长至 2022 年底;2020~2022 年补贴标准分别在上一年基础上退坡 10%、20%、30%;公共领域车辆 2020 年补贴标准不退坡,2021~2022 年补贴标准分别在上一年基础上退坡 10%、20%;原则上每年补贴规模上限约 200 万辆;自 2020 年 4 月 23 日实施
2020 年 4 月	财政部、国家税务总局、工业和信息化部	《关于新能源汽车免征车辆购置税有关政策的公告》(财政部 税务总局 工业和信息化部公告 2020 年第 21 号)	自 2021 年 1 月 1 日至 2022 年 12 月 31 日,对购置的新能源汽车免征车辆购置税
2020 年 6 月	工业和信息化部、财政部、商务部、海关总署、国家市场监督管理总局	《关于修改〈乘用车企业平均燃料消耗量与新能源汽车积分并行管理办法〉的决定》(工业和信息化部 财政部 商务部 海关总署 国家市场监督管理总局令第 53 号)	修改明确了 2021~2023 年新能源汽车积分比例要求,分别为 14%、16%、18%
2020 年 9 月	财政部、工业和信息化部、科技部、国家发展改革委、国家能源局	《关于开展燃料电池汽车示范应用的通知》(财建〔2020〕394 号)	对燃料电池汽车的购置补贴政策,调整为燃料电池汽车示范应用支持政策;试点城市群聚焦技术创新,找准应用场景,构建完整的产业链
2020 年 11 月	国务院办公厅	《新能源汽车产业发展规划(2021－2035 年)》(国办发〔2021〕39 号)	到 2025 年,纯电动乘用车新车平均电耗降至 12.0 kWh/100km,新能源汽车新车销售量达到汽车新车销售总量的 20% 左右

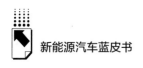

续表

发布时间	发布部门	政策名称	核心内容
2020年12月	财政部、工业和信息化部、科技部、国家发展改革委	《关于进一步完善新能源汽车推广应用财政补贴政策的通知》(财建〔2020〕593号)	插电式混合动力(含增程式)汽车有条件的等效全电续驶里程应不低于43公里;新能源乘用车、商用车企业单次申报购置补贴清算车辆数量应分别达到10000辆、1000辆

资料来源:中汽政研整理。

国家从扩大对内、对外开放两方面综合施策,加快推动新能源汽车产业高质量发展。对内方面,我国进一步放宽投资准入管理,支持具备条件的企业进入新能源汽车行业。2016年10月,国务院常务会议明确,原则上不再核准新建传统燃油汽车生产企业,放开新能源汽车投资准入申请,允许有技术基础和资金实力的企业进入新能源汽车行业。自《新建纯电动乘用车企业管理规定》发布后,北汽新能源、合众等15家企业先后获得了国家发改委批复的纯电动乘用车新建项目资质。之后,具有互联网基因的蔚来、理想、小鹏等新势力企业,也纷纷以不同方式进入新能源汽车行业。在国家政策及新势力企业发展的倒逼下,传统汽车企业也加速布局新能源汽车业务,广汽、吉利、长安等分别提出"1513战略""蓝色吉利行动计划""香格里拉计划"等发展战略,并分别推出独立的新能源汽车品牌埃安、几何、引力UNI等。长城、广汽、上汽通用五菱等企业推出欧拉R1、传祺AION.S、宏光MINI等"现象级"产品,2020年跃升成为新能源乘用车销量前十产品。对外方面,我国持续扩大新能源领域对外开放。2017年6月,国家发展改革委、商务部发布《外商投资产业指导目录(2017年修订)》,解除纯电动汽车合资企业数量限制,如戴姆勒入股北汽新能源(2017年7月),日产、雷诺与东风汽车合资成立易捷特新能源汽车有限公司(2017年8月),大众与江淮成立新能源合资公司(2017年12月)等。2018年6月,国家发展改革委、商务部发布《外商投资准入特别管理措施(负面清单)(2018年版)》,

正式取消新能源汽车整车制造外资股比限制，其中特斯拉于 2019 年 1 月在华工厂正式动工建设，于 2020 年 1 月 1 日在上海正式投产 Model 3，并于当年成为纯电动乘用车销量第一的车型；自 2018 年开始，日产、宝马、丰田、大众等跨国企业加速推进在华电动化战略，其中日产计划投放 Ariya 纯电动 SUV 车型、宝马已在华投产纯电动 BMW iX3、大众在华已投放 MEB 平台下的 ID.4X 等车型。在 2020 年北京国际车展上，豪华品牌加速电动化转型布局，自主品牌向新能源汽车高端化发力，新能源车型参展比例高达 40%，实现了与燃油车分庭抗礼。

此阶段，我国汽车产业电动化转型升级方向已形成广泛共识，并呈现电动化、网联化、智能化融合发展新趋势。在国家层面，我国进一步强化"三化"融合发展政策支持和引导。2017 年 4 月，工信部等联合发布《汽车产业中长期发展规划》，提出"以新能源汽车和智能网联汽车为突破口，引领产业转型升级"；2020 年 11 月，国务院办公厅发布《新能源汽车产业发展规划（2021-2035 年）》，提出了 2025 年新能源汽车新车销售占比 20%，以及 2035 年新能源汽车核心技术达到国际先进水平、高度自动驾驶汽车实现规模化应用等中远期目标。2020 年 4 月，习近平总书记在考察陕汽控股时，对汽车产业发展提出"不断发展新模式、新业态、新技术、新产品"的要求；2020 年 7 月，在考察一汽集团时要求，"牢牢掌握关键核心技术，把民族汽车品牌搞上去"。此外，有关部门先后出台了道路测试管理规范（2018 年 4 月）、车联网（智能网联汽车）产业发展行动计划（2018 年 12 月）、智能汽车创新发展战略（2020 年 2 月）等政策文件，先后批准建立了 16 个国家级智能网联汽车测试示范区和 4 个国家级车联网先导区。为鼓励企业加强智能网联新能源汽车技术研发，2020 年 4 月，财政部等部门发布的新能源汽车购置补贴政策提出，"鼓励企业研发生产具有先进底层操作系统、电子电气系统架构和智能化网联化特征的新能源汽车产品"。在企业层面，行业企业紧跟产业变革形势，加强智能网联技术储备和产业化应用。2016 年 7 月，上汽与阿里巴巴发布联合研发的全球首款量产互联网汽车荣威 RX5，并于 2017 年发布纯电动版。传统汽车企业以智能新能源汽车为定

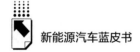

位，通过新设品牌、合资合作等方式，纷纷推出独立品牌，提升民族品牌价值，典型代表包括东风岚图（2018年6月成立）、长安阿维塔（2018年7月成立）、北汽极狐（2018年7月成立）、上汽智己（2020年11月成立）等，宇通、金龙等客车企业也开始聚焦自动驾驶技术。

在国家政策支持和行业共同努力下，我国新能源汽车智能化实现快速发展，部分乘用车车型已标配L2级智能驾驶辅助功能，逼近L3级，如北汽极狐阿尔法S、上汽智己L7、蔚来ET7、小鹏P7等，2020年新能源汽车具备L2级功能的车辆渗透率超过30%；具备L3级及以上自动驾驶功能的客车车型，已在深圳、郑州、武汉等城市开始商业化运营，如宇通客车小宇、金龙客车Robobus等。到2020年底，我国新能源汽车建立了结构完整、自主可控的产业体系，贯通基础材料、电池、电机、整车、生产装备等产业链上下游，形成了华北、华中、长三角、珠三角、西南、东北六大产业聚集区，产品技术水平进入世界先进行列，产销规模连续六年位居全球第一，自主品牌开始向上发展，并形成了全球辐射面积最大、服务车辆最全的充换电服务保障体系，产业进入发展快车道。

（五）2021年至今：产业进入市场化发展新阶段

2021年以来，我国新能源汽车国内外发展环境发生了较大变化。一方面，市场高速增长、新技术新模式层出不穷、跨界融合持续深入；另一方面，国际竞争持续加剧、原材料价格上涨、芯片短缺、网络安全与数据安全等问题日益凸显。总体上，新能源汽车产业进入了快速普及应用和市场化发展新阶段，新优势和新约束同在，新机遇和新挑战并存。

这一时期，我国新能源汽车发展仍处于"爬坡过坎"的关键时期，需要进一步优化政策环境（见表7）。一是政策体系不断完善，营造良好环境。国家层面延续了购置补贴政策至2022年底，按照既定补贴退坡力度执行，同时延续购置税减免优惠政策至2022年底；2021年12月，中国保险行业协会发布《新能源汽车商业保险专属条款（试行）》，作为新能源汽车专用条款，包括 3 个主险和 13 个附加险，更加符合新能源汽车产业发展需求；2022 年 1 月，国家发展改革委等发布《关于进一步提升电动汽车充电基础设施服务保障能力的实施意见》，明确到"十四五"末我国能够满足超过2000 万辆电动汽车的充电需求；2022 年 4 月，工信部办公厅等发布《关于进一步加强新能源汽车企业安全体系建设的指导意见》，从产品设计、供应商管理、生产质量管控、动力电池安全等方面，全方位明确了新能源汽车企业责任。此外，为探索加快新技术新模式发展路径，国家层面启动了燃料电池汽车示范应用和换电模式试点工作。2021 年，我国先后批复北京、上海、广东示范城市群，及河南、河北示范城市群启动燃料电池汽车示范；2021年 11 月，工信部批复北京、南京、武汉、三亚、重庆、长春、合肥、济南、宜宾、唐山、包头 11 个城市开展新能源汽车换电模式应用试点工作，并将试点城市划分为综合应用类城市和重卡特色类城市。二是碳达峰、碳中和目标要求将深度影响政策体系和产业发展。自 2020 年 9 月习近平总书记宣布中国碳达峰、碳中和目标以来，国家层面不断深化顶层设计。2021 年 10月，中共中央、国务院印发《关于完整准确全面贯彻新发展理念做好碳达峰碳中和工作的意见》（以下简称《意见》），对碳达峰、碳中和工作进行系统谋划和总体部署，并从加快构建清洁低碳安全高效能源体系、加快推进低碳交通运输体系建设等 10 个方面提出 31 项重点任务，明确了"双碳"路线图、施工图；同月，国务院印发《2030 年前碳达峰行动方案》（以下简称《方案》），聚焦"十四五"和"十五五"两个碳达峰关键期，对碳达峰行动作出总体部署，并提出包括能源绿色低碳转型行动、交通运输绿色低碳行动在内的"碳达峰十大行动"。《意见》和《方案》均提出要大力推广新能源汽车。其中，《方案》更加明确要逐步降低传统燃油汽车在新车产销和汽车保有量中的占比，推动城市公共服务车辆电动化替代，推广电力、氢燃料、液化天然气动力重型货运车辆，设定到 2030 年当年新增新能源、清洁能源动力的交通工具比例达到 40% 左右的目标，进一步加快汽车行业电动化转型。

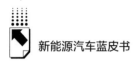

表7　2021年以来新能源汽车主要政策

发布时间	发布部门	政策名称	核心内容
2021年10月	中共中央、国务院	《关于完整准确全面贯彻新发展理念做好碳达峰碳中和工作的意见》	明确提出大力发展绿色低碳产业,加快发展新能源汽车等战略性新兴产业
2021年10月	国务院	《关于印发2030年前碳达峰行动方案的通知》(国发〔2021〕23号)	提出"碳达峰十大行动",并明确"到2030年,当年新增新能源、清洁能源动力的交通工具比例达到40%左右"的目标
2021年10月	工业和信息化部办公厅	《关于启动新能源汽车换电模式应用试点工作的通知》	综合应用类城市8个(北京、南京、武汉、三亚、重庆、长春、合肥、济南),重卡特色类3个(宜宾、唐山、包头)
2021年12月	财政部、工业和信息化部、科技部、国家发展改革委	《关于2022年新能源汽车推广应用财政补贴政策的通知》(财建〔2021〕466号)	保持现行购置补贴技术指标体系框架及门槛要求不变,补贴标准在2021年基础上退坡30%,公共领域车辆退坡20%;于2022年12月31日终止
2021年12月	中国保险行业协会	《新能源汽车商业保险专属条款(试行)》	包括新能源汽车损失保险、第三者责任保险、车上人员责任保险三个独立险种,附加险种则由传统车险的11个调整为13个,增加了附加外部电网故障损失险、附加自用充电桩损失保险、附加自用充电桩责任保险三个新能源汽车专属附加险种
2022年1月	国家发展改革委等十部门	《关于进一步提升电动汽车充电基础设施服务保障能力的实施意见》(发改能源规〔2022〕53号)	提出七大项20条措施,包括"加快推进居住社区充电设施建设安装、提升城乡地区充换电保障能力、加强车网互动等新技术研发应用、加强充换电设施运维和网络服务、做好配套电网建设与供电服务、加强质量和安全监管、加大财税金融支持力度"
2022年4月	工业和信息化部办公厅、公安部办公厅、交通运输部办公厅、应急管理部办公厅、国家市场监督管理总局办公厅	《关于进一步加强新能源汽车企业安全体系建设的指导意见》(工信厅联通装〔2022〕10号)	从完善安全管理机制、保障产品质量安全、提高监测平台效能、优化售后服务能力、加强事故应急处置、健全网络安全保障体系和组织实施等七个方面提出了22条具体措施

资料来源:中汽政研整理。

随着智能电动汽车发展势头日益强劲，网络安全和数据安全被提上日程。一方面，2021年以来，整车企业加快智能驾驶功能发展和应用。以领克、比亚迪、长城、吉利为代表的传统企业加速落地 L2 级高级驾驶辅助系统，小鹏、理想、蔚来等新势力企业率先应用 L2+ 级功能；百度、华为、阿里、小米、滴滴、360 等科技公司，凭借智能化技术优势，于2021年上半年纷纷布局智能新能源汽车相关业务，开启第二轮"跨界造车"浪潮（见表8）。同时，地平线、黑芝麻、芯驰科技等自主芯片企业也快速崛起。2021年，智能驾驶功能逐渐从高端品牌标配向低端车型下沉，L2 级新能源乘用车市场渗透率超过 35%①，搭载 5G 和 LTE-V2X 等联网终端的车辆超过 500 万辆。另一方面，在"软件定义汽车"发展趋势下，网络安全和数据安全问题凸显。部分企业智能驾驶、远程控制等功能失控，引起行业和消费者对智能驾驶汽车网络安全和数据安全问题的关注。为了规范智能网联汽车产业发展，加强网络安全、数据安全、软件升级等管理，国家层面陆续发布《车联网（智能网联汽车）网络安全标准体系建设指南》（征求意见稿）（2021年6月）、《关于加强智能网联汽车生产企业及产品准入管理的意见》（2021年8月）、《汽车数据安全管理若干规定（试行）》（2021年8月）、《关于加强车联网网络安全和数据安全工作的通知》（2021年9月）、《车联网网络安全和数据安全标准体系建设指南》（2022年3月）、《关于试行汽车安全沙盒监管制度的通告》（2022年4月）、《关于开展汽车软件在线升级备案的通知》（2022年4月）等政策标准法规文件。为了凝聚各方力量，推动解决重大问题、加快产业发展步伐，2021年3月工信部组织成立智能网联汽车推进组（ICV-2035），下设法规平台、技术标准、测试应用、操作系统、网络安全、产业生态等6个工作小组。

---

① 全国政协副主席、中国科学技术协会主席万钢在"2022 中国电动汽车百人会论坛"上的演讲。

表8 新一轮"跨界造车"主要企业规划布局

序号	企业	规划布局
1	小米	已成立小米智能电动汽车公司,计划投资100亿美元,首款车预计2024年上市
2	OPPO	成立汽车事业部,申请60余项汽车专利,与理想、上汽、蔚来、长安多家企业合作,并投资汽车芯片
3	格力	通过竞拍获得银隆新能源30.47%股份,合计控制银隆47.93%股权
4	海尔	与上汽、吉利开展合作,提供汽车轻量化新技术新材料、智能驾驶在智慧物流等场景的应用解决方案,构建车家互联新生态,开展营销渠道与营销创新模式;合作投资智能网联汽车服务商上海博泰
5	创维	2019年成立天美汽车,2021年更名为创维汽车,已上市新能源汽车EV6
6	美的	成立威灵汽车部件公司,正式发布电机驱动、热管理系统和辅助/自动驾驶系统等三大产品线的5款汽车零部件产品
7	华为	布局全领域智能汽车解决方案,与北汽、长安、塞力斯等整车企业合作,提供自动驾驶、操作系统解决方案,并开展营销合作
8	中兴	2016年收购广通客车,2021年成立汽车电子团队,并涉足汽车电子、无线充电、车辆网、自动驾驶、动力电池等领域
9	百度	与吉利成立集度汽车,首款车2024年上市;与大部分整车企业开展合作,提供基于Apollo系统的自动驾驶技术
10	阿里巴巴	2020年入股上汽智己汽车成为第二大股东;与一汽、神龙开展智能网联合作,推出车载操作系统ALiOS,并提供基于阿里云的大数据服务
11	腾讯	与吉利、广汽在智能座舱、自动驾驶、大数据、云平台、数字化营销等领域展开战略合作
12	滴滴	与比亚迪合资成立美好出行,推出定制网约车D1;布局高级别自动驾驶,与广汽埃安开发无人驾驶车型
13	富士康	首批基于MIH平台电动车计划2021年底发布;与Stenllantis成立合资公司Mobile Drive,联手开发人工智能、5G通信、OTA升级等智能座舱解决方案

资料来源:根据网络公开数据整理。

    国内外环境跌宕起伏,关键零部件和原材料供给约束不断加大。2020年以来,新冠肺炎疫情肆虐全球,国际紧张局势愈演愈烈,芯片断供、供应链紧张、原材料上涨等问题对新能源汽车产业影响日益深入。2021年8月,受马来西亚疫情影响,意法半导体关闭了部分芯片生产线[①],造成博世

[①] 马来西亚是全球芯片封测重地,是全球半导体第七大出口国。约有50家全球半导体巨头在马来西亚设立封测厂,包括AMD、恩智浦、日月光(ASE)、博通、美光、ST、英飞凌、英特尔和德州仪器等。

ESP/IPB、VCU、TCU 等芯片处于断供状态，也给装配博世产品的比亚迪、小鹏、岚图、一汽大众等新能源汽车企业带来了直接影响。上海、深圳等地方的一些芯片代理商，选择囤货甚至是炒货，哄抬芯片价格获取利润，加剧紧缺现象。同时，由于疫情期间物流通行不畅、零部件采购困难等，吉林、上海、长春、广州等主要汽车生产基地受到影响，包括一汽丰田、上汽大众、蔚来等，部分工厂甚至关闭停产。此外，自 2021 年下半年开始，锂、钴、镍等动力电池主要原材料开始大幅涨价。据中汽政研统计，磷酸铁锂、钴、镍的价格涨幅分别达到 60%、50%、16%。受动力电池价格上涨影响，2022 年 3 月以来，包含特斯拉、比亚迪、小鹏、零跑、哪吒、长城等在内的近 20 家新能源汽车企业宣布涨价，涉及近 40 款车型。为了应对供应链短缺、原材料价格上涨问题，工信部组建了汽车半导体推广应用工作组，上线了"汽车产业链供应链畅通协调平台"，为行业企业搭桥解难；国家市场监督管理总局对涉嫌哄抬价格的芯片经销企业立案调查，并进行了违规处理[1]。党中央、国务院高度重视疫情下的产业发展、经济发展，提出稳增长扩内需，提升产业链供应链韧性，实施扩大内需的政策举措等。

到 2021 年底，我国新能源汽车已成为引领全球汽车产业电动化转型的一个重要力量，累计推广规模达到 784 万辆，自主品牌可与跨国品牌同场竞技，智能辅助驾驶功能加速普及，产业进入了规模化快速发展新阶段。当前，全球汽车产业正处于电动化、网联化、智能化融合发展的大变革时期，内外部环境约束也将发生很大变化，我国新能源汽车产业要立足新发展阶段，坚持创新发展，坚持不懈推动产业高质量发展。

二　发展成效分析

2009 年以来，在党中央、国务院的坚强领导下，在行业各方共同努力

---

[1]　2021 年 9 月 10 日，国家市场监督管理总局表示，依法对上海镲特电子有限公司、上海诚胜实业有限公司、深圳市誉畅科技有限公司三家汽车芯片经销企业哄抬汽车芯片价格行为共处 250 万元人民币罚款。

下，我国新能源汽车产业发展取得明显成效，产业政策全方位系统化，标准法规体系持续完善，产业生态体系逐步健全，市场发展规模不断扩大，产业技术水平大幅提升，基础配套环境不断完善，国际竞争力显著增强，在全球范围内取得了一定的先发优势，成为引领全球汽车电动化转型发展的重要力量。

（一）新能源汽车政策体系：构建了全方位、系统化的政策体系

我国新能源汽车产业累计制定出台了 300 多项国家政策措施，构建了全方位、系统化的政策体系，营造了良好的政策环境，有效推动了新能源汽车产业发展壮大。

一是宏观布局，进行了全方位顶层设计。2010 年，新能源汽车被列为七大战略性新兴产业之一，并从产业外部出发，通过多重角度对产业发展进行了顶层设计。在能源保障方面，2013 年 1 月，国务院印发了《能源发展"十二五"规划》，提出将石油对外依存度控制在 61% 以内，到 2015 年，形成 50 万辆电动汽车充电基础设施体系；2014 年 5 月和 11 月，国务院办公厅相继印发《2014-2015 年节能减排低碳发展行动方案》和《能源发展战略行动计划（2014-2020 年）》，将发展新能源汽车作为缓解能源问题的重要措施，提出要加快发展新能源汽车，加大推广应用力度，推进新能源汽车产业化发展。在制造业升级方面，2015 年 5 月，国务院颁布的《中国制造2025》中将节能与新能源汽车列为十大重点发展领域之一。5 月，工信部发布《〈中国制造 2025〉规划系列解读之推动节能与新能源汽车发展》，明确了新能源汽车产业发展的战略目标：到 2025 年，与国际先进水平同步的新能源汽车年销量 300 万辆。同年 10 月，国家制造强国建设战略咨询委员会发布《中国制造 2025》重点领域技术路线图，进一步明确了新能源汽车产业到 2020 年、2025 年、2030 年的总体目标及重点产品、关键零部件、关键共性技术分阶段目标。在低碳环保方面，2013 年 8 月，国务院印发《关于加快发展节能环保产业的意见》，提出加快实施节能与新能源汽车技术创新工程和加强动力电池技术创新；2013 年 9 月，国务院印发了《大气污染防

治行动计划》，提出大力推广新能源汽车，并重点在北上广等一线城市公交领域应用节能与新能源汽车；2018 年 7 月，国务院印发《打赢蓝天保卫战三年行动计划》，提出要推广使用新能源汽车，2020 年新能源汽车产销量达到 200 万辆左右；2021 年 10 月，国务院印发《2030 年前碳达峰行动方案》对碳达峰行动作出总体部署，提出包括能源绿色低碳转型行动、交通运输绿色低碳行动在内的"碳达峰十大行动"，并明确"到 2030 年，当年新增新能源、清洁能源动力的交通工具比例达到 40% 左右"。

二是统筹兼顾，构建了覆盖车辆全生命周期的政策体系。《节能与新能源汽车产业发展规划（2012－2020 年）》作为第一个产业发展指导文件，对以纯电驱动的新能源汽车发展主要技术路线取向进行了重要明确，提出了2020 年纯电动汽车和插电式混合动力汽车生产能力达 200 万辆、累计产销量超过 500 万辆的远大目标；《关于加快新能源汽车推广应用的指导意见》提出了 27 条政策保障措施，为明确后续制定产业政策着力点、完善政策体系奠定了基础。在技术研发端，我国自"八五"期间启动电动汽车相关研究和开发，随后实施国家"863 计划"电动汽车重大科技专项和节能与新能源汽车重大项目（"十五"至"十二五"），"新能源汽车产业技术创新工程"（2012~2016 年）和国家重点研发计划"新能源汽车"重点专项（"十三五"以来）。在投资生产端，我国发布了《新建纯电动乘用车企业管理规定》《关于完善汽车投资项目管理的意见》《新能源汽车生产企业及产品准入管理规定》《汽车产业投资管理规定》等文件，建立健全新能源汽车投资项目和生产准入管理制度，并创造性地建立促进节能与新能源汽车协调发展的市场化机制，对全国范围内乘用车企业同时实施 CAFC 管理和 NEV 双积分管理。在消费购买端，我国自 2009 年对新能源汽车给予购置补贴支持，2014 年开始免征新能源汽车购置税。在使用端，我国自 2012 年开始减免新能源汽车车船税，构建了涵盖建设规划、电价优惠、财政奖励、互联互通等方面的充电基础设施支持政策，优化车辆使用环境；同时，兼顾产业运行安全监管，加强新能源汽车安全隐患排查治理、召回和报废回收管理工作，建立健全安全保障体系。据中汽政研统计，截至 2021 年底，我国制定出台了

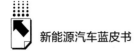

300 多项政策措施，涵盖了战略规划、科技创新、投资管理、生产准入、积分管理、财政补贴、税收优惠、试点示范、基础设施、金融保险、安全监管及交通运输等 12 个方面，建立了覆盖新能源汽车全生命周期的全方位、系统化政策体系。

三是与时俱进，建立了与产业发展阶段相适应的调整机制。结合产业不同发展阶段特征，我国针对新能源汽车产业出台了更为深入务实、精细化、可操作的政策措施。如，补贴政策方面，为探索正确的产业发展路径和方向，我国从"十城千辆"开始逐步积累经验，随着产业技术的提高和规模的扩大，不断提高补贴门槛，并将补贴标准与产品技术水平挂钩，推动企业加快技术创新。行业管理方面，为解决传统汽车产业管理方式无法完全适应新能源汽车的问题，我国专门制定新能源汽车生产企业及产品准入管理政策，在车辆分类、生产资格、企业及产品准入管理方法上进行详细部署，并不断结合产业发展带来的新需求，简政放权、放管结合，如委托生产模式等；同时为引导企业持续加大研发投入，我国创新实施 CAFC 和 NEV 积分并行管理方法，保障新能源汽车生产供给。使用保障方面，随着产业规模不断扩大，充电基础设施主要矛盾由总体数量不足，向分布不合理和结构性失衡转变，我国更加注重引导居住社区、高速公路、乡镇等重点区域基础设施建设，以形成便捷高效的充换电服务网络。新技术新模式应用方面，为更有效地解决我国燃料电池汽车产业核心技术和关键零部件缺失等问题，将燃料电池汽车支持方式由"购置补贴"调整为"示范应用"；为支持"车电分离"等新型商业模式发展，我国启动新能源汽车换电模式应用试点工作，力求通过试点示范加速新技术、新模式先行先试。

（二）新能源汽车标准体系：建立了完备的技术标准体系

由图 3 可知，截至 2021 年底，我国已发布 106 项新能源汽车国家和行业标准，涵盖新能源汽车基础通用、整车、关键零部件、充换电等多个领域，形成了相对完善的新能源汽车标准体系，对新能源汽车产业发展起着重要的支撑作用。自 2010 年开始，在工业和信息化部、国家标准化管理委员会的支持和指导下，全国汽车标准化技术委员会开展了中国电动汽车标准体系研究、电动汽车综合标准化工作研究、电动汽车"十二五""十三五""十四五"标准化工作规划研究等活动，形成了一系列电动汽车标准体系研究成果。

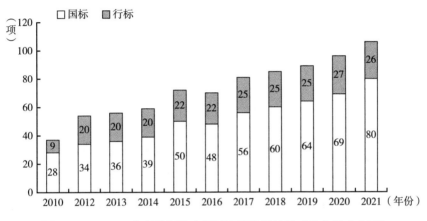

图 3　2010~2021 年新能源汽车领域标准数量统计（汽车行业归口）

资料来源：中汽中心标准化研究所整理。

一是构建完整的新能源汽车整车标准体系。整车标准将电动汽车划分为纯电动汽车、混合动力电动汽车和燃料电池电动汽车三大类，根据不同的电动汽车类型，分别形成了面向电动汽车安全性、动力性、经济性等车辆主要指标或性能的技术标准。针对新能源汽车、智能网联汽车技术不断革新的新形势，以新能源汽车、智能网联汽车为突破口，不断修订完善新能源汽车安全、技术条件、远程管理相关标准，同时加快智能网联汽车车载信息交互、车路协同、信息安全相关标准制定，引领技术进步，有效支撑新能源汽车高质量发展。例如，2020 年，我国发布了 GB 18384—2020《电动汽车安全要求》等三项强制性国家标准，作为新能源汽车领域首批安全标准，三项强标统筹考虑了新能源汽车技术安全风险和未来发展趋势，从保障用户安全和新技术研发应用角度提出了整车级和系统级安全要求，保障了消费者生命财产安全。

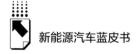

二是强化动力电池安全、性能要求。我国动力电池标准体系围绕安全、性能、循环寿命、互换性与循环利用等方面展开，在促进动力电池技术进步、提升整车性能、保障产业安全等方面发挥了巨大作用。在产品安全方面，GB 38031—2020《电动汽车用动力蓄电池安全要求》统筹考虑了新能源汽车安全风险场景，重点强化了电池系统热安全、机械安全、电气安全以及功能安全要求，增加"热扩散导致乘员舱发生危险前 5 分钟应提供报警信号"要求，为乘员预留安全逃生时间，坚实筑牢动力电池产品安全底线；GB/T 31486—2015《电动汽车用动力蓄电池电性能要求及试验方法》、GB/T 31484—2015《电动汽车用动力蓄电池循环寿命要求及试验方法》等标准提供了动力电池电性能、循环性能等重要参数的技术要求及试验方法，在规范产品生产、统一测试方法、促进技术提升、支撑政府管理方面起到了重要作用。

三是初步形成燃料电池电动汽车标准体系。目前，我国已发布 15 项燃料电池电动汽车国家、行业标准，涵盖了整车、关键零部件、接口设施等多个领域，初步形成了相对完善的燃料电池电动汽车标准体系。其中，燃料电池电动汽车相关标准对燃料电池汽车的安全性、动力性、经济性作出规定，燃料电池系统相关标准对燃料电池发动机性能试验方法作出了明确规定，是我国开展燃料电池汽车示范应用试点、企业进行产品研发和先进产品评价的重要依据。2019 年，欧盟汽车安全框架法规在燃料电池汽车要求方面，将中国国家标准 GB/T 24549—2009《燃料电池电动汽车　安全要求》列为联合国法规 UN R134 的 5 个等同替代标准法规之一。这是中国汽车标准首次被采用写入欧盟汽车法规中，达到与欧、美、日法规以及 ISO 国际标准等同的领先地位，助力我国新能源汽车企业和产品"走出去"。

四是推动充换电标准统一。新能源汽车充电接口不统一等问题曾严重阻碍市场发展。2011 年，我国组织制定电动汽车充电接口、通信协议国家标准，初步解决了新能源汽车无法跨地域使用的问题；2015 年，我国全面修订充电接口标准，在确保与 2011 版兼容性的基础上进一步优化充电系统安全性，新能源汽车使用体验大幅提升。2021 年，我国发布《电动汽车换电安全要求》推荐性国家标准，是汽车行业在换电模式领域制定的首个基础通用类国家标准，填补了汽车行业的标准空白，解决了换电模式无标准可依的紧迫问题，有助于引导汽车企业的产品研发，提升换电电动汽车的安全性。

新能源汽车标准的发展，不仅为补贴、税收、"双积分"等多项重要政策的实施提供了重要依据，还从整车、关键零部件、配套设施等多个维度筑牢安全底线，保障新能源汽车及配套设施的安全。为持续加强标准体系建设，我国编制更新了三版《中国电动汽车标准化工作路线图》，完成新能源汽车"十四五"标准体系和智能网联汽车"十四五"标准体系建设方案，为我国新能源汽车标准化工作提供了纲领性文件。同时，基于新能源汽车领域长期技术积累和标准法规研究成果，深入参与联合国世界车辆法规协调论坛（WP. 29）、国际标准化组织（ISO）以及国际电工委员会（IEC）国际标准法规协调。我国牵头完成多项国际电动汽车技术法规，成功实现由全球新能源汽车标准法规"跟随者"向"主导者"的转变。

（三）新能源汽车产业布局：形成了结构完整、自主可控的产业体系

新能源汽车产业链由上游原材料、中游核心零部件和下游整车及后市场构成，涉及能源、材料、化工、制造、通信等多个领域。新能源汽车产销量的快速增长，带动了上下游产业投资，贯通了基础材料、关键零部件、整车、制造装备等产业链关键环节。经过多年发展，我国已形成了种类齐全、配套完整、自主可控的新能源汽车产业体系。

一是我国新能源汽车生产企业实现数量和质量双提升。2009~2012年，我国新能源汽车企业主要为转型生产新能源汽车的传统汽车企业，通过"油改电"方式①实现产品开发和生产，并形成了以宇通、奇瑞、比亚迪为代表的新能源汽车企业。据2012年《新能源汽车推广应用推荐车型目录》统计，推荐车型涉及新能源汽车企业97家。2014年前后，随着互联网、信息、能源等领域造车新势力企业跨界进入，我国涌现出蔚来、理想、小

---

① "油改电"方式是指汽油发动机换成电动机、油箱换成电池组。

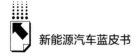

鹏、合众、零跑、威马等几十家新能源汽车企业。造车新势力企业的加入，使得我国新能源汽车产业进入新的竞争发展阶段，截至 2021 年，我国新能源汽车生产企业数量已接近 200 家。比亚迪、广汽埃安、上汽通用五菱、蔚来、理想、小鹏等企业带动我国新能源汽车市场规模和产业竞争力不断提升，2021 年全球新能源汽车销量前十企业中我国占据六席，并且部分企业产品已经打入欧洲市场。当前，我国正掀起新一轮跨界造车热潮，华为、百度、小米、滴滴等科技型企业正通过直接生产或为企业提供智能化解决方案等方式赋能新能源汽车，促进我国新能源汽车产业的高质量发展。

二是我国成为全球重要的新能源汽车零部件产业基地。我国是目前全球最大的新能源汽车生产国和消费国，并形成了完整的新能源汽车零部件产业链体系。我国主流新能源汽车企业的零部件国产化率基本超过 80%，部分企业达到 90% 以上，较 2009 年提升了一倍多。国际主要的汽车零部件企业均已在我国设立生产和研发基地，目前外商投资的汽车零部件企业已超过 10000 家，这也吸引特斯拉将其第一个海外整车生产基地放到我国。在市场引领作用下，我国动力电池、电机电控等关键零部件产业发展也取得了较大进步。尤其是在动力电池方面，2010 年，我国动力电池市场还以松下、三星、LG 新能源等日韩企业产品为主；到 2017 年，我国宁德时代动力电池装车量跃居全球第一，并连续五年排名全球装车量第一位；2021 年，我国动力电池企业宁德时代、比亚迪、中创新航、国轩高科、远景动力和亿纬锂能，进入全球动力电池装车量排名前十，市场份额超过一半。同时，我国零部件企业也在加速融入全球汽车产业链供应体系。据海关总署统计，2021 年我国汽车零部件出口金额达到 900.05 亿美元，同比增长 35.1%。宁德时代、国轩高科、蜂巢能源等企业也规划在欧洲建立动力电池生产基地，深度布局新能源汽车海外市场。

三是我国新能源汽车形成了覆盖范围更广的"集群化"产业格局。我国传统汽车产业主要分布于以一汽、东风、长安、上汽、北汽和广汽为主的东北、华中、西南、长三角、京津冀和珠三角六大区域，新能源汽车产业分布也基本趋同于这六大产业集群。随着吉利、上汽通用五菱、蔚来、零跑等新能源汽车企业的快速发展和产能落地，原有产业集群也逐渐扩展和延伸，覆盖范围持续向周边地区辐射。长三角产业集群已经从上海、浙江、江苏扩大到拥有蔚来、江淮、奇瑞的安徽和江铃、爱驰所在的江西，并形成了新的泛长三角产业集群。广西也依托上汽通用五菱、广西汽车、东风柳汽等企业成为我国新能源汽车产业重要集聚区，与广东、湖南将珠三角产业集群规模扩大到整个华南地区。到 2021 年，我国六大新能源汽车产业集群的产销量超过了整体市场规模的 95%。另外，在动力电池等关键零部件方面，我国也形成了以广东为代表的珠三角、以江浙沪为代表的长三角和以京津鲁为代表的环渤海地区等布局。其中，珠三角企业数量占全国比重近 50%，长三角企业占比约 20%，环渤海企业占比约 10%。近几年，动力电池企业也开始向上游矿产资源丰富地区布局，部分中西部地区逐渐形成一定规模的产业集群。

四是我国新能源汽车产业链、价值链向更高层级转移，新兴零部件产业发展快速。近年来，新能源汽车与能源、交通、信息通信等领域技术加速融合，汽车正从移动工具向能源终端和数字空间转变，并逐渐成为构建智慧能源、智能交通、智慧城市的关键要素。在新一轮产业变革下，我国新能源汽车企业与通信、互联网、高精度地图、大数据、云平台、视觉系统等科技企业跨行业、跨技术合作，大量增量零部件企业、互联网科技企业、信息通信企业、能源企业进入新能源汽车产业链。我国新能源汽车产业链也从以动力电池、电机、电控为主，逐渐扩展成以智能网联等零部件为代表的新型产业链体系。截至 2021 年，我国已形成了一批包括感知传感器、自动驾驶、高精地图、芯片等领域的优势企业，如苏州智华、经纬恒润等摄像头企业，镭神智能、禾赛科技、速腾聚创等激光雷达企业，百度、阿里、腾讯、小马智行等自动驾驶系统的企业，高德、四维图新、百度等高精地图企业，华为海思、地平线、黑芝麻、寒武纪等汽车芯片企业。同时，随着 V2X、V2G、换电等新技术和新模式的应用，中国移动、国家电网、中石化、国家能源集团等企业也开始融入新能源汽车产业链体系。

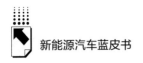

（四）新能源汽车市场推广：已成为全球最大的新能源汽车市场

新能源汽车市场从择优选择城市试点示范到全国范围内大规模推广，从公共领域车辆试点切入到以私人消费为主，从中资品牌本土化发展向"走出去"参与全球竞争，逐步实现了从无到有、由弱变强的跨越式发展。

一是规模从不足万辆到世界首位。2009 年，国际电动化浪潮处于起步期，我国紧抓战略机遇期，国家和地方相继出台了多项鼓励政策和配套措施。但产业发展初期，充电基础设施相对薄弱、消费信心尚未形成，新能源汽车推广应用步伐缓慢，2012 年前仅在部分城市形成了试点，年度销量不足万辆，且应用场景基本为城市公交车，私人消费较少。2013~2015 年，我国逐步形成了从小规模试点到规模化应用的推广模式，市场实现了从万辆到十万辆级的突破。2016~2020 年，我国通过双积分管理和财税优惠，从供需两端促进新能源汽车发展，并通过提高关键技术指标门槛、建立健全监管体系等措施，带动了新能源汽车技术水平和产品品质显著提升，消费者接受度逐步提升，市场也实现由十万辆到百万辆的历史性跨越。2021 年，我国新能源汽车销量达到 352.1 万辆，市场规模连续七年稳居世界首位，保有量达 784 万辆，占全球总量的 50% 以上。新能源汽车渗透率由 2009 年的不足 0.1% 跃升至 2021 年的 13.4%，突破 10% 关键节点，市场正式进入规模化快速发展新阶段。新能源汽车市场也从政策推动向市场驱动转型，实现了从重点城市到全国的大规模推广应用（见图 4）。

二是市场结构持续优化并实现良性发展。随着我国新能源汽车销量持续增长，市场结构也在快速转变：第一是消费主体由公共领域向私人领域转变。市场发展前期，新能源汽车车型以城市公交、物流货运等商用车为主，随着产业持续发展，新能源汽车市场逐渐由公共领域消费为主向私人消费为主转变，2021 年新能源乘用车私人消费占比已达 78%，市场驱动显著增强。第二是消费结构由乘商并重向乘用车为主转变，2015 年前，我国新能源乘用车及商用车销量比例基本为 6∶4，2021 年我国新能源乘用车销量已达 333.4 万辆，同比增长 167.5%，占整体新能源汽车销量的比例由 2015 年前

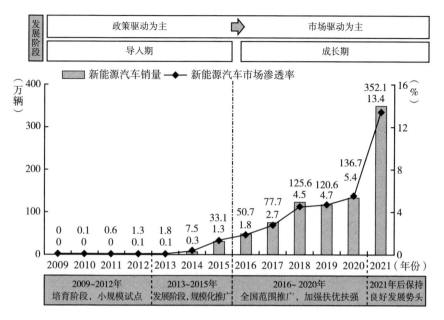

图4　中国新能源汽车市场发展阶段

资料来源：销量来自中国汽车工业协会，阶段划分来自中汽政研。

的60%以下增长至2021年的95%。第三是消费区域由限购城市向非限购城市转变，2021年非限购地区新能源汽车销量为213.5万辆，占比由2016年前的50%以下增长至2021年的69%，非限购地区消费潜力日益显现。市场因素对新能源汽车发展的推动作用越来越大，产业逐渐走入良性自循环发展轨道。

三是中资品牌从本土走向国际。传统汽车企业陆续推出全新电动汽车品牌，加速布局新能源汽车领域，如长城欧拉、广汽埃安等。全球销量前十车企中，中资品牌从2009年的0家增长至2021年的3家（比亚迪、上汽通用五菱、上汽）。蔚来、小鹏、理想等造车新势力也为我国新能源汽车发展注入了新活力，凭借科技感强、体验感好、性价比高等特点，受到了年轻一代消费者青睐，2021年销量均进入全球前20名，超过了部分跨国车企。此外，"中国制造"受到国际市场欢迎，上汽、长城、比亚迪、宇通等企业的新能源汽车产品销往全球40多个国家，宁德时代、精进电动等成为大众、奥迪、宝马、菲亚特-克莱斯勒等跨国企业的批量供应商,中资品牌"走出去"取得重大突破。

四是产品数量持续丰富并形成竞争优势。在日益激烈的市场竞争中,中资品牌汽车企业凭借对市场的深入理解和对机会的把握,紧跟技术变革和用户需求变化,推出全品类、差异化的新能源汽车产品。我国在售新能源乘用车车型数量由 2010 年的不足 10 款,增长至 2021 年的超过 300 款,车型数量持续丰富并成功打造数款"网红车型"。以蔚来 ES6/ES8、理想 ONE 等为代表的多款高品质明星车型表现优异,有效提升了新能源汽车整体形象和市场接受度,并带动整体销售量的迅速提升。以长城欧拉黑猫、五菱宏光MINI EV、长安奔奔 E-Star 等为代表的微型纯电产品,在城市代步、乡镇及农村消费者中接受度较高,新的市场应用场景开始启动。以比亚迪 DM-i 为代表的新一代插电式混合动力技术受到市场关注,成为兼顾消费者续驶里程需求和使用便利性的重要产品类型之一。[①]

(五)新能源汽车技术发展:自主技术创新能力得到了大幅提升

通过构建产业技术创新体系,以及"扶优扶强"的政策导向,我国新能源汽车研发投入力度不断加大,自主创新能力得到显著提升,在新能源整车、动力电池、电机电控、智能网联等方面均取得长足进步和良好成效,部分技术和产品达到世界领先水平。

一是新能源汽车关键性能不断提升,多元化技术模式加速涌现。我国早期新能源汽车主要基于传统燃油车平台进行改造开发,2018 年才出现首个电动汽车专属平台——长城汽车 ME 平台,截至 2021 年我国主流新能源汽车企业均开发了电动汽车专属平台,如比亚迪 e 平台、广汽 GEP 平台、吉利 SEA 浩瀚平台等。电动汽车专属平台在产品模块化、轻量化、全线控等方面具有较大技术先进性,对整车动力性、经济性提升明显。2021 年,我

[①] 比亚迪秦 PLUS DM-i 在亏电状态下综合油耗仅为 3.8L/100km,优于同级别的一般传统混合动力车型能耗表现。

国主流纯电动乘用车电耗为 12.5kWh/100km，较 2009 年降低了 35%以上，续驶里程由 2009 年不足 150km 提高到 400km 以上，达到国际先进水平（见图 5）。2021 年 11 月，广汽埃安推出的 AION LX Plus 续驶里程达到 1008km，成为全球首款续驶里程超过 1000km 的车型。另外，我国新能源汽车还涌现出多元化的创新技术模式。2017 年 12 月，蔚来汽车推出换电模式纯电动汽车 ES8，该车型换电时间仅为 5 分钟，有效解决了电动汽车充电时间长的技术应用难点；比亚迪在 2021 年推出了第四代混动系统——DM-i 超级混动，通过"双电机+EHS 超混系统"的创新应用，使得体积和重量较第一代混动系统降低了 30%，整车亏电油耗①降至 3.8L/100km，进一步提升了插电式混合动力车型的性能水平。多元化技术在提升产品性能水平的同时，也丰富了消费者的购车选择，促进了新能源汽车产业的发展。

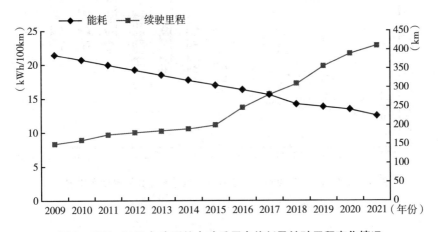

图 5　2009~2021 年我国纯电动乘用车能耗及续驶里程变化情况

资料来源：《新能源汽车推广应用推荐车型目录》。

　　二是动力电池围绕新技术、新工艺、新体系加速创新，技术水平处于全球领先地位。我国动力电池研发制造能力总体居于国际先进水平，围绕关键性能、安全可靠和资源利用等方面涌现出诸多创新性技术产品，如刀片电

---

①　是指在没有电能的情况下，仅依靠燃油提供动力的油耗。

池、CTP（Cell To Pack）、弹夹电池、无钴电池、钠离子电池等。先进技术的快速应用带动了电池性能的大幅提升，动力电池在安全性、稳定性和耐久性上达到国际领先水平，成本也实现大幅下降。2021年，我国纯电动乘用车动力电池系统成本已降到1元/Wh以下，较2009年下降超过85%，系统能量密度达到135~171Wh/kg，较2009年实现了翻倍（见图6）。分类型来看，磷酸铁锂动力电池单体能量密度达到160~190Wh/kg，成本降低到0.4元/Wh左右，循环寿命普遍达到4000次左右；三元材料动力电池单体能量密度达到240~290Wh/kg，成本降低到0.5元/Wh左右，循环寿命普遍达到2000次以上。

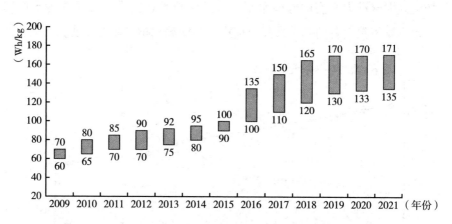

图6　2009~2021年我国纯电动乘用车电池系统能量密度变化情况

资料来源：《新能源汽车推广应用推荐车型目录》。

三是电机电控主要技术指标不断突破，依托技术进步产品实现批量出口。我国自主研发的驱动电机及控制器产品能够覆盖360kW以下各类新能源汽车电驱动系统的动力需求，电机功率密度、电机系统效率、控制器功率密度等关键指标不断取得突破。当前，驱动电机峰值转速达到16000rpm以上，功率密度从10年前的2.7kW/kg左右提升至4.5kW/kg以上，电机效率达到国际先进水平，扁导线电机制造工艺基本成熟，并实现批量生产；自2018年比亚迪推出首款自主IGBT芯片以来，我国硅基IGBT产业化加速推进，自主开发的下一代 SiC 控制器也已实现量产，电机控制器功率密度从 2015 年的 8kW/L 大幅提升至当前的 20kW/L。同时，我国电驱系统也实现从分布式向集成式的技术创新和配套应用，2021 年我国 50% 以上的新能源汽车装配了三合一电驱动总成，部分企业还推出了更先进的多合一电驱产品，如比亚迪海豚八合一电驱系统、华为 DriveOne 七合一电驱系统、上汽变速器七合一电驱系统等。得益于产品性能的比较优势，我国部分企业产品进入了国际汽车供应体系。上海电驱动、华域汽车等企业分别实现了对雷诺汽车和大众汽车的批量出口。

四是新能源汽车成为实现智能网联功能最优应用平台，智能化水平加速提升。我国汽车行业率先提出了单车智能和网联赋能协同发展的创新技术方案，以信息物理系统架构和计算基础平台、云控基础平台、高精动态地图基础平台、车载终端基础平台、信息安全基础平台等为主要载体，加速推进技术进步和产业化发展。2015 年，北汽新能源推出了国内首个智能网联品牌 i-link，能够通过 4G 通信技术实现驾驶辅助等功能。截至 2021 年，我国 L2 级智能驾驶功能的装备率已超过 15%，其中定速巡航功能因具有较高实用性及便利性，装备率超过 80%，主动刹车、车道偏离警示系统等主动安全配置装备率也均超过 50%。智能计算芯片是智能网联汽车的核心零部件，我国自主芯片产品已能支持 L1 ~ L4 级自动驾驶功能，单个芯片算力接近 200TOPS，算力功耗比达到 4TOPS/W，在算力、功耗等性能方面逐步实现对进口产品的赶超。

（六）充换电基础设施建设：已建成全球最大规模充电设施网络

2021 年，我国新能源汽车充电基础设施保有量达到 261.7 万个，车桩比达到 3∶1，公共充电网络规模自 2016 年起稳居世界首位，新能源汽车补能环境持续向好。

一是行业规模加速扩大。自 2009 年新能源汽车"十城千辆"示范工程开始，充电设施由试点城市、电力与能源企业率先布局，从公共领域开始萌芽。2009 年 10 月，由上海市电力公司投建的充电站，成为我国第一座具有商业运营功能的充电设施。2010 年起，国家电网、南方电网等大型中央企业陆续开展充电领域业务，并与地方政府积极签订战略合作协议，制定了明确的发展目标。2015 年，国家有关部门陆续出台了充电设施发展指南、指导意见、财政补贴政策等重要文件，对市场发展形成重要的引导和激励作用。2016 年起，我国充电设施建设布局速度明显加快，新能源汽车补能环境大幅改善。2012~2021 年，我国充电设施保有量从 1.8 万个增至 261.7 万个，并从 2016 年起，超过欧洲成为全球公共充电网络最大的经济体（见图 7）。

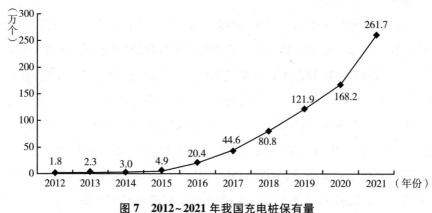

图 7　2012~2021 年我国充电桩保有量

注：2015 年及以前不包括私人桩。

资料来源：历年《中国新能源汽车产业发展报告》。

二是市场结构从大型国有企业主导向各类企业充分竞争演变。由表 9 可知，2014 年及以前，充电设施建设运营主要由国有企业主导。2011 年，国家电网确定了"换电为主、插充为辅、集中充电、统一配送"的发展思路，南方电网与 Better Place 签订战略合作协议，充电设施从"十城千辆"试点城市开始发展，并向多个区域扩展，以国家电网、南方电网、中国普天等为代表的大型国有企业占据了市场主要份额。2014 年，国家电网对社会资本参与充换电设施建设"全面放开"，特来电、星星充电等一批民营企业开始加快布局，充电设施行业进入市场化竞争阶段，民营企业发挥灵活性优势，快速形成了以特来电、星星充电等为代表的领先企业，形成了大型国有能源企业、民营运营企业两股主导力量。到 2017 年，前十名运营商中国有企业和民营企业数量基本相同。随着充电市场的进一步发展，民营企业领先优势不断扩大，截至 2021 年底，前十名运营商中，仅有国家电网、南方电网、上汽安悦 3 家国有企业，分别排名第 3、第 5、第 9，民营企业成为充电市场的重要支撑力量。除能源企业、充电设施运营企业外，部分整车企业充分发挥对产业链的影响力，加大自有充电网络的布局力度；互联网企业依托网络平台优势，成为促进充电设施互联互通的重要力量，充电设施行业已形成多种资本、多个行业协同发展、充分竞争的开放格局。

表 9　2009~2021 年充电市场企业情况

时间	2009~2014 年	2015~2017 年	2018~2021 年
主要企业	国家电网 南方电网 中国普天	特来电 国家电网 星星充电 中国普天 比亚迪 上汽安悦 南方电网 珠海驿联 富电科技 云杉智慧	星星充电 特来电 国家电网 云快充 南方电网 依威能源 汇充电 深圳车电网 上汽安悦 万马爱充
特征	国有企业主导市场发展	国有企业、民营企业互相竞争	民营企业占据较大市场份额

资料来源：中汽政研整理。

三是新技术、新模式加快发展，充电形态多样化。我国充电设施的补能体验不断优化，公共直流桩平均充电功率从 2016 年的 63kW 增至 2020 年的 132kW（见图 8）。随着大电池容量、高电压平台车型技术的发展，支持更快充电速度的大功率充电已经开始示范应用。广汽埃安、小鹏发布的超充技术，能够实现 480kW 最大充电功率，实现"充电 5 分钟续航 200 公里"。换电技术和商业模式更加成熟，应用领域不断扩展。蔚来汽车基于换电技术的"车电分离"商业模式（BaaS）得到消费者的认可，到 2021 年底已建设 789

座换电站，换电次数超过 550 万次；国家电投在作业强度大、使用频次高的重型货运场景形成良好的换电生态，布局重卡换电站近 1000 座。快充为主、换电为辅的公共充电网络日趋成熟，解决新能源汽车充电"最后一公里"问题的目的地充电网络加速完善，以公共快充、快换网络为"主动脉"，以私人桩、目的地桩为"毛细血管"的补能网络逐渐成形。

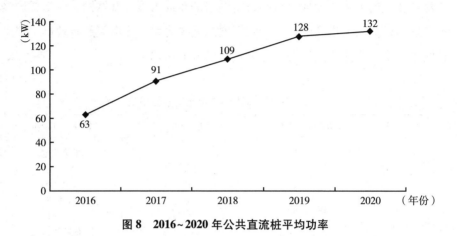

图 8　2016~2020 年公共直流桩平均功率

资料来源：中国电动汽车充电基础设施促进联盟。

（七）国际竞争力：竞争力显著增强并跻身世界强国之列

中国新能源汽车产业国际竞争力指数从 2012 年开始已经连续发布 10 年，成为判断我国新能源汽车产业发展方向的重要风向标。该评价指数主要对标分析中国、美国、德国、日本和韩国的新能源汽车产业国际竞争力，由环境竞争力、基础竞争力、产业支撑力、显示竞争力、企业竞争力、产品竞争力六大方面组成，竞争力得分为 0~100。

2021 年，中国新能源汽车产业国际竞争力排名第二。综合指数为 97.2，是美国的 97.2%、德国的 1.01 倍、日本的 1.05 倍、韩国的 1.09 倍。从新能源汽车产业国际竞争力排名可以看出，中国从 2012 年排名第五位稳步提升至 2021 年排名第二位，竞争力指数也从 2012 年的 62 提升至 2021 年的

97，新能源汽车产业国际竞争力稳步提高。

环境竞争力主要包括三大方面：经济政策、管理政策和技术政策。2012~2015 年为我国新能源汽车政策体系建立阶段，政策体系建立初期环境竞争力指数仅为 72，在五个国家中排名最后。2016~2020 年为政策体系完善阶段，环境竞争力指数从 72 提升到 90，在五个国家中排名达到中游。2021 年至今为政策体系延续阶段，随着中国政府为新能源汽车产业发展持续营造良好的宏观政策环境，环境竞争力指数从 90 提升到 96，排名世界第二。

基础竞争力主要包括三大方面：科研竞争力、制造竞争力和环境支持力。2012~2015 年，我国新能源汽车产业基础竞争力相对薄弱，排名在发达国家之后，基础竞争力指数仅为 70。至 2020 年，随着我国新能源汽车科研竞争力、制造竞争力和环境支持力的不断增强，我国新能源汽车产业基础竞争力排名有所提升，综合指数也从 70 增长到 91。2021 年至今，随着科技创新和基础研究能力、产学研用合作能力、先进车用材料及制造装备能力、消费使用环境等基础能力的大幅改善，我国基础竞争力指数达到 98，稳步提升至全球第二位。

产业支撑力主要包括两大方面：基础支撑力和产业支持力。2012~2015 年，我国新能源汽车产业支撑力相对薄弱，综合指数只有 71。2016~2020 年，随着基础支撑力和产业支持力的不断增强，我国新能源汽车产业支撑力从 71 提高到 84，综合指数稳步提高。至 2021 年，随着我国资源保障能力、基础设施配套能力、共性平台服务能力、产业化服务平台、原材料产业发展水平、动力系统和关键零部件发展基础、产业技术工人发展基础等指标的不断增强，我国新能源汽车产业支撑力指数大幅提升至 100，位居世界第一。

显示竞争力主要包括两大方面：绝对显示力和相对显示力，并由新能源汽车销量和新能源汽车渗透率两个三级指标综合反映。2012 年，我国新能源汽车产业尚处在小规模试点阶段，显示竞争力指数仅为 30，排名全球第四位。2016~2020 年，新能源汽车市场完成了由十万辆到百万辆的历史性跨越。新能源汽车显示竞争力提升至 100，位居世界第一。2021 年，我国新能

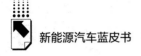

源汽车产销分别达到 354.5 万辆和 352.1 万辆，新能源汽车市场渗透率达到 13.4%，高于全球平均水平约 6 个百分点。显示竞争力指数多年保持为 100，连续七年居全球首位。

企业竞争力主要包括两大方面：研发能力和产业化能力。2012~2015 年，我国新能源汽车企业竞争力相对较低。企业自主开发能力较弱，企业缺乏前瞻性技术，且资金投入不足，与国外知名企业相比差距明显，企业竞争力指数只有 65。2016~2020 年，随着企业自主开发能力和产业化能力不断提高，企业竞争力指数由 65 提升至接近 90。2021 年，新能源汽车整车及关键零部件企业竞争力显著提升，综合指数提升至 98，达到发达国家水平。

产品竞争力主要包括两大方面：整车竞争力和零部件竞争力。2012~2015 年，我国新能源汽车产品竞争力相对较低，与国外先进水平存在较大差距，产品竞争力指数只有 74。2016~2020 年，随着动力系统安全及可靠性的增强，技术先进性水平不断提高，综合指数由 74 提高到 87。2021 年，随着我国新能源汽车在电池系统能量密度、能耗、续驶里程等方面的核心技术水平大幅提升，电池、电机、电控三大核心零部件基本实现自主可控，新能源汽车产品竞争力指数为 92，大幅提升至第二位。

（八）经济社会效益：节能减排效果明显，带动消费和产业增值

新能源汽车作为一种近零排放汽车，直接排放污染物较少，有利于促进交通领域节能减排，缓解环境污染压力。同时，新能源汽车产业链长、覆盖面广，可以有效拉动经济发展，提高经济增长质量和效益。

一是节能降碳效益明显。与传统燃油汽车相比，新能源汽车可大幅减少石油消耗，具有较好的环保性能，发展新能源汽车成为改变国家能源结构、实现双碳目标的重要战略支撑。截至 2021 年底，我国新能源汽车保有量达到 784 万辆，占我国汽车总量的 2.6%。据中汽政研测算，当前新能源汽车每年可节省燃油消耗超 1000 万吨。同时，新能源汽车推广应用极大地丰富了消费者绿色出行体验，加速了交通运输绿色低碳转型，累计减少二氧化碳排放超过 1 亿吨，为工业和交通领域降碳减排做出积极贡献。

二是人才聚集效果显著。新能源汽车具有产业链长、知识技术密集、引领带动作用强等突出特点，产业的持续发展也带来了大量从业机会和新型人才需求。企查查数据显示，我国新能源汽车相关企业年度新增注册量 2012 年前不足 5000 家，到 2021 年当年新增注册量达 18 万家；截至 2021 年底，我国新能源汽车相关企业累计注册量约 45.2 万家。教育部、人社部、工信部联合印发的《制造业人才发展规划指南》，对制造业十大重点领域人才需求进行了预测，提出 2015 年节能与新能源汽车领域人才总量为 17 万人，2020 年和 2025 年将分别达到 85 万人和 120 万人。国家发改委也对 2021 年人才就业情况进行了回顾和分析，提出：以新能源汽车、智能硬件、人工智能等为代表的新经济行业，正成为人才供需两旺的领域和新就业岗位的主要提供者。

三是衍生效应从内生到外溢。在行业各界共同努力下，我国新能源汽车产业体系快速建立完善，产业链自主可控水平持续提升，逐步成为国民经济新的增长点。截至 2021 年底，新能源汽车整车累计消费约 1.6 万亿元，带动动力电池、电机、电控等上下游产业链工业增加值超过 4.8 万亿元。[①] 随着产业融合步伐加快，新能源汽车产业开始向汽车、能源、交通、信息通信等多领域多主体参与相互赋能、协同发展的"网状生态"演变，形成了互融共生、合作共赢的产业发展新格局。

三 发展经验总结

我国新能源汽车发展取得了阶段性成果，积累了许多宝贵的实践经验，在新能源汽车领域逐步形成了一套适合我国国情的发展模式和宝贵经验，为全球新能源汽车发展贡献了中国智慧和中国方案。同时，我国新能源汽车产业发展"摸着石头过河"，在政策制定、企业发展、市场推广等各个方面，都无成熟经验可循，在发展过程中也经历了很多坎坷和教训。

---

① 数据来自工业和信息化部副部长辛国斌在 2022 年中国电动汽车百人会上的讲话。

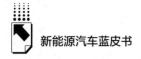

（一）新能源汽车发展取得的经验

自 2009 年试点示范以来，经过 10 余年发展，在全行业共同努力下，我国新能源汽车领域基本摘掉了传统汽车面临的"缺少核心技术、落后于人"的帽子，新能源汽车产业在引领全球电动化转型升级的同时，也为世界发展新能源汽车提供了中国经验。

1. 顶层战略：抢抓战略机遇并保持战略定力

2009 年国际电动化浪潮处于起步期，而我国产品落后、价格居高不下，企业研发生产积极性不高，甚至持消极、悲观态度。在此背景下，党中央、国务院统揽全局、协调各方，将新能源汽车列为战略性新兴产业，为新能源汽车产业快速发展奠定了坚实基础。10 余年来，我国始终坚持纯电驱动战略，持续筑牢纯电动、插电式混合动力和燃料电池三大技术战略路径不动摇；在产业发展的关键节点，保持战略定力，先后面向 2020 年、2035 年，研究制定了《节能与新能源汽车产业发展规划（2012-2020 年）》及《新能源汽车产业发展规划（2021-2035 年）》，开展新能源汽车产业顶层设计，抢抓不同阶段的产业发展战略机遇；持续给予补贴、税收减免等支持政策，引导社会各类资源聚集到新能源汽车行业，进一步坚定了全行业推动产业转型升级的决心和信心。

2. 政府角色：充分发挥政府在战略性新兴产业发展中的重要作用

作为战略性新兴产业，新能源汽车发展初期市场前景不明、技术可靠性低、产品成本高、产业链体系尚未形成，因此企业投资积极性不高，消费市场尚未形成，市场机制难以发挥作用。为此，在汽车电动化转型的过程中，我国新能源汽车产业支持政策发挥了不可替代的作用，有效弥补了市场失灵的不足，切实推动新兴产业培育发展。同时，我国政府积极有为，扮演好产业发展引导者和维护者角色，有选择地促进新兴产业发展，缩短产业结构演进过程。伴随着我国新能源汽车产业发展历程，中央政府坚持"市场主导、政府调控"的基本原则，综合运用了科技、财政、税收、投资、准入、金融等一系列产业政策工具，向社会释放国家支持新能源汽车产业发展的决心，坚定企业加大研发投入信心，促进社会资源持续聚集，有效推动新能源汽车产业跨越幼稚期、瓶颈期，实现规模化快速发展，并培育出一批具备全球竞争力的优势企业。

3. 政策支持：建立系统、精准、开放的政策法规体系

一是建立系统全面支持政策体系。在国家战略的指引下，我国建立了工业和信息化部牵头、20 个部门参加的"节能与新能源汽车产业发展部际联席会议制度"，强化组织领导和统筹协调，形成了横向协同、纵向贯通的工作推进机制。中央和地方建立了涵盖购置补贴、运营补贴、税收优惠、基础设施补贴、投资准入管理、回收利用、安全监管、道路通行、号牌管理等全方位的支持政策体系，覆盖研发、生产、销售、使用等产业链各环节。

二是政策与时俱进实现精准支持。依托不同阶段新能源汽车产业发展需求，与时俱进、不断创新和优化完善政策体系，实现政策对产业的精准支持。以示范推广为突破口，有节奏、有步骤地发展新能源汽车。2009 年启动了新能源汽车"十城千辆"工程，首先在公共领域进行示范推广，让企业产品真正走出试验场，调动了企业积极性，并开始逐步积累经验。随着公共领域推广的成功、技术水平的提高和产业规模的扩大，私人消费领域的推广得以开启，并不断提高补贴门槛，将补贴标准与产品技术水平挂钩，推动企业加快技术创新和扶优扶强，有效推动了新能源汽车产业做大做强。

三是开放、包容支持产业发展。面对战略性新兴产业的技术新、模式新、产品新等特点，支持政策对新技术、新模式、新产品秉持相对开放包容的态度，通过政策引导、创新支持，推动新能源汽车产业高质量发展。同时，注重充分发挥标准对产业发展的规范、引领与支撑作用，做好标准与政策法规的协同配合，引领技术进步和产业快速发展，并深度参与国际标准法规制定，承担国际合作项目，不断提高国际话语权和影响力。

4. 生态体系：利用好超大规模市场优势建立内循环生态体系

我国在新能源汽车产业发展初期，坚持培育产业与加强配套相结合的发展原则，加强培育新能源汽车整车、动力电池、电机电控、电子、基础设施等全产业链体系布局，促进新能源汽车产业配套以及完整产业体系的建立，

为我国逐渐形成丰富多样、上下协同、稳定完善的产业生态奠定良好的基础，为我国产业发展吸引更多的国外优质创新资源和产业资源提供保障。增长潜力大、供应多元化、开放包容的超大规模市场优势，为产业发展提供了丰富的应用环境，促进充电式纯电动汽车、换电式纯电动汽车、增程式电动汽车、插电式混合动力汽车、燃料电池汽车等各类技术路线全面开花，为新技术的产业化落地和规模化应用，提供大规模应用场景和持续迭代机会，也为创新型中小企业提供了发展机遇和竞争机会，为我国新能源汽车产业发展注入活力。

5. 产业布局：以开放的思维推进产业变革发展

我国在推动新能源产业发展的过程中，一直秉承开放、共赢的思维，加速推进跨领域融合创新发展，不断推动产业的转型升级。传统汽车企业主动拥抱汽车电动化转型大变革趋势，逐步加大新能源汽车研发投入，不断加强跨领域战略合作，开展技术、模式的创新应用，推动形成产业发展的强大驱动力量。我国鼓励国际汽车巨头加强本土化产业布局与技术合作，推动先进新能源汽车产品进入中国市场，并实现产能配套，从而进一步带动国内新能源汽车全产业链体系的高质量发展。此外，诸多来自互联网、科技、出行等领域的企业主动入局新能源汽车领域开展"跨界造车"，以蔚来、小鹏、理想以及华为、百度、小米等为代表的"造车新势力"，凭借自身在互联网领域的深刻理解，重新定义新能源汽车产品，发挥"鲶鱼效应"，为行业发展注入新面孔、新思路、新模式。目前，跨领域、跨学科融合发展已经成为全球汽车产业变革的必然趋势，在电动化、网联化、智能化协同发展的浪潮下，唯有继续保持开放、共赢的思维，加强合作、探索创新，才能在下一阶段产业竞争中胜出。

（二）新能源汽车发展面临的问题与反思

回顾前期新能源汽车产业发展，历程坎坷、过程艰难，产业发展过程中出现过很多值得反思的问题，如新能源汽车替代优势不足，产品推广依赖政策扶持；下一代关键核心技术仍需突破，电池梯次利用及回收利用体系尚不健全；产品质量参差不齐，自燃起火事故频发，性能、一致性、可靠性方面仍有提升空间；行业出现过盲目重复性建设，企业出现过骗取政府补贴资金行为；充电设施建设运营难，面临电网改造、土地、拆迁、产权、使用权等矛盾；地方保护现象仍然存在，全国大市场尚未统一；资源保障形势严峻，规模化发展所需的关键原材料对外依存度高，进口依赖严重，安全风险加剧；国际竞争压力大，主要发达国家纷纷加码电动汽车支持政策，通过碳排放法规约束、加大财税优惠力度等方式加速抢占全球市场，并通过绿色贸易壁垒等方式推动产业链回流，对我国产业造成了强大竞争压力。

在新能源汽车发展过程中，上述问题有的已经解决，有的正在缓解，有的仍然存在甚至更加严峻。需要说明的是，造成上述问题的原因是综合性的、多方面的，既有新能源汽车行业快速发展积累的矛盾，也有国际政治经济形势变化引发的问题，还有行业认识不足、政策措施不当导致的问题。深入分析问题背后的原因，有助于在后续发展过程中科学决策、减少失误，有利于推动我国新能源汽车产业高质量发展。本部分从管理层面、政策层面、产业层面三个层次，对过去 10 余年的措施和行为进行分析和反思。

1. 管理层面：管理体系有待完善，适应新能源汽车产业发展变革需要

一是跨部门协同机制需进一步适应产业发展新形势。如前文所述，我国已建立了多部门参加的"节能与新能源汽车产业发展部际联席会议制度"，但跨部门间规划衔接和政策协调机制尚需完善，面对新能源汽车产业发展的不同环节，要尽量避免交叉管理、多头管理，减少行政和行业资源浪费。同时，面对电动化、网联化、智能化融合发展趋势，新能源汽车与能源、通信、交通等产业融合更加深入，产业高效发展需要统筹电力供应、氢气运输、网络安全、智慧交通、基础设施建设等诸多方面，除了涉及产品安全、准入管理等要求外，还将涉及交通管理、保险监管、网络安全管理、地理信息管理等诸多新领域，涉及的管理部门更广泛、部门间需要统筹协调的工作更多，对各部门间的沟通协调、不同领域间的技术协同攻关、标准联合制定机制等提出了更高要求。因此，在现有协同机制框架下，我国亟待建立适应新形势、新需求的协调机制，以加快推动新能源汽车产业进一步转型升级。

二是管理"松"与"紧"的把握需拿捏适度。在政府部门管理方面，审计等有关部门在实施新能源汽车业务审计或检查过程中，常常因为对被审计或检查单位的工作认识不足，造成过度追责现象，对很多部门工作主动积极性造成很大影响。新能源汽车产业作为战略性新兴产业，仍处于发展过程中，需要大胆创新、尝试，但过度追责造成有关部门实际工作中多以规避风险为工作基调，不利于产业创新发展。在产业发展管理方面，按照产业发展规律，产业初期应以政策引导为主，当产业处于发展期，政府应逐步减少对市场的干预，以市场驱动为主，才能更好地发挥市场主体作用。在前期的产业发展过程中，由于"产能""骗补"等行业事件，政府对产业部分环节管理较细，而随着新能源汽车规模化发展，政府还需重新审视产业需求，把握好管理"松"与"紧"的尺度。

三是现行准入管理制度有待优化完善。一方面，法律制度体系需加快健全完善。汽车产品使用周期长，涉及生产、销售、使用、报废回收等多个环节，各部门立足职责不断强化管理。目前，我国已在车辆登记注册、使用、维修服务、缺陷召回等环节颁布了《道路交通安全法》《道路运输条例》《缺陷汽车产品召回管理条例》等一系列法律法规，法制化体系已初步建立。但在生产管理环节，我国尚未制定专门法律法规，对违规企业的行政处理处罚手段相对有限，造成汽车企业难以退出，甚至大量企业"僵而不死"，亟待加快制定准入环节法律法规，丰富执法手段，堵塞监管漏洞，提升车辆生产监督管理水平和政府监管效能，加快形成公平开放、有进有出、竞争有序的行业发展环境。另一方面，鼓励新技术、新业态发展的措施有待持续完善。新一轮科技革命和产业变革催生一系列新业态、新模式，新能源汽车是高新技术的重要载体，涉及诸多新兴领域的科学与技术正快速发展。而现有管理制度缺乏针对新技术、新工艺的豁免政策，亟须通过完善行业管理制度，进一步鼓励先进技术、商业模式等创新应用发展，促进产业高质量发展。

2. 政策层面：政策导向的前瞻性、稳定性、预警性不够

一是对新能源汽车数字化、国际化发展前瞻性研究支撑不够。一方面，

前期政策对新能源汽车的智能化、网联化和数字化支持不够，未能及时将新能源汽车产品与智能化、网联化和数字化特征有效衔接，引导行业提升相关技术水平，实现数字化转型。另一方面，对新能源汽车国际化发展的总体部署和支持不足。如：我国新能源汽车产品标准、贸易政策的国际协同仍有待推进；在充电接口、动力电池安全等方面的国际标准协作面临挑战；新技术与新能源汽车高度融合发展，相关领域国际标准的制定及应用仍需加强；绿色低碳发展已成为全球共识，但部分区域或国家试图利用环境优势，构筑绿色贸易壁垒。

二是地方保护、政策不稳定等给企业带来一定负担。地方保护问题依旧存在，仍有部分城市新能源汽车支持政策存在要求本地设法人单位或建厂、采购本地零部件、设置地方目录或备案等涉嫌地方保护的倾向性问题，给企业市场推广造成了很大负担，不利于建设公平、开放的全国统一大市场。同时，新能源汽车产业发展速度快，导致我国部分政策不得不加快修订，政策稳定性差，这也造成企业"看不准政策导向"，要么"不敢投、不愿意投"，要么随着政策变化频繁调整企业产品规划，造成企业的前期投入大量闲置或浪费。

三是对产业安全问题预警不足、政策研究储备不够。我国已经建立了较为完善的新能源汽车产业链供应链体系，但总体来看，前期政策体系对新能源汽车产业大规模发展带来的产业链安全风险预估不足，对国际形势变化带来的影响评估不够。如2020年出现的汽车芯片短缺，以及2021年动力电池原材料大幅上涨等问题，已对我国新能源汽车产业造成影响。未来，随着我国新能源汽车市场规模由百万量级提升到千万量级，产业链问题将被成倍放大并带来更明显的影响。政策措施上，我国更需要有效保障产业链供应链的安全可控和足够弹性，对未来可能还会出现类似当前芯片、电池原材料的其他关键环节"卡脖子"问题，尽早预警。

四是税收、考核等政策指挥棒存在一定偏差。税收政策方面，汽车领域涉及的相关税种中，车辆购置税、消费税属于中央税；车船税虽然属于地方税，但税基较小；增值税、企业所得税等生产环节重要税种属于央地分成，且税基较大。汽车生产企业税收成为地方财政收入的重要来源，导致地方普遍"重生产、轻消费"：一方面，为了增加生产环节税收收入、带动当地经济发展和就业，地方大力鼓励汽车生产、投资项目落地，甚至采取各种地方保护措施；另一方面，部分地方缺乏促消费、改善消费环境的足够动力，对使用等环节"选择性忽略"，态度上"得过且过"，方式方法上盲目"一刀切"。考核政策方面，国有企业考核管理制度有待进一步完善，部分企业对新能源汽车这类"投入大、风险高、回报少"的新兴业务积极性不高，亟须顺应产业发展新形势，改革国有企业考核管理制度，进一步创新企业服务新能源汽车国家重大战略行为的容错与豁免机制，切实推动国有企业肩负起推动产业发展的"主力军"责任。

3. 产业层面：基础不牢、前瞻不够、国际思维不足

一是基础研究能力依然薄弱。我国传统汽车工业基础薄弱，导致新能源汽车发展仍面临部分关键核心技术储备不足、部分产品依赖进口等问题。如在驱动电机领域，耐电晕绝缘的原材料、油冷兼容绝缘材料和高速轴承等依赖进口；在核心芯片领域，大部分产品仍依赖进口。导致基础不牢的根本原因之一，是我国汽车行业多数企业的研发创新都集中在应用技术层面，缺少对基础材料和支撑技术的研究和投入。汽车技术分为应用技术、共性技术和支撑技术三种，其中应用技术一般为集成创新，难度最低，适合企业做差异化竞争，国内大部分汽车企业均处于该层级；共性技术是在应用技术之下支持应用技术的基础技术，是企业生存的根本所在，国内部分优秀企业可以达到该层级；支撑技术主要是物理、化学、数学领域的基础科学，实际上是追求事物本质，短期内难以获得实际收益，但往往会产生颠覆性的技术革新，国内极少企业布局支撑技术，大部分企业不愿意投入或不具备投入能力。以上这些问题，导致我国关键核心技术受制于人的局面尚未根本改变。

二是前瞻投入和布局不够。随着新能源汽车的快速发展和融合变革，新能源汽车核心技术体系将不断扩展延伸，但我国企业在关键核心技术上仍创新不足。一方面，在新型锂离子电池及固态电池、SiC 控制器、滑板底盘等电动化前瞻技术上创新投入不足；在下一代新能源汽车技术生态方面，国内

企业大多专注于动力电池、电机电控等电动化技术开发应用，在人工智能、软件算法、大数据、车联网、传感器等智能化方面研发布局较弱。另一方面，多数新能源汽车企业仍延续了传统汽车产品研发和产业化发展模式，其平台架构、核心功能、价值转移、开发流程和管理方式等无法支撑全面向智能化转型的要求。虽然多数汽车企业都开始自建软件团队，但由于企业思想、文化、价值观、体系复合等方面的差异，如企业文化基因不同、业务组织流程冲突、薪酬无法平衡、迭代管理方式缺乏、技术沟通语言不同等，导致汽车行业的开发体系和能力难以支撑数字化、智能化转型发展要求。

三是部分企业未能把握发展机遇。我国作为全球最大的汽车市场，培育了很多大型汽车企业集团，这些企业具备较强的资源整合能力、人才储备基础和资金保障能力。但部分企业起步晚、行动慢，一直"坐等改革不作为"，错失了 10 多年发展黄金期。如部分中央汽车企业虽然已全面参与和深入布局新能源汽车产业链各环节，但在新能源汽车领域的发展滞后，综合竞争力仍处于弱势地位，面临一定的竞争压力和发展危机。根据中汽政研统计，2021 年中央企业仅占 7.8% 的新能源汽车市场份额，其中新能源乘用车占比 7.3%、新能源客车占比 11.2%、新能源货车占比 15.7%，动力电池市场份额仅为 5.9%，与民营企业相比差距较大，全球市场竞争力相对较弱。此外，中央企业在车用芯片等关键短板领域布局不足，尚未充分发挥央企所承担的突破关键核心技术短板的作用。

四是全球视野和国际思维不足。近年来，新能源汽车出口量逐年增长，但我国新能源汽车出口的"主力军"是在我国本土生产的特斯拉，自主品牌企业仍未能全面打开海外市场。多数企业存在缺乏国际化发展思维、国际化战略不明确、国际化人才不足等问题。部分企业在推动新能源汽车产品"走出去"的同时，忽略了海外汽车金融服务、海外售后维修服务等配套体系的建设。此外，在供应链布局上，我国新能源汽车行业、企业对国际产业链安全问题总体预估和准备不足，部分关键零部件、原材料等长期高度依赖国外，没有培育形成可替代的供应体系，一旦发生不可抗力，只能断供停产，对企业长期健康发展造成了很大影响。

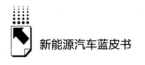

四 展望及建议

全球汽车产业正在经历百年未有之大变局,汽车产业将引领动力电动化、能源低碳化、系统智能化三大革命。目前,我国新能源汽车引领了产业变革上半场,形成了一定的先发优势和规模优势,成为引领全球汽车产业电动化转型的重要力量。在电动化、网联化、智能化融合发展趋势下,智能电动汽车将成为下半场竞争的焦点,也是决胜汽车产业转型升级的关键。面向未来更宏大的发展目标,我国新能源汽车产业应该准确识变、科学应变、主动求变,明确和制定一系列产业支持措施,并做到有机协同、有序衔接,在变局中实现新能源汽车产业高质量发展,加快建设汽车强国。

(一)产业实现普及化发展仍任重道远,需要政策持续支持

2020 年,我国提出了"双碳"目标,发展新能源汽车是汽车产业实现绿色低碳的必由之路,也进一步坚定了我国大力发展新能源汽车的决心。随着产品款型日益丰富、技术水平不断提升、充换电环境逐渐完善,新能源汽车接受度和认可度显著提高,产业发展的内生动力也逐步增强。2021 年,我国新能源汽车产业保持高速增长态势,市场渗透率已达到 13.4%,私人消费占比提升到 78%,已经实现以政策驱动为主向市场和政策双轮驱动转变。当前及未来一段时间,我国新能源汽车产业发展的内外部环境会发生很大变化。外部来看,全球新能源汽车产业进入加速发展阶段,美国、欧洲、日本等主要国家和地区加大对新能源汽车和动力电池的支持力度,在市场、技术、产业等各层面将与我国展开全面的竞争,大众、宝马、福特、通用等全球汽车巨头加速电动化进程,对我国新能源汽车产业发展形成前所未有的严峻挑战。内部来看,我国新能源汽车产业已迈入规模化快速发展的新阶段,未来市场规模将向千万辆级别发展,实现大范围普及化应用,但仍面临着政策支撑保障不完善、核心技术存在短板、部分领域电动化滞后、基础设施建设不足等问题。立足新发展阶段,主动应对新形势新问题,国家层面仍

需以促消费为主，供需两端齐发力，给予一揽子政策支持。

一是进一步加快产品推广应用。继续发挥财税政策的杠杆作用，建立协同联动机制，保证补贴政策、税收优惠政策的连续性和稳定性，引导向具备智能化、网联化特征的新能源汽车倾斜，撬动企业创新积极性，促进市场消费。保留优质产品和燃料电池汽车产品的补贴政策，引导企业追赶技术领跑者。建立与能效挂钩推动节能减排的汽车绿色税制，优化完善新能源汽车税收优惠政策。完善乘用车积分管理机制，研究制定商用车积分管理机制，建立健全积分交易规则和经济处罚方案，适时把新能源汽车双积分转化为碳交易机制。适时开展新能源汽车新技术、新模式试点工作，找准应用场景，探索可复制、可推广的经验。

二是完善行业监管体系。持续加大企业准入条件保持情况监督检查工作力度，加强违规项目清理整治，严控新增产能，规范整车企业兼并重组。扩大汽车认证自我承诺实施范围，强化新能源汽车相关自愿性认证制度建设。建立健全部门间信息共享工作机制，形成跨部门数据监管机制，加强产品安全、信息安全和产业安全管理。

三是加快推进基础设施建设。优化充换电基础设施规划布局，加大居民社区、单位和园区、高速公路服务区等充换电基础设施建设力度，满足充电需求。完善充换电基础设施制度，规范审批、建设、运营、管理等全环节。完善充换电基础设施奖励政策，充分调动全社会建设充电设施积极性。建立国家新能源汽车充换电基础设施监管平台，对充换电设施建设、运营等情况实现动态管理，优化结构布局、加强安全监管。

四是多措并举优化使用环境。发挥交通对使用新能源汽车的调节作用，鼓励有条件的地区探索设立零排放区或收取拥堵费措施，全国实施新能源汽车高速费、路桥通行费、停车费及保险费用减免。建立健全售后服务保障机制，完善新能源汽车产品三包条款和相关标准，进一步明确包修期限、种类范围等。督促各地区清除违背市场公平竞争、不利于建设全国统一开放市场的政策措施，营造公平开放的市场竞争环境。

五是全面强化资源保障能力。加大锂、镍等国内战略资源开发力度，支持国际合作开采，提升关键资源保障能力。完善动力电池运输管理，将动力电池产品及重要原材料纳入铁路运输范围。逐步引导增加具备回收拆解能力的企业数量，提升新能源汽车报废及关键零部件回收利用水平。推进动力电池回收利用关键设备的标准化、规模化发展，提升设备自动化水平。加快动力电池回收利用网络建设，实现动力电池"使用、回收、再利用、拆解、再回收、再制造"整个循环流程。鼓励共建逆向的大数据系统，实现对废旧动力电池的可追溯管理系统。

（二）产业新技术新模式将不断涌现，加强技术创新应用

在产业变革、产业链重构和技术融合等发展趋势下，未来新能源汽车将不仅仅包括电动化技术，还应该包括智能化、融合化等新技术，而且各类新技术新模式将在电动化、智能化、融合化发展趋势下不断涌现。动力电池将聚焦新材料、新体系及新工艺等方面加快技术创新，固态电池、锂硫电池、锂空气电池、钠离子电池等新体系电池将成为重要技术方向。宁德时代推出的钠离子电池将于 2023 年形成基本产业链，颠覆了现有产品技术格局；高压快充技术将于 2022 年实现量产化上车应用，我国小鹏汽车、广汽埃安、比亚迪、极氪汽车、北汽极狐等多个品牌发布了 800V 高压快充技术，能够实现充电 5 分钟续航 200km 以上，已成为解决新能源汽车充电时间长问题及与电网融合互动的重要技术方向；远程 OTA 升级已成为新能源汽车更新迭代的重要技术手段，2021 年我国有 26 家新能源汽车企业完成了 48 次OTA 升级，升级对象包括动力系统、座舱系统、驾驶辅助及娱乐 App 等。通过 OTA 提升车辆性能的同时，OTA 升级也将成为企业未来重要的商业运营新模式和新途径；智能网联技术将成为未来新能源汽车核心技术方向，我国新能源汽车企业已通过车联网、感知融合等技术布局 L3 及以上高等级自动驾驶，2021 年长城汽车实现了我国首个全车冗余 L3 级自动驾驶，预计 2025 年高等级智能网联汽车将进入市场，车联网终端新车装配率将达到 50%。

新技术的交叉融合将重新定义新能源汽车的产品属性。依托车联网、传

感器、大数据、V2G 等先进技术，新能源汽车将具备自动驾驶、网络通信、智能交互、双向充放电等多种新功能模式，实现由单纯的交通工具向移动智能终端、储能单元和数字空间的转变。同时，产品核心价值也将从电动化逐渐向智能化转移，数字化软硬件将成未来技术链和价值链核心。随着智能化、网联化技术的加速融合，核心技术体系将向芯片、计算平台、传感器、网络通信、云控平台、控制器、执行器等硬件，以及操作系统、软件算法等软件领域延伸。华为认为未来汽车只有 30% 的价值在于传统部件，70% 都在于自动驾驶、智能网联等新功能。数字化软硬件将成为未来新能源汽车产业价值链的新高地。

在新技术、新模式的推动下，未来新能源汽车将被赋予更多元化的内涵，建议加强技术创新应用，唯有加大关键技术的自主创新力度，将核心技术牢牢掌握在自己手中，才能稳固我国来之不易的产业优势，并在未来产业竞争中占据有利地位。

一是持续加强关键核心技术自主创新攻关。重点围绕下一代动力电池、高算力车用芯片、安全可控操作系统、集中式电子电气架构等关键技术领域，以及面向原材料和电子元器件的基础研究领域，启动新一批产品技术创新工程，支持鼓励优势企业合纵连横开展技术创新突破与产业化应用，全面巩固提升我国新能源汽车的产业竞争力。编制"新能源汽车前沿技术企业目录"，对符合条件且掌握先进技术水平的企业，实施企业所得税减免优惠、贷款贴息等政策支持，给予初创型企业融资担保支持，鼓励社会资本加大投资力度。

二是进一步支持新技术、新模式、新生态的应用探索。国家层面统筹开展技术、模式、生态创新示范应用城市试点，围绕自动驾驶、车联网、车电分离、无人运输、V2G、近零排放区等新技术、新模式、新生态，鼓励积极性高、有产业基础的城市选取适合的领域、区域、场景，率先开展测试验证与示范应用，前瞻探索合理、可持续的商业化应用模式，加快形成可复制、可推广的先进技术模式推广经验。

三是出台鼓励技术创新的财税支持政策。建议通过调整支持重点，继续实施新能源汽车财税支持政策，由普惠性支持向扶优扶强、支持先进转变，重点支持具有电动化、网联化、智能化融合先进技术特征的下一代新能源汽车。在能耗、续驶里程等电动化技术要求的基础上，适当增加自动驾驶、操作系统、车联网、信息网络安全等智能化、网联化技术要求，对推广应用满足相应技术要求的产品，继续给予资金支持，促进技术进步和产业化应用。

（三）跨领域跨行业融合创新势不可挡，把握机遇统筹推进

当前，"三化"融合发展逐渐突破汽车社会的传统模式，改变传统产业竞争格局。传统汽车企业快速转型升级，不断与电子信息、网络通信等跨领域企业融合发展，产业边界日趋模糊，传统新能源汽车产业链将进一步打破，未来产业生态及竞争格局将加速重构。

一是产业生态将进一步延伸。随着新技术体系的创新发展，新能源汽车产业生态将由边界明显的"上游—中游—下游"简单链式结构，向覆盖汽车、交通、能源、通信、互联网、出行等多领域的网状体系转变，产业链、供应链、价值链将面临重构。其中，整车企业掌握着终端产品定位和市场应用技术方向，但随着新技术、新模式、新生态的发展，未来整车企业或将不再处于产业链中的绝对主导位置，将呈现汽车企业、ICT企业、互联网公司、出行服务商等同台竞争和合作共赢的产业发展格局。

二是协同发展将更加深入。相互赋能、协同发展成为各类市场主体发展壮大的内在需求，在跨领域融合发展的趋势下，新能源汽车将加速与智慧交通、智慧电网、智慧城市等协同发展，成为未来大交通、大能源体系的重要组成部分。新能源汽车在汽车与能源发展方面能够以动力电池储能为纽带，通过数字化技术推动智能电网对电力的智慧管理，从而提升能源使用效率。以智能化、网联化技术为依托，新能源汽车可与道路交通系统实现互联互通，从而打造面向未来的"人、车、路、云"智慧交通出行体系，强化出行安全、提升通行效率等，以此为载体，还可将家居、购物、娱乐、餐饮等更广泛的城市元素纳入其中，从而推动构建完整的智慧城市生态。

三是产业竞争将更加激烈。当前，不仅新能源汽车企业加强智能与能源

领域的投资布局，加速向科技、出行、能源等领域转型，"汽车圈"外的企业也在加码新能源汽车领域的战略布局。长安、一汽、吉利、长城、比亚迪等传统汽车企业不断加大电动化投入力度，积极采取投资、收购、合作等方式加速布局激光雷达、芯片、高精度地图、自动驾驶等智能化核心硬件、软件领域；以蔚来、小鹏、理想为代表的造车新势力利用自身互联网基因，深耕智能新能源汽车领域，持续加强先进技术产品开发；小米、华为、小牛电动等跨界企业也相继入局参与"造车"，推动产业加速融合，产业竞争进一步白热化，发展格局将面临深刻调整。

在电动化、网联化、智能化融合发展的变革下，跨领域、跨行业的融合创新、协同发展，已成为新能源汽车产业发展的全新特征。面对新技术、新赛道的不断涌现，需把握下一代新能源汽车产业变革带来的全新机遇，凝心聚力、统筹推进、协同创新、谋划长远，在政策引导、组织机制、产业布局等多端发力。

一是加强政策支持，优化产业创新发展环境。前瞻性开展以新能源汽车为核心的跨产业协同发展顶层设计，明确发展路径和模式，进一步加强政策引导支持。研究制定相适宜的财政政策，以电动化、网联化、智能化融合发展推动新能源汽车进一步转型升级，对产业变革中衍生出的新技术、新业态、新模式，在投资管理、企业准入、产品准入等方面，采取更加灵活、包容的管理方式，为行业创新发展提供更大政策空间。

二是强化组织推进，打造完善的产业生态体系。发挥国家制造强国建设领导小组作用并利用部际联席会议制度经验，加强统筹推进汽车、交通、能源、通信、互联网、出行等各领域协同创新发展，组建跨界融合的产业联盟。积极推动跨领域企业前瞻布局、深入合作，联合开展政策法规标准研究、技术创新攻关、商业化应用等方面的工作，探索高效、协同的创新发展模式，打破不同领域间的行业壁垒。

三是鼓励产业投资，培育新型产业市场主体。鼓励社会资本重点投向电动化、网联化、智能化等关键技术研发和产业化领域。围绕自动驾驶车辆、智慧交通、智能路网、共享出行服务等领域应用，加快培育新型产业生态下的市场主体，包括智能电动汽车产品提供商、关键系统集成供应商、自动驾驶系统解决方案提供商、数据服务商、通信网络运营商、智慧城市交通出行方案供应商等。

四是开展示范应用，探索融合发展新业态。围绕新能源汽车与智慧电网、智慧交通、智慧城市等融合发展新业态，鼓励有条件的城市选择适宜的区域开展示范应用。在落实智慧城市基础设施和智能网联汽车协同发展试点的基础上，积极开展新能源汽车与电网能量互动、交通智能决策、城市动态管理等方面的试验示范，创新探索商业化应用模式与协调机制，促进新能源汽车与能源、交通、数字城市建设融合发展。

（四）汽车产业的全球化发展更加明显，全面增强竞争能力

当前，汽车电动化已成为全球不可逆转的发展趋势。2021年全球新能源汽车销量达689万辆，同比增幅达110%。截至2021年底，全球新能源汽车累计销量已超1800万辆，新能源汽车占当年整体汽车销量的比例由2013年的0.3%提升至2021年的9.1%。近年来，各国均通过宏观发展规划、财政补贴、税收优惠等政策促进汽车产业向电动化转型，大力推动新能源汽车发展已成为全球共识。汽车电动化催生了新技术、新模式、新业态，全球汽车产业链变得更加多元复杂，新趋势下新能源汽车产业的发展离不开全球智慧和全球力量的共同努力。

《新能源汽车产业发展规划（2021-2035年）》明确提出"扩大开放和交流合作""加快融入全球价值链"等全球化政策导向，我国新能源汽车产业应紧跟全球化发展大趋势，全面增强国际竞争能力。

1.政策层面：加强政策引导、发挥保障作用、推进合作交流

践行开放、融通、互利、共赢的合作观，加强政策引导，坚持"引进来"与"走出去"更好结合，提升国际合作水平和国际竞争力。

一是加强产业国际化发展支持政策引导。充分发挥现有部际协调机制的作用，加强财税、金融、产业、贸易等政策合力，完善新能源汽车产品研发、品牌培育、标准制定、国际营销和售后服务体系建设等相关支持政策。

加大对新能源汽车国际化经营的税收、保险、信贷支持力度，支持国内优势产能出口。围绕新能源汽车关键技术环节，引进海外技术及人才，并进行消化吸收再创新。鼓励国内企业、科研院所及行业机构拓宽交流渠道，加强国际交流与合作。

二是完善产业国际化营商保障体系。搭建新能源汽车出口服务平台，为"走出去"企业提供技术、信息、认证、金融、培训等服务。加强行业自律公约，构建新能源汽车出口产品追溯体系，规范新能源汽车企业境外投资和经营秩序。在税收、贷款、保险、信贷等方面加大对新能源汽车出口贸易的金融支持力度。建立重点企业境外投资项目风险管理和信息服务平台，提高企业金融风险防范能力。

三是推动国际经贸规则合作交流。坚持开放、透明、包容原则，在新能源汽车领域先行先试，推动贸易投资自由化、便利化等国际规则的完善。进一步提高自贸协定贸易投资自由化水平。积极参与欧盟碳边境调节机制等相关国际经贸规则合作研究。

2. 产业层面：加强国际布局、完善经营体系、推进协同互认

把握共建"一带一路"机遇，推动企业海外布局，提升产品国际竞争力，拓展产业高质量发展空间。

一是加强全产业链国际化布局。组建新能源汽车企业海外发展联盟，联合整车和零部件企业及相关机构开展国际产能合作，选择重点国家建设汽车产业园区和研发基地。积极融入全球汽车产业链和价值链，产业合作由加工制造环节向资源、能源、研发、营销、配套、回收利用、再制造、金融服务等全链条延伸，在研发、服务等高价值链实现互补共赢。

二是完善国际经营服务体系。制定中长期国际化发展战略，兼顾短期和长期利益，在境外依法经营。坚持诚信经营，加强行业自律，规范出口秩序，提升品牌形象。联合整车企业与金融机构，在境外投资设立汽车金融公司，根据当地消费习惯及市场情况，创新符合我国产品特点和当地消费行为特点的金融产品和服务模式，弥补我国汽车产品海外金融服务缺失短板。

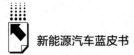

　　三是推动新能源汽车标准协同与国际互认。联合企业和行业机构，积极参与国际标准的制修订。强化电动汽车国际标准对接渠道，加强国际合作和交流，分享中国新能源汽车标准制定经验。加强国内检验检测认证机构与国外行业机构的交流合作，助力中国新能源汽车出口产品更好地满足当地市场要求。

专家视点篇

Experts' Comments

　　本书自 2016 年起增设"专家视点篇",一方面为行业专家提供一个发表真知灼见的平台,另一方面也为广大行业人士构建一个学习参考的平台,希望可以为读者带去一些思考和启发。2021 年,我国汽车市场迎来"回暖之年",新能源汽车市场更成为行业最大亮点,全年销量达到 352.1 万辆,同比增长 157.5%,市场渗透率也由 2020 年的 5.4% 大幅提升至 13.4%,产销量连续七年居于全球单一市场首位。但在跨界融合、保供稳链、技术变革等产业发展新趋势下,我国新能源汽车产业仍将面临诸多新的挑战。行业专家具备丰富的经验,对于在复杂的内外部环境中推动新能源汽车产业更好发展至关重要。

　　本篇围绕产业形势、技术发展、政策走向以及 2021 年行业热点问题(如产业融合发展、产业链生态建设、科技创新变革、汽车芯片)等几个方面共收录了 28 位专家的精彩评述,殷殷之心,拳拳可见。

B.3
专家评述新能源汽车发展

（按姓氏拼音排序）

安铁成
中国汽车技术研究中心党委书记、董事长

我国汽车产业发展的新趋势

一、融合创新成为常态，持续赋能产业快速发展

当前，汽车与清洁能源、信息通信、智能交通、智慧城市等领域加速融合，汽车与其他产业的边界日益交融、逐渐模糊。汽车产业部分发展目标的实现仅靠汽车行业自身是万万不能的，人工智能、信息通信、大数据、基础设施等将有效促进汽车产业的创新发展。汽车行业亟须打破行业壁垒，加快推进汽车与其他行业的融合发展和协同创新，促进汽车从传统交通工具向移动智能终端、数字空间和储能单元转变，逐渐形成开放包容的产业发展新局面。

二、高科技企业竞相入局，智能电动汽车生态初现

汽车电动化、智能网联化变革发展带来的技术需求，持续吸引互联网、信息通信等企业加速布局智能电动汽车领域，电动汽车也成为智能网联技术的最佳应用载体。同时，在5G、大数据和新基建的加持下，围绕车联网构建了包括高精度定位、通信芯片、路侧RSU、汽车制造等较为完善的产业

110

链生态体系，智能电动汽车正从单车智能向车路协同方向加速演进。汽车产业也由传统的以整车企业为主体的"链式关系"向以生态主导型企业为核心的"网状生态"不断转变。

三、全球产业链加速重构，亟须打造安全供应体系

在全球新冠肺炎疫情持续蔓延、国际贸易摩擦加剧以及新一轮科技革命等诸多因素的影响下，汽车产业链体系出现解构和重塑，新型供应链体系逐渐形成。随着全球贸易摩擦常态化发展，供应链安全保障问题已上升至国家战略高度。未来需要通过突破技术封锁和打破出口限制等多种措施，重点聚焦半导体芯片、基础原材料、高精元器件、工业软件系统等短板领域，打通产业链断点、堵点，构建完整、安全、高效的汽车供应链体系。

四、数字化加速汽车价值转移，产业转型迎来重要窗口期

在制造业与新一代信息技术深度融合的趋势下，数字化为行业各方带来了颠覆性影响，汽车行业作为先进技术应用最充分的领域之一，数字化转型将成为行业在未来一段时间内发展的主要旋律。数字化技术将赋能汽车全产业链环节，驱动研发生产端、驾乘使用端、服务营销端的发展和创新，不断提升产品核心竞争力和消费使用体验，深入变革汽车产业的价值链和利润池。作为下一阶段产业供给侧改革的重要抓手，汽车数字化转型升级将成为新时期产业经济增长的重要驱动力。

五、碳中和引领行业变革，协同降碳成为发展主旋律

实现碳达峰、碳中和是汽车行业的责任与担当，也是实现汽车大国向汽车强国转变的重要前提。新时代下，汽车产业绿色低碳发展既要结合发展实际，又要统筹全局。一方面，汽车产业要通过加强产业链条创新联动、加快新能源汽车推广应用、持续降低传统燃油汽车油耗、推动零部件绿色回收与再制造、积极引导消费端绿色低碳出行，来实现汽车全生命周期联动减碳；另一方面，汽车产业要与能源、交通等行业建立协同、融合、互动的产业合作模式，实现车用能源多样化和清洁化、车与大交通体系联动运营高效化，协同降低交通运输领域的碳排放。

安庆衡

中国汽车工业咨询委员会主任

对跨界融合与汽车产业新力量的几点新认识

一、我国新能源汽车发展取得突破性进展，已经开始进入从功能汽车向智能汽车转变的关键时期

近几年，我国新能源汽车取得了突破性进展，除产销量的快速增长之外，人们所担忧的充电难、续航短等问题正逐渐成为过去。

2021年，我国新能源汽车销量突破350万辆，渗透率达到13.4%，预计2022年将实现500万~600万辆的产销规模。在新能源汽车领域，出现了比亚迪、宁德时代等世界级的电动汽车企业和动力电池企业，也出现了受国际资本市场追捧的蔚来、小鹏、理想等创新型企业；在新能源汽车上游产业链领域，也有很多中国企业占据了国际细分市场的龙头地位。我国已经在新能源汽车领域形成了一定的领先优势。在智能网联汽车领域，中国形成了自己独特的"车路协同"发展体系，在标准、政策、测试规范、封闭测试场地等方面也取得了积极成效，整体发展与全球先进水平处于"并跑"阶段。我国新能源汽车将在功能汽车已经取得重大突破的基础上，逐步进入向智能汽车转变的关键时期。这意味着智能汽车的技术水平、研发创新及产业化发展，将成为我国参与全球汽车强国竞争的核心。这就需要大量具有产品创新能力和智能化技术的跨行业企业加入汽车产业中，帮助我国在产业竞争中取得胜利。

二、我国造车新势力的发展前景可期

过去的十年中，我国一些跨界的企业、投资者勇敢地进入新能源汽车领域，形成了一股"造车新势力"。这既是我国新能源汽车产业发展的一大特点，也是一大优势，正是我国新能源汽车发展的浪潮造就了一批又一批造车新势力。

第一批造车新势力的代表蔚来、小鹏和理想等企业月销量都超过了万辆，毫无争议地成为造车新势力的头部企业。这些企业的发展不仅得到国内消费者的认可，而且得到了国际上的认同，并引领着我国新能源汽车产业的发展。但其并没有挡住其他企业的发展，合众、吉利、长安、长城、广汽、上汽等企业的新能源汽车发展速度也在明显加快；同样其也挡不住其他科技企业进入汽车行业，小米、百度、华为等企业形成了新一轮造车新势力，科技企业或是亲自造车，或是与传统车企联手造车，共同打造智能汽车新品牌。这些科技企业以不同方式跨界进入汽车产业是着眼未来之举，共同目的是凭借在人工智能、互联网、高性能计算等新一代信息技术方面积累的能力和综合优势，要在汽车产业的变革和未来中获取一席之地。

因此，各类造车新势力的生命力是很强的，中国造车新势力的发展前景可期！

三、拥抱跨界汽车企业，发展自主汽车，努力建设汽车强国

智能网联汽车产业链涵盖了电动化、网联化、智能化等新领域、新模式和新技术，大数据、信息通信、人工智能、云平台等领域能够与传统汽车产业形成极强的互补性和跨界融合，推动我国汽车产业"新四化"的发展进程。

智能网联汽车作为前沿科技集聚的代表载体，已成为全球汽车产业竞争的焦点，我国也将发展智能网联汽车作为实现从汽车大国走向汽车强国的重要战略选择。在此背景下，我们要充分认清产业发展形势，采取切实可行的措施，积极拥抱跨界汽车企业，共同构筑我国汽车产业的新优势，真正把自主品牌汽车搞上去，加速实现汽车强国目标。

接下来，汽车产业将进入网联化、智能化的"下半场"，让我们积极拥抱跨界汽车企业，欢迎汽车产业的新力量，大家携起手来，共同构筑我国汽车产业新优势，加速推动我国实现汽车强国的伟大目标。

蔡蔚

教育部汽车电子驱动控制与系统集成工程研究中心首席科学家，哈尔滨理工大学教授，精进电动科技股份有限公司创始人，中国电动车百人会理事，中国电工技术学会会士，《电动汽车安全指南》电机系统与电驱动总成专家组组长，2021~2035年《节能与新能源汽车技术路线图2.0》电驱动联合专家组组长

新能源汽车电驱动行业的趋势、问题及发展建议

在补贴等政策推动下，我国新能源汽车取得了较大进步，市场渗透率明显提高。2021年我国新能源汽车销量占全球总量一半以上，市场渗透率达到13.4%，高于8.5%的全球渗透率，但低于欧洲19.2%的渗透率，其中挪威、瑞典的新能源汽车渗透率分别为86%和45%，新能源汽车已经成为全球汽车产业主流发展方向。从双碳战略目标和产业变革趋势来看，新能源汽车未来发展将会更快，预计《节能与新能源汽车技术路线图2.0》中到2025年20%的市场渗透率指标有望在2023年提前完成。电驱动作为新能源汽车的核心组成部分，对新能源汽车的发展将至关重要。

一、电驱动技术发展趋势

1. 高转速、高功率密度电机

我国电机的主要性能指标与国际先进水平相比差距不大，能满足国内生产和应用的需求，但在前瞻技术研究上较国外落后3~5年，如美国采用超级铜、低重稀土等新材料的科研样机已经达到我国"十四五"前沿专项设定的电机功率密度指标。电机向高转速方向发展是一个很重要的技术趋势。电机尺寸与转矩成正比，在相同功率需求前提下，降低转矩需求、提高转速会使电机变小，但需要综合考虑电机的最高转速和电机峰值功率下的转速协调，因为调速驱动电机的大小主要取决于电机峰值功率下转速的高低。

未来我国电机将主要是扁线绕组永磁电机，因为我国的稀土资源丰富、市场占比较大。另外,电机将不断向高效、高速、高功率密度方向发展,但需重点解决 EMI、EMC 和 NVH 等问题。

2. 电机与材料、相关零部件融合发展

未来电机性能的提高,离不开材料以及零部件的进步,所以电机与材料、零部件融合发展是非常重要的产业发展趋势。电机系统包括驱动电机和功率电子控制器,高速电机离不开高频功率电子控制器,全球均已开始开发高频低损耗碳化硅控制器、超薄硅钢片铁芯及高频低交流损耗绕组电机,包括一些特殊材料(如美国 DOE 项目的超级铜等)在电机系统中的应用。

3. 电驱动总成由"三合一"向"多合一"方向发展

由电机、功率电子控制器和减/变速器深度集成的"三合一"电驱动总成已经成为全球主流技术方向,2020 年我国 70% 的新能源汽车已经装配了初步的"三合一"电驱动总成,未来将继续向"多合一"方向发展。

4. 多挡变速器不会成为乘用车电驱动的主流配置

低端纯电动汽车只需要一个驱动电机加一个减速器,而高端车或者特种车会出现一些换挡的需求,还需要增加一个变速器,但不会成为乘用车的主流配置。然而,对于起动和低速转矩要求高,有高速爬坡需求且最高车速较高的运动型乘用车和工程商用车等,电驱动系统需要多挡或连续变速器系统。

5. 轮毂电机五年内难以实现大批量产业化

轮毂电机汽车具有传动路径短、运行高效等优点,但也会遇到机电热和舒适性差等挑战。预计最早在 2023 年会有个别车企小批量生产搭载轮毂电机的车辆,但在未来五年内实现大批量生产的可能性不大,主要原因是一些核心问题仍然没有得到有效解决。

6. 碳化硅控制器是未来发展方向

在控制器方面,第三代宽禁带半导体控制器是主要发展方向。2023 年,我国会有多家车企和多款车型的电驱动系统采用碳化硅控制器,预计 2028~2030 年将有一半以上电驱动系统使用碳化硅控制器。

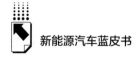

二、电驱动产业"卡脖子"技术

我国电机控制器最主要的问题还是"缺芯",包括控制芯片(MCU)、功率电子芯片和模块封装等,尤其是控制芯片和软件操作系统。国家层面和整车企业应充分认识到缺芯的严重性和有效解决缺芯问题的迫切性,希望整车企业与供应商加强协同合作,带头试用自主芯片产品。

在控制芯片方面,电驱动主控芯片大概会在 2025 年前后实现小批量生产装车;在功率芯片方面,我国仍将主要依赖进口;在软件架构方面,没有芯片导致没有自己的软件架构;在高速轴承方面,1 万转以上的高速轴承也是我国产业进一步努力的方向;在材料方面,电机耐电晕绝缘材料的原材料、耐高温电容膜、耐高温绝缘封装材料、银焊浆和银铜焊浆等也主要依赖进口。

三、对电驱动行业的发展建议

第一,从技术上要鼓励向美国、欧洲一些先进国家学习,让零部件、材料、元器件、电机、控制器、减/变速器、电驱动总成和整车协同发展,上游理解下游需求,下游帮助上游供应商解决应用问题,主动应对挑战,加速融合创新。

第二,建议以支持科技攻关的方法解决技术问题和补短板,通过减税降费支持车企参与市场竞争。不要继续给予新能源汽车补贴,这将不利于产业创新和健康发展。

第三,要鼓励企业认认真真搞创新、扎扎实实做质量。加强对自主企业的市场化引导,让它们真正做出具有全球竞争力的产品。企业要能够走出国门,产品要具有全球竞争力,走不出国门就不能称之为领先。汽车核心零部件强,我国新能源汽车产业则强。

陈斌

中国机械工业联合会执行副会长，国家发改委原产业协调司司长

融合发展、协同创新、打造汽车供应链新生态

一、"芯片"对汽车供应链影响带来的思考

全球形势正在发生深刻变化，新冠肺炎疫情对世界经济、地缘政治和全球治理造成了重要影响，大宗商品价格暴涨，产品供应紧缺等不断冲击着全球经济。在汽车供应链上，以往并未引起足够重视的"芯片"，已对我国汽车生产和销售产生巨大的影响，并成为阻碍我国企业创新发展的"绊脚石"。

我国汽车产销量连续十几年居世界第一，是全球最大的汽车生产和消费大国，但"芯片"对我国汽车产销量的影响达到一年几百万辆的规模，汽车产业供应链生态的脆弱，集中反映了我国制造业供应链生态的脆弱。习近平总书记在《国家中长期经济社会发展战略若干重大问题》中指出，要优化和稳定产业链、供应链，并强调产业链、供应链在关键时刻不能掉链子，这是大国经济必须具备的重要特征。

当前我国产业发展过程中存在的供应链断点、堵点及难点问题，主要是行业融合发展不充分、协同创新不深入造成的。汽车供应链生态的脆弱，进一步折射出我国在构建供应链生态上最大的制约因素是体制障碍、融合缺乏、协同不足、信任缺失。部门有界限，行业有壁垒，企业有围墙，这些问题已成为当前我国制造业构建供应链新生态、推动产业创新发展和高质量发展的最大障碍。

二、融合发展、协同创新，打造汽车供应链新生态

国家有关部门、行业企业要共同努力，打破传统思维方式，改革现有管理模式，通力合作，协同创新，打通堵点，构建汽车供应链新生态。

一是要打通部门界限。国家有关部门在安排各种实施方案、各个攻关项目、各类专项时，一定要围绕目标、统筹全局，运用系统思维去研究和组织协调供应链生态的建设，并积极与各相关部门协商沟通。要注意抓住供应链上的每一个环节，环环相扣、链链相接，既要有领军企业，也要有"专精特新"企业。充分协调最重要的目的是要避免重复支持，避免能做的事情、容易出成绩的事情都在支持，而关键问题、难点堵点却都忽视。最后丧失的是时机，浪费的是时间。所以，要构建良好的供应链生态，部门的界限首先必须打通。

二是要打破行业壁垒。我国制造业的管理体制机制是 20 世纪形成的，行业管理是从原有计划经济的管理模式逐步演变过来的。经过国家改革开放和管理职能转变，专业管理部门已经撤销，行业发展基本适应了市场经济的需要。不过行业间的壁垒仍在，行业间的利益之争仍存。在经济高速发展时期，各行业发展都取得了成功，但随着经济发展进入新常态，产业也进入了转型升级和高质量发展阶段，亟须行业间的跨界融合和协同创新。特别是传统制造业多年来转型升级困难，发展步履维艰，与缺乏行业间的融合发展密切相关，所以行业壁垒必须打破。

三是要打开企业围墙。改革开放以来，我国汽车工业最成功之处在于有着海纳百川的胸怀，容纳着计划经济年代成立的国有企业、对外开放以后设立的"三资"企业、改革大潮中闯荡出来的民营企业，以及新世纪以来创新发展的高新技术企业。正是这些企业在最开放、最庞大市场上的充分竞争和创新发展，使得中国汽车工业的发展光彩耀目，成为世界关注的焦点。在这其中，我国新能源汽车在短短十几年时间里呈现高速、蓬勃发展的势头，充分体现了民营企业和高新技术企业的优越性。它们吸引全世界的优秀人才，融合各行各业的业务专长，采纳国内外的"专精特新"产品，把企业的融合发展和协同创新推到一个新的高度，创造出一个新的企业发展模式。作为汽车行业主要力量的国有企业，必须清楚地认识到，没有一家企业能够独自面对当今复杂的世界，要彻底打开企业围墙，敞开胸怀，以包容的心态与产业链各环节企业密切合作，为构建汽车供应链新生态做出贡献。

陈淮

中国社会科学院大学城乡建设经济系教授、博士生导师，住房和城乡建设部政策研究中心研究员、原主任

没有离开市场的技术进步与产业发展

一、离开市场难以形成有竞争力的产业规模

近年来，中国的新能源汽车发展既有高歌猛进的一面，也有波澜起伏的一面。一方面，由于新冠肺炎疫情、芯片短缺等多种因素影响，整体汽车市场呈现明显受阻的态势。2021年国内汽车销量2628万辆，同比增长3.8%，但这3.8%是与连续三年下滑后的基数相比的结果。另一方面，资本市场出现了一些不利的情况，如恒大债务暴雷、美国股市中概股被迫退市等引发新兴车企资产市值大幅缩水等。

可能很多人说，只要致力于技术创新，再加上国家政策支持，中国新能源汽车就一定能实现飞跃式发展。坦率来说，不论是新能源汽车还是自动驾驶汽车，离开市场的最终接受，不可能形成有竞争力的产业规模。新能源汽车的发展不是今天才开始的。人类在工业化阶段的技术进步有两个标志性发明，一个是电力的普遍应用，另一个是汽车的普及。但在工业化的100多年中，这两项发明始终未能真正结合在一起，主要原因是迟迟找不到成本足够被市场所接受的高储能材料和技术，电动汽车就只能长期停留在试验阶段。

日本在战后的工业化阶段曾创造出经济赶超的奇迹，政府强力干预资源配置、推动产业结构升级的产业政策曾被我国经济学者大力推崇。但20世纪70年代日本成为汽车大国，日本学者普遍认为不仅没有政府产业政策的贡献，而且有些产业政策根本上还是失败的，如日本通产省曾规定生产汽车须有政府配发的本土牌照，本田就是在无法获得通产省牌照的情况下，在海

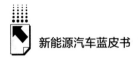

外发展起来的日本车企。

中国有着数千年悠久的文明历史，有过对人类进步意义巨大的四大发明。那为什么有着勤劳勇敢、聪明智慧人民的中国没有自主进化到大机器生产的工业化阶段呢？一个根本原因就是，中国历史上几乎所有的技术发明，其最终目标都是献给皇帝，依靠最高统治者的赏赐得以在经济上实现，完全不用考虑成本能否为市场所接受，完全不必在规模化上下功夫。

二、市场对新能源汽车产业发展具有重要作用

第一，市场是造就资源集中的机制。不论是传统产业还是高技术产业，首要的不是产品市场，而是产权市场，没有债权、股权等市场融资手段，世界到现在也不会实现铁路、钢铁和化工产业。而新能源汽车等现代高科技产业的发展更离不开资本持续、密集的投入，任何体制的资源集中能力都无法和资本市场相抗衡。在现代产业的发展过程中，资本市场，或说产权市场不仅实现着巨额资金的筹集职能，还扮演着技术风险第一承担者的角色。

第二，市场是对产品成本、效用的最终检验。需求者认可才是产业发展的根本落脚点。中国人说"物有所值"，意思就是不仅要好，而且要"值"，才能真正为需求方所接受。当年老福特的"国民车"、现代限量版的奢侈品牌都是需求方选择的结果。

第三，市场是技术进步的根本推动力。在人类的技术进步中，无需否认天才发明家的贡献，但真正推动技术普遍进步的仍然是市场竞争。市场竞争造就了效率，造就了规模，造就了资源的优化配置。可以这样说，从工业化到现代化发展过程中，汽车产业是市场优胜劣汰最为残酷的产业。

当前，新能源、人工智能等技术进步正在造就一场新的汽车产业革命。值得注意的是，此次汽车产业革命不仅是技术的竞争、创新的竞争、政策的竞争，更是资本的竞争、市场的竞争和对客观经济规律认知程度的竞争。

陈清泰

中国电动汽车百人会理事长

未来汽车的竞争形势与汽车强国之路

2012 年，我国率先在全球启动了新能源汽车的产业化。在这十年间，我国新能源汽车产业经历了孕育期、成长期，以较高水平走过了电动化发展初期阶段，也成为新能源汽车创新最活跃的国家。目前，智能汽车正在颠覆传统功能汽车。在这场汽车变革中，我国汽车产业取得了一定的先发优势，为我国建设汽车强国提供了机会，但窗口期不会太长。

一、把握好汽车革命的方向

此次汽车革命不是独立进行的，而是与新能源革命、新一代信息通信、交通革命和智慧城市并行发展的，支撑这场汽车革命的主要推动力是数字经济、移动互联网和人工智能的快速发展。这些因素与汽车融合发展，为未来汽车提供了先进的技术基础和丰富的应用场景。因此，要把未来汽车放在一个更大的范畴，以更加广阔的视野审视它的发展前景，才能把握前进的方向。

未来的汽车是吸纳间歇性可再生能源的强大载体，是连接绿色能源、智能电网、共享出行、新一代信息通信的纽带，是智能交通、智慧城市的基本组成单元，是带动技术进步和产业转型的引领性产品，并正以强大的力量推动经济社会和诸多产业向数字化、智能化升级。电动化只是这场汽车革命的序幕，汽车的电动化、网联化、智能化、共享化和绿色化将造福居民生活，深度改变经济社会，并最终实现智能汽车、智慧能源、智能交通和智慧城市的融合发展，这也将是下一步产业竞争的焦点。

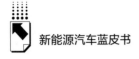

二、高度重视汽车"定义"和"属性"的变化

随着汽车革命向纵深发展，大量的高科技企业加入汽车产业，新能源汽车的科技含量越来越高，服务软件也越来越丰富。与传统汽车相比，它的"属性"变了、"定义"变了、内核变了，边界也变了。汽车正由一个传统的机械产品，转化为机械产品基础上的电力产品、互联网产品和信息数字化产品。同时，汽车也将具备自我进化的能力，可以由一个"买到手就开始落后"的"死物"，转化为一个可以不断进化的"新物种"，并根据用户的喜好不同，成为"千车千面"的个性化产品和系统。

在中国，一些跨界的企业、投资者勇敢进入新能源汽车领域，形成了一股"造车新势力"，至今还没有第二个国家有这样强大的发展势头。这既是中国的一大特点，也是一大优势。更重要的是，这些"新势力"没有传统造车理念的禁锢和资产存量的拖累，并带来了新的理念、新的思维、新的技术，开阔了人们的思路，加速了创新迭代的过程。特别是一些拥有互联网基因的造车新势力，一开始它们就把网联化、智能化的概念融入产品定义和营销模式之中，使我国较早地把握住了网联化、智能化的方向。经过"一哄而起""大浪淘沙"的筛选，留下了若干有互联网基因的"根"，在进入网联化、智能化深度竞争的阶段，这些企业很可能会显现出更强的竞争力。

三、高度重视汽车供应链重构的机会

汽车强国的基础是零部件强国。未来汽车零部件的概念和范畴会发生很大的变化，50%以上的传统零部件体系将面临解构重塑，从新能源汽车动力电池、电机电控到智能化、网联化涉及的芯片、操作系统、软件算法、计算平台、激光雷达、摄像头，再到高精度地图、车用无线网络、云控平台等软硬件都将成为供应链的重要组成部分。要超常规地重视电动化、网联化、智能化这三条供应链的建设，目标是在开放条件下实现安全自主可控。

未来汽车零部件的技术壁垒和体系屏障还没有形成，部分技术路线还有选择余地，很多新技术还处在研发阶段，这为我国零部件企业，特别是科技型中小企业带来了历史性发展机遇。而新型产业链涉及的移动通信、人工智能等领域，都是近年来我国发展基础较好的产业领域。要抓住时机，针对产业短板和瓶颈下大功夫，改变我国汽车零部件空心化的状况。

目前，中国走向汽车强国的窗口期尚在，把握得好我们完全有可能成为一个赢家。

董扬

中国电动汽车百人会副理事长

构建我国汽车芯片产业创新生态

我国还未建成能够支撑芯片产业有力发展的生态环境，各方应合力培育全面的芯片发展生态，做大芯片研发供应的蛋糕。

一、车规级芯片国产化意义重大

我国是世界第一制造业大国，芯片需求量大。新冠肺炎疫情和地缘政治因素使自主研发芯片的重要性进一步凸显，也促使政府和各类企业更加注重芯片的创新和生产。据测算，智能电动汽车核心芯片的年复合增长率为21%，2022年单车芯片成本在600~1200美元，我国汽车芯片市场规模达到300亿美元。从国民经济高质量发展、汽车芯片市场快速增长、汽车产业供应链安全性来看，实现汽车芯片国产化具有十分重要的战略意义、现实意义和经济效益。

二、解决芯片痛点，助推自主汽车芯片产业创新生态联动发展

要解决芯片痛点，全行业的协同合作比竞争更重要。各企业首先应该合力形成一个全面且拥有过硬技术的芯片企业生态，做大蛋糕后再分好蛋糕。个别企业之间的竞争还没有那么重要，或者说应该把产业发展好以后再来竞争。

无论是传统汽车还是新能源汽车和智能网联汽车都更加依赖芯片，比如电池动力系统的控制和智能化道路的安全运营等。但目前看来，包括高端和常规芯片，我国汽车企业都面临芯片短缺问题，对芯片数量和性能参数的要求也在不断提高。我国自主汽车芯片产业在产业培育、技术研发、车规工艺、标准法规、测试认证和推广应用等方面均存在短板和弱项,需要直面问题与挑战,加快自主汽车芯片产业创新生态的联动发展。这既是解决自主汽车芯片短缺问题的根本途径,也是国家中长期科技发展规划和《新能源汽车产业发展规划(2021-2035年)》的重要议题。

三、战略联盟串联上下游,构建芯片创新发展新生态

汽车芯片作为周期性产业,具有长周期性、投资巨大等产业特点,应加强政府、企业以及产业上下游等各方的交流合作,推进芯片生态建设。从汽车性能需求出发设计芯片,加速推动芯片的研发和实际应用,缩短创新研发到成果转化的投资周期,加速创新成果落地转化,助推国内汽车芯片产业生态驶上快车道。

四、互借东风、国际合作、共生共赢

汽车芯片助推新能源汽车的发展,没有一个很好的芯片支撑,新能源汽车和智能网联汽车都不可能发展良好。在新能源汽车和智能网联汽车发展过程中,特别需要汽车行业和芯片行业加强沟通。在汽车芯片助推新能源汽车发展的过程中,也期待借中国新能源汽车和智能网联汽车发展的东风,推进中国芯片的产业化发展和新生态建设,尤其是中国汽车芯片。同时,芯片自主创新不是要搞封闭,封闭不利于我国芯片的发展。要将自主创新与国际合作相结合,全面提升我国汽车芯片的设计、制造、封测和应用水平,为世界芯片产业的发展贡献中国智慧和中国方案,展现中国负责任大国的担当。

方建华

国家科技成果转化基金新能源汽车创业投
资子基金合伙人兼总裁

我国新能源汽车产业发展八大趋势

一、市场渗透率超预期

2021 年，我国新能源汽车销售总量为 352.1 万辆，同比增长 1.6 倍。《2021 年 12 月新能源汽车产销情况简析》数据显示，2021 年 12 月单月，我国新能源汽车市场渗透率已达到 19.1%，超过预期目标，并连续七年销量领跑全球市场。预计 2022 年我国新能源汽车销量将超过 520 万辆，2025 年达到 900 万辆，2030 年有望突破 1800 万辆。

二、运营车辆将率先实现电动化

近年来，在国家及各地政策的驱动下，全国已有多个省市明确了公交车、出租车等运营车辆的电动化比例。2020 年，我国运营车辆的新能源汽车渗透率已达到 77.78%，远高于私家车辆 5.32% 的新能源汽车渗透率，运营车辆在电动化方面已经遥遥领先。

三、高、中、低端车型同步发展

从车型销量来看，传统燃油车销量以 10 万~15 万元的中端车型为主，而国内新能源汽车消费结构不同于燃油车。中短期来看，我国新能源汽车市场消费结构呈现"沙漏型"特点，以品质驱动下的高端车型和成本驱动下的低端车型为主，并成为市场销量的两大亮点。长期来看，在实现油电平价后，我国新能源汽车在中端家用车领域有望实现大规模替代。

四、自主品牌唱主角，造车新势力值得期待

合资品牌曾长期占据国内汽车销量榜单的前排，但是这一现象将逐渐成为历史。目前，自主品牌在国内传统汽车市场占有率约为 1/3，新能源汽车市场占有率有望达到 2/3。目前，在全球市值前 20 车企中，中国汽车品牌占据了 7 席。蔚来、小鹏、理想，以及小米、百度、华为等跨界进入的造车新势力将更值得期待。

五、换电模式将受到市场热捧

动力电池约占电动汽车整车成本的 40%，导致电动汽车购置成本较高，而车电分离可以大大降低消费者的购车成本，并可进一步缩短补能时间。电池运营管理企业可以对电池进行集中管理、监测和养护，有助于延长动力电池的使用寿命，进一步提升电池的安全性和可靠性，降低电池的租赁成本。另外，换电模式还可以解决城市老旧小区充电难等问题，并催生新的服务业态，与充电模式形成良性互补的发展格局。

六、智能化开启产业变革下半场

根据目前公布的有关数据，1980~2020 年的 40 年时间，汽车电子类零部件成本占整车成本的比例已从 10% 增长至 34.32%。预计到 2030 年，这一比例将增长至 50%。可见，在新能源汽车产业变革的下半场，智能化将是贯穿始终的主旋律。

七、镍、钴、锂等上游资源将成为长期争夺的焦点

随着新能源汽车销量的快速增长，以及矿产资源稀缺性和国际竞争环境的影响，位于新能源汽车产业链上游的镍、钴、锂等资源在供需关系上将长期趋紧，并在相当长的时间内成为产业各方争夺的焦点。

八、产业洗牌远未结束，谨防"灰犀牛"来袭

目前，全球新能源汽车市场异常火爆，我国新能源汽车销量屡创新高，欧洲新能源汽车市场销量也非常大，叠加美国市场增量，未来全球市场将形成共振效应，产销量十分可观。反映到动力电池需求上，其市场规模也非常庞大，预计 2030 年全球动力电池需求量将达 3TWh，我国动力电池未来 20 年平均复合增长率也将高于 30%。但当前动力电池行业的扩产更加疯狂，未来或将带来投资过热、产能过剩的风险，同时可能引发产业新的洗牌。所以，产业投资不仅要重视供应链的夯实，更要重视技术创新和产品品质，只有这样才能防范"灰犀牛"来袭。

付炳锋

中国汽车工业协会常务副会长兼秘书长，

世界汽车组织（OICA）主席

铸长补短、融合创新，构建汽车供应链发展新生态

2021年是"十四五"规划开局之年，是实现两个百年奋斗目标承上启下之年，也是构建"双循环"发展新格局的起步之年。在以新能源汽车为标志的"上半场"中，我国汽车产业已处于世界领先位置，而以智能网联汽车为标志的"下半场"正全面开启，我国汽车产业丝毫不能懈怠，仍需加倍努力，协同创新，在"新四化"浪潮中加速产业重塑，助力建成汽车强国。基于此，"十四五"以及今后一个时期将是我国汽车产业供应链建设的重要战略机遇期，汽车供应链也将呈现以下趋势特征。

一、融合创新，促进产业供应链铸长补短

产业间融合创新将在供应链新兴领域形成核心竞争力，并逐渐降低对外依赖程度。当前，我国新能源汽车已经建立了全球化的零部件制造体系，供应链先发优势已然显现，并在国内国外"双循环"中发挥重要作用。在产业变革和产业融合发展进程中，越来越多的创新产品和技术不断涌现。新一轮技术革新将成为我国汽车供应链铸长补短的主要驱动力，助力形成"双循环"格局下新的产业竞争优势。

二、产业重构，形成新型供应链生态体系

在产业重构大背景下，汽车供应链各环节企业将重新审视和重塑业务形态，调整优化产品和服务模式，寻求协同合作和市场增量的机遇，转变传统单一的供需关系，打造新型的供应链生态体系。在市场化的大背景下，新型供应链生态体系将为汽车企业开启新的更大发展空间。

三、自主可控，助力供应链水平快速提升

软件定义汽车已成为行业共识和未来发展主流趋势。当前，汽车软件架构已得到行业广泛认可，未来发展重点将是软件架构下各组件间的接口定义，以及建设关键共性技术平台，共同推动供应链实现自主可控，快速提升供应链水平。

付于武

中国汽车工程学会名誉理事长，中国汽车人才研究会名誉理事长

汽车产业拐点已至，一个新时代来临

2021年对中国汽车产业来讲是特别不寻常的一年，是一个新拐点。对于拐点，大多数是讲周期性的市场变化，2021年对中国汽车行业来说是结构性的拐点。我国汽车行业要开启一个高质量、绿色发展的新时代。

一、我国汽车产业转型的顶层逻辑

中国汽车产业要转型，要适应百年未遇之大变革，其顶层逻辑和最权威的遵循就是"双碳"目标的确定：2030年要碳达峰，2060年要碳中和。这是我国社会经济的大转型，所面临的挑战也极大。中国汽车产业必须按照这个逻辑重新思考、重新出发。

二、汽车产业进入结构性调整新时期

2021年不同以往，我国新能源汽车渗透率已经超过10%，个别省市甚至达到17%。国际市场上，我国汽车出口量首次突破100万辆，实现了质的变化，以新能源汽车为代表的汽车正大量出口。

三、汽车界提升对人才的重视程度

一个企业成功的三大要素：第一，要对汽车专业有足够的敬畏，要有专业的理解。如果对汽车专业没有足够的敬畏，只是"买买买，并并并，圈圈圈"，这是不可以的。第二，要有核心价值观，要掌握核心技术。核心技术是买不来的，必须要有核心价值。关于核心价值观，很多车企已经提出它们不仅是制造型企业，还是用户全生命周期的服务商。第三，要有整合物质、精神、人才资源的能力。一个企业如果没有整合资源的能力，就没有在残酷竞争中立足的核心竞争力。

最终归结到一点，人是最重要的。要将最能干的人用在人力资源培养上，企业应该鼓励懂行业、懂技术，又有激情的人从事人力资源工作。从这几个维度来看，2021年真是不同凡响，拐点到了，新的时代开始了。

龚慧明

能源基金会中国交通项目高级项目主任

国家双碳目标背景下汽车产业的定位探讨

2020 年，我国明确提出在 2030 年实现碳达峰、2060 年实现碳中和的战略目标。为践行上述目标，国家分别出台了《关于完整准确全面贯彻新发展理念做好碳达峰碳中和工作的意见》和《2030 年前碳达峰行动方案》两份顶层设计文件。在这两份文件中，明确提出石油消费将在"十五五"时期进入峰值平台期、陆路交通运输石油消费力争 2030 年前达到峰值。石油作为能源主要应用于交通行业，且交通行业消耗的能源中绝大多数来自石油。因此，上述石油消费目标确定了交通碳排放的基本目标。剩下的是在国际气候变化、国内减污降碳协同双重背景下交通行业中的能源消耗和碳排放主体——道路交通行业或者说汽车行业——需要走多快和能够走多快的问题。

这两个问题直接涉及汽车行业在支持国家双碳目标实现中的整体定位。在这两个问题研究和达成共识的过程中，有必要处理好以下六大关系。

一是处理好汽车、交通、国家双碳目标的关系。在所有行业中，如果没有得到有效控制，交通行业将是未来碳排放增长迅速且持续时间很长的行业之一，因此控制好交通行业的碳排放对实现国家双碳目标意义重大。而在交通行业中，民航增长的速度比汽车更快且减排技术和措施更难，水运也存在着类似的技术挑战，铁路则已基本实现电气化，因此为了达到交通行业整体碳排放可控，无论是从技术可行性还是排放占比规模的角度，汽车行业相较于民航、水运需要做出更加积极的努力。此外，国家双碳目标需要一些行业、一些区域提前达到，这样才能统筹不同区域不同行业提前、居中、滞后实现，并最终统一保障国家目标的实现。在提前的区域中，类似于国际上发达国家先行，毫无疑义经济发达区域将是表率。而这些区域中道路交通排放占比将显著高于国家平均水平并且相对其他行业也处于突出位置，这就意味着道路交通在这些区域中率先实现碳达峰、碳中和的必要性和紧迫性。决定道路交通排放最关键的汽车技术在全国是统一的，这也就意味着如果经济发达区域双碳目标能够提前实现，技术上国家层面也存在道路交通提前实现双碳目标的可能性。最后，汽车电动化的产业基础和发展经验还将助力船舶、飞机、非道路移动机械（工程、农业、园林机械）未来迈向零排放。

二是处理好碳达峰和碳中和目标的关系。碳达峰只要碳排放量显著下降并不再达到新高即可，存在很多的技术、行为手段和方式来减少碳排放，比如消费总量不变情况下提高生产效率，比如产量不变情况下节约使用减少浪费等。碳中和对一个国家而言是各行各业的汇总结果，单独到某一个行业更准确的表述是目标排放量为零。而零排放必须建立在技术变革和突破的基础上，减少消费及浪费和提高效率无法实现零排放。在所有行业当中汽车行业毫无疑问是当前及未来可见的最具技术突破可能的行业之一，这种情况决定了汽车行业具备提前实现碳达峰并最终实现零排放的可能性。

三是处理好中国汽车双碳目标与国际先进目标的关系。中国因为碳排放体量大且从碳达峰到碳中和只有 30 年时间，其双碳目标的实现需要付出巨大的努力。对国际上已经承诺碳中和目标的国家进行分析会发现，绝大多数国家承诺的是 2050 年前实现碳中和。而这些国家中的典型比如美国、欧洲各个国家交通碳排放占比都比中国显著更高，这也意味着这些国家要实现碳中和目标其交通行业减排应一马当先，责无旁贷。同样，由于汽车行业是交通行业中碳排放的主体，这些国家不得不加速汽车行业零排放的进程。这就是当前我们看到的欧盟提出 2035 年要全面禁止销售含内燃机的轻型汽车、美国提出 2030 年轻型车销量中超过 50% 是电动车的最重要原因之一。考虑到汽车行业是全球化程度最高的产业之一，这些国家汽车行业的零排放成功转型必然会对中国汽车产业产生深远的影响，如果中国汽车产业不能锚定国

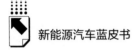

际目标，这将对中国汽车产业走出国门成为汽车强国产生极其不利的影响。

四是处理好减污降碳协同的关系。除了双碳目标，中国还需努力实现 2035 年美丽中国环境目标。尽管过去 10 年在降低颗粒物浓度方面中国取得了举世瞩目的成就，当前全国细颗粒物的年均浓度 30 微克/米³ 离世界卫生组织推荐的目标值 5 微克/米³ 依然差距很远，离美国和欧洲当前的状况也差距很大。此外，另一类空气污染物——臭氧——的浓度反而出现了上升，而以汽车为代表的移动源 2017 年贡献了生成臭氧的前体物氮氧化物的 60% 和挥发性有机物的 24%。与此同时，随着人口老龄化的程度日益加深和生育率的不断降低，保护人体健康的初衷也将越发重要。有些技术尽管可能减碳但是未必能够降污，加速汽车全面电动化才是汽车行业减污降碳协同增效的最关键、最有效的手段之一。未来以环境政策为代表的需求驱动将与以产业政策为代表的供给驱动共同发力。

五是处理好终端减碳与上游减碳的关系。上游能源清洁化和终端用能电气化是全球面临气候变化挑战共同的应对策略。全生命周期分析评价非常有助于全方位了解和厘清问题所在环节和对整个系统的综合影响，但是落实到具体减排技术和政策选择时依然要基于"共同但有区别的责任""公平""各自能力"三大原则，充分考虑各个环节的实际情况，基于成本经济性最优来安排和落实减排责任，否则可能会出现多环节重复计算、责任和权利不清、责任划分容易但是减排落实难等结果。但是，这并不是否认有序充电和 V2G 等车网互动的意义。事实上，有序充电能够助力对电网负荷削峰填谷，V2G 具备未来大幅提升电动车削峰填谷水平的能力甚至出现对电网放电远远超过行驶耗电的情况，从这些角度来看，电动车将不仅仅是实现汽车行业零排放的关键，还将是新型电力系统构建和电力零排放的重要组成和支撑。

六是处理好交通双碳与产业竞争力相互促进、相互支撑的关系。安全、节能、环保历来是驱动汽车产业技术进步的三驾马车。在开展汽车行业双碳目标和路线图等政策研究时一方面要充分考虑当前及未来技术发展的趋势和潜力，但另一方面也需要站在最终目标需求的角度来制定政策驱动技术创新和产业进步，过度考虑当前的挑战和困难而忽视了最终的目标可能会导致中国汽车产业错失时机。宜尽早制定国家层面更加积极、面向国际竞争、引领全球汽车电动化转型的汽车行业中长期全面电动化目标和路线图，紧密跟踪评估实际进展并不断修订完善，实现技术创新、产业进步和环境及双碳目标相互促进、相互支撑。

贡俊

电动汽车电驱动系统全产业链技术创新战略联盟理事长，上海燃料电池汽车商业化促进中心理事长

聚焦电驱动关键技术，引领产业可持续发展

一、技术层面

汽车电驱动要根据实际应用场景来设计和定义高效区间，做到整车系统高效化。汽车电机和工业电机在需求上有较大差异，因为车载能源有限，所以对效率要求更高，这不是风机或水泵上单点的高效率，而是电机运行全工况的高效率。面对整车高效需求，汽车电驱动总成化只是起点。从单电机效率到整车系统效率，还要考虑动态工况和应用场景，根据实际行驶场景来设计和定义高效区间，做到整车系统高效化，这也是未来研究的主要方向。

我国混合动力总成技术进步非常快，行业发展已经超出预期。随着电池容量增大、电驱动覆盖工况点增加，我国插电混动技术取得了飞速发展，整车油耗、动力性均不弱于国外先进技术，这是电动化发展带来的结果。无论是在乘用车领域，还是商用车领域，混合动力总成技术进步非常快，整个行业发展已经超出预期。

功率半导体领域相对较好，MCU 控制芯片预计 1~2 年内实现国产替代。在"卡脖子"芯片技术上，功率半导体领域相对较好，硅基器件从设计、流片、封装已基本实现国产化，但碳化硅器件与国外差距稍大。我国在MCU 控制芯片上拥有一定的研究基础，但短板在于行业需求量较大的 32 位芯片，预计未来 1~2 年内能够实现国产替代。

扁线电机投入产出比已突破产业化临界点，2022 年有望突破 200 万台。

我国扁线电机已经具备一定的产业规模，研发和设备的投入产出比突破临界点，产业发展将超出行业预期，预计 2022 年扁线电机销量有望突破 200 万台。

内燃机具有较大发展空间，氨氢一体化已被提升到战略高度。行业普遍认为发动机将成为夕阳产业，其实发动机技术还有较大发展空间，除了强混方向应用外，氨氢一体化内燃机已被提升到战略高度。氢气的特性使得其难以储存和运输，氨气作为氢气的天然存储介质，具备优异的液化性能，便于安全运输。同时氨能源非常丰富，我国是全球氨生产大国，产能占据全球的 1/4，因此氨氢一体化被认为是汽车重要的发展方向之一。

二、产业层面

目前电驱动上市公司亏损居多，到 2022 年底行业将整体进入盈利阶段。同样处于新能源汽车的产业蓝海，电驱动行业与动力电池截然不同。目前，国内电驱动上市公司的财务报表中新能源业务亏损居多，主要原因是补贴政策变化导致车型技术参数的频繁调整，对动力系统的需求随之变化，单车销量规模较小难以实现盈利。随着汽车整体销量规模提升和市场化的渗透，到 2022 年底我国电驱动行业将实现反转，整体进入盈利阶段。

我国电驱动产业链优势明显，49 吨以下新能源商用车已实现完全自主化。随着我国新能源汽车市场规模逐步扩大，无论是整体产业规模角度，还是个性化角度，我国电驱动产业链优势都十分明显。在商用车细分市场，目前 49 吨以下新能源车型电驱动已实现完全自主化。矿卡领域之前进口系统较多，现在国内企业也开始研究生产矿卡电驱动系统。

独立电驱动企业和主机厂自有动力总成模式将长期并存，未来会形成 3~5 家具有国际竞争力的大型电驱动系统集团。未来相当长的一段时间内，独立电驱动供应商和主机厂自有动力总成模式将长期并存，即使一些规模较大的整车企业也会在自有总成的基础上，选择采购外部电驱动总成。电驱动技术路线和商业模式还没有最终成形，未来一定会形成 3~5 家具有国际竞争力的大型电驱动系统集团。

黄永和

中国汽车技术研究中心资深首席专家

汽车芯片将成为保链稳链的重要突破口

一、我国汽车芯片产业发展现状

我国新能源汽车产业供应链短板主要集中在关键零部件、基础原材料、基础元器件、研发检测工具等方面，而芯片则是汽车行业被"卡脖子"的关键环节。2020 年我国汽车零部件进口总额为 367 亿美元，其中汽车芯片进口额约为 120 亿美元，占比达到 1/3。同时，汽车芯片进口额占我国汽车芯片总货值的 90% 以上，这意味着 90% 以上的汽车芯片依赖进口。当前，汽车芯片面临最大的问题是多品种小批量，其无法像消费类电子芯片那样，单一品类达到千万乃至上亿量级的配套需求。而且汽车芯片还需要满足更严苛的使用环境和更高的良品率，温度范围要求在−45℃～125℃，良品率要求达到 0 或 1PPM。严苛的使用要求与无法形成规模效益相叠加，让芯片行业对汽车芯片并不"感冒"，这也就加剧了汽车芯片的供应紧张。

汽车芯片供应短缺制约着新能源汽车产业的发展。2021 年，全球汽车市场因芯片短缺造成的经济损失超过千亿美元，汽车累计减产量达到 1000 多万辆。近期受日本地震影响，作为全球主要汽车芯片厂商的瑞萨电子、东芝和索尼等企业，其生产工厂暂停生产或部分停产，预计汽车芯片短期内供应将更加紧张。初步判断，若 2022 年国外新冠肺炎疫情还得不到有效控制，我国汽车芯片供应仍将面临严峻考验。

二、我国汽车芯片面临的主要问题

目前，我国芯片产业最薄弱的环节在于晶圆体生产，但晶圆体投资回报周期长，资本介入意愿低。国内地平线、黑芝麻等芯片企业的研发设计和封装测试在国内完成，晶圆体生产则由台积电代工，如果这种情况持续下去，我国汽车芯片可能永远被"卡脖子"。更为关键的是，国内一些芯片厂家将发展目标瞄准了面向智能网联汽车的高算力智能芯片，而对于已经规模化应用的基础功能类模拟芯片缺乏足够的关注。基础功能类芯片主要应用于各类传感器，而多元传感器赋能新能源汽车也将是产业重要的发展方向。

三、汽车芯片相关建议

要想有效解决汽车芯片"卡脖子"及供应短缺等问题，建议从以下几个方面给予政策支持。

一是以非常规手段吸引晶圆体外商投资。建议像 1994 年《汽车工业产业政策》中汽车零部件的国产化政策那样，完全放开股比限制，以非常规手段吸引国外晶圆体企业来国内投资设厂，集中优势政策予以鼓励支持，加速推动实现晶圆体自主可控。

二是对汽车芯片给予专门补贴政策支持。《新时期促进集成电路产业和软件产业高质量发展的若干政策》中主要对 28 纳米以下芯片给予补贴支持，而汽车芯片基本在 40~160 纳米，无法享受财政补贴。建议调整相关要求，把汽车芯片作为单列的专门类别给予相应的政策支持，用政策手段促进相关技术的创新发展。

三是加大国产汽车芯片的应用支持力度。对于汽车生产企业销售搭载国产汽车芯片的汽车产品，给予企业所得税税收减免等支持政策；将汽车芯片设计工具及汽车芯片生产设备等列入首台（套）重大技术装备推广应用指导目录，用政策加持降低试错成本，鼓励企业间协同合作，从根本上解决芯片等新增零部件的"卡脖子"问题。

总体来看，增强我国汽车产业链供应链的自主可控、安全稳定能力是我国当前以及未来一个时期保链稳链的重点工作，而汽车芯片将是重要突破口之一。

李钢

国投创新投资管理有限公司董事、总经理

客观看待燃料电池汽车（FCEV）在"双碳"战略中的作用

自国家颁布"双碳"战略后，社会上立即将"双碳"战略与燃料电池汽车画起等号。对此，我认为要用辩证的观点来分析这个问题。

燃料电池汽车是氢能源应用的重要场景之一，但从燃料电池汽车产业发展来看，全球仍处于以政府推动为主的小规模示范应用阶段。从车端看仍然存在燃料电池关键技术不成熟、成本较高等一系列问题，然而最大的问题在产业已经完全成熟的"氢"端。

一、氢能不是"二次能源"

从天然气或煤化石能源制氢来讲，氢能转化过程为"天然气或煤→甲醇→氢"；从可再生的光或风能源来讲，氢能转化过程为"可再生能源→电→氢"。由此可见，氢能不是"二次能源"，确切地讲是"三次能源"。

二、FCEV用氢最可靠的来源是加气站制氢

目前示范运行的氢基本是重化工副产氢。主产品市场不稳定将导致副产品的大幅波动，甚至停产。重化工是副产氢的主要来源，也是我国工业化中期的重要产业之一，随着我国向工业化后期和后工业化转型升级，重化工产业的不稳定局面已经显现，这种氢能供应格局随时可能会被打破。因此，副产氢将不能纳入交通能源的考虑范畴。

氢气不适合运输。一辆50吨重卡只能运输300公斤气态氢，如果按满载且平均100公里运距计算，往返至少需要消耗运量的15%。而管道输氢只存在于理论上，毫无可行性。加氢站的密度堪比加油站，无法实现从炼油厂用管道为加油站输油。因此，最现实的方案是在加氢站制氢。

三、站上制氢除煤或天然气制的甲醇运到站上制备氢气外，从低碳的角度看只能是电解路线

目前，电解制氢技术最优的是5.5度电制备一立方氢，也就是60度电制备一公斤氢。一辆SUV乘用车百公里要消耗一公斤氢，基本是同等纯电动汽车耗电量的3~4倍。由于制氢产业是传统成熟产业，效率提升和成本降低空间非常有限，这就是氢能成本高的关键。此外，还有建站成本高、土地资源受限等制约因素。现在业内很多人都将现阶段燃料电池汽车与2009年纯电动汽车相提并论，其实不然。2009年我国用电成本明显比燃油低，这会大幅降低消费者使用成本，只要在电池产品成本、整车可靠性等方面继续优化就可以拥有光明的未来，10多年的发展历程已足以证明这个判断是正确的。

四、FCEV存在整体能源效率低下（不足10%）的问题

以电解水制氢为例，一公斤氢气通过燃料电池转换成电就剩下20度电（此时电能是四次能源），也就是说纯电动汽车20度电行驶的里程，FCEV需要60度电才能实现。多次的能源转换是能源效率低下的根本原因，这也是当前各国，包括跨国车企，对未来FCEV产业化前景持相对谨慎态度的主要原因。《中共中央 国务院关于完整准确全面贯彻新发展理念做好碳达峰碳中和工作的意见》强调的工作原则之一就是"节能优先"，即使能够实现大规模可再生能源发电，也不会允许如此低效率的应用。

五、关于FCEV在重卡长途运输场景中的使用问题

我国的轨道交通经过近20年的不断奋斗，已建成四通八达的客运专线高铁网络，同时还建设了多条重载货运通道，这为原本以客运为主的既有铁路转货运奠定了基础。铁路运输吨公里的运费大大低于公路运输，也是真正的低碳运输。这就决定了重卡将从长途运输转为站点到家的中短途运输。如果动力电池能量密度进一步提高，或换电基础设施加快完善，纯电动重卡将很快得到推广。增程式重卡相比柴油车更加低碳，就当前而言应该是最佳的

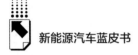

选择，也将是今后相当长一段时间的过渡技术路线。最主要的是，它是广大运输业者可以接受的技术路线。氢产业的种种难关将注定其产业发展极为缓慢，至少现在是不乐观的，不要强调政府的决心，而要从使用者的角度去看产业前景，这就是我们党一切从人民利益出发加以检验的出发点和落脚点。

李万里

中汽中心政府智库专家委员会专家，中国
国际工程咨询公司专家学术委员会专家

汽车产业新发展理念　引导构建新发展格局

当前，我国汽车产业已进入"贯彻新发展理念，深化供给侧改革，加快构建新发展格局，推动高质量发展"的新阶段。"新发展理念"和"新发展格局"至少应该体现在八个方面，即我国汽车产业的八个战略定位。

第一，汽车产业回归支柱产业，并以支柱产业地位"稳住经济基本盘"。汽车产业作为支柱产业，最早在1994年的汽车产业政策中被提出，并在2004版汽车产业政策中被再度确认。但近年来，汽车却被视为污染环境、引发能源危机和交通堵塞的"元凶"。在新冠肺炎疫情期间，汽车作为支柱产业的作用再次被提及，并上升至"稳住经济基本盘"的高度，汽车产业也很好地完成了任务。

第二，汽车产业应成为实现制造强国战略的主力军，并要坚持自主可控、安全高效。作为制造业的排头兵，汽车产业不仅是传统工业，还应在产业链现代化方面发挥制造强国主力军的作用。

第三，汽车产业要成为现代化基础设施体系的践行平台。汽车产业要基于现代化基础设施体系理念，致力成为网络技术、大交通系统、非化石能源领域中最长期、最稳定的用户和先进技术革命成果的检验平台。

第四，汽车产业要依托"畅通国内大循环，促进国内国际双循环"理念，形成强大的国内市场。"十四五"规划在全面促进消费中提出，提升传统消费，加快推动汽车等消费品由购买管理向使用管理转变，健全强制报废

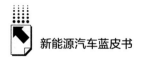

制度。其中还分出几个层次，既要关注传统汽车的新车市场、二手车市场，也要聚焦新能源汽车市场，并前瞻谋划智能汽车市场。

第五，汽车产业应与生产性服务业深度融合，培育具有国际竞争力的服务企业。我国汽车产业的重大发展趋势之一就是"制造+服务"，在与现代服务业深度融合的进程中，汽车产业正朝着"提高产业创新力"、"提高要素配置效率"和"增强全产业链优势"等方面奋勇搏击，并已开始显现成效。

第六，汽车产业要成为举国体制创新的重要抓手。汽车产业不仅是举国体制创新的重要抓手，也是最有可能早见成效、大规模应用和大获收益的大产业。

第七，汽车产业必须是经济安全、国家安全的基本保证。我国智能网联汽车首先要保证网络化、智能化底层核心数据的原始基础是我国的。同时，其余开放部分要具备监管的权利，确保功能安全、网络安全、数据安全及产业链供应链安全。

第八，汽车产业应开拓高水平对外开放的新格局。我国汽车产业对推动现代化制造的发展功不可没，为国家担负着光荣而艰巨的战略任务。在国家新发展理念指引下，汽车产业定能实现电动化、网联化、智能化升级的新发展格局。

马超英

中国国际工程咨询公司专家学术委员会委员、高技术业务部原主任

智能汽车信息安全工作亟须全局谋划

智能汽车产业是汽车、信息通信、电子、能源、道路交通等行业深度融合的新型产业形态，已成为我国战略性新兴产业的重要发展方向。智能汽车具有数据量大、融合性强、复杂度高、安全问题新、潜渗透性强、攻击面广等特点。当前，智能汽车产业形态持续迅速变化，新技术、新产品不断迭代，信息安全问题已逐步延伸到产业链上下游及跨产业融合的区域。若应用管理不好，将会产生极大的安全隐患，对我国经济社会安全构成系统性风险，亟须全局谋划。

建议国家加强顶层设计，聚焦云、网、路、端、人等关键环节，统筹法律制度、政策标准、技术手段、产业规划等措施，加大力度构建市场化、法治化、国际化的标准法规和行业监管体系，健全完善信息安全监管机制，实现汽车全生命周期的有效安全监管。相关行业和企业应认真落实国家相关政策法规，始终将信息安全贯穿智能汽车发展全过程，完善风险研判和预警处置机制，有效保障数据和网络信息安全。

从近期看，应充分运用车辆、道路交通、网络等信息管理已有机制措施，构建事前安全准入、事中安全监测预警、事后溯源处置的管理闭环，应对可能出现的各种新问题，创新监管模式，做好应用场景示范工作。从长期看，加强数据信息分级分类管理，逐步建立覆盖设计研发、生产制造、产品使用等全流程环节的数据安全纵向管理体系，同时构建国家、行业、企业、区域等不同层面的横向管理体系，以应对智能汽车给信息安全

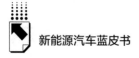

带来的挑战。

从本质上讲，智能汽车信息安全的对抗就是技术的对抗，要以技术对技术，抓紧构建我国智能汽车信息安全关键技术体系，将信息安全的源头工作牢牢掌控在自己手中。

欧阳明高

中国科学院院士，清华大学学术委员会副主任，国家节能与新能源汽车科技重点专项首席专家，中国电动汽车百人会副理事长

电动乘用车发展的新阶段、新挑战与新路径

中国新能源汽车已经走过了从培育示范期到商业化成长期的过程，目前进入规模产业化高速增长期，在新能源汽车市场快速发展的新阶段，也遇到一系列新挑战，具体体现在以下三方面。

一、电池材料涨价与电池技术创新

动力电池原材料价格上涨的主要原因是新能源汽车需求量的增长，电池需求预期走高，企业扩大产能储备。新能源汽车的爆发式增长传递到材料领域，造成强大的放大效应。另外，供给延迟、新冠肺炎疫情等因素也冲击电池原材料的供给，导致价格持续上涨。从供需层面来看，恐慌性储备带来的需求放大是暂时性的，随着原材料供应能力的逐步提升，供需将回归基本面，预计 2~3 年后可能恢复完全的供需平衡。不过考虑新冠肺炎疫情蔓延、国际贸易环境恶化，以及俄乌战争带来的镍价炒作，要采取有效措施打击囤积居奇，抑制原材料价格短期大幅波动，保障新能源汽车产业供应链安全。

未来动力电池还将形成多元化的技术路线。第一条技术路线是高比能量和低成本液态技术路线，正极从高镍三元到富锂锰基，负极从高比例硅碳到锂金属，比能量目标为 500Wh/kg，但寿命偏低；第二条技术路线是液态折中技术路线，兼顾比能量、安全、成本和寿命，高镍正极体系，寿命不降比能量增加 50%，或比能量不降寿命达到 1 万次循环；第三条技术路线是基于铁锂的高安全液态路线，成本最低、长寿命可到 1 万次循环以上；第四条是固态技术路线，高比能量、高安全，从现有的液态到固液混合，再到全固

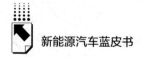

态；第五条技术路线是钠离子、钾离子等技术路线。

二、产品竞争加剧与底盘技术创新

今后五年是新能源汽车发展的重要窗口期，市场高速增长、竞争不断加剧。企业在竞争中保持优势的关键之一是应对新一轮电动化底盘平台技术带来的整车设计制造技术变革、价值链重构和产业生态演化。电动底盘技术主要体现在电池系统与驱动系统集成化、底盘系统滑板化，并将成为电动乘用车新的竞争热点。

1. 电芯底盘一体化（CTC）与新型电驱系统

CTC拥有两种技术方案，一种是电池包整体吊装进入底盘，另一种直接在底盘上集成，不需要承载式框架；新型驱动系统需要高度集成化、轻量化、小型化，集中式驱动采用"电机+电动+减速器"三合一，分布式驱动采用双电机驱动、三电机驱动以及轮毂电机驱动。而最终颠覆性技术是轮毂电机，它将给整个底盘的制动、驱动、转向带来革命性变化。

2. 滑板底盘

滑板底盘是集成化技术发展的高阶产物，是新势力造车向传统造车的新一轮挑战，它包含CTC电池系统、新型电驱动系统、线控/悬架/转向、滑板底盘工艺结构、智能化技术等五大核心技术。当第一个依托滑板底盘实现降维打击与跨代际发展的企业出现时，将促成汽车行业新的技术变革。

三、充电难题与能源技术创新

电动汽车在充电方面主要面临以下问题：①慢充普及率跟不上市场增长速度；②长途出行临时补电速度太慢；③大量电动汽车无序充电带来城市供电的负荷问题；④现有充电标准不适应新的充电需求；⑤无法满足车辆出口与国际标准的统一要求。

针对新能源汽车充电难题，要推动相关技术的创新发展。首先，创新充电标准。ChaoJi是我国首创并主导的一套具有自主知识产权，兼顾过去、面向未来、引领世界的直流充电技术标准，将给超级快充与充换互补、有序慢充与车网互动的发展带来巨大机遇。其次，实现有序充电与车网互动。有序充电可以使新能源汽车用电从无序转向有序，大幅降低电网负荷。车网互动包括单向有序充电 V1G、车网能量双向流动 V2G 和车联万物 V2X。在未来的电力系统中电动汽车将与储能电站共同担负稳定电网的重要责任，并有望成为分布式储能的主体。最后，实现交通干线快充与快换。把现有加油站改造成"光—储—充—换一体化互补型智慧能源系统"，建设电动汽车时代的"加油站"，实现快充和快换的耦合互补。

王晓明

中国科学院科技战略咨询研究院产业科技创新研究中心执行主任

构建汽车产业科技创新体系，支撑汽车强国发展战略

全球汽车产业正处于快速变革时期，汽车产业转型升级和发展路径已逐步建立。在电动化加速变革、智能网联特征明显增强、生产和商业模式逐步革新的情况下，构建汽车产业科技创新体系，对支撑我国汽车强国发展战略具有重要价值和意义。

汽车产业科技创新体系是构建国家科技创新体系的重要组成部分。基础研究、技术创新、成果转化、产业化和商品化等阶段构成汽车产业创新链的横向环节。宏观行业地位和区域布局、中观现代产业体系建设、微观创新主体夯实以及基础要素保障形成汽车产业科技创新的纵向概览，横纵交错形成汽车产业科技创新体系的创新矩阵。创新矩阵的实现离不开技术、产业、方法和组织四大体系的有效支撑。

一是溯源关键技术，构建汽车产业科技创新的技术体系。识别行业亟须突破的关键技术并厘清其内在逻辑。通过源头性技术研发，攻克车载高精度传感器、车规级芯片、车控操作系统等关键技术，建设形成我国汽车产业未来发展的底层技术根基，提升"从0到1"的自主创新能力。

二是延伸产业属性，打造汽车产业科技创新的产业体系。推动汽车产业从战略性新兴产业到未来产业的定位延伸。未来产业的产业链长、应用领域广、带动性强，可形成"1+N"产业集群，在研发、应用、制造和服务等多方面形成广泛带动作用。现阶段汽车产业域内源头性技术的原点大多不在汽车产业，但汽车产业是未来技术实现的最佳载体。因此，在战略性新兴产业的定位下和现有规划对汽车产业发展的引领性作用逐渐减弱的关键阶段，需要着重培育汽车产业作为未来战略核心的新产业体系，以汽车产业为抓手，把握我国和国际创新保持同步的重大创新机遇。

三是科学预见技术，培育汽车产业科技创新的方法体系。技术成熟度在创新链条上具有不同的分布系数。针对汽车域内源头性技术创新，需基于文献和应用场景的技术预见，科学评估技术成熟度。根据技术成熟度的差异，实施差异化培育、适时推向市场的策略，利用提前技术战略咨询的办法最大限度保护原创技术。

四是以创新促改革，搭建汽车产业科技创新的组织体系。清晰界定产业科技创新发展的实施主体及其相互关系。培育新型市场主体，整合优势资源，推动汽车产业与能源、通信、科技、金融等领域创新主体的跨界融合，打造协同创新的汽车产业科技创新生态，重点将产业集群作为促进协同创新的新型组织模式，提升汽车产业链竞争力。

吴松泉

中国汽车技术研究中心资深首席专家，中汽政研总工程师，中汽政研北京副主任

"十四五"时期是中高级别智能网联汽车商业化的关键阶段

智能网联汽车正引发全球汽车产业的新一轮角逐，成为新时期汽车产业转型升级的重要突破口和汽车技术革新的战略制高点。预计到"十四五"末，L3级智能网联汽车将实现规模化应用，L4/L5级智能网联汽车有望在特定环境下实现市场化应用，落地场景将遵循从单一向复杂、从示范应用向商业运营过渡的原则，自动驾驶出租、公共交通、末端配送、园区接驳、干线物流等场景将率先实现商业化应用。

智能网联汽车商业化的主要影响因素包括政策法规、产品技术、生产成本、应用场景等多个方面，以上因素在"十四五"时期均会通过逐步调整优化，满足中高级别智能网联汽车规模化商业应用的需求，促进产品市场化推广。

在政策法规方面，产品管理、交通管理、基础设施、网络安全等诸多领域，均存在一些不适应中高级别智能网联汽车市场化应用的内容，其中以产品准入管理、交通上路管理等法规体系建设为首。"十四五"期间，预计相关方面的政策法规会通过"立、改、释"等形式逐步完善，在2025年前基本形成规范的智能网联汽车商业化政策法规体系，确保产品上路有法可依。

在产品技术方面，随着标准体系不断完善和市场化程度不断加深，预计到2025年前后能够形成相对完善的智能网联汽车标准体系。同时，智能网联汽车增量零部件产品将满足车规级量产要求。

在产品成本方面，智能网联汽车增量零部件的成本与技术成熟度及产业化程度密切相关，将逐步适应量产装车和商业化的需求。

在应用场景方面，智能网联汽车产业化应用规模受道路交通复杂程度、配套设施完善程度以及产品使用方式等因素影响，特定场景、特定功能的中高级别智能网联汽车有望率先实现商业化应用。在商用车方面，港口、矿区等部分货运场景有望率先应用；在乘用车方面，应用场景从封闭半封闭区域向城市道路逐步拓展，高速公路、工业园区等将成为自动驾驶落地的重要场景。

在基础设施方面，预计"十四五"期间将逐步形成新一代车用无线通信网络在部分城市和高速公路应用、高精度时空基准网络全域覆盖、智能网联汽车与智慧城市基础设施协同发展的局面，智能交通和智慧城市将有力支撑智能网联汽车的创新发展。

为进一步推动智能网联汽车商业化，提出如下建议：一是加快推动构建适用于中高级别智能网联汽车的政策法规体系。核心是智能网联汽车立法工作，当前首要的是创新产品准入管理要求、完善交通管理法规内容等。二是加强创新引领推进产业关键技术研发应用。产业链企业应紧抓智能网联汽车发展机遇，着力突破智能网联汽车关键技术，打造企业核心竞争力。三是鼓励地方通过先行先试加快探索中高级别智能网联汽车商业模式。鼓励各地结合本地实际，支持有条件的地方和企业开展智能网联汽车测试等示范应用工作，探索技术路线、商业模式和监管体制，建立适用于本地的智能网联汽车商用方案，形成可复制、可推广的经验。

吴志新

中国汽车技术研究中心副总经理,工学博
士、教授级高级工程师,国家"863 计
划"电动汽车重大项目总体专家组专家

抓住汽车芯片发展"窗口期",加快完善标准检测认证体系

一、抢抓汽车芯片发展"窗口期"

近年来,国际芯片企业受新冠肺炎疫情、产能调配不合理等影响,导致汽车芯片供应不足,客观上给我国汽车芯片行业带来了难得的发展"窗口期"。当前,企业各自为战、点不成面的情况严重,很多企业存在投机侥幸心理、消极应对攻坚环节,产业整体对"窗口期"或将提前关闭的危机意识不足。随着国外部分区域逐渐放宽疫情管控,产能逐步恢复,复工复产后国际厂商将通过加大供应和技术换代等方式夺回市场,必将极大挤压国内芯片企业生存空间,导致现有绝大部分企业由于竞争力不足被迫退出市场,会造成大量的投资和资源浪费。政策层面,我国高度重视芯片产业发展,提出了一系列支持措施,但汽车芯片具有特殊性,仍需国家顶层设计制定政策,实现全国资源统筹、协同发展,抢抓难得的芯片发展"窗口期",加快扭转我国汽车芯片产业链受制于人的被动局面。

二、加快构建芯片标准检测认证体系

当前,我国汽车芯片产业还面临标准化、检测认证等产业技术基础"卡脖子"问题。一是我国缺乏车规级芯片国家标准。国际上将车规级芯片标准分为可靠性和功能安全两方面,均为自愿性认证标准。当前我国在可靠性标准上存在滞后,不适用于汽车智能化场景;功能安全标准可实施性较差,多项相关标准还处于在研阶段;根据汽车产业发展需求,信息安全将成为车规级芯片标准新的要求。整体来看,标准缺失问题给我国汽车芯片厂商证明自身产品能力带来了极大困难。二是我国车规级芯片检测认证体系不健全。当前，国内外车规级芯片均无政府强制认证项目，需要企业与第三方机构共同开展自认证。一方面，检测认证是证明产品符合车规使用要求的必要手段，这在国际上已经是惯例；另一方面，国内汽车芯片产品应用时间较短，必须要有严格测试过程来降低风险。

当前，国内汽车芯片检测行业不成熟，其中的主要原因在于汽车芯片检测认证规范不完善，行业对于测试认证没有统一认知。中汽中心已在国内率先开展汽车芯片检测认证工作，形成汽车芯片分类分级与测试认证评价体系，并完成国内首批汽车芯片认证项目。从结果来看，国产芯片功能安全技术水平整体薄弱，尚无通过全项安全认证的国产芯片产品。

加快构建标准、检测认证体系亟须国家部门、相关企业给予支持配合。

一是建议将汽车芯片检测认证作为揭榜挂帅、试点试用的强制要求或关键环节审核手段。

二是推进开展国产芯片紧急替代测评工程，整车企业提供替代需求，行业机构进行国产芯片测试评价，形成芯片可选方案。

三是鼓励相关企业积极参与汽车芯片标准检测认证工作组，联合制定、推广应用选型认证和供应商审核规范，形成快速迭代机制。

肖成伟

中国电子科技集团公司第十八研究所研究员

动力电池技术现状及发展趋势

在国家相关政策（如产业规划、双积分、财税等）的大力引导和支持下，尤其是"30·60"双碳目标的提出，我国新能源汽车产业呈现高速增长态势。截至2021年底，全国新能源汽车保有量达784万辆，占汽车总量的2.60%，动力电池配套量合计超过420GWh，其中2021年动力电池配套量达到154.5GWh。

动力电池作为新能源汽车的核心零部件，技术进展迅速。

从材料体系看，磷酸铁锂电池和三元锂电池均实现了规模化应用，2021年磷酸铁锂电池呈现回潮态势，凭借其产品性能的提升以及成本优势，配套量超过三元锂电池。目前磷酸铁锂电池产品的能量密度普遍达到180Wh/kg左右，通过材料性能的改进，未来还会有一定的提升空间。采用磷酸锰铁锂等新型磷酸盐正极材料的动力电池，2025年能量密度预计可达到240Wh/kg的水平，将进一步拓展采用包括磷酸铁锂在内的磷酸盐正极材料动力电池的应用。三元锂电池具有高比能的突出特点和优势，目前采用中高镍正极材料的三元锂电池产品能量密度达到240~290Wh/kg，未来仍有较大的提升空间，固液混合锂电池技术成为研究和产业化的热点，采用高镍正极材料、硅基负极材料（或锂复合负极材料）和固态电解质等材料体系的固液混合动力电池，2025年能量密度预计可达到400Wh/kg，并展现出优异的安全性能。

从电池新结构看，刀片电池采用扁平化和超长结构叠片工艺的设计方案，提升了电池内部的空间利用率，降低了非活性组分的比例，进一步提升了电池的能量密度；采用极简的电池模组/电池系统设计方案，如大模组、卷芯到模组（JTM）、电池到电池包（CTP）、电池到底盘（CTC）、电池到车身（CTB）等，有效避免冗余零部件对电池模组/系统内部有限空间的占用，进一步提升电池模组/电池系统的能量和密度。以 CTP 电池系统为例，较传统动力电池系统设计，系统成组率最高可达 73%。

从新体系电池看，钠离子电池具有低温性能优异、快充性能好和安全性良好等特点，可有效降低对钴镍等贵重金属的依赖，能量密度预计可达到 165Wh/kg 以上，具有 4C 快充性能和 -40℃ 的低温环境使用能力，有望实现快速发展和新能源汽车领域的应用。

采用金属锂负极和固态电解质的全固态电池可从本质上提升安全性能，能量密度预计可达 600Wh/kg，并展现出良好的循环性能。高离子电导率的薄型电解质膜、低膨胀长循环的锂金属负极、固固界面反应等是需要攻克的技术难题。

从安全性能看，动力电池全生命周期内对动力电池的安全风险进行管控，除提升和改善电池/系统本体安全性外，可结合车端和云端的大数据，建立相关模型和算法，进行动态健康边界精准管控、滥用和极端工况下小概率偶发的热失控预警，以及电池热失控临界态数据回溯和场景重构等，热失控安全故障提前 72h 上报、提前 24h 预警管控，提升动力电池使用过程中的安全性。

同时，结合可植入的传感器技术，集成多维内部信号感知的智能电池也是动力电池领域的重要发展方向，可大幅提升 SoX 的估算精度，安全隐患/故障提前识别和预警，逐步实现动力电池的智能化和数字化。

随着"30·60"双碳目标的提出，中国新能源汽车的发展进入了快车道，汽车的低能耗对动力电池的高比能发展提出了迫切需求，新材料、电池新结构、新体系电池以及安全性等技术将得到重点关注和快速发展。

张进华

中国汽车工程学会常务副理事长兼秘书长

汽车产业正成为新一轮科技革命和产业变革的先导和载体

当前，以双碳目标为导向，汽车产业加速向电动化、网联化、智能化、共享化的方向转型发展。新一代人工智能、信息通信、智能交通、智慧城市、绿色能源等领域的新技术，正成为构建新一代汽车技术体系的重要势能和关键技术，汽车发展也呈现车网融合、智能互联、智能共享等跨行业、多领域融合发展的鲜明特征。

第一，车能融合加速汽车电动化转型，带动能源供给侧与消费侧变革。电动汽车作为移动储能单元，能够通过实时高效的车网互动，强化电力系统灵活性和韧性，促进随机性、波动性强的可再生能源消纳，带动上游能源系统清洁低碳发展，有助于电力系统绿色化。此外，氢燃料电池汽车技术的发展也将带动氢能绿色制取、安全存储、高效输配、清洁应用等产业链上下游领域的技术创新和示范应用，推动氢能与燃料电池技术在相关产业实现更大范围的推广应用，助力构建氢能社会。

第二，智能互联成为汽车高度自动驾驶技术发展的必然，也是5G、人工智能、云计算等新技术的应用先导和牵引。汽车智能化发展进程将超出我们最乐观的预期，主要推动力：一是日新月异的新技术；二是消费者对智能化优良驾乘体验的特别喜好；三是城市发展对智慧、安全、高效出行的需求提升。

第三，智能共享出行是未来新型汽车产业生态的平台和枢纽，也将成为数字经济、共享经济新业态的重要力量。汽车产业将由传统单一汽车产业链进一步向跨行业编织的网状智能共享出行产业链方向发展。除了汽车企业、供应商和经销商以外，信息通信技术企业、新兴软硬件科技公司、运营商、服务商、内容商等将以技术融合为牵引，加快融入汽车产业，共同构建以数字经济、共享经济为核心的产业发展新业态。

张书林

中国汽车工业协会原常务副理事长兼秘书
长，中国汽车咨询委员会委员

跨界企业将成为汽车智能化的中坚力量

2021年是不平凡的一年，在全球新冠肺炎疫情持续蔓延、汽车产能受到连续抑制的严峻形势下，我国新能源汽车实现了连续七年的高速逆势增长，完成了350多万辆的产销目标，并牢牢占据世界第一新能源汽车产销国的位置。其发展内涵可以简要归纳为以下四点。

第一，我国新能源汽车市场渗透率已近15%，并开始快速向20%迈进，已开始形成对传统汽车市场的冲击。

第二，我国新能源汽车已从以政策支持为主，进入以市场驱动为主的发展阶段，新能源汽车发展趋势不可逆转。

第三，新能源汽车是数字化技术的最佳载体，汽车智能化已不可逆转地改变并开始融入消费者的价值取向。我国新能源汽车将在电动化方面取得重大突破的基础上，开始进入从传统功能汽车向智能汽车转变，并逐步建成汽车强国的关键阶段。

第四，智能汽车创新能力、技术水平及商业化应用速度，将成为我国与其他汽车强国竞争的核心内容。因此，需要大量具有智能化、数字化技术和创新能力的企业和人才融入汽车产业中，助力我国汽车产业在国际竞争中取得胜利。

目前已跨界进入汽车产业的新兴力量，是否具备汽车智能化技术的研发实力，能否抓住机遇、主动担当成为汽车电动化智能化发展的中坚力量，已引起业界的广泛关注。为了形成相互融合的信任与包容，必须了解它们进入汽车产业的形态和作用。

一、四大领域，共进助力

2015 年以后，我国汽车产业加快了投资、管理体制改革和对外开放的步伐，同时为跨界企业的进入，留出了有利于结构调整的政策空间。目前我国已有超过 25 家跨界企业融入了汽车产业，主要包括通信、互联网、智能制造、智能家电等四大产业领域。它们是各领域的龙头企业，且大多已进入世界 500 强或国内 500 强。这些跨界企业具有以下几方面特征：一是都具有人工智能和计算技术基础，并已在各自领域积累了智能技术研发和产业化的深厚功底；二是多数企业已先期组建团队，成立了汽车生产研发机构且已发布多项专利；三是创新能力强，活力旺盛，融资渠道宽，且经营发展理念更贴近市场。

跨界企业是汽车产业重塑产业链，弥补短板，提高产业竞争力，实现功能汽车向智能汽车转变不可或缺的力量。

二、抓住机遇，着眼未来

跨界企业进入汽车产业的背景和初衷，决定着它们融入的目的和方式。

首先，节能减排、低碳环保是大趋势，电动化、智能化将成为未来汽车的主流，传统汽车迟早会被新能源汽车替代，庞大的市场前景吸引着它们，国家深远的战略布局和政策支持为它们提供了信心；其次，新能源汽车是智能化技术的最优载体，为它们提供了发挥特长的平台和新的发展机遇；最后，新能源汽车研发生产及新型产业链建立的市场化机制已经很完善，再加上各级政府对新能源汽车支持政策的有力推动，为跨界企业拓展发展空间、快速进入汽车行业创造了条件。

可以认为，这些企业以不同方式进入汽车产业是着眼未来，共同的目的是：凭借在人工智能、互联网、高性能计算等新一代数字化技术方面积累的能力和综合优势，要在汽车产业的变革中获得自己的一席之地。其中，部分企业直接进入整车制造领域，是要抢占未来消费终端的优势地位，期望汽车产业成为它们未来盈利和生存的重要依托。

三、贡献显著，初露锋芒

跨界企业融入汽车产业发展进程中的作用，主要有三点。

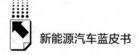

一是在某种程度上颠覆传统汽车的发展模式，构成新的产业形态，形成新的竞争格局；二是为新能源汽车发展弥补短板，强化产学研合作机制的前沿力量，补充新的能量；三是逐步扭转核心技术依赖外国的局面，加快智能技术融入汽车产品形成新竞争力的步伐。

目前，智能汽车研发已在我国骨干企业中全面铺开。实践证明，跨界企业所具有的智能化技术创新能力和一些技术成果，已处于国际领先水平，跨界企业已成为我国新能源汽车智能化发展不可忽视的力量，它们的融入和作用应该得到业界的重视和肯定。

四、多方联动，协力攻关

仅靠目前已经形成的产业格局，还不足以全面支撑我国新能源汽车实现智能化和高质量快速发展。至少还要做好以下三件事。

第一，有关部门和相关企业应该建立鼓励机制，奖励智能化技术的创新成果。一方面让融入汽车产业的跨界企业强化担当意识，另一方面也支持更多掌握智能和计算技术的企业、人才融入汽车产业。

第二，加大对有关企业的支持力度，尽快解决目前仍依赖外供、可能被"卡脖子"的核心技术和零部件国产替代问题。

第三，发展智能交通是支撑功能汽车向智能汽车转变的必要手段。集中力量建设通用的智慧交通体系是我国体制的强项。希望交通管理部门加大智能交通系统的研发力度，加快实施进度，助力汽车智能化技术持续创新和快速发展，全面形成并保持中国新能源汽车的国际领先地位，实现汽车强国的战略目标！

张永伟

中国电动汽车百人会副理事长兼秘书长

中国电动汽车产业成功的五点经验

2008 年全球金融危机后，国家启动发展重大战略性新兴产业，2009 年规划了七个，电动汽车产业是其中之一。过去十几年，中国电动汽车在增长速度、保有量和产业配套体系方面都走到了世界前列，取得了令人瞩目的成就。

推动一个产业从无到有发展起来，我国过去并没有太多可以借鉴的成功经验，电动汽车是发展较为成功的一个案例，由此积累了不少经验。现在美国开始"押宝"电动化，欧洲也处于中国五六年前所处的起跑阶段，转型速度都在明显加快，这也验证了电动化将成为未来全球汽车产业的主要发展趋势。同时，中国能够在电动汽车产业的变革期起到策源地的作用，在此之前也是少有的。中国电动汽车产业取得这样的进步到底是哪些因素在推动？值得关注。

一、妥善处理技术路线问题

电动汽车存在多种技术路线，中国在确立纯电作为主流技术路线的同时，也给了其他技术路线包容发展的机会。汽车产业从业者一度十分困惑，不知如何在混合动力、纯电动、燃料电池、增程式等不同技术路线中进行选择。有的企业曾对每种技术路线都进行了研发布局，投入大量人力和研发费用，实力不强的企业则面临巨大的投资压力。之后国家战略开始相对清晰，政策重点支持纯电动技术路线，同时鼓励其他技术路线的多元化发展，妥善

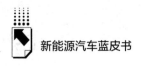

处理了各种技术路线的关系，这是过去 10 年行业取得的重要发展经验。

二、积极调动传统汽车与新生力量

在产业发展初期，新能源汽车发展规划的思路是将传统汽车企业作为未来新能源汽车发展的主导性力量。但经过一段时间后，传统车企推动产业转型并不具有革命性，反而新生力量更有积极性。所以 2011 年之后，政策开始鼓励跨界造车，特别是没有相关资质的企业造车，这在过去的中国汽车产业发展史上是难以想象的。当然，在此过程中也遇到了一系列政策和体制上需要破解的问题，既要推动传统车企向电气化转型，又要鼓励带着电动化基因"出生"的新造车企业参与破局。对比来看，欧洲汽车产业就缺乏这样的结构性力量来发展电动化。目前欧洲仍在依托传统车企推动电动化，这也是其电动化转型缓慢的根本原因。美国相对好一点，但从结构上看新势力转型快、传统车企转型慢。

中国能够将新、旧势力的积极性都调动起来，而且开放性地引入了特斯拉，这对中国最大的意义是改变了汽车行业的发展格局，让大家相信之前没有造过车的企业可以造出一款好的电动汽车，其外部效应是巨大的。

三、正确处理政府和市场关系

中央一直强调，要更好地发挥政府作用，使市场在资源配置中起决定性作用。在汽车产业电动化发展过程中，这个关系处理得虽然有争议之处，但总体较好。产业发展初期，我国政府启动了大规模补贴，虽然不可避免地带来一些负面因素，但正是政府持续十几年的财政和税收支持，成就了今天中国蓬勃发展的电动化市场。2019 年，大幅度的退坡政策让市场调节慢慢开始起作用，产业逐渐脱离政策的温床。

新兴产业发展的初期，政府如何更好地发挥作用，这在中国汽车电动化发展的历程中是有经验可循的。

四、多部门产业高效协同

推动电动化不仅是产业管理部门的事情，也涉及科研、能源、交通等领域，需要多部门协同处理、共同培育产业，相互之间发挥好"接力棒"作用。十几年来，财政部、工信部、发改委、科技部和能源局等部门，都在积极支持汽车电动化发展。在此之前，多部门高效协同的案例并不多。

未来，汽车智能化的发展还需要更多部门的协同推进，还涉及数据监管、网络安全和交通法规的修改调整，能否延续好顶层设计和多部门协同的发展机制将至关重要。

五、处理好自主与开放的关系

在电动化发展过程中，我国也妥善处理好自主发展和开放创新的关系。目前，国外车企的电动化产品都已进入中国市场，全球主要的零部件公司也都在中国实现了电动化配套。电动化是中国汽车产业发展史上开放度最高的发展阶段，这种高度开放非但没有影响自主品牌的成长，反而使自主品牌的电动化技术实现了快速成长。按照过去产业的发展经验，我国普遍先追随，跟着跑，最后取得领先。而在电动化上，中国实现了开始的领先，且差距逐渐拉大，有些电池、电力和电子技术企业还处于全球领先位置，这在过去是难以想象的。

赵福全

世界汽车工程师学会联合会（FISITA）

终身名誉主席，清华大学车辆与运载学院

教授、博士生导师，汽车产业与技术战略

研究院院长，FISITA 技术领导力会士、

美国 SAE 会士、中国 SAE 会士

双碳目标下汽车产业面临的挑战与应对策略

双碳目标广泛影响着国家的各行各业。作为制造业中的集大成者，汽车产业链条长、覆盖领域广、消耗能源大，在国民经济中兼具支柱性和载体性的特点，因此其脱碳和低碳转型将具有更重大的代表意义和战略价值。

一、我国汽车产业实现双碳目标面临的严峻挑战

一是汽车产业规模大，受关注程度高。汽车产业碳排放量大，而且在可预期的未来，汽车保有量还将持续增长，产业发展尚未饱和，这意味着汽车产业实现碳中和的目标将异常艰巨。同时，汽车产业受关注程度很高，汽车低碳及脱碳转型将为中国履行双碳国际承诺提供重要的标志性成果，正因如此，汽车产业极有可能需要提前实现碳达峰和碳中和。

二是国际经贸机制与市场竞争环境变化。当前，国际政治经济环境的不确定性不断增强，各国可能会围绕碳排放制定更加严格的贸易政策，形成新的贸易壁垒。同时，市场环境向低碳化方向转变，要求汽车企业必须把低碳制造与低碳产品打造成企业新的核心竞争力，否则可能根本没有资格参与未来的市场竞争。

三是高度关联的汽车产业无法单独解决碳中和问题。汽车产业只靠自身努力是不可能实现碳中和目标的，只有跨领域协调发展，特别是与能源和交通等产业协同脱碳，才能保证中国汽车产业的持续竞争力。

二、我国汽车产业应对双碳目标的有效策略

汽车产业践行双碳目标绝不能孤军奋战，而是要与其他相关产业及领域有效协同、加强联动。一方面，汽车产业内部必须实施产业链上下游联动减碳，以实现全产业链、全生命周期的减碳脱碳；另一方面，汽车产业外部要加强跨行业、跨领域的协同降碳，尤其需要能源产业提供汽车产业及产品全生命周期中使用的零碳、低碳能源，需要交通产业提供汽车产品低碳、零碳出行的应用场景。

具体来说，在内部联动方面的措施：一是生产环节减碳，包括工艺创新、能效提升和可再生能源使用等；二是使用环节减碳，包括节能降耗、提升运行效率等，重点是增加低碳、零碳产品的使用强度，从而降低其生产过程中的能耗和碳排放；三是回收环节减碳，包括提升材料回收与再利用效率、发展绿色循环经济等。

在外部配合方面的措施：一是能源结构优化，加大清洁能源比重，通过应用绿色可再生能源促进汽车全生命周期碳减排；二是交通结构优化与重新布局，丰富低碳、零碳汽车产品使用场景，增加使用强度，提高运行效率；三是负碳措施的"查漏补缺"，主要通过植树造林以及应用碳捕集与封存技术，使得汽车产业难以消除的部分碳排放达到中和。

总之，实现碳达峰及碳中和目标，是一项高度复杂、关联广泛的国家系统工程。而汽车产业在践行双碳目标方面既应一马当先，更是责无旁贷。未来，汽车产业必须向着双碳目标不断迈进，有效支撑全社会早日实现低碳乃至脱碳的历史性转变。

赵英

中国社会科学院工业经济研究所研究员、
原研究室主任

关于芯片问题的战略思考

一、从更高的层面、更宽广的范围看芯片问题

第一，近年来芯片问题已由国际经济问题转化为国际政治问题，甚至成为地缘政治的关注要素。美国拜登政府完成了半导体芯片产业链研究，并在半导体芯片产业链会议上表示，要保持美国在芯片领域的战略优势，保证美国芯片产业链的安全，同时要阻止中国在这一领域的发展进步。另外，拜登政府关于战略产业供应链的报告聚焦于四个行业，其中半导体芯片产业居于首位。该报告意味着美国要在全球范围构建起绕过中国的半导体芯片产业链。

芯片问题由国际经济问题转化为国际政治问题，意味着一般经济学理论，例如国际分工原理、比较优势学说，在芯片领域将难以得到有效应用，难以成为各国政府制定政策的理论依据。打压中国成为部分西方国家的"政治正确"，必将严重干扰、影响芯片产业的全球化分工与贸易，严重影响全球主要芯片生产企业的发展取向。即便全球汽车芯片问题从产能上得到缓解，国际政治因素将犹如达摩克利斯之剑一样，始终悬于全球汽车产业链之上。

第二，在全球半导体芯片产业中，西方国家及其伙伴居于优势地位，核心技术、核心装备、核心原材料等基本掌握在其手中。这意味着在国际战略博弈中，西方国家会利用芯片产业，在某种程度上削弱拥有特殊矿产资源优势国家的话语权，形成芯片对矿产资源的战略竞争格局。

第三，中国已成为美国政府重点围堵、打压的头号战略对手，中美之间的战略博弈，必将在芯片产业上得到突出体现。随着我国产业升级、技术装备升级、产品升级，半导体芯片将成为波及面最广、关联领域最多的产业。半导体芯片产业在维护国家经济安全、产业安全过程中，占有极其重要的地位。芯片问题的讨论，远远超出了汽车产业的范围，关乎整个国家经济的稳定和正常运行。

第四，美国决心打造排除中国的半导体芯片产业链，意味着全球半导体芯片产业链将在一定程度上被割裂，出现相对独立的产业链条。即便全球芯片供需矛盾得到缓和，中国汽车企业暂时可以通过市场满足发展需求。但从长远发展看，中国汽车企业在芯片供应保障方面始终面临一定的威胁。

二、对以上半导体芯片产业分析的进一步思考

半导体芯片产业的问题，已经超越了汽车产业，上升到国家战略层面，亟须从大战略层面予以解决。在这方面，政府有关部门已推出有力的战略、政策，但仍然要在操作层面予以深化、细化。

汽车产业遇到的半导体芯片问题，既是挑战，也是机遇。汽车产业所需车用芯片大约有150种，涉及不同功能、不同档次。车用芯片种类众多、层次分化、规模巨大，为我国半导体芯片产业发展提供了极为难得的市场需求。另外，我国军用芯片由于面临国际封锁，不得不自力更生，但受军品需求规模所限，产品成本及批量化生产存在局限性。车用芯片需求的急剧增加，也为半导体芯片产业发展提供了军民融合发展的机遇。

目前，我国汽车企业所用芯片只有10%左右自主研发可控，其余芯片供应则依赖国外芯片厂商。这种局面虽然能够通过政府支持下的企业自主研发逐步得到缓解，但乐观估计要取得明显改观也需要10年左右时间。这意味着我国汽车企业在保障芯片供给方面，要充分考虑安全因素，并在经营方式上做出相应改变。首先，要充分评估供应链上重要企业的可靠性，不仅要对一级供应商的可靠性予以评估，还要对关键二、三级供应商的可靠性予以评估；其次，要充分考虑供应链的可替代性，供应链要有足够弹性，有一定的安全冗余度；再次，要经常对国际政治形势尤其是相关企业所在国的政治状况予以评估；最后，要在经营方式上做出适度改变，根据国际形势变化及供应链的可靠程度，调节仓储和物流。

周荣

中国汽车技术研究中心原资深首席专家

新能源汽车产业链的痛点和难点分析与对策

新能源汽车产业链是在传统汽车产业链基础上延伸而来的，增加了动力电池、电机和电控等关键零部件，由此导致产业链参与主体发生了较大变化，参与主体从传统的发动机、变速箱、底盘等机械类供应商，发展到越来越多的电化学、电子、半导体、通信、软件等多类型跨界供应商，并逐渐对全球汽车产业格局和发展趋势产生深远影响。最近几年，随着我国新能源汽车产业的快速发展，产业链短板问题开始凸显，主要表现在关键原材料和核心零部件不可控，随时有可能被"卡脖子"。从 2021 年初至今，车用芯片供应紧张和原材料价格上涨，特别是动力电池原材料大幅涨价，叠加新冠肺炎疫情影响，造成新能源汽车产业链的经营环境恶化，很多整车厂开始限产停产，企业经营利润大幅度下降。

一、我国新能源汽车产业链的痛点和难点

半导体芯片自我控制和调节能力差。新能源汽车需要使用大量的车规级专用芯片，目前由于新能源汽车产量相对半导体芯片投入来说，投资收益比较低，国外半导体巨头对投资新能源汽车专用芯片意愿不强，难以形成有效竞争格局。国内半导体产业最近几年才开始起步，设计、生产、封装、测试等产业链环节有待进一步完善。尽管国家和相关企业在加大研发投入力度，但要做到新能源汽车专用芯片自给自足还有待时日。

原材料大幅度涨价造成经营环境恶化。由于新冠肺炎疫情、中美贸易摩擦、俄乌冲突等因素影响，新能源汽车所需原材料出现大幅度上涨。2021年以来，动力电池正极材料所需碳酸锂从 5 万元/吨上涨到 50 万元/吨，价格涨幅达到 9 倍；镍价更是被人为操纵而大起大落，被称为"妖镍"；铜、铝等大宗原材料价格也出现不同程度上涨，给整个新能源汽车产业链企业带来较大经营压力。

产品成本与质量的挑战。从历史经验来看，传统汽车整车厂的经济规模是年产 40 万辆，即年产 40 万辆及以上才可能盈利同时兼顾产品质量；年产 10 万辆是生死线，年产 10 万辆以下的整车厂很难生存。新能源汽车由于国家政策的支持，以及投资人对未来回报的期待会有一个发展窗口期，相对规模的要求会低于传统汽车厂。但从目前新能源汽车产业链相关上市公司财务年报来看，除原材料企业外的上市公司亏损面依然很大，特别是部分新势力企业年亏损额仍达到几十亿元。这与经济规模过小有很大的关系，规模过小也限制了技术和资金的投入进而影响了产品质量的提升。

二、促进新能源汽车产业链发展的对策

政府层面，有关部门要依据《汽车产业中长期发展规划》中提出的汽车产业未来十年的发展目标、重点任务，出台相关政策措施来引导新能源汽车兼并重组，促进新能源汽车企业做大做强。要支持构造自主可控的新能源汽车产业链体系，核心是加快发展供应链体系，推动新能源汽车产业链补链、强链。

产业层面，汽车行业要未雨绸缪，互助合作，给国内配套企业更多机会。汽车行业是国际化程度最高的行业之一，全球设计、全球制造、全球市场是汽车行业的最大特色。目前部分西方国家开启冷战思维，大有逆全球化的趋势，维持了全球经济运转几十年的格局可能会被破坏。汽车行业要未雨绸缪，制定相关对策，共同扶持自主可控的关键零部件产业链。我国已连续多年汽车产销量全球第一，完全能够支撑我国汽车零部件企业发展成为具有全球影响力的行业巨头。

企业层面，新能源汽车产业链相关企业要卧薪尝胆，加大人、财、物的投入，主动掌握关键核心技术，生产出质量优异、价格有竞争力的产品，参与国际新能源汽车产品的市场化竞争，实现我国由汽车生产大国向汽车生产强国的转变。

甄子健

科技部高技术研究发展中心交通处研究员，中华人民共和国驻大阪总领事馆科技领事

日本电动车产品系统发展及中日竞合动向观察

一、日本电动车产品系统全产业链发展观察

到2021年末，日本纯电动汽车EV保有量约为15.4万辆（当年销售EV乘用车2.4万辆），插电式混合动力汽车PHEV保有量约为17.8万辆（当年销售2.7万辆），燃料电池乘用车FCEV保有量约为7167辆（当年销售1997辆），混合动力汽车HEV保有量约为1270万辆（当年销售HEV乘用车103万辆）。尽管日本在混合动力汽车产业及整车市场培育中领先全球，但其在纯电驱动新能源汽车整车市场培育方面远落后于中、欧、美。与整车不同，日本在电动车上游产业链供应链（电池、电驱动、半导体、光机电部件、传感器、先进材料等）领域的竞争力较强，不仅支撑起日本全球领先的混合动力汽车的发展和产业化，还早已融入中、欧、美的纯电动汽车供应链中（如松下电池供货特斯拉、日本电产E-Axle供货中国多家主机厂等），正在参与支持世界纯电驱动车辆的快速产业化。

2021年以来，日本开始集中发力纯电驱动整车产品，丰田、本田、日产、铃木、大发、五十铃、日野、三菱等汽车企业，以及索尼、小松、MORITA等新进入企业，纷纷发布未来车辆的电动化发展规划（乘用车、轻自动车、卡车、巴士、工程机械、特种车辆），并密集推出纯电动车型（bZ4X、Ariya等）。最近，日本通过修改《道路交通法》给予电动滑板车合法路权，出光兴业、TAJIMA MOTOR、folofly、ASF等企业纷纷宣布推进超小型 EV 等的开发，本田、雅马哈、铃木、川崎重工等积极推出电动摩托车，Future、雅马哈、Glafit 等陆续推出电动滑板车产品等。

2021 年以来，依托制造业优势，日本电动车上游产业链发展提速。例如，在电机集成驱动系统 E-Axle 领域，整车厂原配套零部件巨头本田系的日立 Astemo、日产系的 Jatco、丰田系的 AISIN 和爱知制钢，以及跨行业电机巨头日本电产（Nidec）、马渊电机（Mabuchi Motor）等均有较大动作；在锂离子等主力动力蓄电池产业及技术领域，丰田开始投资在美国建设自己的车用动力电池工厂，丰田自动织机生产出新型"双电极一体化"镍氢动力电池，松下车载锂离子电池（占世界的 18.2%）正在进行产能扩张，京瓷与 24M 合作"干电极"锂离子电池已在京瓷实现量产等；在下一代动力蓄电池产业技术领域，丰田推出了搭载全固态电池的混合动力汽车，Maxell 推出大容量高出力硫化物全固态电池（首先用于可穿戴装备），本田投资美国锂金属电池初创企业 SES，软银（Softbank）等研发出锂金属电池，汤浅开发出锂硫动力电池，三洋化成工业建成全树脂锂离子电池工厂等。

另外，在电动车产业链上游的车载半导体产业及技术领域，线控转向、电制动、电空调以及逆变器等强电系统产品及技术领域，电动车专用构造件、基础件（轴承、橡胶、螺钉）及其制造技术领域，支撑电动车产业发展的新型生产装备及技术领域，以及新的电动车设计、制造、测试技术及产品等领域，也都有许多日本制造业创新优势企业、隐形冠军企业积极介入，并取得了快速进展。例如，2021 年 9 月日本 5 家整车企业（马自达、丰田、本田、日产、斯巴鲁）及 5 家零部件企业（爱信、Jatco、电装、松下、三菱电机）联合成立"MBD（基于模型的开发）推进中心"，共同搭建下一代智能电动汽车 CASE 的数字化开发平台等。

二、中日新能源汽车全产业链竞合动向观察

1. 中日新能源汽车全产业链创新合作基础坚实

2021 年以来，随着日本国内总体纯电驱动转型战略的加速，日系车企纷纷加快投资布局中国新能源汽车市场。丰田"bZ4X"、本田"e：N 系列"已相继在中国上市，日产"Ariya"已开始盲订即将于下半年上市，其中有些车型上市时间早于其本土市场。日系车企在中国采取了更加务实、开放的态度，丰田、本田、日产均有中国电池厂商供货（有些是合资、协作）；丰田车用燃料电池业务与中国燃料电池企业（合资）和整车（协作）合作，产品应用于北京 2022 年冬奥会取得成功等。

2021 年以来，日系 EV 零部件和材料企业克服"分断"干扰和疫情影响，继续加大力度投资中国市场，同时面向中日整车企业提供配套。日系整车企业将其体系内 E-Axle 供应商带入中国；NHK SPRING 开始在中国生产电机精密电枢；日本电产于 2019 年推出集成电驱动系统 E-Axle 产品后即与中国车企合作，已被中国十几款车型采用（累计销售 35 万套）；罗姆与正海在上海共同投资生产碳化硅（SiC）功率半导体模块；SANDEN 以被海信收购为契机，2021 年一季度车用电动压缩机世界各地销量同比增一倍（141 万套）。另外，还有 KUREHA 电池极板结合氟碳树脂、G-TEKT 电池箱体模块（钢铝）、旭化成电池隔膜（与恩捷强强联合）等多个企业及其产品在中国合资或独资落地等。

2021 年以来，面向日本纯电动商用车 EV 市场，中日企业深度纵向合作，共推批量应用。日本 ASF 与柳州五菱合作，将为日本佐川急便提供 7200 辆轻型 EV 商用车；日本 folofly 与小康汽车合作，将为日本 SBS 控股提供载重 1 吨电动小型箱式货车；比亚迪已有 J6 及 K8 等 EV 巴士和部分 E6 电动出租车在日本各地示范运行，计划到 2030 年在日本销售 EV 巴士 4000 辆等。

2021 年以来，面向国际市场，中日企业参与电动车代工平台，探讨产业生态创新。中国台湾鸿海精密工业发起成立电动汽车代工平台 MIH，目前已经吸引 2000 家上游零部件供应商参加，其中有日本企业 100 家，不仅有日本电产、普利司通、日本精工等独立零部件供应商，还有丰田系的电装、JTEKT，本田系的 FCC 等；中国也有华为、百度、吉利、云智慧、宁德时代等大批企业参加。2022 年 2 月开始，泰国 PTT 与鸿海合作在泰国东部打造基于 MIH 的纯电动汽车代工生产基地，该平台已启动与中国合众汽车协商，拟为其代工右舵 EV 开拓泰国、印尼等市场。

2. 中日新能源汽车企业正在全球形成竞争，良性竞合是主流

中日两国新能源汽车市场相互开放。2021 年中国新能源汽车销量达 352.1 万辆，并已取消外资股比限制，市场开放、政策环境良好；尽管 2021 年日本新能源汽车销量只有 5.3 万辆，但其市场同样对外开放，国外车型也有购车补贴。其现行补贴车型目录中，有 36 款纯电动汽车 EV（国外 18 款）、36 款插电式混合动力汽车 PHEV（国外 30 款）、3 款燃料电池汽车 FCEV（国外 1 款）。

中日新能源汽车产业正在全球展开竞争。2021 年以来，在整车领域，除中日市场外，日企进一步加大了对欧洲、美国、东南亚和印度市场的投资力度；中企也加快进入国际新能源汽车市场，2021 年出口新能源汽车 50 万辆，正在变成电动汽车的"世界工厂"。在关键零部件及上游材料领域，日企在基础化工、材料，轴承、传感器、锂离子及下一代动力电池、集成电驱动系统、功率半导体，制造装备等领域占有较大优势；中企在动力电池及材料、半导体、电机及材料等领域正快速追赶或赶超。中日企业围绕整车、零部件、材料、装备等展开的竞争属正常良性竞争，有些竞争通过融合市场战略、实施开放创新，甚至会找到双赢的竞合解决方案。

中日新能源汽车产业链供应链合作也存在一定"分断"风险。近年，日本也出现以安全保障为借口，补贴本国企业撤出中国市场，推动产业链分断的不和谐声音。例如，2021 年日本媒体报道某"产业链协议会"中个别人，以所谓中国动力蓄电池材料产业正在对日本传统优势造成冲击为借口，提出"从供应链来看，存在中美分断的可能，在自动驾驶（未来时代）到来的时候，（决定供应链的）就不仅是（质优）价廉，那时会有别的价值观标准（来左右供应链）"的论调，寄希望于借助分断重新占据竞争优势等。分断"情绪"已反映到近年美国通过的一些法案、日本 2022 年 5 月立法的《经济安全保障推进法案》中，再加上欧盟即将实施的《欧盟电池与废电池法规》等所造成的技术壁垒，都将给各国相关企业带来压力，给全球刚刚起步的智能新能源汽车产业链供应链协作带来一定风险。

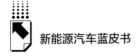

三、发展新能源汽车产品系统及其产业链供应链的思考

1. 满足应用需求、发挥技术潜力，灵活定义新能源汽车产品系统

发展智能新能源汽车 CASE 已成为当前定义新能源汽车产品系统的共识。为此，一是要充分发挥电动（E）与自动驾驶（A）技术给车辆带来的最大变革潜力，使大中小微各类新能源汽车能灵活满足各类道路交通运输"动"与"行"的需求；二是要开放创新 CASE 车辆的网联（C）与共享（S）技术并匹配其软、硬件系统，最大限度地满足"个人"与"群组"在智能社会虚拟空间里可能产生的人车合一的用车享受需求；三是要统一技术平台、统一标准法规，指导建设"绿色车用能源基础设施系统""信息化/智能化基础设施系统"，以形成良好的用车环境。

2. 技术奠定基础、市场配置资源，打造适宜新能源汽车产业生态

打造适宜的产业生态才能更好地发展新能源汽车这一战略性新兴产业。一是要实施创新驱动战略，由整车、核心零部件、关键基础件、化工材料、专用装备等全产业链相关的产学研单位协同创新，攻克掌控关键核心技术，奠定构建"双循环新发展格局"所需技术自由的基础；二是要根据智能新能源汽车 CASE 的特点，创造性地实施"双循环"战略，利用中国市场配置国内外新能源汽车全产业链资源，建立起适宜的新能源汽车产业生态。既鼓励改良的"金字塔型"供应链体系，又鼓励"扁平型"供应链体系，还鼓励探讨 EV 代工平台产业生态模式等。

3. 加强国际合作、防范分断风险，融入全球产业链和供应链体系

防范出现技术和经济"分断"是中、日及世界各国企业的共同期望。为此，要发挥新能源汽车产业世界脱碳减排战略结合点的作用，汇集共识、相向而行，最大限度调动各国政府及民间的力量，加强国际合作，推动中国新能源汽车产业深度融入全球产业链和价值链体系。一年多来，中日相继发布了技术路线大致相同的 2035 年新能源汽车发展目标，中国《新能源汽车产业发展规划（2021—2035 年）》与日本《面向 2050 年碳中和的绿色发展战略》均提出了加强国际合作的方向和要求，两国经济发展部门也曾就脱碳合作及氢能利用开展过对话，这些都为两国"汇集共识、相向而行"打下了一定基础。

NEVI 指数篇

NEVI Indexes

    本篇 NEVI 指数研究基于"产业评价、企业评价、产品评价"三个维度，对汽车产业竞争力、企业竞争力和汽车产品性能进行全方位评价，从而为产业和企业竞争力提升、产品品质改善和使用改善等提供客观参考。

    产业竞争力评价基于 2021 年主要国家新能源汽车产业定量数据和专家定性评分，运用综合指数法和层次分析法，评价中国新能源汽车产业竞争力指数。结果表明，中国新能源汽车产业国际竞争力相对数值从 2012 年的 62 提升至 2021 年的 97；排名也从 2012 年的第五位提升至 2021 年的第二位，新能源汽车产业国际竞争力稳步提高。

    企业竞争力评价基于 2021 年我国新能源汽车市场发展的基础数据，对我国新能源汽车企业竞争力总体水平和不同企业间竞争力的强弱水平进行评价。2021 年新能源汽车企业整体竞争力达到历史最高水平，产业发展迅速。乘用车企业竞争激烈，传统汽车企业加速布局，竞争格局日益激烈。新能源客车企业竞争力整体呈现持续下滑态势，但居于行业领导者地位的新能源客车企业个体竞争力稳中有进。

    产品竞争力评价基于 CCRT 智能电动汽车测评体系中客观测试评价和主观评价的具体内容，主要聚焦电动汽车用户在车辆实际使用过程中关注的各项性能，通过多维度的测试进行评价。2021 年对 10 款车型的测试结果显示：在智能化、电动化、驾乘体验、健康环保以及品质与保障五大测试板块中，产品整体水平良好，平均得分率为 80.5%，部分电动化、智能化功能需要进一步健全和完善。

B.4
2021年中国新能源汽车产业
国际竞争力指数评价

时　间*

摘　要： 中国新能源汽车产业国际竞争力指数已经连续发布9年，成为判断我国新能源汽车产业发展方向的重要风向标。本文基于2021年主要国家新能源汽车产业定量数据和专家定性评分，运用综合指数法和层次分析法，评价中国新能源汽车产业竞争力指数。结果表明，中国新能源汽车产业国际竞争力相对数值从2012年的62提升至2021年的97；排名也从2012年的第五位提升至2021年的第二位，竞争力水平稳步提高。

关键词： 新能源汽车　国际竞争力　产业竞争力

一　新能源汽车产业国际竞争力评价体系构建

（一）概念界定

依据新能源汽车产业的发展背景与本研究目的，结合产业国际竞争力的相关理论研究，对新能源汽车产业竞争力概念界定如下。

---

* 时间，高级研究员，中汽中心中汽政研新能源汽车政策研究部，长期从事新能源汽车国际竞争力评价研究。

新能源汽车产业竞争力是从产业链的角度出发，基于现有的宏观环境和产业发展水平，在国内外新能源汽车市场上未来能够以较低的生产（服务）成本和与众不同的产品（服务）特性取得最佳潜在市场份额和利润的能力。

（二）评价主体

评价产品为新能源汽车，包括纯电动汽车、插电式混合动力汽车和燃料电池汽车等。评价主体是在中国国内生产制造新能源汽车的整车企业（含合资企业）。

（三）研究范围界定

研究范围包含中国新能源汽车产业竞争力综合评价以及中外新能源汽车产业竞争力对标分析两部分。

（四）时间跨度界定

本研究采用定量和定性分析相结合的方法。其中定量评价部分主要基于2021年新能源汽车行业官方公布数据；定性评价部分主要基于专家对2021年新能源汽车产业竞争力评分。

（五）评价参照对象选择

本研究采用国际比较法进行新能源汽车产业竞争力指数评价，主要对标分析中国、美国、德国、日本和韩国等五国的新能源汽车产业竞争力。

（六）指标体系构建基本思路

本研究从新能源汽车产业链角度出发，选取六大方面构建形成指标体系，包括环境竞争力、基础竞争力、产业支撑力、显示竞争力、企业竞争力以及产品竞争力。为保证评价结果的连续性和可对比性，便于对比不同年度新能源汽车产业国际竞争力综合指数和各分项指数，与上一年度相比，本研究指标体系没有明显变化（见图1）。

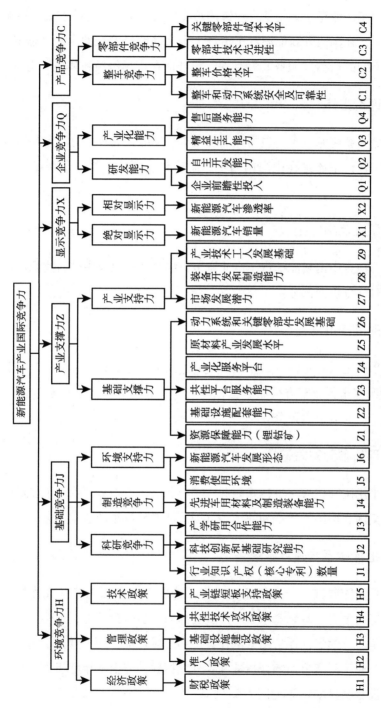

图 1　新能源汽车产业国际竞争力指标体系

二　新能源汽车产业国际竞争力综合评价

（一）总体竞争力评价

2021年，中国新能源汽车产业国际竞争力排名第二，比2020年提高一位。综合指数为97.2，是美国的97.2%、德国的1.01倍、日本的1.05倍、韩国的1.09倍。

从新能源汽车产业国际竞争力排名中可以看出，中国从2012年的排名第五位，稳步提升至2021年的第二位，竞争力相对数值也从2012年的62提升至2021年的97，新能源汽车产业国际竞争力综合指数稳步提高（见图2）。

（二）分指标竞争力评价

1. 环境竞争力

中国新能源汽车产业环境竞争力指数结果如图3所示。环境竞争力指数包括三大方面：经济政策、管理政策以及技术政策，下设5个三级指标，即财税政策、准入政策、基础设施建设政策、共性技术攻关政策和产业链短板支持政策。

中国新能源汽车产业环境竞争力指数排名第二，综合指数得分为95.9，是德国的95.9%、美国的1.02倍、日本的1.05倍和韩国的1.1倍。

新能源汽车快速发展离不开主管部门的引导和政策扶持。2021年，中国政府为新能源汽车产业发展营造了良好的宏观政策环境。一是以"双碳"目标加速汽车电动化转型步伐。中共中央、国务院《关于完整准确全面贯彻新发展理念做好碳达峰碳中和工作的意见》和《2030年前碳达峰行动方案》均提出要大力推广新能源汽车。二是以财税政策稳定市场预期。明确2022年新能源汽车购置补贴政策方案；同时，及时调整2021~2022年新能源汽车免征车辆购置税政策技术要求和2022~2023年享受车船税优惠的节能

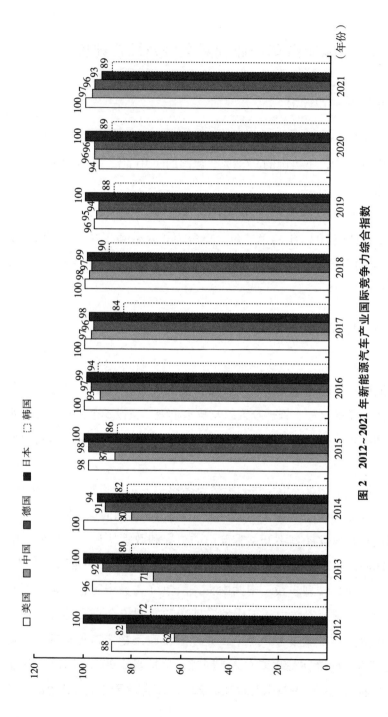

图 2　2012~2021 年新能源汽车产业国际竞争力综合指数

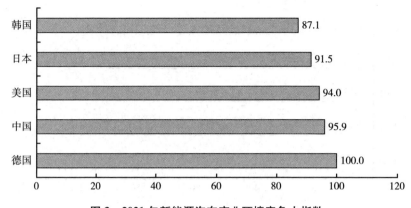

图3　2021年新能源汽车产业环境竞争力指数

与新能源汽车产品技术要求，以适应节能与新能源汽车产业发展和技术进步需要。三是以优化使用环境助力推广应用。四是以试点示范支持地方探索新技术新模式应用。正式批复京津冀、上海、广东、河南、河北五个示范城市群启动燃料电池汽车示范应用工作，支持地方加快建立完整产业链供应链，探索合理商业模式。新能源汽车支持政策的不断出台，是中国新能源汽车产业环境竞争力指数排名靠前的重要保障。

2. 基础竞争力

中国新能源汽车产业基础竞争力指数结果如图4所示。该指标包括三大方面：科研竞争力、制造竞争力和环境支持力，并由6个三级指标综合而成，即行业知识产权（核心专利）数量、科技创新和基础研究能力、产学研用合作能力、先进车用材料及制造装备能力、消费使用环境、新能源汽车发展形态（未来电动化、智能化、共享化融合程度）。

中国新能源汽车产业基础竞争力指数排名第二，综合指数得分为98.2，是美国的98.2%、德国和日本的1.05倍、韩国的1.1倍。中国新能源汽车产业基础竞争力不断提高，是全行业共同努力的结果。

中国新能源汽车产业基础竞争力的快速提升得益于动力电池产业进入快速发展阶段，在大规模工业化稳定生产和应用经验等方面具有显著优势，2021年全球装机量前十的动力电池企业中有6家中国企业。在充电基础设

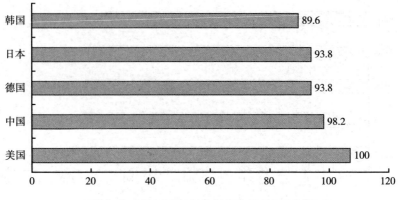

图 4　2021 年新能源汽车产业基础竞争力指数

施方面，截至 2021 年底，全国已建成充电桩 261.7 万个（公共桩 114.7 万个，私人桩 147 万个），其中高速公路充电桩 13869 个。动力电池回收利用体系逐步完善，截至 2021 年底，已在全国设立回收服务网点 10127 个。动力电池产业的快速成长和充电基础设施等的不断完善使得我国基础竞争力逐年稳步提升。

3. 产业支撑力

中国新能源汽车产业支撑力指数结果如图 5 所示。产业支撑力包括基础支撑力和产业支持力两大方面，下设 9 个三级指标，即资源保障能力（锂钴矿）、基础设施配套能力、共性平台服务能力、产业化服务平台、装备开发和制造能力、原材料产业发展水平、市场发展潜力、动力系统和关键零部件发展基础以及产业技术工人发展基础。

我国新能源汽车产业支撑力在上述 5 个国家中排名第一，综合指数得分为 100，是美国的 1.05 倍、德国的 1.06 倍、日本的 1.16 倍、韩国的 1.22 倍。

我国已成为全球第一大汽车生产国及重要的汽车零部件生产和供应基地，产业支撑力逐年增强，汽车供应链体系相对完善。纯电动和插电式混合动力汽车关键零部件产业链基本形成，动力电池、驱动电机等关键核心部件配套能力显著增强，自主车载芯片、传感器、控制器、激光雷达等关键产品已经形成供应能力，为后续产业发展提供了坚强支撑。

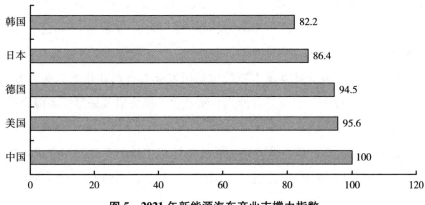

图5 2021年新能源汽车产业支撑力指数

4. 显示竞争力

新能源汽车产业显示竞争力包括绝对显示力和相对显示力两大方面，下设新能源汽车销量和新能源汽车渗透率两个三级指标。我国新能源汽车产业显示竞争力在5个国家中连续多年排名第一，与其他国家相比具有明显领先优势（见图6）。

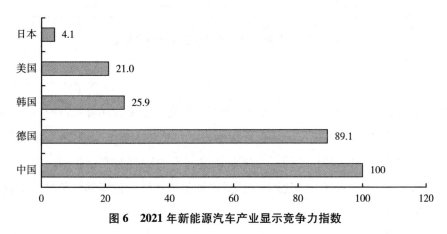

图6 2021年新能源汽车产业显示竞争力指数

资料来源：中国数据来自中国汽车工业协会，其他国家数据来自 www. marklines. com。

中国新能源汽车产业显示竞争力是指标体系中唯一一个近几年连续排名第一的指标。2021年，我国新能源汽车销量达到352.1万辆，已连续七年位

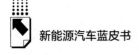

居全球第一，市场渗透率达到 13.4%，同比增长 8 个百分点，高于全球平均水平约 6 个百分点。中国新能源汽车销量前十的厂商中，9 家为中国品牌企业。

5. 企业竞争力

新能源汽车产业企业竞争力指数包括研发能力和产业化能力两大方面，下设企业前瞻性投入、自主开发能力、精益生产能力以及售后服务能力四个三级指标。

我国新能源汽车产业企业竞争力在 5 个国家中排名第二，综合指数得分为 98.1，是美国的 98.1%、德国和日本的 1.02 倍、韩国的 1.07 倍（见图 7）。

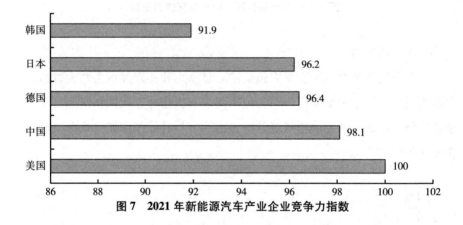

图 7　2021 年新能源汽车产业企业竞争力指数

2021 年，随着企业不断加强自主开发能力和提高产品技术水平，新能源汽车整车及关键零部件企业竞争力得到显著提升。中国品牌新能源汽车国内市场销量占比达到 77.2%，不少高端车型月销过万辆；新能源汽车整车出口 31 万辆，同比增长 3 倍；全球装机量前十的动力电池企业中，中国企业占据 6 席。宁德时代、贝特瑞、精进电动等产业链关键零部件和材料企业陆续进入国际配套体系。

6. 产品竞争力

新能源汽车产业产品竞争力指数包括整车竞争力和零部件竞争力两大方面，下设整车和动力系统安全及可靠性、整车价格水平、零部件技术先进性、关键零部件成本水平四个三级指标。

我国新能源汽车产业产品竞争力在 5 个国家中排名第二，综合指数为92.5，是美国的 92.5%、德国的 1.01 倍、日本的 1.04 倍、韩国的 1.08 倍（见图 8）。

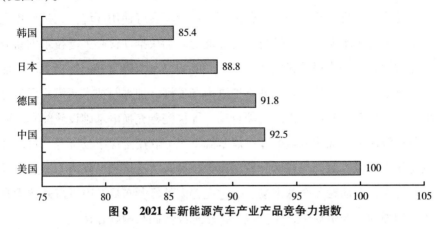

图 8　2021 年新能源汽车产业产品竞争力指数

2021 年我国纯电动乘用车电池系统能量密度、能耗、续驶里程等核心技术水平逐渐提升。新能源汽车产品性能大幅提升。纯电动乘用车平均续驶里程达到 389 公里，同比提升 2.3%，百公里耗电量为 12.3 度，同比降低1%。三电核心技术基本实现自主可控，特别是动力电池技术水平已经处于全球前列。动力电池单体能量密度接近 270Wh/kg。电机电控达到全球领先水平，我国新能源乘用车 80% 以上采用自主电机系统，商用车 100% 采用自主配套，同时实现了批量出口。

三　总结及建议

2021 年，中国新能源汽车产业国际竞争力排名世界第二，中国从 2012 年的排名第五位提升至 2021 年的第二位，十年间，竞争力相对数值也从 2012 年的 62 提升至 2021 年的 97，中国新能源汽车产业国际竞争力实现稳步提高。

我国政府高度重视新能源汽车产业发展，新能源汽车产销连续七年位居全球第一，全球销量占比超过 50%，成为引领全球汽车产业电动化转型升级的重要力量。为保持我国新能源汽车产业国际竞争力持续提升，建议立足新发展阶段，建立适应新形势、新需求的政策体系，加强重点领域和关键环节统筹规划，持续推动我国新能源汽车产业高质量发展。

一是在供需两端发力，持续优化完善支持政策。充分发挥财税政策积极作用，优化完善行业管理办法，营造新能源汽车良好使用环境。二是聚焦先进技术，提升技术链、产业链自主可控能力。加快推动核心关键技术创新及产业化发展，进一步提升我国在下一代新能源汽车双链发展上的自主掌控能力。三是结合重点领域，多措并举推进市场发展。加强新技术新模式示范应用推广，开展新能源汽车推广专项行动，加快完善充换电基础设施配套。四是强化资源保障，加快夯实产业发展基础。充分利用全球市场资源，对内强化供应体系建设，对外畅通国际贸易渠道，提升关键资源保障能力。五是深化国际合作，全面融入全球市场。通过完善海外经营布局，引进海外技术及人才，加强国际经贸规则合作交流，推动标准协同与国际互认。

随着今后中国政府为新能源汽车产业发展继续不断营造良好的宏观政策环境、中国新能源汽车产品竞争力的持续提升、新势力企业和跨界企业持续加入以及电动化水平的稳步提升、智能化技术的快速突破，有理由相信，在"双碳目标+政策导向+市场需求"三重驱动下，新能源汽车产业格局将进一步稳固，中国新能源汽车产业必将取得"量"与"质"的双重提升。

参考文献

时间：《中国新能源汽车产业国际竞争力评价研究》，《汽车工业研究》2014年第1期。

时间：《中国新能源汽车产业国际竞争力指数评价》，载《中国新能源汽车产业发展报告（2021）》，社会科学文献出版社，2021。

《工业和信息化部 国家发展改革委 科技部关于印发〈汽车产业中长期发展规划〉的通知》，2017年4月6日。

〔美〕迈克尔·波特：《竞争优势》，陈小悦译，华夏出版社，2003。

金碚：《竞争力经济学》，广东经济出版社，2003。

B.5
2021年中国新能源汽车企业
竞争力指数评价

梅运彬　刘天枝　但颖*

摘　要： 2021年我国新能源汽车市场爆发式增长，产销分别达到354.5万辆和352.1万辆，同比均增长1.6倍。我国新能源汽车产业克服了疫情、缺芯带来的不利影响，企业进一步夯实了发展基础，统计分析结果表明企业竞争力评价指数提升较大。2021年新能源汽车企业整体竞争力达到历史最高水平，产业发展迅速。新能源乘用车企业竞争力大幅上涨，传统汽车企业加速布局，行业竞争日益激烈。新能源客车企业竞争力仍呈现持续下滑态势，但居于行业领导者地位的几家新能源客车企业的竞争力稳中有进。整体来看，新能源汽车企业进入高速成长期，市场突破规模瓶颈，产业进入快速发展阶段，新能源汽车行业稳步从政策驱动向市场驱动过渡。

关键词： 新能源汽车　企业竞争力　汽车产业

正确研判新能源汽车市场发展态势、科学评价新能源汽车企业竞争力，对推动企业提升整体实力，助力行业投资者正确决策、主管部门制定完善产业政策等具有重要意义。本文所依据的中国新能源汽车企业竞争力评价指标体系（详见《中国新能源汽车产业发展报告（2018）》），包含规模经济、

---

* 梅运彬，博士，武汉理工大学副教授，长期从事社会发展与社会政策研究；刘天枝，武汉理工大学硕士研究生；但颖，武汉理工大学硕士研究生。

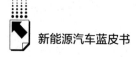
研发能力、经营能力、品牌竞争力、产品竞争力等5个一级指标,并下设14个二级指标。通过对标分析形成我国新能源汽车企业竞争力评价指数,定量反映企业竞争力总体水平和不同企业间竞争力的强弱水平。

在持续发布2017~2020年中国新能源汽车企业综合指数的基础上,本文根据2021年新能源汽车行业出现的新变化,利用企业竞争力评价指标体系,以我国新能源汽车行业数据为基础支撑,从综合性总体评价和分项式个体评价两方面对标分析我国新能源汽车企业竞争力。

一 2021年新能源汽车企业综合指数

(一)综合指数

2021年,我国新能源汽车产销量分别达到354.5万辆和352.1万辆,同比增长159.5%和157.5%。如表1所示,2021年我国新能源汽车企业综合指数为267.14,新能源乘用车企业综合指数为307.44,新能源客车企业综合指数为62.92。与2020年相比,2021年我国新能源汽车企业综合指数大幅增长,增长幅度和数值均达到历史最高水平。2021年我国新能源汽车行业克服了疫情反复、产业链动荡、补贴退坡等影响,新能源汽车市场逆势大幅上扬,企业发展呈现强劲的韧性和活力。

表1　2017~2021年新能源汽车企业综合指数

名称	2017年	2018年	2019年	2020年	2021年
新能源汽车企业综合指数	99.02	168.52	153.88	166.96	267.14
新能源乘用车企业综合指数	104.62	183.21	168.66	183.00	307.44
新能源客车企业综合指数	76.63	109.74	94.76	75.81	62.92

(二)乘用车企业综合指数排名

新能源乘用车企业综合指数排名结果显示,乘用车市场进一步分化,马太效应（两极分化现象）明显。2021年我国新能源乘用车市场基本延续了2020年的"三强"（上汽集团、特斯拉、比亚迪）格局，比亚迪企业竞争力综合指数反超特斯拉排名第二，且上汽集团和比亚迪两家企业与特斯拉之间的差距逐步拉大，初步显现出"两强"争霸的新头部形态。乘用车企业竞争力综合指数整体大幅上涨，传统车企东风汽车、长安汽车进入前十，分别位列第六、第七，小鹏汽车、威马汽车跌出前十（见图1）。

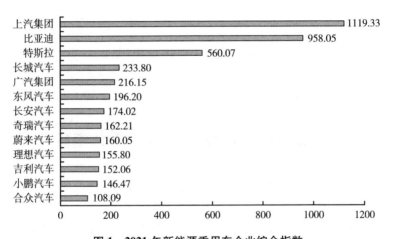

图1 2021年新能源乘用车企业综合指数

（三）客车企业综合指数排名

2018年以来，我国新能源客车市场逐步萎缩，企业竞争力水平持续下降，企业竞争力综合指数持续下滑，2021年我国新能源客车企业竞争力综合指数整体较2020年小幅下滑。其中，宇通客车企业竞争力综合指数不变，行业领先地位得到进一步巩固，比亚迪企业竞争力综合指数显著下跌，从2020年的102.19下降到2021年的65.41，与行业第三名中通客车的差距已基本消失。从综合指数来看，我国新能源客车市场集中度进一步提升，企业竞争格局由"两强"（宇通客车、比亚迪）争霸转变为宇通客车一家独大（见图2）。

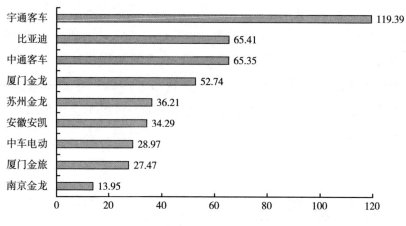

图 2　2021 年新能源客车企业综合指数

二　2021年新能源汽车企业个体指数

（一）2021年新能源汽车企业规模经济评价指数

依据企业的产量与产值数据，对我国新能源乘用车、客车和专用车企业规模经济评价指数进行了对标分析。

新能源乘用车企业规模经济评价指数结果显示，2021 年基本维持了2020 年所形成的"三强"（上汽集团、特斯拉、比亚迪）格局。如图3 所示，上汽集团、比亚迪、特斯拉的规模经济竞争力优势较为明显。其中，上汽集团优势地位进一步巩固，比亚迪、特斯拉排名位置互换且差距逐步拉大，企业竞争格局有向"两强"争霸演变的趋势。长城汽车、广汽集团、东风汽车等传统车企加快新能源汽车业务布局，凭借体系和渠道优势迎头赶上，在规模经济方面反超造车新势力企业。

新能源客车企业规模经济评价指数结果显示，新能源客车行业整体产能利用率不足，新能源客车企业规模经济效应有所减弱。如图4 所示，2021年新能源客车企业规模经济评价指数持续回落，规模经济竞争力格局变动不

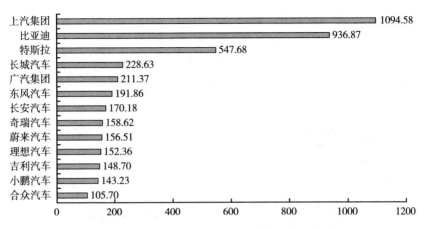

图3　2021年新能源乘用车企业规模经济评价指数

大，延续了近年来宇通客车一家独大的态势，其余企业规模经济评价指数位次有所变化，但数值相对接近，尚无法对头部企业形成威胁。

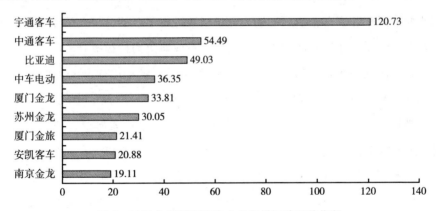

图4　2021年新能源客车企业规模经济评价指数

新能源专用车企业规模经济评价指数结果显示，2021年企业规模经济评价指数整体实现了大幅增长。近年来，我国新能源专用车行业龙头轮换态势发生了变化，重庆瑞驰保持并巩固了2020年以来新能源专用车企业规模经济方面的领先地位，规模经济评价指数同比提升96.21%。整体来看，专用车领域市场竞争激烈，上汽大通、华晨鑫源、山西新能源等专用车企业规模经济竞争力明显提升（见图5）。

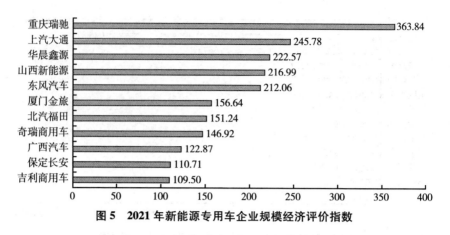

图 5　2021 年新能源专用车企业规模经济评价指数

（二）2021年新能源汽车企业研发能力评价指数

依据企业的核心专利数量、研发投入比、研发人员数量等数据，对我国新能源乘用车和客车企业研发能力评价指数进行了对标分析。整体来看，我国新能源汽车企业研发能力进一步增强，行业竞争力持续提升。

新能源乘用车企业研发能力评价指数结果显示，2021 年长城汽车、上汽集团研究开发工作成效显著，评价指数分别跃升为第一、第二位（见图6）。整体来看，传统汽车企业基础实力扎实、技术积累雄厚、研发投入充足，近年来愈发重视对新能源汽车的技术布局。造车新势力头部企业，在技术研发方面与传统汽车企业相比仍有差距，研发能力评价指数未进入前列。

新能源客车企业研发能力评价指数结果显示，2021 年新能源客车企业研发能力略有提升。比亚迪在新能源客车研发方面的头部地位得到巩固，排名保持第一，宇通客车研发能力逐步提升，排名提高至第三位（见图7）。整体来看，比亚迪一家独大的竞争格局基本稳定，但其他企业技术储备与研发投入的波动性较大，行业竞争格局仍存有较大不确定性。

（三）2021年新能源汽车企业经营能力评价指数

依据企业的盈利能力、投资能力、管理能力、产能利用率等数据，对我

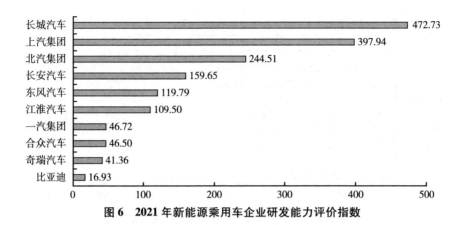

图 6　2021 年新能源乘用车企业研发能力评价指数

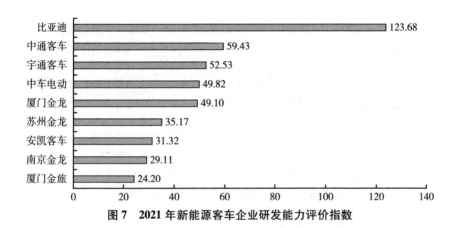

图 7　2021 年新能源客车企业研发能力评价指数

国新能源乘用车和客车企业经营能力评价指数进行了对标分析。整体来看，2021 年我国新能源汽车行业克服了疫情反复、供应短缺等不利影响，新能源汽车企业在经营能力方面表现出强大韧性。

新能源乘用车企业经营能力评价指数结果显示，2021 年新能源乘用车企业经营能力较 2020 年大幅提升。"三强"（比亚迪、上汽集团、特斯拉）格局基本稳定，经营能力方面较其他企业优势明显。比亚迪经营能力实现飞跃式突破，经营能力评价指数由 2020 年的 182.06 上升到 2021 年的 591.11，超过上汽集团和特斯拉排名跃居首位。东风汽车、吉利汽车经营能力快速提升，排名从十名开外跃升至第四、第五位（见图 8）。

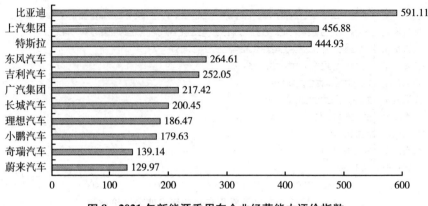

图8　2021年新能源乘用车企业经营能力评价指数

新能源客车企业经营能力评价指数结果显示，2021年新能源客车企业经营能力整体有所下滑。宇通客车、比亚迪、中通客车持续保持在经营能力方面的领先优势，中车电动逆势上扬，经营能力评价指数由2020年的59.1上升至2021年的79.10，排名跃升至第四位（见图9）。

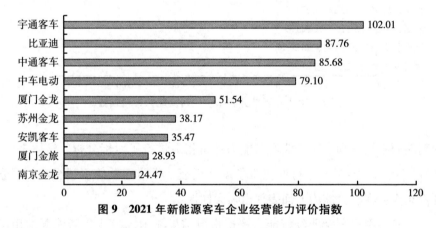

图9　2021年新能源客车企业经营能力评价指数

（四）2021年新能源汽车企业品牌竞争力评价指数

依据企业的品牌知名度和综合满意度两个指标，对我国新能源乘用车和客车企业品牌竞争力评价指数进行了对标分析。整体来看，2021年消费者对我国新能源汽车产品认可度明显提升，品牌认可度和综合满意度两个指标均反映了这一趋势。

新能源乘用车企业品牌竞争力评价指数结果显示，2021年我国新能源乘用车企业品牌竞争力水平提升较大，行业"三强"（特斯拉、比亚迪、上汽集团）格局基本稳定，但相对其他企业的领先优势逐步缩小，整体竞争程度进一步加剧。广汽集团、长城汽车、理想汽车等新能源汽车企业品牌竞争力大幅上涨，与头部三强在品牌竞争力方面的差距逐步缩小（见图10）。

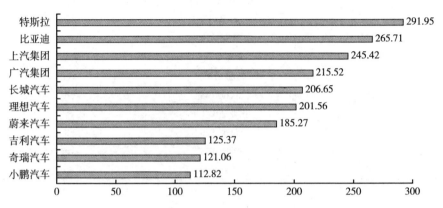

图10 2021年新能源乘用车企业品牌竞争力评价指数

畅销车型排名方面，2021年，五菱宏光MINI销量突破42万辆，品牌竞争力依靠价格优势和市场销量得到进一步巩固；特斯拉进军纯电动高端车市场成绩斐然，Model Y是纯电动豪华车和SUV市场销量最高车型；比亚迪多款车型霸榜，汉EV、宋PLUS、秦PLUS成为"国风"品牌。2021年新能源乘用车的车型销量排名如表2所示。

表2 2021年新能源乘用车车型销量排名

排名	车型	所属品牌
1	宏光 MINI	五菱
2	特斯拉 Model Y	特斯拉
3	特斯拉 Model 3	特斯拉
4	比亚迪汉 EV	比亚迪
5	理想 ONE	理想

续表

排名	车型	所属品牌
6	比亚迪宋 PLUS	比亚迪
7	比亚迪秦 PLUS	比亚迪
8	奇瑞 eQ1	奇瑞
9	奔奔	长安
10	传祺 AION. S	传祺
11	欧拉 R1	欧拉
12	小鹏 P7	小鹏
13	比亚迪唐	比亚迪
14	荣威 Clever	荣威
15	哪吒 V	哪吒
16	欧拉好猫	欧拉
17	比亚迪秦 Pro	比亚迪
18	蔚来 ES6	蔚来
19	零跑 T03	零跑
20	比亚迪元	比亚迪

新能源客车企业品牌竞争力评价指数结果显示，2021 年我国新能源客车领域品牌竞争力整体小幅上升，品牌竞争力格局相对稳定。头部效应较为明显，宇通客车依旧保持绝对领先地位，市场认可度最高。中通客车表现较为突出，排名提升至行业第二，比亚迪、中车电动紧随其后（见图 11）。

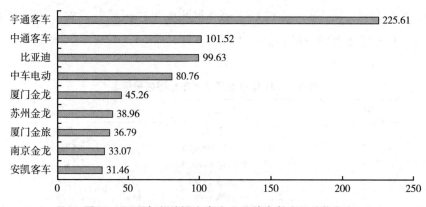

图 11　2021 年新能源客车企业品牌竞争力评价指数

（五）2021年新能源汽车企业产品竞争力评价指数

依据市场占有率、关键零部件参数、综合价格水平等数据，对我国新能源乘用车和客车企业产品竞争力评价指数进行了对标分析。

新能源乘用车企业产品竞争力评价指数结果显示，2021年我国新能源乘用车企业产品竞争力大幅上涨。"三强"（比亚迪、上汽集团、特斯拉）格局进一步稳固，比亚迪、吉利汽车表现亮眼。比亚迪产品竞争力评价指数实现飞跃式突破，从2020年的205.78上升至2021年的809.17，排名跃升至首位。吉利汽车产品竞争力大幅上涨，从2020年的58.78上升至2021年的324.99，重回第四位（见图12）。

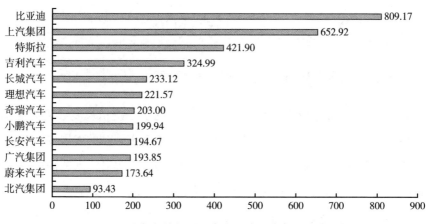

图12 2021年新能源乘用车企业产品竞争力评价指数

新能源客车企业产品竞争力评价指数结果显示，2021年新能源客车企业产品竞争力格局基本保持稳定，新能源客车企业产品竞争力评价指数变动表现不一。宇通客车延续了多年来的领先优势，市场占有率保持第一，同时进一步拉大了与市场跟跑者的距离。中通客车表现亮眼，产品竞争力从2020年的67.13上升至2021年的97.53，排名跃升至第二位。中车电动产品竞争力提升较大，评价指数排名提升至第四位（见图13）。

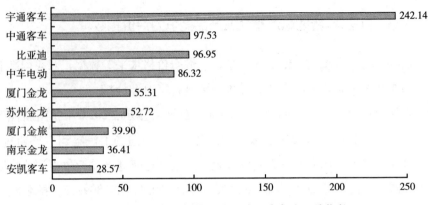

图13 2021年新能源客车企业产品竞争力评价指数

三 总结与讨论

（一）新能源汽车行业进入快速发展阶段

2021年我国新能源汽车行业负重前行，克服了疫情反复、芯片紧张、原材料涨价、电池短缺等诸多不利因素，企业表现出强劲的发展韧性和强大的竞争力。其中，新能源乘用车企业整体竞争力显著提升，新能源客车企业整体竞争力有所下滑。企业规模经济评价指数表明，2021年我国新能源汽车行业已经突破规模瓶颈，进入产业高速发展阶段。企业的品牌竞争力评价指数和产品竞争力评价指数表明，我国新能源汽车行业政策驱动向市场主导转换平稳，企业、产品在消费者中的接受度、认可度稳步上升。

（二）技术研发仍需持续投入

虽然我国新能源汽车市场呈现产销两旺的良好局面，但与其他个体指数相比，企业研发能力评价指数提升幅度明显较小，新能源汽车企业的技术创新依然是企业竞争力评价中的短板环节。如何提高企业科技创新的强度和持续性，是新能源汽车行业和企业面临的紧迫问题。同时，新能源汽车企业应着力于品牌培育、技术创新、产品创造，新一代产品的研发是企业竞争力提升的核心一环。

（三）产业市场竞争日益激烈

2021 年新能源乘用车企业的综合指数和个体指数表明，乘用车市场竞争程度进一步加剧，新能源客车市场的产业集中度进一步提升。2021 年我国新能源乘用车企业竞争力格局发生明显变化，从 2020 年的"三强"鼎立（上汽集团、特斯拉、比亚迪），逐步向"两强"（比亚迪、上汽集团）争霸过渡，马太效应明显。第二梯队竞争格局未定，企业排名不断变化，传统车企、造车新势力企业纷纷加速布局中端市场，竞争日益激烈。2021 年我国新能源客车企业竞争力格局相对稳定。宇通客车头部地位愈发稳固，综合指数与个体指数均较其余企业有大幅领先优势。市场景气度整体不高，中通客车和中车电动表现亮眼，企业竞争力稳步提升。

（四）传统车企电动化转型成效初显

近年来，传统车企不断加速电动化转型步伐。2022 年 4 月，比亚迪宣布停止生产燃油车，专注于纯电动和插电混动的汽车业务，成为全球首家 100%去燃油化的传统车企；2021 年 9 月，东风汽车表示 2025 年旗下岚图、风神品牌将实现 100%电动化，同时将推出全新 M 平台打造全新的新能源定制品牌。与 2020 年相比，2021 年传统车企在新能源汽车企业竞争力综合指数方面表现突出，各项指标的竞争力评价得分均有所突破，比亚迪在综合指数上超越特斯拉排名行业第二，在经营能力、产品竞争力评价指数方面排名跃居第一，东风汽车、奇瑞汽车表现亮眼，多项指标排名大幅提升。

综上所述，2021 年我国新能源汽车企业竞争力格局发生了较大变化，随着政策驱动向市场驱动逐步过渡、疫情反复与缺芯持续等市场环境的变化，新能源汽车企业发展韧性进一步提升，产品市场认可度持续提高，但仍需要在关键技术的持续创新、品牌影响力和产品力的培育、经营管理能力的

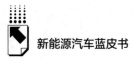

提升等方面持续发力，才能在激烈的市场竞争中保持或提升企业的生存能力和发展能力。

参考文献

梅运彬、王珊珊、刘万祥等：《中国新能源汽车企业指数评价》，载《中国新能源汽车产业发展报告（2018）》，社会科学文献出版社，2018。

梅运彬、卢凯、曾佳敏：《2019 年中国新能源汽车企业指数评价》，载《中国新能源汽车产业发展报告（2020）》，社会科学文献出版社，2020。

B.6

2021年中国新能源汽车产品竞争力评价（基于智能电动汽车）

周博雅　张鲁　王宇*

摘　要： 本文首先介绍了《CCRT（智能电动汽车）管理规则（2020年版）》及其实际应用成果，通过智能化、电动化、驾乘体验、健康环保以及品质与保障五个板块对车辆的性能指标进行全面分析，展示了本批次10款市场主流智能电动车型的测试成绩：受测车型产品整体水平良好，平均得分率为80.5%，但部分电动化、智能化功能需要进一步健全和完善。其次，重点聚焦智能驾驶性能进行深入分析，指出市场主流智能电动汽车在中国典型驾驶场景中仍存在部分性能表现、驾驶员交互方面的共性问题。最后，建议在智能化方面，进一步提升车辆智能驾驶的预期功能安全水平，重视驾驶员交互系统性能；在电动化方面，重视并提升车辆低温性能。

关键词： 智能电动汽车　CCRT　智能化　汽车测评

随着汽车"新四化"技术的快速发展，智能电动汽车的销量逐步提升，"智能化""电动化"日益成为汽车消费者购车过程中的重要诉求。如何引导企业进行智能电动汽车的产品研发，帮助消费者正确选择适合的车型，是

---

* 周博雅，博士，高级工程师，中国汽车技术研究中心汽车测评管理中心综合协调部部长，长期从事汽车测评管理研究；张鲁，硕士，工程师，中国汽车技术研究中心汽车测评管理中心智能网联测评主管；王宇，硕士，工程师，中国汽车技术研究中心天津检验中心软件测评中心技术专员。

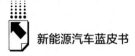
公众和行业持续关注的一个问题。

中国汽车技术研究中心制定的《CCRT（智能电动汽车）管理规则（2020 年版）》，聚焦智能电动汽车用户关注的关键问题，从智能化、电动化、驾乘体验、健康环保和品质与保障①五个板块进行系统性评价。本文梳理了 2021 年完成的 10 款热门电动汽车的测评成绩，并基于此结果，对行业的整体水平、分板块水平以及特色指标进行全面分析②。

一 CCRT（智能电动汽车）测评体系

（一）指标体系

CCRT（智能电动汽车）测评体系涵盖智能化、电动化、驾乘体验、健康环保以及品质与保障 5 个性能板块，智能驾驶、智能体验、续航充电、驾乘体验、健康环保、质量与保障、用车成本、造型与品质 8 个性能指标（见图 1）。

（二）评价方法

CCRT（智能电动汽车）采用客观测评、主观评价、消费者评价三种方法对汽车性能进行综合评价。

1. 测评方式

客观测评和主观评价在中汽中心的专业试验室、试验场进行，客观测评试验及数据处理由专业试验人员按照操作规程进行，主观评价由智能电动汽车主观评价师按照规定的评价规程进行。消费者评价采用独立调研真实用户相关性能满意度的方式开展，每车型 200 个样本。

---

① Shuo Feng, Yiheng Feng, Haowei Sun, Shan Bao, Yi Zhang, Henry X. Liu, "Testing Scenario Library Generation for Connected and Automated Vehicles, Part Ⅱ: Case Studies", *IEEE Transactions on Intelligent Transportation Systems*, 2020（99）.

② 徐向阳、周兆辉、胡文浩等：《基于事故数据挖掘的 AEB 路口测试场景》，《北京航空航天大学学报》2020 年第 10 期。

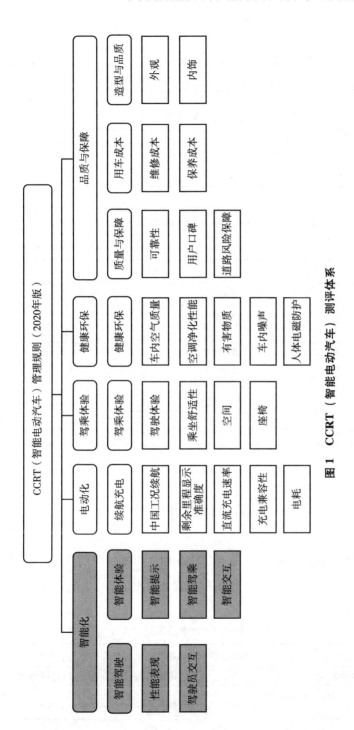

图 1 CCRT（智能电动汽车）测评体系

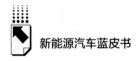

2. 得分计算

总分由各个板块的得分加权得出，各个板块的得分按照一级指标的得分加权计算得出，划分为 A、B、C、D 四个等级（见表 1、表 2）。

表 1　等级划分与对应分数

性能板块得分	等级	性能板块得分	等级
≥88 分	A	≥60 分且<80 分	C
≥80 分且<88 分	B	<60 分	D

表 2　性能板块包含的一级指标与权重

单位：%

性能板块	性能板块权重	一级指标	
		测试项目	一级指标权重
智能化	25	智能驾驶	60
		智能体验	40
电动化	20	续航充电	100
驾乘体验	15	驾乘体验	100
健康环保	20	健康环保	100
品质与保障	20	质量与保障	40
		用车成本	35
		造型与品质	25

二　产品整体水平

本文选取了 2021 年度抽选的 10 款车型作为研究对象，系统分析了车型的整体性能水平和分组性能水平，车型信息如表 3 所示。

表 3　CCRT 测评的 10 款热门车型

序号	车型名称	车型国别	品牌类型	价格段	车辆形式
1	蔚来 EC6 运动版 2020 款	自主	新兴品牌	35 万元以上	多功能乘用车
2	特斯拉 Model3 标准续航后轮驱动升级版 2021 款	外资	新兴品牌	20 万~35 万元	轿车

续表

序号	车型名称	车型国别	品牌类型	价格段	车辆形式
3	小鹏 P7 后驱超长续航智尊版 2020 款	自主	新兴品牌	20 万~35 万元	轿车
4	比亚迪 汉超长续航版尊贵型 2020 款	自主	传统品牌	20 万~35 万元	轿车
5	宝马 iX3 领先型	外资	传统品牌	35 万元以上	多功能乘用车
6	哪吒 U Pro 500 登月版	自主	新兴品牌	20 万元以下	多功能乘用车
7	埃安 V PLUS 70 智享科技版	自主	传统品牌	20 万元以下	多功能乘用车
8	零跑 C11 尊享版	自主	新兴品牌	20 万元以下	多功能乘用车
9	岚图 FREE 两驱纯电版	自主	传统品牌	20 万~35 万元	多功能乘用车
10	高合 HiPhi X 性能版 6 座	自主	新兴品牌	35 万元以上	多功能乘用车

图 2 展示了 10 款车型的总体得分率情况。从总体得分率来看，10 款车型的整体水平较好，平均得分率为 80.5%，成绩分布分散，其中最低得分率为 69.4%，最高得分率为 87.9%（对于具备辅助驾驶或自动驾驶选装包的受测车型，总分按照加装选装包后的成绩统计计算）。

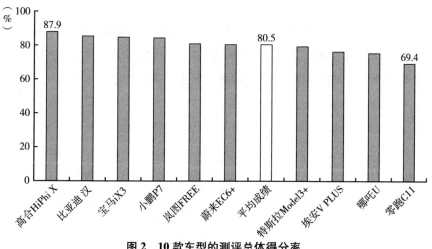

图 2 10 款车型的测评总体得分率

（一）车型国别

从车型国别分类来看，自主品牌车型的平均得分率较好，但相较于非自

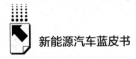

主品牌，还存在一定的提升空间。其中，自主品牌平均得分率为80.0%，非自主品牌的平均得分率为82.1%（见图3）。

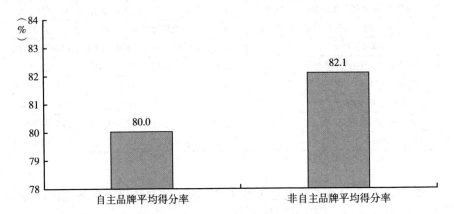

图3　自主与非自主品牌的测评成绩

（二）价格区间

从车型价格区间来看，车型成绩随着价格段的增加而增加。其中，20万元以下的车型与20万元及以上的车型平均成绩差距较大，20万~35万元、35万元以上两个价格段的平均得分率水平差异较小（见图4）。

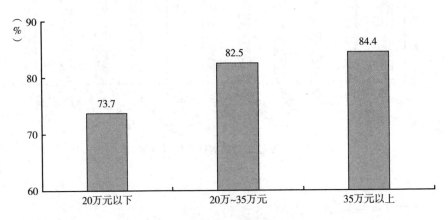

图4　不同价格区间的车型成绩

（三）品牌类型

从品牌类型分类来看，传统品牌较新兴品牌在测试成绩上仍然具有一定的优势，新兴品牌的平均得分率为 79.3%，传统品牌的平均得分率为 81.9%，但差距已逐渐缩短，得分率相差 2.6 个百分点（见图 5）。

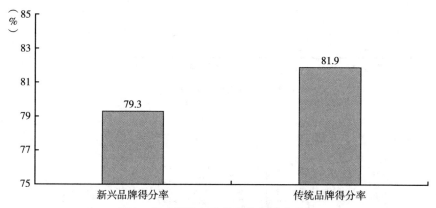

图 5 新兴品牌与传统品牌的测试成绩

三 产品分板块性能水平

为了充分展现不同车型的性能特点，本文从智能化、电动化、驾乘体验、健康环保、品质与保障 5 个方面对智能电动汽车进行评价。

从各板块的得分率分布来看（见图 6），智能化得分率最为分散，成绩跨度最大，即车型间的得分率差异较大，电动化、健康环保次之，驾乘体验箱体高度最小，即车型得分率相对比较集中，没有过大的性能差异。此外，部分性能出现了箱体外的成绩，即存在个别车型得分率低于平均水平的情况。

（一）智能化

在智能化方面，10 款车型的总体得分一般，平均得分率为 74.6%，不同车辆之间的智能化性能得分率分散，得分率最大差值为 46.9 个百分点。其中，部分主打"智能化"标签的车型在智能化方面优势显著（见图 7）。

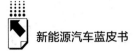

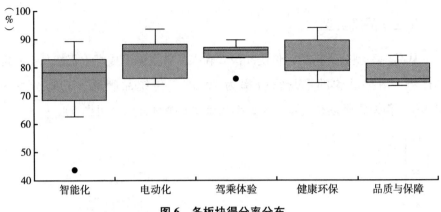

图6　各板块得分率分布

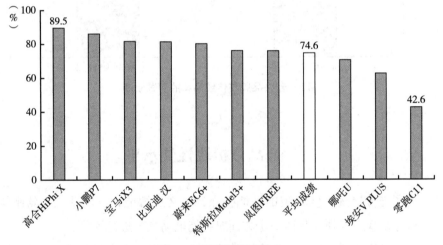

图7　智能化板块得分率

在该板块中，受测车型在循线能力、组合控制能力方面表现较好，跟车能力、智能泊车能力方面尚可，但脱手检测、注意力监测能力一般，说明该批车辆在智能化性能方面具备一定程度的辅助驾驶安全与体验感，但仍存在预期功能安全水平不足、驾驶员监控机制不健全等问题。

（二）电动化

在电动化方面，10款车型的总体得分较好，平均得分率为83.8%，不同车型间的电动化性能得分率较为分散，得分率最大差值为 19.7 个百分点。其中，部分主打"电动化"标签的车型在电动化水平方面优势显著（见图 8）。

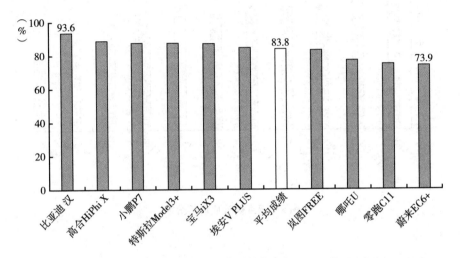

图 8　电动化板块得分率

在该板块中，受测车型在充电兼容性、常温续航性能、常温充电性能方面表现较好，但低温续航、低速续驶里程等低温续驶里程指标表现一般，说明当前低温依然是电动化性能的关键问题，虽然得分较往期有所增加，但仍存在提升空间。

（三）驾乘体验

从驾乘体验方面看，10 款车型的总体得分较好，平均得分率为 85.0%，不同车型间的驾乘体验性能得分率较为均衡，得分率最大差值为 13.6 个百分点。其中，部分主打"操控性"的车型在驾乘体验性能水平方面优势显著（见图 9）。

在该板块中，受测车型在加速时间、制动性能和避障操纵性能上取得了良好的成绩；部分车型在乘坐舒适性、乘员空间上表现一般，说明电动车的舒适感、体验性依然是用户关注的焦点话题，存在提升空间。

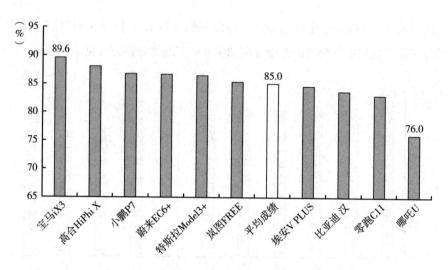

图9 驾乘体验板块得分率

（四）健康环保

在健康环保方面，10款车型的总体得分较好，平均得分率为83.8%，不同车型间的驾乘体验性能得分率较为分散，得分率最大差值为19.2个百分点（见图10）。

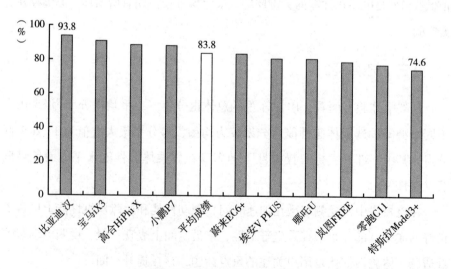

图10 健康环保板块得分率

在该板块上，受测车型在常温 VOC、高温 VOC 测试方面性能较好，大部分测试车型都达到满分或者接近满分的得分率，但与此同时，部分车型表现出空调过滤效率性能有限的问题。

（五）品质与保障

在品质与保障方面，10 款车型的总体得分一般，平均得分率为 77.6%，不同车型间的驾乘体验性能得分率较为均衡，得分率最大差值为 10.5 个百分点（见图 11）。

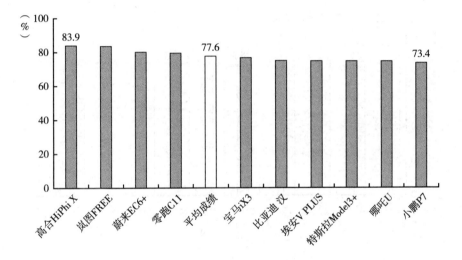

图 11　品质与保障板块得分率

在该板块中，受测车型的电磁抗扰性能、涉水性能较好，大部分车型均取得满分的得分率。但在低速碰撞性方面，尤其是车型正面、尾部低速碰撞后的维修成本过高，是导致车型在该项目中得分率较低的主要原因。

四　关键性能指标

智能化作为智能电动汽车最具典型性的性能板块，充分反映企业在智能电动汽车研发设计中的产品策略与技术水平。本文选定智能驾驶指标作为特定研究对象,系统分析了 10 款车型在这项性能下的水平差异。

本文聚焦智能驾驶性能,针对已测评的 10 款车型进行分析,分别围绕性能表现、驾驶员交互两个维度,行车性能、泊车性能、紧急避险性能、系统提示能力和驾驶员监控能力 5 个具体性能的研究发现进行归纳总结,并得出相关结论供消费者参考。

从智能驾驶总得分情况来看,10 款车型的整体水平一般,平均得分率为 65.9%;成绩分布分散,裸车状态得分率差异最大达到 69.2 个百分点(见图 12)。

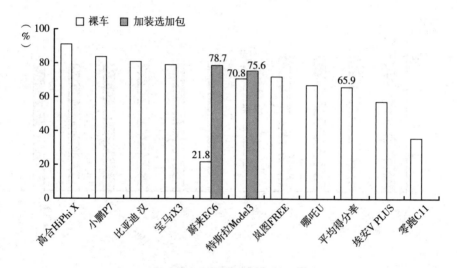

图 12 智能驾驶总成绩

部分车型需购买软件选装包,才能具备完整智能驾驶功能。部分车型加装选装包后,得分率提升显著。

智能驾驶主要评价性能表现和驾驶员交互两个维度。其中,性能表现反映车型在典型生活场景中的功能水平。驾驶员交互反映车型对使用边界的提醒能力和风险防控能力。性能表现包括行车、泊车和紧急避险三种性能,驾驶员交互包括系统提示、驾驶员监控两种交互性能。

如图 13 所示,性能表现与驾驶员交互性能水平差距明显,驾驶员交互平均水平普遍低于性能表现水平。

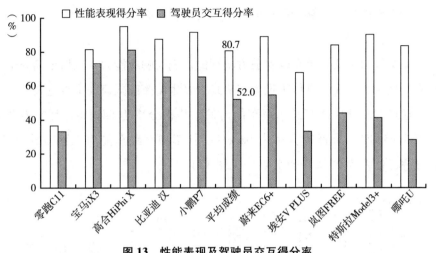

图13 性能表现及驾驶员交互得分率

（一）性能表现

1. 行车性能

从智能行车性能得分情况来看，10款车型的整体水平良好，平均得分率为84.1%（A级划线为88%）。大部分车型得分偏差较小，部分车型功能配置不全（见图14）。

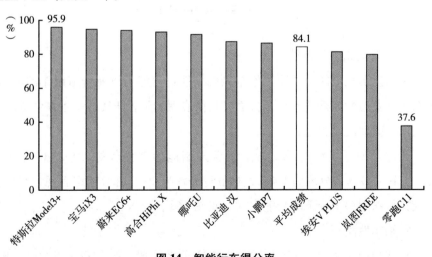

图14 智能行车得分率

行车性能包括车辆的跟车能力、弯道组合控制能力。

（1）跟车能力

跟车能力主要评价车辆对前方车辆的识别与响应能力，包括车辆安全性与舒适性两个方面，具体表现为车辆是否发生碰撞或减速度是否过大。

通过对测评成绩汇总，跟车能力的平均得分率为84.4%，其中最高得分率为95.0%，最低得分率为68.8%，各车型在跟车能力方面差异显著，得分率极值差为26.2个百分点（见图15）。

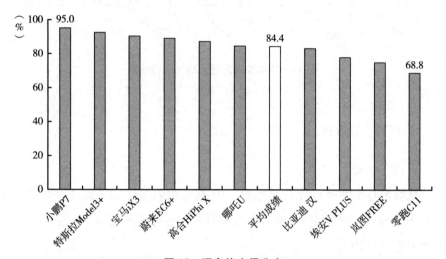

图15　跟车能力得分率

（2）弯道组合控制能力

弯道组合控制能力主要评价车辆的智能过弯能力以及弯道跟车的能力，包括车辆安全性与舒适性两个方面，具体表现为是否压线、是否在弯道内发生碰撞、减速度是否过大。

通过对测评成绩汇总，弯道组合控制能力整体较好，平均得分率为85%，其中最高得分率为100%，最低得分率为0%，部分车型表现为在功能上或在特殊曲率半径下的功能失效（见图16）。

2.泊车性能

在智能泊车方面，10款车型的整体水平一般，平均得分率为60.9%

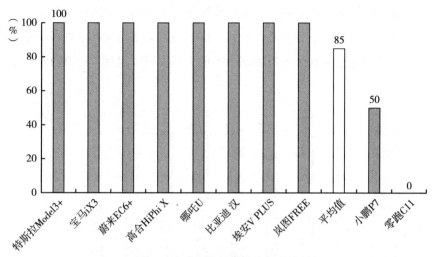

图16　弯道组合控制能力得分率

（D级得分率为60%以下）；得分率偏差很大，部分车型表现为泊车功能不可用（见图17）。

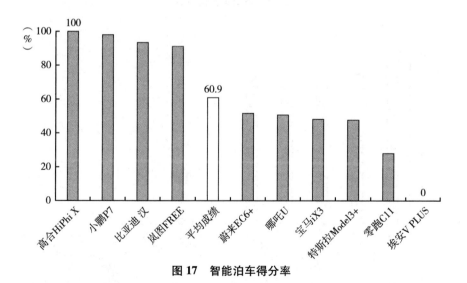

图17　智能泊车得分率

在智能泊车评价中，CCRT规程模拟生活场景，对不同的车位结构方式进行评价，评价车位类型涵盖空间车位和划线车位。其中，空间车位评价雷

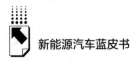
达泊车系统的性能水平，划线车位评价视觉与雷达融合系统的性能水平。

根据测评结果，不难发现，空间车位平均得分率明显高于划线车位平均得分率；部分车型在划线车位测试中表现为不识别（见图18、图19）。

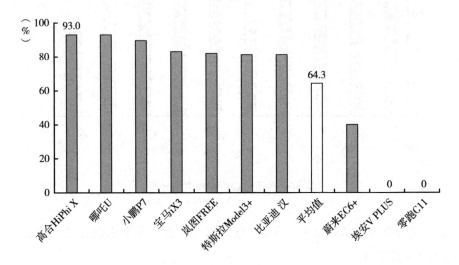

图18　空间车位得分率

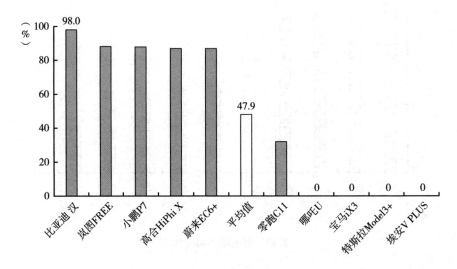

图19　划线车位得分率

3. 紧急避险性能

紧急避险主要评价车辆对特殊障碍物的识别与响应能力，包括车辆安全性与舒适性两个方面，具体表现为车辆是否发生碰撞或减速度是否过大。通过对测评成绩汇总发现，10款车型在紧急避险方面的性能整体较差，平均得分率为27.0%，其中最高得分率为74.0%，最低得分率为4.2%，成绩分布分散，得分率极值差为69.8个百分点（见图20）。

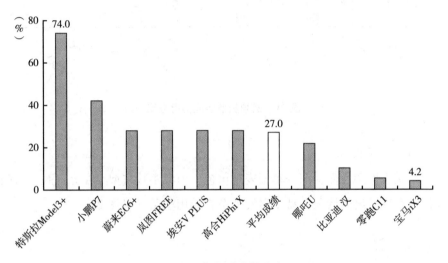

图20 紧急避险得分率

（二）驾驶员交互

驾驶员交互主要评价系统提示能力与驾驶员监控能力两个方面。

1. 系统提示能力

系统提示能力主要评价系统的表述说明能力以及系统的显示能力。在系统提示能力方面，各车型表现普遍较好，均能有效给予消费者清晰的使用边界说明与系统开启、关闭、激活的状态提示。

2. 驾驶员监控能力

从驾驶员监控的整体性能来看，10款车型普遍表现一般，平均得分率仅为28.8%（见图21）。驾驶员监控能力主要评价脱手检测和注意力监测两个方面。

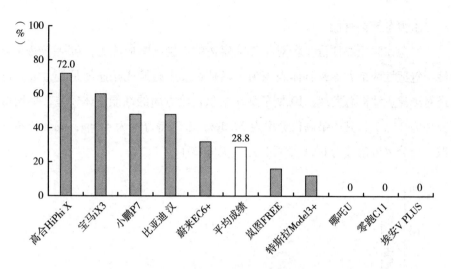

图21　驾驶员监控能力得分率

（1）脱手检测

在脱手检测方面，部分车型表现出色，但大多数车型存在允许脱手时间较长或直接退出的情况，易于引发消费者误用滥用（见图22）。

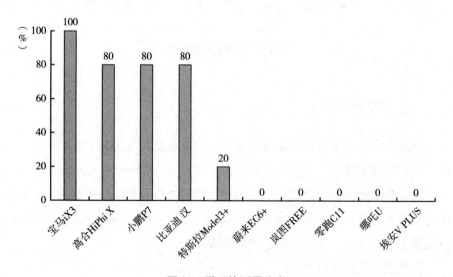

图22　脱手检测得分率

（2）注意力监测

在注意力监测方面，部分车型表现为未装配注意力监测功能，易产生依赖智能驾驶的心理，存在一定的安全隐患（见图23）。

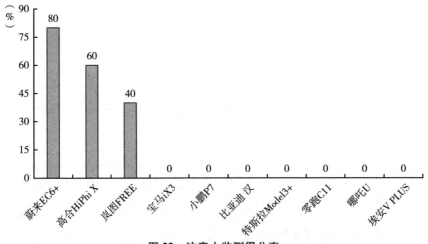

图23　注意力监测得分率

综上所述，智能电动汽车能够给消费者带来较好的驾乘体验，同时能够一定程度上避免车辆产生安全风险。但由于其电子电气系统的复杂性，仍然存在一定的问题。

一是车型本身的性能水平问题，部分车型预期功能安全水平仍需进一步提升。比如一些系统可能主要在国外研发，智能算法都通过在国外采集的场景数据开发。进入中国市场后，会出现明显的水土不服现象，无法匹配遇到的一些典型本土化驾驶场景，比如近距离的加塞场景，很多系统都难以应对，最终导致碰撞发生。①

二是确保驾驶员正确使用方面的问题，部分车型未能有效防范消费者误用行为，甚至可能导致驾驶员对系统产生依赖。例如系统只能在有限的条件

---

① Konstantinos Mattas, George Botzoris, Basil Papadopoulos, "Safety aware Fuzzy Longitudinal Controller for Automated Vehicles", *Journal of Traffic and Transportation Engineering (English Edition)*, 2021, 8 (4).

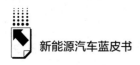

下激活与使用，而消费者没有收到系统提示与交互的制约，易于错误估计系统性能，出现分神、脱手的情况，最终导致相关危害发生。

五　研究总结与建议

（一）研究总结

对上述 10 款车型产品的测试整体结果进行总结，总体排名如表 4 所示。

表 4　等级划分与对应分数

排名	车型名称	总分得分率(%)	车型国别	品牌类型	价格段	车辆形式
1	高合 HiPhi X 性能版 6 座	87.9	自主	新兴品牌	35 万元以上	多功能乘用车
2	比亚迪 汉超长续航版尊贵型 2020 款	85.4	自主	传统品牌	20 万~35 万元	轿车
3	宝马 iX3 领先型	84.8	外资	传统品牌	35 万元以上	多功能乘用车
4	小鹏 P7 后驱超长续航智尊版 2020 款	84.4	自主	新兴品牌	20 万~35 万元	轿车
5	岚图 FREE 两驱纯电版	80.9	自主	传统品牌	20 万~35 万元	多功能乘用车
6	蔚来 EC6 运动版　2020 款	80.5	自主	新兴品牌	35 万元以上	多功能乘用车
7	特斯拉 Model3＋标准续航后轮驱动升级版 2021 款	79.3	外资	新兴品牌	20 万~35 万元	轿车
8	埃安 V PLUS 70 智享科技版	76.3	自主	传统品牌	20 万元以下	多功能乘用车
9	哪吒 U Pro 500 登月版	75.5	自主	新兴品牌	20 万元以下	多功能乘用车
10	零跑 C11 尊享版	69.4	自主	新兴品牌	20 万元以下	多功能乘用车

通过总结上述内容，可以看出 2020 版 CCRT（智能电动汽车）测评体系在 10 款车型产品测试中所得到的结果，在一定程度上反映了近年市场上热销车型的一些特点。

CCRT（智能电动汽车）测评的 10 款车型中，平均得分率为 80.5%，成绩分布分散，其中最低得分率为 69.4%，最高得分率为 87.9%。部分车型具备辅助驾驶或自动驾驶选装包，加装选装包前后得分率差异明显。

从各个性能板块的得分率分布来看，智能化得分率最为分散，成绩跨度最大，即车型间的得分率差异较大，电动化、健康环保次之，驾乘体验得分率最为集中。

在智能化方面，10 款车型的总体得分一般，平均得分率为 74.6%，不同车辆之间的智能化性能得分率分散，得分率最大差值为 46.9 个百分点。

在电动化方面，10 款车型的总体得分较好，平均得分率为 83.8%，不同车型间的电动化性能得分率较为分散，得分率最大差值为 19.7 个百分点。

在驾乘体验方面看，10 款车型的总体得分较好，平均得分率为 85.0%，不同车型间的驾乘体验性能得分率较为均衡，得分率最大差值为 13.6 个百分点。

在健康环保方面，10 款车型的总体得分较好，平均得分率为 83.8%，不同车型间的驾乘体验性能得分率较为分散，得分率最大差值为 19.2 个百分点。

在品质与保障方面，10 款车型的总体得分一般，平均得分率为 77.6%，不同车型间的驾乘体验性能得分率较为均衡，得分率最大差值为 10.5 个百分点。

（二）发展建议

在智能化方面，应进一步提升车辆智能驾驶的预期功能安全水平，尤其需要提升对于本土化驾驶场景的识别与响应能力，以避免出现误检、漏检情况。应重视驾驶员交互系统性能，增加对消费者误用滥用的防范机制，避免消费者过度依赖，产生风险隐患。

在电动化方面，低温性能依然是消费者关注的焦点与行业技术发展的热点，应增加相关机制保障低温续航里程、充电速率以及表显里程的准确性，提升用户在冬季用车的满意度。

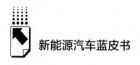新能源汽车蓝皮书

参考文献

徐向阳、周兆辉、胡文浩等：《基于事故数据挖掘的 AEB 路口测试场景》，《北京航空航天大学学报》2020 年第 10 期。

余唯之、苏奕敏、王琳：《自动驾驶测试评价研究综述》，《系统科学与数学》2022 年第 3 期。

冯屹、王兆：《自动驾驶测试场景技术发展与应用》，《道路交通管理》2021 年第 3 期。

余卓平、邢星宇、陈君毅：《自动驾驶汽车测试技术与应用进展》，《同济大学学报》（自然科学版）2019 年第 4 期。

Shuo Feng, Yiheng Feng, Haowei Sun, Shan Bao, Yi Zhang, Henry X. Liu, "Testing Scenario Library Generation for Connected and Automated Vehicles, Part Ⅱ: Case Studies", *IEEE Transactions on Intelligent Transportation Systems*, 2020 (99).

Konstantinos Mattas, George Botzoris, Basil Papadopoulos, "Safety aware Fuzzy Longitudinal Controller for Automated Vehicles", *Journal of Traffic and Transportation Engineering (English Edition)*, 2021, 8 (4).

James Lenard, Alexandro Badea-Romero, Russell Danton, "Typical Pedestrian Accident Scenarios for the Development of Autonomous Emergency Braking Test Protocols", *Accident Analysis and Prevention*, 2014, 73.

Bo Sui, Nils Lubbe, Jonas Bärgman, "A Clustering Approach to Developing Car-to-two-wheeler Test Scenarios for the Assessment of Automated Emergency Braking in China Using In-depth Chinese Crash Data", *Accident Analysis and Prevention*, 2019, 132.

Ulrich Sander, Nils Lubbe, "The Potential of Clustering Methods to Define Intersection Test Scenarios: Assessing Real-life Performance of AEB", *Accident Analysis and Prevention*, 2018, 113.

Feng Shuo, Yan Xintao, Sun Haowei, Feng Yiheng, Liu Henry X., "Intelligent Driving Intelligence Test for Autonomous Vehicles with Naturalistic and Adversarial Environment", *Nature Communications*, 2021, 12 (1).

热 点 篇

Hot Issues

　　本篇聚焦 2021 年新能源汽车行业的热点现象及话题，深度分析其产生原因、影响程度及应对措施，对于不同主体给予理解新能源汽车行业的新视角，也为行业健康可持续发展提供新思路。

　　近年来，以蔚来、理想与小鹏为代表的中国造车新势力企业市值逐渐攀高，截至 2021 年底，三家企业市值均已进入全球整车企业前 20 名。《中国造车新势力企业竞争能力与投资价值研究》分析了造车新势力在资本市场受到追捧的原因。与传统汽车企业相比，造车新势力在造车理念、产品开发、制造模式、销售渠道以及产业生态构建上与传统企业呈现明显差别，为汽车产业带来了新思维与新模式，未来或将展现出更强的竞争力。

　　车网互动是新能源汽车与交通能源深度融合的一种重要方式，拥有巨大的灵活性资源和价值贡献潜力。《新能源汽车与能源融合的中国实践》系统介绍了车网互动体系，通过具体车网互动实践案例，印证了新能源汽车在构建清洁能源体系、助力"双碳"目标实现等方面的重要作用，并从实践经验出发提出了加大车网互动支持力度、加速互联互通智能充电网络建设、扩大车网互动规模等三个建议。

　　换电模式作为新能源汽车一种重要补能方式，凭借其显著的经济性、良好的补能体验等优势受到广泛关注。2021 年，工信部启动新能源汽车换电模式应用试点工作，相关企业也加快了换电模式布局步伐。《新能源汽车换电模式发展现状、问题及建议》回顾了换电模式的发展历程，从政策和产

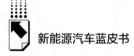

业层面系统梳理了换电模式发展现状，并研究分析了换电模式发展过程中存在的难点和痛点，并从推进换电标准化、调整完善管理制度、加大对换电站建设运营的支持力度、推进新能源汽车换电模式试点工作等方面提出推动我国换电模式发展的建议。

芯片是我国汽车产业链重要"卡脖子"领域，目前汽车芯片供应严重依赖进口，产业安全问题突出。《中国汽车芯片行业政策法规现状及建议》整理了国内外汽车芯片行业政策、标准、检测、认证体系的情况，分析了现行政策法规对于产业现状的适应情况，同时提出了制定汽车芯片产业发展规划、建设行业公共服务平台、促进标准检测认证推广应用等推动我国汽车芯片行业发展的建议。

B.7
中国造车新势力企业竞争能力
与投资价值研究

纪雪洪 *

摘 要： 近两年来，以蔚来、理想与小鹏为代表的中国造车新势力企业估值
迅速攀高。通过与传统汽车企业的对比分析发现，造车新势力在造
车理念、产品开发、制造模式、销售渠道以及产业生态构建上与传
统企业呈现明显差别，这也造就了造车新势力企业的差异化能力，
使其在产业资源并不十分充裕的情况下，近几年保持非常好的发展
态势，具备了冲击甚至取代传统汽车企业产业地位的潜力。

关键词： 造车新势力 汽车产业 汽车企业 新能源汽车

汽车产业正在经历自 1886 年诞生以来最大的技术变革，汽车行业正在
从传统内燃机的技术轨道转向智能电动化的技术轨道。在此过程中，以蔚
来、理想和小鹏为代表的中国造车新势力①企业在智能电动汽车产品的市场
销售与品牌塑造等方面都取得了初步的成功。

本文从投资视角看造车新势力企业，主要从企业竞争力与管理模式的角

---

* 纪雪洪，博士，教授，北方工业大学汽车产业创新研究中心主任，长期从事互联网商业模
式、共享汽车、汽车产业技术创新研究。感谢中国汽车技术研究中心中国汽车战略与政策
研究中心提供的对造车新势力企业蔚来、理想、小鹏、零跑和哪吒等企业的调研支持工作。
北方工业大学研究生武林柯和张堰协助开展了基础资料收集和整理工作。

① 造车新势力是指进入智能电动汽车新时代，汽车行业涌现出的一批拥有新造车理念的新创
企业。这些企业区别于传统企业，是汽车行业的一股新生力量。本文主要选取蔚来、小鹏
和理想汽车三家跨界造车新势力作为中国造车新势力的代表开展研究。

度对比分析造车新势力企业与传统汽车企业的区别，分析导致造车新势力在资本市场受到追捧的原因，在此基础上对造车新势力未来发展进行展望。报告主要包括以下四个部分：一是中国造车新势力市值情况；二是造车新势力企业与传统汽车企业的竞争力比较；三是造车新势力带来的新思维与新模式；四是造车新势力企业估值逻辑与未来走势。

一　中国造车新势力企业在资本市场得到热捧

市值是一家上市公司价值的综合反映。近年来，汽车上市公司市值以及对应排名发生了重要变化。从全球汽车企业 2021 年底的市值看，以蔚来、小鹏和理想为代表的中国造车新势力企业已经进入全球整车企业前 20 名。如图 1 所示，蔚来、小鹏和理想分别位列第 14、第 16 和第 19。作为刚刚成立几年的汽车企业，蔚来、小鹏和理想的市值能够超越沃尔沃汽车（Volcar）、雷诺等国际知名车企，证实了中国造车新势力企业得到了资本市场的充分认可。

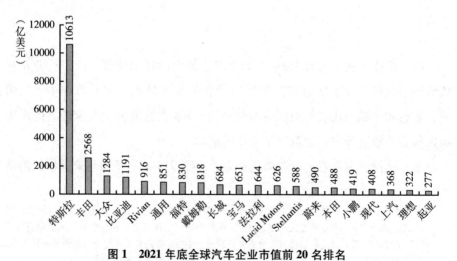

图 1　2021 年底全球汽车企业市值前 20 名排名

注：市值选取 2021 年 12 月 31 日数据。
资料来源：CompaniesMarketCap、Wind。

从中国造车新势力企业自身市值变化趋势来看，其快速增长阶段主要是在 2020 年和 2021 年。比如蔚来 2021 年底的市值是 2020 年初低谷时的 20 余倍（见图 2）。

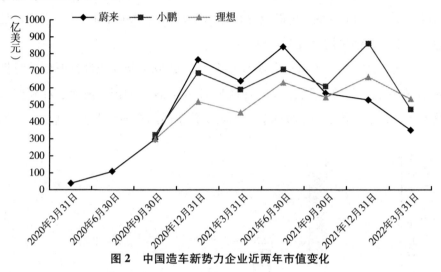

图 2 中国造车新势力企业近两年市值变化

资料来源：公司年报、季报。

针对造车新势力企业在资本市场上的突出表现，下文将重点比较造车新势力企业与传统车企的竞争力、经营理念与发展模式，分析造车新势力的估值逻辑及未来走势。

二 造车新势力企业与传统汽车企业竞争力比较

按照资本市场理论，一家企业的市值是对企业未来盈利能力的估算，大致反映了企业的竞争能力。本部分将通过数据指标对比分析造车新势力与传统汽车企业的竞争力，分析指标主要包括产品销量、产品技术指标、单车价格和研发投入等。对标企业主要选取长城、丰田、大众和奔驰四家国内外传统汽车企业①。

---

① 选择上述四家企业的主要原因，丰田和大众是全球传统汽车行业的标杆企业，奔驰和长城分别是在豪华车市场和自主品牌中具有代表性的传统企业。

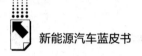

（一）销量比较

根据中国汽车工业协会统计，2021 年，蔚来、小鹏、理想新能源汽车销量分别为 9.14 万辆、9.82 万辆和 9.05 万辆。2021 年 12 月，小鹏、理想、蔚来单月销量均突破 1 万辆。

传统车企方面，丰田、大众、奔驰、长城 2021 年新能源汽车销量分别为 11.6 万辆、45.3 万辆、22.7 万辆和 13.4 万辆。如图 3 所示，在新能源汽车销量方面，传统车企并未表现出类似传统燃油车的巨大领先优势。

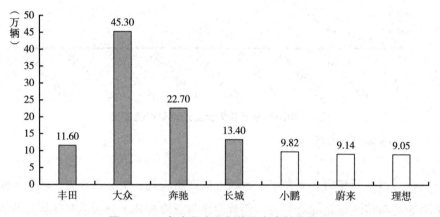

图 3　2021 年主要企业新能源汽车销量数据

注：车企销量按全球销量显示。
资料来源：中国汽车工业协会、企业年报。

从高端市场看，2021 年，蔚来、理想销量分别为 9.14 万辆、9.05 万辆，同比增长 109.1%、177.4%。奔驰全球插电式混合动力和纯电动汽车销量为 22.7 万辆，其中 EQ 系列纯电动销量 4.89 万辆。在高端车型上，相比宝马、奔驰，蔚来与理想的纯电动汽车销量没有明显劣势，且销量增长迅速。

在普通车型市场，小鹏发展势头强劲，2021 年销量 9.82 万辆，较 2020 年增长 263%。大众 2021 年全球销量目标是 100 万辆，但只实现了 45.3 万辆，丰田作为燃油车时代的领先车企，在纯电动汽车市场上也并未展现出明显优势。

（二）研发投入与专利数量比较

目前无论是造车新势力企业还是传统汽车企业，都将新能源汽车和智能汽车技术作为研发投入重点。从研发投入绝对额来看，传统车企的研发投入整体要高于造车新势力，特别是跨国公司的研发投入要远高于造车新势力企业（见表1）。但近三年造车新势力企业研发投入占营收比重均超过10%，明显高于传统汽车企业平均5%左右的比例。考虑到造车新势力车型较少，单一车型的研发投入强度并不低。

表1　2019~2021年企业研发投入金额比较

单位：亿美元

年份	蔚来	小鹏	理想	长城	大众	丰田	奔驰
2021	7.22	4.67	5.17	14.26	169.67	95.48	83.75
2020	3.91	2.71	1.73	4.82	158.48	97.22	98.37
2019	6.97	3.26	1.76	4.27	163.29	91.83	82.16

注：由于数据统计限制，在此比较企业整体研发投入情况，并未拆分企业在智能电动汽车方面的研发投入。

资料来源：企业年报。

从2019~2021年的专利申请数量看，如表2所示，丰田、大众、长城等传统汽车企业研发投入大，产品技术路线全面，因此专利数量规模较大。蔚来和小鹏等企业研发投入相对较低，专利数量规模落后于领先的传统汽车企业，但造车新势力专利数量相对其研发投入比例并不低。

表2　2019~2021年企业专利申请数量

单位：项

企业	蔚来	小鹏	长城	大众	丰田	奔驰
专利数量	533	1276	886	3325	14367	200

资料来源：patenguru 数据库。

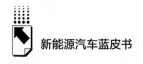

（三）产品技术指标比较

产品技术是衡量企业竞争力的核心数据指标。在智能新能源汽车产品中，续驶里程、空中下载技术（Over-the-air Technology，OTA）升级次数以及自动驾驶水平是衡量产品竞争力的三个重要指标，从一定程度上反映了产品的电动化及智能化技术水平。表3选择了对标企业最具代表性的产品，比较了三项主要技术指标。

表3　企业代表产品主要技术指标比较

产品	续驶里程（公里）	OTA升级次数（次）	是否达到L2自动驾驶水平
蔚来ES6	455~610	6	是
小鹏P7	552~706	6	是
理想ONE	1080（NEDC综合续驶里程）	7	是
欧拉好猫	501	<3	否
ID·4 CROZZ	400~550	0	否
C-HR EV	400	0	否
奔驰EQC	415	0	是

资料来源：根据企业官网等公开资料整理。

从续驶里程看，蔚来和小鹏的代表车型续驶里程能够实现持续行驶550公里及以上的里程，为了解决里程焦虑，这两家造车新势力还在自建充换电设施上做了很大投入。理想汽车则选择了增程技术路线消除里程焦虑这一用户痛点。长城欧拉好猫的续驶里程在500公里左右，但丰田和奔驰代表产品的续驶里程还在400~450公里区间。

在OTA升级方面，造车新势力主力车型基本都具备整车OTA升级能力，实现常用常新。三家造车新势力的产品不仅实现软件层面，如多媒体系统的升级和更新，也实现了对底盘、自动驾驶、车身电子和信息娱乐等的全面升级。但传统车企的主要产品，包括跨国公司的产品在OTA升级上进展缓慢，明显落后于造车新势力企业。

在智能驾驶上，大多数造车新势力的车型都具备 L2 辅助驾驶功能，硬件配置面向 L3 和 L4 级别。如，蔚来在 2020 年就释放了高速场景下点对点的领航辅助驾驶功能，小鹏汽车在 2021 年中推出了停车场记忆泊车功能，从设定路线的起点能够自动开往设定路线的终点，实现了 L2 以上驾驶功能。理想汽车于 2021 年底推出了覆盖高速场景的领航辅助驾驶功能。但传统车企的产品大多数尚不具备真正 L2 辅助驾驶功能。

结合三方面技术指标，造车新势力在新技术的应用，特别是整车电子电气架构以及自动驾驶能力上明显优于传统汽车企业，在一定程度上也解释了为什么造车新势力的产品能够在传统汽车企业垄断的市场上找到自身的生存空间。

（四）产品售价比较

2021 年蔚来汽车主要产品平均售价达到 39.53 万元，高于宝马、特斯拉主要产品的平均售价，略低于奔驰主要产品的平均售价。小鹏汽车主要产品的平均售价为 21.38 万元，高于大众、丰田与长城等企业主要产品的价格（见表 4）。这说明国内造车新势力企业的产品溢价能力并不弱于国外汽车企业。

表 4　2021 年主要企业产品平均售价

单位：万元

企业	蔚来	小鹏	理想	长城	大众	丰田	奔驰
2021 年	39.53	21.38	29.84	9.96	20.13	13.26	47.87

注：由于数据统计限制，此处售价主要比较企业产品平均售价，并未拆分新能源汽车产品售价。

资料来源：依据年报数据计算。

综上，从产品销量、研发投入、产品技术指标、产品售价等指标看，造车新势力销售量和研发投入在总体规模上不如传统汽车企业，但在单个产品上的销量和研发投入并不处于明显劣势。在智能电动汽车的关键产品技术指标和产品销售价格方面还具备了一定的优势。

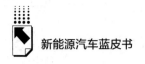

三 造车新势力带来的新思维与新模式

造车新势力企业作为新创企业，在很多方面尝试改变以往汽车产业的发展模式，其中包括以下几点。

（一）造车新势力代表企业创始人大多来自互联网创业公司

造车新势力与传统汽车企业核心领导团队主要有两方面的明显差别。

一是造车新势力的创始人都是连续创业者，创始人的前期创业经历都非常成功。比如李斌创办了易车网，何小鹏创立了 UC 优视，李想创办了汽车之家。跨国公司有几十年甚至上百年历史，目前的掌门人主要是职业经理人或者创始人家族成员。在企业转型变革中，由于历史包袱的存在，老牌跨国公司职业经理人面临的挑战更大。

二是蔚来、小鹏、理想等造车新势力的领导者主要来自互联网公司，传统汽车企业的领导者主要来自汽车或者其他制造行业。在汽车智能化发展过程中，造车新势力领导团队拥有的知识储备与汽车行业发展的趋势更加契合，使其在汽车新四化中体现出非常强的领导力和变革能力（见表5）。

表 5 主要企业创始人和核心团队基本信息

企业名称	创始人或者 CEO	年龄	是不是企业创始人	行业背景
蔚来	李斌	48 岁	是	互联网
小鹏	何小鹏	45 岁	是	互联网
理想	李想	41 岁	是	互联网
长城	魏建军	58 岁	是	汽车
比亚迪	王传福	56 岁	是	电池
大众	赫伯特·迪斯	63 岁	否	汽车
丰田	丰田章男	66 岁	否	汽车
奔驰	康林松	52 岁	否	汽车

资料来源：根据公开资料整理。

这些来自互联网领域的创业者，年富力强，拥有成功的创业经验和丰富的互联网从业经验，正在将新理念注入汽车行业，推动汽车行业拥抱信息时代，传统汽车行业的渐进性创新将让位于基于新思维的突破性创新。

（二）在产品开发中以用户思维取代产品思维

汽车产品是最复杂的工业产品之一，传统汽车企业在开发时更多需要考虑自身资源和品牌定位，通过对标竞争对手，建立基于产品特征的开发流程。在市场上，企业通过宣传体现产品竞争力的关键指标，比如百公里加速、百公里油耗、风阻系数等技术指标来获得消费者认可。本质上是一种以产品为中心的思维方式，是站在企业自身的立场去思考产品的定位、逻辑和功能。

造车新势力企业摒弃了原有的基于产品特征的对标方式，从用户角度及产品使用场景出发，分析用户需求的痛点，寻找解决这些痛点的方案和技术。以用户思维方式指导产品开发，依据用户的喜好和使用习惯重新设计产品。如蔚来以用户利益为企业主要决策的出发点；理想汽车产品的主要定位就是家庭用车，产品设计处处考虑家庭用车的使用场景。

（三）造车新势力积极拥抱创新的制造工艺与生产模式

传统汽车企业在燃油车方面对轻量化和续驶里程的要求相对没有那么迫切，在新能源汽车上往往会复用已有的成熟工艺，因此对制造工艺创新的动力并不强烈。而造车新势力缺乏相关的技术积累，也没有历史包袱，对于制造工艺创新持更积极的态度。

例如，蔚来、小鹏等造车新势力采用的压铸一体化技术，使得原先几十个零部件单独冲压变为一体成型，将压铸过程以及对应的产品工艺开发时间大大缩短，也使得车辆实现减重和轻量化，提升了续驶里程。与此同时，压铸一体化能够实现工人数量需求和占地面积的减少，大大降低了制造成本。大多数传统汽车企业并没有将压铸一体化技术布局提上日程，继续采用冲压

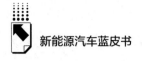

和焊接的传统工艺模式。

除此之外，造车新势力主要采用预售制和按订单生产的新模式，该模式在信息技术和先进管理体系的支持下，缩短了产品制造周期，大大降低了库存成本，增强了企业的成本竞争力。

（四）造车新势力企业以直销取代经销模式

以"蔚小理"为代表的造车新势力企业改变了传统汽车企业的渠道模式，全面推进直销模式或者以直销为主的直销加分销模式。在直销模式中，销售主要由厂家成立的直营店和交付中心完成，以固定的价格销售产品，让消费者感觉到车辆销售的公平性。直销模式加强了造车新势力企业对下游业务的把控，汽车企业能够减少相关的传播、公关以及广告费用。

传统汽车企业的经销成本中包含了车辆折扣、经销商返利等成本，往往会达到车辆价格的 20% 左右甚至更高。传统汽车企业已经对经销模式形成了路径依赖，其运营方式和组织方式很难彻底摆脱经销模式。在当前产能过剩的情况下，整车厂与经销商难以改变相关利益博弈的现状。

（五）造车新势力推动了新的产业生态关系的形成

传统汽车产业配套关系较为稳定，以欧美系、日韩系整车企业和自主品牌整车企业为主导形成了相对稳定的多级配套关系。整车厂主要管理一级供应商，一级供应商管理二级供应商，配套系统和管理较为成熟和稳定。

造车新势力的快速发展，来自企业敏捷的反应能力和创新能力，在此过程中需要技术创新迭代较快的供应商与其协作发展。与此同时，随着汽车软件以及芯片等科技供应商产业地位的增强，各级供应商与整车厂的关系日益密切，出现了一级供应商、二级供应商和 0.5 级供应商的模糊关系。之前汽车行业分工明确的层级体系结构已经蜕变为新的汽车产业生态，原有相对封闭的产业配套关系逐步发展为生态伙伴之间的开放合作关系。

四 造车新势力估值逻辑及未来走势

（一）资本市场估值由企业能力和竞争力决定

在资本市场上，企业估值的方法包括多种，最基本的包括市盈率、市销率、股利折现和折现现金流等估值方法。估值主要取决于企业的绩效水平，特别是企业的盈利能力。根据管理学理论，企业能力，特别是核心能力又是决定企业盈利能力和竞争力的关键。

造车新势力相对于传统汽车企业的竞争实力，并不完全取决于当前的市场份额、产品销量、营收和盈利等因素，而是企业真正的领导变革能力、产品创新能力、技术引领能力和供应链组织能力等企业能力因素。

但由于企业能力是隐形的，很难直接观察出来，加之资本市场受到多种因素的影响，因此企业的市值会上下变动，甚至出现成倍的上涨或者成倍的下跌。但随着时间的推移，企业资本市场估值最后将回归于企业能力水平和反映企业能力的盈利水平上。

（二）中国造车新势力企业市销率接近软件行业水平

由于造车新势力基本处于战略亏损阶段，造车新势力估值无法采用市盈率估值法。股利折现模型和折现现金流模型主观性较强，也具有一定的局限性。对于造车新势力企业估值分析，很多相关机构都采用了市销率（Price-to-sales，PS）估值法。市销率是企业总市值与主营业务收入的比值，不同行业的平均市销率有所不同。比如利润增长稳定的互联网企业，对应的市销率范围在1~2；软件行业净利润较高，一般市销率在8~12；食品消费行业一般市销率维持在3~5；金融行业一般市销率维持在0.3~0.5；房地产行业一般市销率维持在0.5~1。

从表6列出的主要企业市销率米看，中国造车新势力企业市销率在5~8，接近于软件行业的平均市销率。

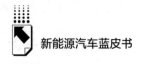

表6　2021年主要企业市销率

企业	特斯拉	蔚来	小鹏	理想	长城	大众	丰田	奔驰
市销率	20.25	5.88	7.31	6.50	3.29	0.47	1.37	0.36

资料来源：根据Wind、企业年报等资料整理。

与传统汽车企业主要靠整车销售实现盈利不同，造车新势力企业的收入中，软件和服务所占比重逐步增加。主要造车新势力软件服务的收费情况如表7所示。以小鹏为例，其XPilot3.0软件系统的交付前售价为2万元，占车辆销售价格的比例超过10%，随着更多软件功能的提升，未来占比仍将不断提高，而这项业务在传统燃油车企的收入中占比较小。

表7　造车新势力软件服务收费情况

公司名称	软件系统	车型	收费方式
蔚来	NIO Pilot	ES8/ES6/EC6	精选包15000元，全选包39000元
	NAD	ET7/ET5	订阅方式，680元/月
小鹏	XPilot 3.0	P7/P5	交付前20000元，交付后36000元
	XPilot 3.5	P5	交付前25000元，交付后45000元
理想	NOA	理想ONE	—

资料来源：根据公开资料整理。

（三）造车新势力企业将重塑汽车产业发展格局

未来几年，随着小米、百度和华为等跨界企业的加入，零跑、哪吒等现有造车新势力企业的崛起，国内造车新势力仍将处于快速成长与继续活跃的阶段。一些造车新势力很可能会展示出更强的竞争力，逐步抢占传统汽车企业所占据的市场，部分造车新势力企业有可能成为智能电动汽车行业新的领导者。

相比之下，部分传统汽车企业，转型较慢难以适应新汽车时代的企业将面临巨大的挑战，一些企业或将面临被市场淘汰的命运。部分跨国公司虽然当前在传统汽车领域具有非常强的市场地位，但在理念改变、快速决策和数字化管理上也面临"船大难以掉头"的境地，其市场主导地位将面临造车新势力和自主品牌的强劲冲击。这种冲击不仅会影响跨国公司的地位，也会冲击合资伙伴及其母公司的市场主导地位。

B.8
新能源汽车与能源融合的中国实践

王 文 杨 烨 董晋阳 郑冰洁 祝月艳*

摘 要： 车网互动是新能源汽车与交通能源深度融合的一种重要方式。
在国家能源战略指导下，利用新能源汽车的移动储能特性，
通过车网互动优化交通能源结构、助力新型电力系统建设已
经成为一项重要实践内容。本文系统介绍了车网互动体系，
通过具体车网互动实践案例，印证了新能源汽车在构建清洁
能源体系、助力"双碳"目标实现等方面的重要作用，并从
实践经验出发提出了加大车网互动支持力度、加速互联互通
智能充电网络建设、扩大车网互动规模等三个建议，旨在推
动车网互动加速发展，助力新能源汽车与交通能源协同
降碳。

关键词： 新能源汽车 清洁充电 车网互动 能源新基建

　　近年来，随着全球电力低碳转型加速推进，高比例可再生能源带来的电
力平衡挑战与系统经济性问题日益突出。由于巨大的灵活性资源和价值贡献
潜力，规模化车网互动得到了各国政府以及国际机构的高度关注和重视，并
被视作未来新型电力系统的重要组成部分。

---

* 王文，博士，教授级高工，国网电动汽车服务有限公司副总经理；杨烨，博士，高级工程
师，国网电动汽车服务有限公司数字能源业务经理；董晋阳，硕士，高级工程师，国网电动
汽车服务有限公司车网互动调控经理；郑冰洁，国网电动汽车服务有限公司车网互动中心品
牌营销官；祝月艳，硕士，工程师，中汽中心中汽政研数量经济和财税金融研究部双碳战略
与政策研究总监。

从车用动力电池角度来看，其容量和循环寿命都在快速提升。目前，车用动力电池容量普遍超过 50kWh，循环寿命也超过 3000 次，浅充浅放可达几万次，全生命周期续航里程超过 100 万公里。但大部分电动汽车报废时总里程不超过 20 万公里，折算下来未利用循环次数达 2400 次，每日可放电量在 35 度以上。由此可见，电动汽车 80% 的闲置储能价值没有得到充分利用。从电网来看，电网需要大量的可调资源来参与调峰、调频、平衡高比例新能源发电等。通过车网互动技术可以充分利用用户的闲置储能资源，这也是目前提升电网平衡能力最经济的方式。据国网电动汽车服务有限公司（以下简称"国网电动"）测算，到 2040 年，我国电动汽车保有量将达 3 亿辆，对应约 120 亿 kWh 储能、400GW 的调节能力，相当于 100 个世界最大的抽水蓄能电站，可节省千亿级别的投资。同时，规模化车网互动还能为电网提供充裕的应急资源，提高紧急供电能力，增强电网弹性。

因此，有必要充分利用电动汽车移动储能资源，进一步开展车网互动关键技术、商业模式和工程实践的研究和探索，拓展车网互动应用场景和应用价值，为电动汽车车主和电网提供双向收益，也为汽车和能源领域"双碳"目标的实现提供助力。

一 电动汽车补能来自新能源，是"双碳"目标的必然要求

在应对气候变化、实现"双碳"目标成为全球共识的背景下，随着新一轮科技革命和产业变革的持续深入，全球范围内新能源汽车发展不断提速，并全面突破拐点进入市场普及期。截至 2021 年底，全球新能源汽车保有量突破 1200 万辆，我国新能源汽车保有量达 784 万辆，占我国汽车总量的 2.60%，与上年相比增长 59.3%，呈高速增长态势，其中纯电动汽车保有量达 640 万辆，占我国新能源汽车总量的 81.63%（见表 1）。

表 1　2017~2021 年我国新能源汽车保有量及占比情况

类目	2017 年	2018 年	2019 年	2020 年	2021 年
新能源汽车(万辆)	153	261	381	492	784
其中,纯电动汽车(万辆)	125	211	310	400	640
插电式混动汽车(万辆)	28	50	71	92	144
整体汽车(亿辆)	2.17	2.4	2.6	2.81	3.02
新能源汽车占比(%)	0.71	1.09	1.47	1.75	2.60

资料来源：公安部发布年度数据。

　　发展新能源汽车，对优化交通能源结构、建设清洁美丽世界、构建人类命运共同体具有重要意义。未来我国新能源汽车产业发展将进一步提速，按照《新能源汽车产业发展规划（2021-2035 年）》，2025 年新能源汽车市场渗透率将达到 20%左右，2035 年纯电动汽车将成为新销售车辆的主流。

　　新能源汽车是指采用新型动力系统，完全或主要依靠新型能源驱动的汽车，主要包括纯电动汽车、插电式混合动力汽车及燃料电池汽车。但从能源角度来看，新能源是指传统能源之外、可循环利用的非化石清洁能源，如风能、太阳能等。因此，从能源角度来讲，新能源汽车应该是低排放，甚至零排放的交通工具。但在我国当前电力结构下，电动汽车是否已将低碳潜力充分发挥还有待商榷。从全生命周期角度来看，电动汽车从电网获取的电能由一次能源加工转换得到，不同的一次能源发电对环境影响不一样。现阶段我国燃煤发电量占比超过 60%，燃煤发电过程仍然会造成大量的碳排放，在一定程度上可以认为，电动汽车的清洁性是以发电侧碳排放为代价的。换句话说，电动汽车全生命周期是否清洁取决于发电是否清洁。研究表明，火电占比越高，电动汽车减碳效益越低。因此，只有大力发展风能、太阳能等清洁绿电，才能充分发挥电动汽车全生命周期碳减排优势，只有使用清洁绿电的电动汽车才是真正意义的"新能源"汽车。

　　因此，不仅要鼓励消费者购买电动汽车，也要倡导电动汽车使用清洁绿电。电动汽车向"新能源"汽车的转变，可最大限度减少碳排放，实现真正意义的绿色交通。

二 电动汽车的海量可调节潜力，促进交通能源融合发展

我国是世界上最大的能源生产国和消费国，以"2030 年前碳达峰、2060 年前碳中和"为导向的"双碳"规划，是各项用能发展的根本。"大力发展风能、太阳能、生物质能、海洋能、地热能等，不断提高新能源消费比重，构建以新能源为主体的新型电力系统"，是能源领域贯彻新发展理念做好"双碳"工作的战略举措。

新能源具有发电随机性强、功率预测困难等特点，其大规模开发和高比例并网给电网运行控制带来严峻挑战。通过在电力系统中建设大规模储能，将发电和用电实时平衡解耦，是解决这一问题的主要方案或终极方案，但建设额外的储能会增加电网成本，进而推涨电价。

电动汽车为平衡新能源发电与用电提供了一种更实惠的选择。电动汽车既可充电行驶，又能反向放电，具备移动储能属性，且行为可引导、规律可预测。据国网电动预测，2025 年全国电动汽车保有量将达 2500 万辆，2030 年可达 8000 万辆，移动储能资源有望超过 50 亿 kWh。充分利用电动汽车的电力海绵特性，通过聚合调控充换电负荷、有序充电、智能双向充放电（Vehicle to Grid，V2G）等技术，让电动汽车主动参与到电力系统运行中，实现对充换电负荷大规模、高效率的调度控制。这样可以有效应对充换电负荷对电力系统的冲击，提升电力系统调节能力，也能匹配清洁能源发电特性，促进清洁能源消纳，为电力系统"双高""双峰"难题提供解决路径，对建设新型电力系统意义重大。

在"双碳"背景下，随着汽车与能源行业新技术、新模式、新业态不断涌现，以电为纽带、以车网互动为主要方向的交通能源融合发展，已经具备条件和基础，并成为业界共识和未来发展趋势。

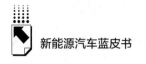

三　车网互动核心技术升级，助力电动汽车成为"新能源"汽车

（一）车网互动体系概述

车网互动是将电动汽车、充电桩、电网融合协同起来，在满足用户充电需求的前提下，改变充电时间、地点和功率，实现配电网下多桩协同充电、大电网下源荷互动，平缓用电峰谷、平抑新能源波动、提高充电清洁比例的一种汽车与能源融合发展的高效模式。通过大范围、规模化、精准高效的车网互动，对电动汽车进行有效的调度和控制，不仅可以实现清洁绿电的充分消纳，也能充分发挥电动汽车的全生命周期碳减排优势。

本文以国网电动"1+M+N"服务体系为例，展开车网互动服务体系的介绍。概括来讲，"1+M+N"车网互动服务体系就是打造 1 个负荷调控平台，面向 M 类电网服务，聚合 N 类可调节资源（见图 1）。通过价格机制和市场机制，引导电动汽车错峰充电、高峰放电、低谷充电、充新能源电，为电网提供电力辅助服务、需求响应、绿电交易、台区治理等多种服务，为充电基础设施运营商、新能源车企、新能源微网、电动汽车用户等无法直接参与车网互动市场的中小企业、个人用户赋能，帮助其参与车网互动，助力清洁能源消纳。

打造 1 个负荷调控平台：一是组建"网—省"两级负荷调控中心，依托负荷聚合运营系统开展规模化电动汽车负荷调控工作，主要包括可调资源管理、调度计划管理、负荷与市场价格预测、负荷组织与调度、车网互动市场运营、偏差考核等。二是建立清洁绿电溯源关系，综合运用峰谷价差、红利传导等市场化手段，激励电动汽车用户充低价清洁绿电。

提供 M 类电网服务：聚合上述资源参与台区治理、需求响应、辅助服务、绿电交易等不同类型的电力交易，在满足电动汽车用户充电刚性需求的前提下，统筹电动汽车充放电与电网清洁绿电消纳，实现电动汽车充放电与新能源出力、电网调节需求精准匹配，做到低谷充电、高峰放电、充新能源

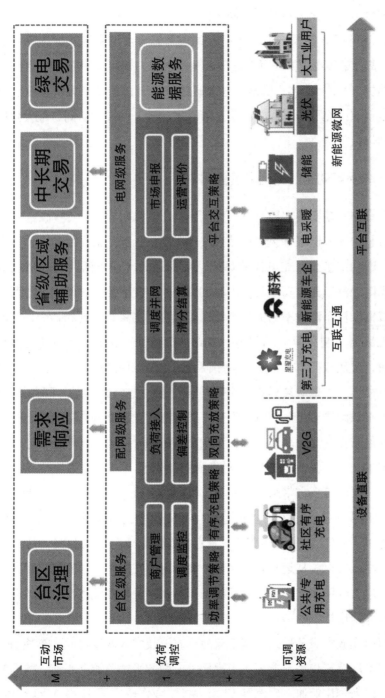

图 1 "1+M+N" 车网互动服务体系

资料来源：国网电动智慧车联网平台。

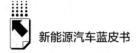
电，提高充电清洁占比，提升充电经济性。

聚合 N 类可调节资源：车联网平台具备多元化可调资源接入能力，通过 4G 直联或者互联互通方式可广泛接入全社会客户侧可调资源，包括充电桩、移动储能（V2G）、客户储能、电采暖等。综合运用功率调节策略、有序充电策略、双向充放策略、平台交互策略来实现车网高效协同，最大化提升车网互动规模效益。

（二）车网互动实践案例及运营成效

目前，车网互动实践主要有三大类。

一是智慧居家充电服务模式。私人乘用车是最活跃、最重要的电动汽车应用领域，电动汽车在家充电体验最好、规模最大，是车网互动的最优资源。但居民电动汽车充电功率与居民家庭用电功率几乎相等，时间重合度也较高。随着电动汽车渗透率的提升，社区配电容量必将趋于饱和，个人充电桩将面临无法"应装尽装"的困境。因此，有必要研发统一互联互通的有序充电模块，搭建负荷聚合系统、有序控制策略、有序充电桩技术体系。该体系可解决社区个人桩应装尽装、无序充电、电动汽车移动储能资源利用等问题，也可有效解决当下制约电动汽车发展的车桩比不高问题。此外，社区有序充电在参与台区互动基础上，通过平台负荷聚合商进一步聚合，还可以参与电网需求响应、辅助服务等更大范围的车网互动，能够为用户、运营商、聚合商、电网等多方带来可观收益。目前，北京、上海、天津、浙江等18 个省市已建成并接入有序充电桩超过 15 万个，覆盖社区超过 1 万个，服务用户超过 15 万名，单月转移高峰电量近 500 万 kWh，推动 80% 的用户在社区充电、充低谷电。从运营效果来看，社区有序充电在无感有序、台区互动、需求响应、辅助服务等四个方面得到了有效验证，在技术实现和运营模式上均具备大规模推广的条件。

二是双向充放电服务模式。基于双向充放电技术，开发电动汽车移动储能平台，将电动汽车作为新能源大规模接入电网的平衡资源。当前，国网电动与吉利、蔚来、比亚迪、广汽等 12 家主机厂合作研发了 12 款 V2G 车机，自主研发了 15kW、20kW、60kW 的 V2G 充放电机，并在全国 18 个省市开展了车网双向互动试点项目建设，累计部署 80 多个 V2G 场站、1000 余个 V2G 终端，并开展了削峰填谷商业应用和配网调峰辅助服务、台区重过载治理等技术验证。北京中再大厦 V2G 项目是全国第一座实现商业化运营的示范项目，用户采用"家充—单位放"模式，通过低谷充电、高峰放电参加电力市场，车主每年可获得超过 4000 元的收入，几乎与充电费用持平。

三是聚合各类资源，通过负荷调控平台参与各类市场交易。利用车联网平台负荷聚合运营系统，综合运用功率调节策略、有序充电策略、双向充放策略、平台交互策略，实现车网高效协同，最大化提升车网互动规模效益。截至 2021 年底，国网电动共计组织近 7 万个充电桩参与京津唐电力调峰市场，聚合容量 1934.55MW，贡献调峰电量 1.99 亿 kWh，减少弃风弃光电量 0.54 亿 kWh，参与调峰市场互动 518 万人次，累计调峰 32.41 亿 kWh；组织电动汽车用户直接参与绿电消纳达 1.11 亿人次，消纳绿电 23.25 亿 kWh。此外，国网电动也通过辅助服务、需求响应、绿电交易向负荷聚合商、充电设施运营商、电动汽车用户等市场参与者传导红利 1.16 亿元。

以上车网互动实践有效引导并激励了电动汽车用户参与清洁绿电消纳和电网优化运行，初步实现了"新能源车充新能源电"，并取得了良好的社会效益。

（三）车网互动实践面临的问题与挑战

尽管我国在配套政策、聚合交易、试点示范、标准体系建设等方面取得了积极进展，但也必须清醒地认识到，相比国际先行地区，我国在推动车网互动方面仍存在明显差距。

一是缺乏车网融合领域的宏观政策协调。我国车网互动的政策目标和路径尚不清晰，也缺乏国家层面的政策法规保障。车网互动涉及汽车和电网两大行业协同，但由于缺乏国家层面的顶层设计，车网互动发展过程一直比较缓慢。对车企而言，现有政策并未对车网互动提出明确的强制接入要求，由此可能产生的安全及质保问题也缺乏法律保障，造成车企积极性不高；对电

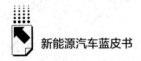

网而言，电动汽车放电接入配网的运行机制并不明确，且接入电网的门槛高、难度大。

二是缺乏调动利益相关方的电价激励机制。我国尚未启动零售市场的电价机制改革，峰谷电价也未有效覆盖居民社区充电场景。对于独立充电分时电价机制，以及电网反向放电价格机制的研究和探讨较少，聚合参与批发市场也更多局限在新能源调峰辅助服务市场。这些现有的电价机制导致用户和充电桩运营企业参与车网互动的收支并不平衡，比如用户放电收益并不能抵消车辆（特别是电池）性能衰降产生的损失。同时，电网的峰谷电价机制也缺乏对电动汽车与车网互动的针对性考量和设计。

三是车网互动的管理模式和技术方案创新探索较少。电动汽车的充放电过程，涉及复杂的并网过程和并网技术，但缺乏规范的并网模式，导致难以保证电网的电能质量，也难以保证车辆的用电安全和用户的充放电收益。具体表现在 V2G 并网规范、用户表后的车网互动资源独立计量方案、充换电设施柔性并网运行控制等方面缺乏管理模式和技术方案的创新性探索。

四是车网互动标准体系建设进展缓慢。我国车网互动标准多基于现有国标修订升级方式开展，对于交流充电模式下的车网互动相关通信协议和车载充电机相关标准尚未实质性启动，与电力相关分布式能源聚合交易、并网运行控制等相关标准的协同推进机制也尚未建立。同时，也存在与国际主流标准衔接不足的问题。

四　加快车网互动关键装备建设，携手助力交通能源新基建

发展电动汽车是我国建设汽车强国、交通强国的重要途径，也是助力我国实现"双碳"目标的重要举措。当前，我国已成为全球最大的电动汽车市场，未来，我国电动汽车市场规模还将进一步增长，以充电桩为代表的交通能源新基建工作任重而道远。因此，通过车网互动提升绿电消纳水平，实现电动汽车产业发展与新型电力系统建设融合发展，是汽车、能源等行业共

同的使命。汽车、能源等行业需要跨界协同、聚合赋能，创新打造电动汽车与新型电力系统融合生态体系，共建车网互动绿电消纳平台，引导全民参与清洁绿电消纳，助力交通能源新基建，让电动汽车充新能源电，让电动汽车成为"新能源"汽车，为新能源汽车产业高质量发展注入新动能。

一是加大车网互动政策支持力度。加大对车网互动的推进力度，加强对新能源汽车、能源规划、电力市场、碳市场改革等相关工作的统筹协调，构建行业共研体系，积极打造交通能源融合创新平台与车网互动政策体系。建议参考上海将有序充电纳入私人充电桩地方标准、允许充换电参与电力市场等政策，加快落实充换电领域车网互动的行业标准、准入门槛和激励机制。建议将充电基础设施奖补政策的资金使用从建设环节转向使用环节，并向有序充电、充绿色电等方面倾斜，鼓励新能源汽车与电网协同互动，更好地消纳清洁能源。

二是加速互联互通智能充电网络建设。电网企业、充电桩运营企业应加强与城乡规划、电网建设及物业停车等领域的统筹协调，针对有车位的车主，从"购车办电—装桩接电—充电服务—增值服务"等环节开展联网通办一条龙服务，促进智慧家充进社区，应建尽建智能互动充电桩；针对没有固定车位的社区，联合开展社区公共充电场站建设，满足用户就近充电需求。在高速充电和城市公共充电方面，做好电源配套保障，全力支持各方资本参与充电设施建设；在平台服务方面，不断提高互联互通能力，确保各类充电设施应接尽接，提供"智能选桩""即插即充""无感支付"等高效便捷服务，全面提升用户绿色电动出行美好体验。

三是扩大车网互动规模。加快车网互动，实现从传统单向充电向智能有序充电、双向充放电转化。其中，供给侧打造能够适应智能有序充电、双向充放电的电动汽车，销售侧大力推广智能有序充电、双向充放电桩，形成良好的车网互动格局。此外，各方应联合攻关车网互动技术，统一车网互动标准，保障车桩充电匹配、信息互通，加快建设车网互动能源服务平台，将车联网、桩联网平台有机融合，聚合引导更多电动汽车参与清洁绿电消纳和电力系统平衡，真正将电动汽车变成"新能源"汽车。

B.9
新能源汽车换电模式发展现状、问题及建议

姜运哲　周怡博　周　玮*

摘　要： 换电模式作为新能源汽车一种重要补能方式，凭借其显著的经济性、良好的补能体验等优势受到广泛关注。2021年，工信部启动新能源汽车换电模式应用试点工作，推动换电模式持续升温，相关企业也加快了换电模式布局步伐。从市场规模来看，换电车型数量不断增加，产销量大幅提升。从应用场景来看，换电模式在私人领域、出租网约、短倒运输、城市环卫、物流配送等领域均形成一定规模。然而，换电模式在标准法规、政策制度、监督管理等方面仍然面临问题，需要不断探索解决。本文简要回顾了换电模式的发展历程，从政策和产业层面系统梳理了换电模式发展现状，并研究分析了换电模式发展过程中存在的难点和痛点，最后对推动我国换电模式发展提出推进换电标准化、优化完善管理制度、加大对换电站建设运营的支持力度、推进新能源汽车换电模式应用试点工作等建议。

关键词： 新能源汽车　换电模式　车电分离　换电站

---

* 姜运哲，硕士，工程师，中汽中心中汽政研新能源汽车政策研究部，长期从事新能源汽车政策与行业研究；周怡博，博士，高级工程师，中国汽车技术研究中心，长期从事新能源汽车政策与行业研究；周玮，硕士，高级工程师，中汽中心中汽政研新能源汽车政策研究部总监，长期从事新能源汽车政策与行业研究。

近年来，我国新能源汽车技术水平大幅提高，部分车型的续驶里程达到600公里，基本满足消费者日常使用需求。但充电设施建设滞后、充电时间长等问题依然存在，"补能焦虑"仍未得到根本有效缓解。在此背景下，换电模式以良好的补能体验及购置成本优势获得部分消费者的青睐，众多企业积极开展换电技术研发与商业模式探索。2021年，工信部启动新能源汽车换电模式应用试点工作，换电模式在多个领域应用规模呈高速增长态势，成为我国新能源汽车产业创新发展的重要组成部分，受到汽车行业高度关注。

一 发展历程

换电模式作为一种重要补能方式，一方面能够解决新能源汽车初始购置成本高、充电时间长、二手车残值低等痛点，为消费者提供更经济、更便利的用车体验；另一方面能够创新产业生态，促进车站网融合发展，在新能源汽车产业发展之初就备受关注。早在2011年，国内外相关企业就开始了换电模式探索，但受制于当时新能源汽车市场规模较小、技术不成熟等原因，换电模式未能得到大规模推广。近年来，随着新能源汽车技术不断发展、市场保有量不断增加，换电模式规模化应用成为可能，使其重新受到各方广泛关注。政府层面接连出台鼓励和支持换电模式发展的政策，企业层面也积极开展换电技术研发与商业模式探索。

（一）国外换电模式的早期探索

以色列Better Place公司和美国特斯拉等企业是国际上较早开展换电模式探索的主要代表。2007年成立的Better Place是坚定的换电模式倡导者，成立之初先后与以色列、丹麦等政府合作推出换电模式，并在荷兰、澳大利亚、美国、中国以及日本等地开展示范运营。由于前期投入成本与换电网络运营成本极高，但新能源汽车市场规模较小，为数不多的换电车辆规模效应不足，难以分摊庞大的换电网络运营成本，投入与收益难以达到平衡。2013年，Better Place公司宣布破产。

特斯拉早在 2013 年就发布 Battery Swap 技术试水换电模式，并能够在 90 秒内完成乘用车换电。当时，马斯克公开演示过换电技术，并宣称"换电技术服务将为用户提供更大方便，特斯拉最快将于 2013 年底兴建换电服务站"。然而，由于车主每次换电需支付 60~80 美元的服务费，而特斯拉超充站提供免费充电服务，且美国大部分家庭都具备在家充电的条件，使得换电服务使用率低下，特斯拉最终放弃了换电模式。

（二）国内换电模式的发展

国内真正开始换电模式示范应用要追溯到 2008 年的北京奥运会，换电式客车承担了赛事期间的公共交通服务，2010 年的上海世博会和广州亚运会开展了更大规模的换电模式车辆和换电站示范运营。2011 年，国家电网提出"换电为主、充电为辅、集中充电、统一配送"充换电服务网络发展模式，在全国多地开展了一系列试点工程。南方电网也与 Better Place 签署战略合作协议，在广州市开展换电模式试点。同样受制于当时技术水平不成熟、产业生态不健全、运营维护成本高等原因，生产、运营与消费端无法有效协同，换电模式在国内也没有形成良好的发展生态。2013 年，国家电网将战略导向调整为"快充为主、兼顾慢充、换电为辅"，并于 2014 年对社会资本参与充换电设施建设"全面放开"，民营企业逐渐成为充电市场的主导力量。2014 年之后，随着充电方式成为市场主流，换电模式渐入沉寂，仅有伯坦科技、奥动新能源等企业仍然坚持开展换电模式探索。

2017 年起，以蔚来汽车、北汽新能源等为代表的整车企业相继提出换电发展模式，如蔚来汽车提出"Baas 模式"（蔚来电池租用服务），以自建换电体系的方式解决车、站、电池协同问题，通过车电分离和可充、可换、可升级的电池技术，在私人乘用车领域成功推行换电模式；北汽新能源发布"擎天柱计划"，打造发电、充电、储电、换电、电池梯次利用、二手车等一站式的全生命周期生态服务，计划到 2022 年建造 3000 座分布式储换电站，投放换电车辆 50 万辆。随着新能源汽车市场接受度不断提高，换电模式车辆规模与应用场景不断扩大，市场关注度不断提高。

2018 年以来，工信部、发改委、财政部等部门出台的新能源汽车充换电基础设施方面的政策均提出支持换电模式发展，尤其是 2020 年换电站作为新型基础设施建设的重要组成部分首次被写入《政府工作报告》，使得换电模式再次回到大众视野。2021 年 10 月，工信部办公厅印发《关于启动新能源汽车换电模式应用试点工作的通知》，决定启动新能源汽车换电模式应用试点工作，进一步推动换电模式升温，蔚来、吉利、国家电投、奥动新能源等相关企业加快了换电模式布局步伐。2022 年 1 月，宁德时代发布换电服务品牌 EVOGO，推出由"换电块、快换站、App"三大产品共同组成的组合换电整体解决方案和服务，在厦门投入首批 4 座换电站开始运营。

总体来看，我国换电模式目前已初步形成由整车企业、换电运营企业和能源企业共同参与推动的良好局面，预计"十四五"期间新能源汽车换电产业将持续保持高速发展（见表 1）。

表 1 部分企业换电站规划目标

企业	规划目标
奥动新能源	到 2025 年,完成 1 万座换电站建设
吉利汽车	到 2025 年,在 100 个核心城市布局 5000 座换电站,满足 100 万辆车的换电需求
蔚来汽车	到 2025 年,换电站总数达 4000 座(包括海外换电站 1000 座)
国家电投	到 2025 年,新增总投资规模 1150 亿元,新增换电站 4000 座,新增电池资产 22.8 万套

资料来源：根据网上公开资料整理。

二 发展现状

2021 年是我国换电模式发展具有里程碑意义的一年。政策层面，工信部组织开展新能源汽车换电模式应用试点工作，成为首个专门针对换电模式推广应用的政策，各试点城市也积极出台支持换电模式发展的利好政策；市场层面，换电车型数量和汽车企业数量大幅提高，应用场景不断扩展。随着试点工作不断深入，换电模式也将形成更完整的产业生态和更清晰的发展路径。

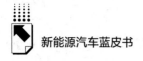

（一）政策现状

1. 中央层面鼓励探索换电模式

2020 年以来，国家先后出台多项政策，鼓励和支持换电模式发展。宏观规划方面，2020 年《政府工作报告》首次提出支持换电站建设；《新能源汽车产业发展规划（2021-2035 年）》（国办发〔2020〕39 号）明确鼓励开展换电模式应用；准入管理方面，《道路机动车辆生产企业及产品公告》（第 333 批）首次对换电车型单独分类并发布；财政补贴方面，《关于完善新能源汽车推广应用财政补贴政策的通知》（财建〔2020〕86 号）对换电车辆不设置补贴前售价 30 万元以下门槛；示范推广方面，《关于组织开展新能源汽车换电模式应用试点工作的通知》（工信联通装函〔2021〕72 号）提出以加强关键技术研发、加快换电基础设施建设、促进换电模式车辆应用为目标，坚持市场主导、创新驱动、重点突破、协调联动的原则，形成新能源汽车充换电模式互补的良性发展生态。2022 年 1 月，国家发改委等部门发布的《关于进一步提升电动汽车充电基础设施服务保障能力的实施意见》（发改能源规〔2022〕53 号）提出加快换电模式推广应用，围绕矿场、港口、城市转运等场景，支持建设布局专用换电站；加快车电分离模式探索和推广，促进重型货车和港口内部集卡等领域电动化转型；探索出租、物流运输等领域的共享换电模式，优化提升共享换电服务（见表 2）。

表 2　国家支持换电模式相关政策

时间	部门	政策名称	主要内容
2018 年 12 月	国家 发改委等	《提升新能源汽车充电保障能力行动计划》	探索出租车、租赁车等特定领域电动汽车换电模式应用
2019 年 6 月	国家 发改委等	《推动重点消费品更新升级畅通资源循环利用实施方案（2019-2020 年）》	鼓励研发充换电结合、电池配置灵活、续驶里程长短兼顾的新能源汽车产品；推进移动充换电等技术装备研发应用；对充换电基础设施建设运营给予支持
2020 年 4 月	财政部等	《关于完善新能源汽车推广应用财政补贴政策的通知》	新能源汽车补贴前售价 30 万元以下，换电模式车辆不受限制

续表

时间	部门	政策名称	主要内容
2020 年 6 月	工信部	《道路机动车辆生产企业及产品公告》(第 333 批)	首次将换电车辆单独分类
2020 年 11 月	国务院办公厅	《新能源汽车产业发展规划(2021-2035 年)》	科学布局充换电基础设施,鼓励开展换电模式应用
2021 年 4 月	工信部等	《关于组织开展新能源汽车换电模式应用试点工作的通知》	从加强技术研发、开展示范应用、完善基础设施、加强监测管理、健全标准体系、优化产业生态、强化政策支持等 7 个方面开展试点工作,形成新能源汽车充换电模式互补的良性发展生态
2022 年 1 月	国家发改委等	《关于进一步提升电动汽车充电基础设施服务保障能力的实施意见》	支持矿场、港口、城市转运等场景建设布局专用换电站,促进重型货车和港口内部集卡等领域电动化转型。探索出租、物流运输等领域的共享换电模式

资料来源:根据网络公开资料整理。

2021 年 10 月,工信部公布了首批 11 个换电模式应用试点城市名单,包括 8 个综合应用类城市(北京、南京、武汉、三亚、重庆、长春、合肥、济南)和 3 个重卡特色类城市(宜宾、唐山、包头)。据统计,试点期间各试点城市计划累计推广换电车辆 10 万辆以上,建设换电站 1000 座以上,将极大地推动换电模式发展。2021 年 11 月,首个换电国家标准 GB/T 40032-2021《电动汽车换电安全要求》实施,对换电主要部件、换电操作及整车安全性能作出要求。

2.各地出台具体支持措施

2021 年以来,多个省区市出台换电相关支持政策。车辆推广方面,北京市延续 2019 年补贴政策,对符合条件的出租车更换为换电车型的,最高给予 5.96 万元置换补贴。海南省对投放换电车辆不低于 100 辆并实际以换电模式运营的巡游出租车项目,一次性给予 200 万元项目奖励;对投放换电车辆不低于 50 辆并实际以换电模式运营的中重型卡车项目,一次性给予 400 万元奖励。换电站建设运营方面,大连市、西安市对换电站

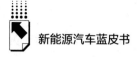

建设给予一次性补贴，西安市对换电站运营环节给予补贴；内蒙古、贵州、陕西、海南等地区明确了换电站建设目标，上海提出推动共享换电模式发展的目标（见表3）。

表3 2021年以来各地支持换电模式相关政策

地区	政策类型	政策名称	主要内容
北京	财政补贴	《关于开展2021年纯电动出租汽车推广应用工作的通知》	继续执行出租车更新奖励政策，单车最高奖励5.96万元
		《北京市电动汽车社会公用充换电设施运营补助暂行办法》	明确了充换电设施建设运营单位获得补贴应符合的条件，补贴标准根据充换电设施的充电量、充换电站运营考核评价等级确定
上海	基础设施	《关于本市进一步推动充换电基础设施建设的实施意见》	推动在专用车辆和乘用车等主要应用领域中形成统一换电标准。研究围绕港口、物流、环卫等场景布局专用车辆共享换电站。探索出租网约车与私家车共享换电模式
山东	财政补贴	《关于加快新能源汽车推广应用的若干政策》	对面向社会提供充换电服务且接入平台的换电设施给予不高于1000元/千瓦的建设补贴
辽宁	财政补贴	《大连市新能源汽车充电基础设施建设奖补资金管理办法》	换电站一次性给予不超过投资30%的补贴资金，最高不超过200万元
内蒙古	发展规划	《内蒙古自治区加快充换电基础设施建设实施方案（2021-2025年）》	到2025年，全区公共充换电设施与新能源汽车比例力争不低于1∶3，专用充换电设施与电动重卡、矿卡等专用车辆比例力争不低于1∶4。按照自治区新能源汽车发展目标，全区各类充换电设施力争达到4万个左右，保障自治区新能源汽车充换电需求。其中，公共充换电设施力争达到2.8万个左右，专用充换电设施力争达到1.2万个左右
贵州	发展规划	《贵州省电动汽车充电基础设施建设三年行动方案（2021-2023年）》	开展面向电动工程车辆的充换电设施专项建设，因地制宜配套建设充换电站或配备移动换电站，目标到2023年全省累计建成换电站15座

地区	政策类型	政策名称	主要内容
陕西	发展规划	《陕西省电动汽车充电基础设施"十四五"发展规划》	目标是"十四五"期间建设换电站20座，探索搅拌车、渣土车换电模式
	财政补贴	《西安市新能源汽车充(换)电基础设施建设运营财政补贴实施细则》	备案、建设完成、通过验收并投入使用的新建充(换)电设施，给予实际投资(不含征地费用)30%的一次性财政补贴。投入运营的公(专)用充(换)电设施，市级补贴标准为0.15元/度，各开发区在市级补贴基础上再补贴0.15元/度
海南	指导意见	《海南省支持电动汽车换电站建设的指导意见(试行)》	对服务于重型车辆、巡游出租车、网约车、公交车、城际客车、旅游班线等换电模式重点应用领域，一次性给予项目设备投资额15%的建设补贴
	财政补贴	《海南省新能源汽车换电模式应用试点实施方案》	到2022年底，全省累计推广5000辆以上换电模式新能源汽车，累计建成30座(含)以上换电站。对投放换电车辆不低于100辆并实际以换电模式运营的巡游出租车项目，一次性给予200万元项目奖励；对投放换电车辆不低于50辆并实际以换电模式运营的中重型卡车项目，一次性给予400万元奖励

资料来源：根据网络公开资料整理。

（二）产业现状

1.换电模式初具市场规模

2021年，全国换电式新能源汽车产量达12.4万辆，占新能源汽车产量的3.8%。其中：换电式乘用车产量11.92万辆，占新能源乘用车产量的3.9%；换电式货车产量0.48万辆，占新能源货车产量的2.9%。换电式重型货车产量0.46万辆，占新能源重型货车产量的33.2%，换电模式在重型货车领域呈现良好的发展势头。[①]

---

① 数据来源于机动车产量数量，与前文统计口径不一致。

从企业来看，换电式乘用车产量排前五名的整车企业分别为蔚来、一汽、吉利（含枫盛）、力帆、上汽（见图1）；换电式货车产量排前五名的整车企业分别为华菱星马、上汽红岩、徐工汽车、一汽集团、北奔重型，前五名整车企业产量占比83.6%，市场集中度较高（见图2）。

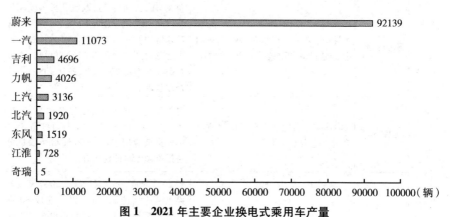

图1　2021年主要企业换电式乘用车产量

资料来源：机动车产量数据。

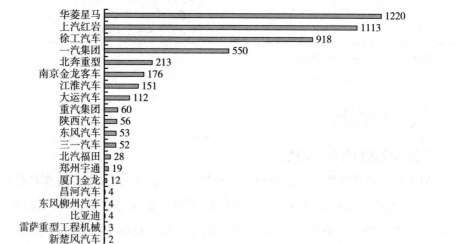

图2　2021年主要企业换电式商用车产量

资料来源：机动车产量数据。

从车型产量来看，换电式乘用车主要包括多用途乘用车、轿车，其中多用途乘用车 100601 辆、轿车 18681 辆（见图 3）；换电式货车主要包括牵引车、自卸车、混凝土搅拌运输车、厢式运输车等，其中牵引车 3240 辆、自卸车 1072 辆、混凝土搅拌运输车 257 辆、厢式运输车 183 辆（见图 4）。除厢式运输车外，其他换电式货车均为重型货车。

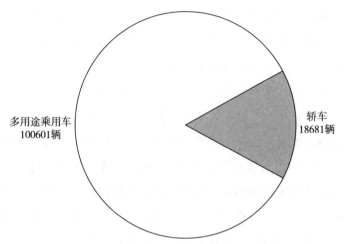

图 3　换电式乘用车分车型产量

资料来源：机动车产量数据。

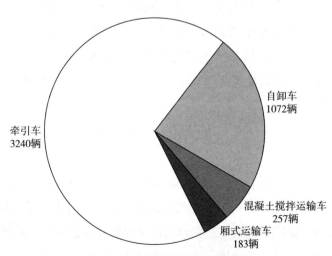

图 4　换电式商用车分车型产量

资料来源：机动车产量数据。

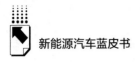

2.换电模式应用场景不断扩展

乘用车方面，蔚来汽车已实现私人换电式乘用车的规模化发展，基于换电技术的"车电分离"商业模式（BaaS）得到消费者的认可，60%的新用户在购车时选择 BaaS 服务。截至 2021 年 12 月，蔚来汽车已经交付超过 15 万辆换电式乘用车，在全国建设了 789 座换电站，换电次数超过 550 万次。相比私人乘用车领域，出租网约车行驶里程长、对补能效率要求较高，且车型相对单一、容易实现动力电池标准化，在出行服务较为发达的一、二线城市，已实现良好的示范效果。北汽新能源、枫盛汽车等已面向出租车领域推出多款产品，奥动新能源作为换电站运营企业，联合多家整车企业推出车型共享、20 秒极速换电服务网络。换电模式试点城市中，北京市已推广换电式出租网约车 2 万余辆，重庆、长春、三亚等地换电式出租网约车已突破 1000 辆。

货车方面，相比于采用充电方式的纯电动货车，换电式货车能够缓解充电速度慢、作业效率低等问题，在中短途、高频次、固定路线运输场景中具有较好的推广潜力。一是港口、矿山、钢厂、电厂等封闭区域场景；二是城市渣土、砂石料、混凝土等短倒场景；三是洒水、机扫、垃圾运输等城市环卫场景；四是城市物流配送场景。2021 年以来，换电式重型货车市场销量持续攀升，主要集中于大气污染治理重点区域、各类矿厂区域等。其中，唐山市作为重卡特色类换电模式试点城市，已推广超过 3000 辆换电式重型货车，初步形成"三纵一横"换电干线网络。2022 年 2 月，换电式重型货车当月产量 603 辆，在新能源重型货车产量中的占比首次超过 50%。

三　面临的主要问题

换电模式创新发展，需要相关标准体系和管理机制的完善。目前，我国在公告产品一致性管理、在用车管理与流通、换电站监管等环节均未形成明确的管理机制，换电模式难以适应现行的车辆管理政策体系。此外，标准缺失使得企业之间无法高效协同，导致换电模式无法实现广泛共享，从而影响其大规模推广。

（一）标准差异制约换电模式发展

随着换电模式应用范围和应用场景的扩大，各企业间换电技术标准难以统一，严重制约了换电模式的大规模发展。一方面，不同品牌车辆的产品定位和使用需求相差较大，整车底盘尺寸也不相同，标准化电池箱可能影响整车设计；另一方面，跨企业、跨品牌的电池包无法兼容，不同动力电池在通信协议、接口尺寸、管理系统等方面存在差异。因此，完全共享的换电模式短期内难以实现。

（二）换电车辆相关管理制度不完善

在车辆准入环节，换电式车辆申报公告时需要明确动力电池相关信息，如果在换电体系中存在多个动力电池类型或多种配置，就需要对车身与动力电池的所有组合申报公告，增加了企业研发成本。另外，新车型或新款动力电池投产后，需要与市面流通的动力电池或车型重新组合申报公告，而老款产品往往已经停产，无法按公告要求开展有关试验，产生"新车老电池""老车新电池"无法搭配的问题。在新车注册登记和在用车年审管理方面，尚未明确管理政策和措施，导致换电车辆更换动力电池存在涉嫌非法改装的风险。此外，换电车辆在事故责任认定等方面也可能存在纠纷，需要有关政策法规进一步细化明确。

（三）换电站建设运营存在瓶颈

随着换电模式逐渐普及，部分地方已经明确了换电站建设相关要求。但实际操作过程中，还存在基层管理部门政策贯彻不到位、换电站周边居民集中投诉等问题，导致合规建设的换电站被强制搬迁拆除或停止运营。此外，城市核心地段符合换电站建设用地条件的地块稀缺，换电站建设审批依然比较困难；高速公路服务区等场景电力扩容成本高、改造周期长，也对换电站建设造成一定阻碍。同时，换电站建设运营也面临初始投资大、资本回收周期长、安全监管难度大等问题。以乘用车换电站为例，初始建设投资约350

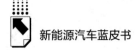

万元，运营维护成本约 40 万元/年，场地租金 5 万~50 万元/年不等；换电车辆达到 70 辆/日，才能达到换电站的盈亏平衡点。由此可见，换电模式发展初期，换电站分布不合理、换电车辆普及程度不高、换电站共享性差，是导致换电站利用率低下、盈利能力弱的重要因素。另外，电池集中管理存在更大的安全隐患，对换电站的安全保障能力要求更高，需要有关部门加强换电站的监督管理。

四　发展建议

换电模式是新能源汽车产业新技术、新业态、新模式创新发展的重要体现，也是推动新能源汽车产业快速健康发展的重要组成部分。从供给端来看，换电模式提出了对动力电池服务的新需求，构建了车企—站端运营商—电池企业融合发展的新局面；从消费端来看，换电模式可以实现动力电池与无动力车身分开销售，降低车辆初始购置成本，促进新能源汽车消费；从使用端来看，换电模式能够满足消费者长途、高频次使用需求，缓解新能源汽车"补能焦虑"。通过动力电池租赁的方式，还能够彻底解决新能源二手车保值率低的问题，促进新能源二手车流通。但与充电模式相比，换电模式仍然面临许多问题与挑战，需要政府、企业及相关行业机构加大研究力度，突破制约换电模式发展的关键问题。

一是优先聚焦车型差异小、使用频次高的应用场景，逐步推进换电标准化。目前，部分领域车辆已经初步具备动力电池共享的可行性。如国家电投与多家商用车企业合作研发多款换电重卡，在短倒运输、钢厂、港口等重型运输场景开展规模化应用；奥动新能源设计的电池箱已被多家整车企业的车型接受，可以实现同一换电方式、不同规格动力电池共享换电。应优先聚焦重型货运、公共领域车辆，推进车载换电系统、换电通用平台、换电电池包等标准制定，积极开展示范应用。

二是根据产业发展需要适时优化完善管理制度。依照"重点突破、有序推进"的原则，完善公告管理中换电车型同一型式判定规则，逐步放宽对换电车型搭载动力电池的限制，保障换电模式的合规性、降低企业合规成本；研究完善在用车管理和事故认定等机制，消除换电车辆在使用、流通过程中存在的隐患。

三是加大对换电站建设运营的支持力度。加快研究出台国家层面充换电设施建设指导意见，明确各类型换电站属性及建设审批的主管部门，推动基层管理部门、电力公司相互配合，确保换电站建设有据可依。加大对换电站建设运营扶持力度，探索建立换电站参与储能、可再生能源消纳的奖励措施，推动重型货运、公共领域共享换电模式发展。加强换电站安全监管，明确运营企业安全保障能力要求、相关部门监管责任，确保换电站不出现严重安全问题。

四是推进新能源汽车换电模式应用试点工作。充分调动试点城市的积极性，鼓励试点城市建立协调工作机制，制定完善相关标准法规和政策体系及管理制度。出台创新性、突破性举措，对于解决换电模式发展痛点、试点示范效果较好的地区，研究给予相应奖励。主管部门应建立试点跟踪、指导、考核及评价机制，组织行业专家和第三方机构对试点城市进行科学指导，做好试点支撑和服务保障工作，及时发现并解决试点过程中存在的问题，加快形成可复制、可推广的换电模式发展经验，并做好试点经验总结推广。加快后续支持政策的研究，适时出台有利于换电模式健康发展的有关政策。

参考文献

王佳、方海峰、吴松泉：《关于我国新能源汽车产业发展换电模式的思考》，《汽车纵横》2019 年第 1 期。

姜运哲、宋承斌、周怡博、周玮：《典型场景下换电重卡的技术经济性分析》，《工业技术经济》2022 年第 2 期。

祝月艳、石红、方海峰：《我国电动汽车与电网协同发展现状分析与发展建议》，《汽车工业研究》2021 年第 4 期。

中国电动汽车百人会：《车电分离模式产业生态系统构建研究》，2021 年 1 月。

电动交通换电产业技术创新联盟等：《2021 年电动汽车换电产业发展白皮书》，2021 年 12 月。

B.10
中国汽车芯片行业政策法规现状及建议

夏显召　宋承斌　邵学彬　董长青*

摘　要： 芯片是我国汽车产业链重要"卡脖子"领域，目前汽车芯片供
应严重依赖进口，产业安全问题突出。当前大国竞争日趋激烈，
芯片成为全球汽车产业新的竞争高地。本文整理了国内外汽车芯
片行业政策、标准、检测、认证体系的情况，并分析了现行政策
法规对于产业现状的适应情况。整体来看，我国尚未建立专门的
汽车芯片政策体系，标准体系尚不健全，检测能力薄弱，认证环
节被国外垄断。政策法规不适应，对我国汽车芯片产业的健康发
展已产生了严重影响，亟须从国家层面聚合资源，统筹安排。建
议制定汽车芯片产业发展规划、建设行业公共服务平台、促进标
准检测认证推广应用等。

关键词： 汽车芯片　政策法规　标准检测认证

芯片也被称为集成电路（Integrated Circuit，IC），指的是将电路以小型
化的方式集成在半导体晶圆表面形成的器件。在汽车领域，由于尚未出台明
确的芯片定义标准，芯片泛指搭载在整车上的半导体器件，包括集成电路及
部分分立器件（IGBT 等），主要应用在发动机、变速器、底盘、动力电池、

---

* 夏显召，博士，高级工程师，中汽中心天津检测中心，长期从事整车级/芯片级功能安全测
试技术研究；宋承斌，硕士，经济师，中汽中心中汽政研新能源汽车政策研究部，长期从事
车用芯片政策研究；邵学彬，博士，高级工程师，中汽中心天津检测中心；董长青，博士，
高级工程师，中汽中心天津检测中心。

驱动电机，以及智能网联零部件等领域。与其他芯片相比，汽车芯片需满足汽车规格标准，包括可靠性、功能安全、环境要求、生产质量体系以及数据安全等五方面要求。技术要求方面，车规级芯片在可靠性、一致性、稳定性等方面要求更严苛，需要更广范围的温度和湿度适用性、更强的抗震性和抗电磁干扰性，生产制造工艺要求更为严格，要求零不良率及更长的使用周期。汽车芯片要求工艺制程低，更新换代慢，供应链磨合周期长，装车验证时间 3~5 年。

一 汽车芯片产业概况

（一）汽车芯片的重要性

芯片技术水平将决定未来汽车产品竞争力。我国汽车产业正处在向智能化、网联化转型升级的关键阶段，未来 3~5 年是我国实现"弯道超车"的战略机遇期。一方面，芯片"断供"将影响汽车产品供给，完善我国汽车芯片产业链，对保证汽车产业及经济稳定发展意义重大；另一方面，汽车芯片作为智能网联汽车核心零件，未来将成为汽车的战略和价值制高点，掌握核心技术自主权对我国汽车产业转型升级意义重大。

汽车芯片已成为影响公众生命财产及数据安全的核心环节之一。一方面，随着自动驾驶等汽车智能化技术的提升，汽车将更多地面临网络安全风险，一旦控制车辆各项功能的关键芯片受到攻击，就可能给公众的生命财产安全带来严重威胁；另一方面，芯片作为信息数据的物理载体，可存储大量外部环境数据、位置数据和用户聚合数据，是汽车数据安全的核心环节之一，也是国家数据安全的重要组成部分。

（二）2021年汽车芯片行业发展情况

根据 Auto Forecast Solutions 数据，2021 年由于芯片短缺，全球汽车行业累计减产约 1027 万辆。其中，中国减产 198.2 万辆，亚洲其他地区减产 174

万辆，北美洲减产 317.8 万辆，欧洲减产 295.4 万辆，南美洲减产 35.5 万辆，中东/非洲合计减产 6.2 万辆。汽车芯片短缺主要源于供需错配，汽车消费市场恢复迅速，而晶圆加工产能释放缓慢，造成汽车芯片产品供应无法满足快速上涨的需求，此外，新冠肺炎疫情、自然灾害等原因进一步加剧了供需失衡。受此影响，2021 年汽车芯片价格持续上涨，全年涨幅达到 20%~30%。而且产品交货周期延长，Susquehanna Financial Group 数据显示，2021 年 12 月芯片平均交货周期为 25.8 周，较 2021 年 1 月增加了 82 天。

我国汽车芯片产业链基础薄弱，多个环节受制于人，包括 EDA（电子设计自动化）工具、原材料、制造设备、晶圆加工等。EDA 工具方面，我国 95% 的市场份额被国外企业垄断；原材料方面，我国 8 英寸晶圆自主率不足 10%，12 英寸晶圆自主率低于 1%；制造设备方面，龙头企业上海微电子光刻机制程技术在 90~130 纳米水平，与国外差距较大；晶圆加工方面，头部企业中芯国际市场占有率不足 5%，量产产品工艺达到 14 纳米，落后国际先进水平约 5 年。整体来看，我国汽车芯片自给率不足 5%，仅在 IGBT 等功率器件方面具有一定的竞争力，其他类别严重依赖进口。近年来，我国企业大力投入汽车芯片的产品研发和推广应用，并在控制、计算类芯片上实现突破。2021 年，地平线高性能计算芯片征程 5、芯驰 MCU 控制芯片 E3 已通过车规级检测认证，并在国内车企开展前装应用。

全球汽车工业加速转型升级，芯片成为全球汽车产业新的竞争高地。美、欧、日、韩、印等纷纷出台政策，加大对芯片产业的扶持力度，力图推动芯片制造业回流。其中，2021 年，美国力推《创新与竞争法案》出台，提出 5 年拨款 527 亿美元投资美国本土芯片产业，并明确指出对于成熟制程工艺给予财政拨款支持。汽车芯片多应用 40~180 纳米的成熟制程工艺，美国政策对于汽车芯片行业发展的利好作用明显。2022 年 2 月，欧盟委员会公布《欧盟芯片法案》，提出到 2030 年欧盟在全球的芯片市场份额由当前的 10% 提升到 20%，并提出为欧盟芯片产业提供约 430 亿欧元的公共及私人投资支持，旨在确保欧盟在芯片领域的竞争优势以及供应安全。

（三）完善政策法规的意义

我国汽车芯片行业处于发展初期，产业基础薄弱，面临政策不适应汽车芯片领域、标准检测认证体系不健全、产业链核心制造环节落后、众多关键技术严重依赖国外等多重问题。其中，完善相关政策法规是首要之义，只有建立完善的政策、标准、检测、认证体系，才能构建完善的产业生态体系，引领和规范行业健康可持续发展。

行业亟须宏观政策指引汽车芯片产业发展方向。一方面，汽车芯片行业发展需要国家统筹资源、集中力量方能有所突破。汽车芯片是技术、资本、人才三密产业，企业各自为战攻坚难度大，容易造成小散乱的局面，不利于产业协同实现规模效应，影响关键产品技术的突破；另一方面，汽车芯片行业发展需要国家宏观引导。汽车芯片产业链长、产品类别多，据不完全统计，目前单车超过 80 个核心零部件需使用芯片，搭载芯片数量约 600 颗。汽车芯片发展需要国家制定并实施全国一盘棋的顶层战略，避免行业点不成面，产生技术研发和产能建设的结构性不均衡问题，造成资源的极大浪费。

行业亟须建设汽车芯片标准体系实现上下游融通。一方面，汽车芯片全链条需要标准支撑。需要在汽车芯片设计制造标准研究、软硬件标准研究、检测认证标准研究、零部件匹配标准研究的基础上，实现各环节均有标准可依、有规范可循；另一方面，部分标准引用国外军标和国标，面临非常强的技术封锁和垄断。目前在实施过程中，我国企业存在依标研发、生产困难的现实问题，极大地阻碍了我国汽车芯片产业发展进程。

行业亟须构建汽车芯片检测认证体系，实现芯片和汽车产业融合。一方面，检测技术被国外封锁，导致我国芯片产品难以被证明是否满足车规级标准，缺乏技术支撑资料导致难以进入汽车零部件供应体系，很难得到上车应用、技术迭代的机会。另一方面，虽然汽车芯片认证属于自愿性认证，但已成为整车企业芯片选型的必要环节，具有实质意义的强制性。目前我国尚无完成的汽车芯片认证案例，整车企业选用芯片依赖国外认证机构，我国汽车芯片产业发展存在被制约的重大风险。

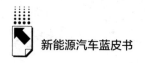

二 我国汽车芯片政策法规现状分析

（一）政策：缺乏专门的顶层设计政策，现有政策对汽车领域适应性不强

我国尚未建立专门的汽车芯片政策体系，目前主要依据信息技术产业、集成电路产业、汽车产业相关政策来支持引导汽车芯片产业发展。整体来看，现有政策对汽车芯片产业适应性较弱，对于汽车芯片的产品特点匹配度和支持力度不足，汽车芯片企业无法享受到和消费类芯片企业同等的政策扶持力度，而且尚未出台专门的汽车芯片产业发展规划。需要建立持续推动行业整体统筹、协同发展的汽车芯片政策体系。

宏观政策方面，2000 年 6 月，国务院发布《鼓励软件产业和集成电路产业发展的若干政策》，2011 年 1 月，国务院发布《进一步鼓励软件产业和集成电路产业发展的若干政策》，2020 年 8 月，国务院发布《新时期促进集成电路产业和软件产业高质量发展的若干政策》，构成了我国信息技术产业的整体政策框架，明确了在财税、投融资、研究开发、进出口、人才、知识产权、市场应用、国际合作八个方面的政策措施。汽车芯片是汽车产业和信息技术产业的交叉领域，我国汽车产业政策主要支持整车及系统级部件，信息技术产业政策重点支持高端通用芯片，而汽车芯片属于专用基础零部件，在两大产业政策中存在感弱。

财税政策方面，2020 年 12 月，根据《国务院关于印发新时期促进集成电路产业和软件产业高质量发展若干政策的通知》（国发〔2020〕8 号）有关要求，财政部、国家税务总局、国家发展改革委、工业和信息化部联合发布《关于促进集成电路产业和软件产业高质量发展企业所得税政策的公告》，进一步明确企业所得税相关政策问题。但该政策偏重于普惠化支持，并不完全适应车规级芯片的发展特点和需求。针对晶圆加工环节的企业所得税减免优惠力度，依据产品制造线宽工艺分档，重点支持 28 纳米及以下工艺，而车规级芯片线宽工艺一般为 40~180 纳米，可享受的企业所得税优惠力度不足，造成部分产品甚至无法享受税收优惠政策。

科技政策方面，2005 年国家设立集成电路产业研究与开发专项资金，为鼓励集成电路企业加强研究与开发活动，研发资金采用无偿资助方式，对单个研发活动提供不超过研发成本 50% 的资金支持。国务院发布的《国家中长期科学和技术发展规划纲要（2006—2020 年）》，明确了与芯片相关的两项国家科技重大专项：一是核心电子器件、高端通用芯片及基础软件产品，二是极大规模集成电路制造装备及成套工艺。其中，对于汽车芯片在 2016 年后方有项目进行支持，且整体支持比例较小。科技政策为普惠性支持，且集中在高端通用芯片设计及制造领域，汽车芯片专项研发支持力度不足。

投融资政策方面，2014 年 6 月，工信部发布《国家集成电路产业发展推进纲要》，提出设立国家产业投资基金。国家产业投资基金引导带动大型企业、金融机构以及社会资金，重点支持集成电路等产业发展，促进工业转型升级。基金实行市场化运作，重点支持集成电路制造领域，兼顾设计、封装测试、装备、材料环节，推动企业提升产能水平和实行兼并重组、规范企业治理，形成良性自我发展能力。但在车规级晶圆加工"卡脖子"环节上，政策工具所发挥的投资补充作用不足。主要支持对象为 12 英寸晶圆产线、先进制程技术、5G/物联网等新兴领域，对于汽车芯片生产所需的 8 英寸晶圆产线、成熟制程技术研发等的投入严重不足。

（二）标准：汽车芯片标准体系尚不健全，影响产业链上下游融通

国际上现行车规级芯片标准包括可靠性和安全标准两方面，均为自愿性认证标准。当前，全球公认的可靠性标准包括 AEC-Q100/101 系列标准、IATF16949 质量管理体系标准，安全标准包括 ISO26262 功能安全标准，均被我国整车企业评价车用芯片时普遍引用。整体来看，现行可靠性标准滞后，不适用于智能化场景；功能安全标准可实施性较差，多项相关标准还处于在研阶段；信息安全已成为新的安全需求，标准缺失问题给我国汽车芯片厂商证明自身产品能力带来了极大困难。

可靠性标准方面，当前的可靠性测试标准已不适用未来新能源汽车的使用要求。AEC-Q系列标准提出于20世纪80年代、发布于1994年、最新版本更新于2014年，立项之初考虑的汽车使用场景和当前新能源汽车、智能网联汽车使用场景存在较大差异，且部分新技术未被标准囊括，有些技术指标已经滞后。以高温老化标准为例，规定零部件生命周期为12000小时，每天工作2.2小时，连续工作15年，对应老化实验时长1000小时；但目前自动驾驶场景中，汽车的生命周期应超过120000小时，每天工作22小时，连续工作15年，对应老化实验时长应大于14000小时。

安全标准方面，现行的以质量保障为核心的车辆安全体系，已无法满足自动驾驶车辆的安全保障需求。在芯片层面，功能安全标准缺少具体的测试方法，信息安全标准缺失严重。ISO26262是功能安全的框架性标准，只对安全目标和安全机制进行了描述，而没有对故障类型、故障覆盖率、实施步骤、测试验证方法的具体说明，也没有为芯片厂商提供足够的设计指导和测试方法。此外，信息安全方面尚无专门的标准落地，芯片厂商只能根据国密（国家密码局主导）标准来进行类推适用，导致兼容问题频出。汽车芯片领域安全标准的缺乏也导致国内无法出台汽车芯片认证规程。

产品性能方面，技术发展带来新的技术标准需求，且研究难度极大。例如，智能网联汽车的视觉感知计算芯片技术发展迅速，相关的计算架构、感知算法、传感器方案均有长足进步，由此诞生多种芯片产品和视觉感知解决方案，但如何衡量视觉感知计算芯片的性能成为新的挑战。当前，业界迫切需要制定统一的评测标准，来客观衡量行业参与者的产品性能，减少下游厂商重复评测工作。以AI性能为例，目前业界常用的评测芯片AI性能的方法有两种，一是考察峰值算力，二是依托行业知名的基准测试组织MLPerf。但峰值算力只反映理论上最大计算能力，非在实际AI应用场景中的处理能力，存在很大的局限性；机构测试效果依赖于模型的数量和更新速度，由于芯片算法演进速度远超硬件升级速度，评估芯片AI性能的方法与算法发展之间脱节严重，行业缺乏能够有效评估芯片AI性能的公认标准。

为适应我国汽车芯片产业对标准化的需求，推动产业健康可持续发展，加快建立汽车芯片标准体系，全面推进汽车芯片标准研究工作，2021 年 12 月，全国汽车标准化技术委员会汽车电子与电磁兼容分技术委员会联合智能网联汽车、电动汽车等相关分技术委员会成立汽车芯片标准研究工作组。该工作组由中国汽车技术研究中心任组长单位，由中国电子技术标准化研究院、工信部电子第五研究所、北京国家新能源汽车技术创新中心、清华大学任副组长单位，当前共有 88 家成员单位，其中整车企业 23 家、零部件企业 43 家、技术机构及高校 22 家。

根据工信部指导、汽标委牵头制定的汽车芯片标准体系计划，从设计制造、通用规范、产品技术要求、匹配测试要求四个方面启动标准工作，如图 1 所示，其中包含国标 66 项和行标 32 项，合计 98 项。基础类标准主要包括汽车芯片术语和定义、分类和分级等基础标准；通用规范类标准是从汽车芯片层面提出的基础通用类要求，为其他各部分标准的制修订提供了支撑，主要包括通用要求、功能安全、信息安全、环境及可靠性、电磁兼容五类；产品与技术应用类标准主要涵盖控制芯片、计算芯片、感知芯片、通信芯片、存储芯片、安全芯片、能源芯片七大类；匹配测试规范类标准，从芯片搭载上层系统和整车协同工作的角度，提出匹配测试规范，主要包括系统部件级和整车级。

工信部发布 2022 年汽车标准化工作要点，将汽车芯片单列，明确提出：开展汽车企业芯片需求及汽车芯片产业技术能力调研，联合集成电路、半导体器件等关联行业研究发布汽车芯片标准体系。推进 MCU 控制芯片、感知芯片、通信芯片、存储芯片、安全芯片、计算芯片和新能源汽车专用芯片等标准研究和立项。启动汽车芯片功能安全、信息安全、环境及可靠性、电磁兼容等通用规范标准预研。汽车芯片标准制定工作将逐年分批有序推进，从行业需求、技术发展趋势出发，根据行业需求明确标准项目推进优先级，建立并不断完善汽车芯片标准体系。已于 2022 年 3 月启动了首批四个标准立项，包括环境及可靠性要求、信息安全要求、高性能计算芯片、IGBT 芯片，并计划每季度新开启 3~5 项标准推进工作。

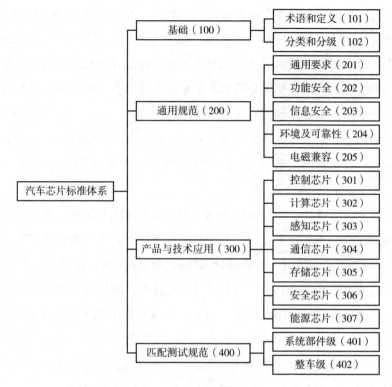

图 1　汽车芯片标准体系

（三）检测：汽车芯片检测技术受国外封锁，制约我国产品上车应用

汽车芯片检测，是指第三方检测机构对芯片企业生产汽车芯片产品的合规性测试，并出具测试报告。检测报告是芯片企业申请汽车芯片产品认证必备的技术支撑资料，同时也是一级零部件供应商（Tier1）和整车企业进行芯片产品选型时的必备参考资料。汽车芯片测试报告是 Tier1 及整车企业芯片选型的必要文件。工信部智能网联汽车准入审核中新增了安全要求（信息安全、功能安全、预期功能安全、数据安全），而芯片是实现上述要求的核心要件，所以 Tier1 和整车企业在零部件及新车型安全设计开发时，需要芯片企业提供测试报告以完成产品选型。

  汽车芯片检测业务来源于芯片企业为满足汽车行业车规级要求，而开展的针对自身产品的性能测试，包括对于汽车芯片可靠性、安全性的测试要求。近年来社会对于汽车系统安全要求进一步提高，安全测试逐步分解为功能安全和信息安全两大类。20世纪70年代，国外车企开展芯片上车应用，发展至今，国际芯片厂商已具备成熟的功能安全自主测试能力，国际第三方检测机构已具备成熟的可靠性测试能力。但由于国外汽车和芯片自主率较高，更关注个人信息隐私保护，以整车零部件为信息安全的监管对象，对于汽车芯片信息安全的关注不足，尚未建立汽车芯片信息安全测试能力。国外对于检测相关标准具有统治地位，为使安全性的检测技术及能力牢牢封锁在国外企业内部，公开发布的行业标准仅为框架及方法论标准，可实施性差。

  我国汽车芯片测试行业发展较晚，全部依据 AEC-Q 系列标准，国内尚无汽车芯片可靠性测试标准，研究制定难度极大。近年来，我国涌现出多家可靠性测试实验室，具备一定的汽车芯片可靠性测试能力，尚不具备完整的汽车芯片功能安全测试能力，信息安全测试能力处于起步建设阶段。可靠性测试方面，从整体来看，我国具备完整的测试能力，但测试项目分散于各个机构中。头部测试机构包括工信部电子四院、工信部电子五院、苏试宜特等。功能安全测试方面，我国不具备汽车芯片功能安全测试能力，一方面是由于无可依据的详细测试标准和规范，另一方面是由于测试技术研发难度较大。信息安全测试方面，当前仅有中国汽车技术研究中心下属软件测评中心一家机构，在研究汽车芯片信息安全测试方法，已具备部分汽车芯片信息安全的测试能力，全类别产品的信息安全测试能力正在建设。

  汽车芯片检测认证体系的建设，需要综合考量与标准体系的关联性、行业需求与创新性。汽车芯片检测认证体系应重点按照汽车芯片的功能、应用场景与技术要求三个维度展开体系构建。一是汽车行业重点关注的汽车芯片技术要求为功能安全、信息安全、可靠性和关键性能，技术点可依据这四类进行划分；二是汽车芯片种类多样，每种芯片的主要应用场景和技术需求又不尽相同，需要对汽车芯片展开详细的门类和种类划分；三是汽车应用场景可主要按照汽车动力、底盘、智能座舱、自动驾驶、车身共五个技术域划

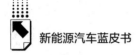

分。依照这种构建思路，2021年10月，中汽中心联合汽车芯片上下游企业及行业机构，成立了"汽车芯片测试认证工作组"，形成全面的汽车芯片产品品类及技术需求划分，并最终构建了"3+X"分类分级测试体系，如图2所示。

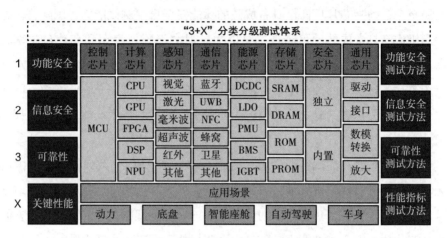

图2 汽车芯片"3+X"分类分级测试体系

其中，"3+X"中的"3"是指三大基础属性，功能安全、信息安全、可靠性；"X"是指各类芯片中多样化的关键性能指标；"分类"是指需要依照汽车芯片功能，将汽车芯片分为控制芯片（MCU）、计算芯片、感知芯片、通信芯片、能源芯片、存储芯片、安全芯片和通用芯片共八大种类；"分级"是指汽车芯片在测试认证过程中需要进行安全性及可靠性等级划分。汽车芯片测试认证体系能够全面覆盖当前汽车使用场景下的芯片测试需求，该体系同汽车芯片标准体系的构建思路相一致。

（四）认证：汽车芯片认证业务被国外垄断，芯片与汽车产业融合受阻

汽车芯片认证，是指第三方认证机构对于芯片企业管理流程及所生产汽车芯片产品的符合性认证，出具认证证书。认证证书是芯片企业进入Tier1和整车企业供应链体系的必备审核文件。汽车芯片认证证书是芯片企业进入

整车零部件供应体系的必要资料，而汽车芯片认证业务被国外垄断，认证环节存在被国外势力作为政治工具的风险，成为制约我国汽车芯片产业发展的重大风险。此外，我国缺乏汽车芯片企业管理流程和产品审核的完整体系，国内认证机构不具备汽车芯片的认证能力。

芯片认证分为管理体系认证和产品认证两类，国外通常将管理体系认证作为产品认证的部分内容。国际上将汽车芯片认证分为可靠性、功能安全、信息安全认证。发展至今，国际芯片大厂具备成熟的可靠性自认证能力，第三方行业机构具备全套的汽车芯片功能安全认证和信息安全管理体系认证能力，但汽车芯片信息安全管理流程认证依据的是整车信息安全标准，并不合理。国际上著名的认证机构有 TüV、SGS、BV、exida。

我国于 2019 年开展汽车芯片认证业务，包括功能安全管理体系认证和信息安全认证，但机构较少，且尚无完成的认证案例。可靠性认证方面，国内芯片企业产品测试项目不全，无法满足 Tier1 和整车企业的实际需求，无法将芯片企业提供的测试报告等同于认证证书，亟须认证机构开展专门的汽车芯片可靠性认证业务来规范行业企业。功能安全认证方面，国内具备汽车芯片功能安全管理流程认证能力，产品认证处于建设初期，由于缺乏测试认证行业专家，研究难度大、进展缓慢，需要国家、行业给予大力支持。信息安全认证方面，国内处于起步阶段，仅中汽中心具备部分汽车芯片信息安全认证能力，全类别的汽车芯片认证能力正在构建中。

中汽中心是全国首个组建汽车芯片研究组的机构，重点对汽车芯片安全测试、可靠性测试开展技术攻关，目前已经形成了汽车芯片分类分级与测试认证评价体系。完成汽车芯片功能安全认证规范 1 项、信息安全认证规范 2 项，并开展国内首批汽车芯片认证项目，包括功能安全产品认证 2 项、信息安全认证 7 项。从检测认证结果来看，国内尚无通过全项安全认证的国产芯片产品，功能安全技术水平整体薄弱、通过率低，国内企业对可靠性测试存在侥幸心理，仅部分测试项通过便夸大宣传，用户易受误导。

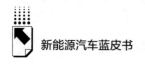

三 相关建议

当前，要扭转车规级芯片被动局面，单靠市场机制难以实现。需要强化政府调控，提高车规级芯片战略定位，由国家统筹资源，政府、行业机构、相关企业联合作战、集中攻关，才能实现车规级芯片发展突破。在具体实施方式上，既需立足当下，也要着眼长远，长短结合、同步启动、并行推进。

（一）制定汽车芯片产业发展规划及行动方案

强化顶层设计。从国家层面研究制定汽车芯片产业发展规划，以短期实现供需稳定、中期夯实基础、长期引领发展为目标，同步启动并行推进短中长期计划，逐步提高国产芯片市场占有率及自给率。制定并实施汽车芯片产业强基工程，对于晶圆加工等关键基础环节给予长期稳定政策支持。结合中长期发展规划，编制汽车芯片产业发展三年滚动行动计划，坚持扩大汽车芯片产能不动摇，支持传统领域基础通用芯片、前瞻领域高端智能芯片的国产化，建立统筹推进、结构合理的汽车芯片支持政策体系。

（二）加大对汽车芯片领域的专项资金投入

通过重大专项和国家重点研发计划等措施，集中攻关车规级芯片关键核心技术。加大对自主安全可控装备、材料、软件的验证和应用支持力度，将自主车规级芯片首台（套）装备、首批次新材料、软件首版次等纳入国家首台（套）支持政策，并采用补贴等方式给予重点支持。对于国产汽车芯片上车应用环节，研究给予对应的支持政策，可通过完善新能源汽车补贴支持政策，引导国产汽车芯片在新能源汽车上应用。

（三）建设汽车芯片产业技术基础公共服务平台

一是加快完善汽车芯片标准体系。构建汽车芯片标准体系，从基础、通用规范、产品技术应用、匹配测试规范等方面，对不同种类、不同应用场景的汽车芯片提供应用引导。二是大力支持汽车芯片检测检验技术研发与能力建设。从汽车芯片质量要求出发，重点突破汽车芯片功能安全、信息安全、可靠性检测检验技术，构建汽车芯片产品测试数据库，为汽车芯片上车提供背书。三是建设汽车芯片认证体系。构建完善汽车芯片认证体系，构建审查加认证的认证体系流程，包括企业能力审查、产品技术审查、企业管理能力认证、产品认证四个重要方向，为企业汽车芯片选型与供应商能力审查提供抓手。

（四）加快标准、检测、认证体系的推广应用

完善行业管理，构建我国汽车芯片标准、检测、认证体系，使国产芯片产品评价有据可依，倒逼国产芯片技术水平提升，促进国产芯片替代。标准、检测认证业务的快速推进需要国家部门、相关企业给予支持配合。建议将汽车芯片检测认证作为揭榜挂帅、试点试用的强制要求或关键环节审核手段；鼓励相关企业积极参与汽车芯片标准检测认证工作组，联合制定、推广应用选型认证和供应商审核规范，形成快速迭代机制；开展国产芯片紧急替代测评工程，整车企业提供替代需求，行业机构进行国产芯片测试评价，形成芯片可选方案。

展　望　篇

Prospects

本篇重点展望了新能源汽车产业在未来双碳目标下以及电动化、网联化、智能化融合发展的重要趋势，研究梳理产业变革发展面临的机遇以及存在的问题，并深度分析了下一阶段新能源汽车转型升级发展的路径，为产业高质量发展提供了新思路。

"碳中和"已经成为全球新一轮科技和产业革命的新主题，世界各主要经济体交通领域的产业政策、技术路线、战略定位以及行业发展趋势都做出相应调整，而新能源汽车及相关新型基础设施建设为道路交通领域实现碳中和提供了新的技术解决方案。我国作为全球最大的新能源汽车生产和消费大国，需把握全球零碳经济发展机遇、应对国际碳减排技术和贸易挑战，进一步探索新能源汽车的低碳转型发展路径。

随着全球汽车市场"新四化"的发展，搭载先进电子电气架构、高算力芯片、车载操作系统等相关核心技术和产品的智能电动汽车，逐渐成为产业竞争新高地。但在转型升级过程中，我国智能电动汽车发展仍面临安全可靠性不足、核心零部件"卡脖子"、商业模式落地困难、政策标准有待完善等一系列问题，需要进一步加强核心技术研发及商业模式创新探索，同时也要完善相关法律法规，加大政策支持力度，并做好推广、体验、示范等活动的宣传工作。

智慧城市、智能交通与智能汽车融合发展同样成为未来新能源汽车产业转型的重要思路，北京、武汉等城市正加强相应领域的探索与实践，为产业发展提供了较好的参考经验，但面对协同机制不完善、跨领域融合发展不成熟、部分标准文件缺乏等问题，仍需政企多方持续发力，并加强跨领域、跨行业多元协同合作，开展应用模式创新探索。

B.11
双碳目标下新能源汽车发展机遇与挑战

柴麒敏 马玉洁 刘仲夏*

摘 要： 应对气候变化和实现碳中和愿景已经成为全球共识，在我国实施"双碳"战略推动交通运输领域加速转型、欧美意欲出台单边气候贸易政策的背景下，高质量发展新能源汽车已成为汽车工业全球竞争的关键。为更好地推动我国新能源汽车产业把握零碳经济发展机遇、应对国际碳减排技术和贸易挑战、提升碳中和新赛道的竞争力，本研究系统梳理了主要经济体新能源汽车发展战略、大型汽车企业碳中和目标实施进展，识别影响我国新能源汽车产业高质量发展的驱动性因素和约束性问题，特别针对新能源汽车碳足迹核算标准、碳定价机制、气候贸易壁垒等主要热点话题，提出了符合我国国情的新能源汽车产业加速高质量发展的若干对策建议。

关键词： 碳达峰 碳中和 新能源汽车 气候贸易壁垒 碳足迹

气候变化是全人类面临的共同挑战，碳中和已经成为全球新一轮科技和

---

* 柴麒敏，博士，国家气候战略中心战略规划部主任、清华大学现代管理研究中心兼职研究员、中国环境科学学会碳达峰碳中和专委会秘书长、中国能源研究会能源系统工程专委会副秘书长、碳中和50人论坛特约研究员；马玉洁，硕士，国家气候战略中心战略规划部碳中和研究室主任、高级工程师；刘仲夏，硕士，国家气候战略中心战略规划部碳中和研究室助理研究员。

产业革命的新主题。随着全球能源转型进程的推动，新能源汽车及相关新型基础设施建设为道路交通领域实现碳中和提供了新的技术解决方案。2021年10月，我国正式向《联合国气候变化框架公约》（UNFCCC）秘书处提交了《中国本世纪中叶长期温室气体低排放发展战略》《中国落实国家自主贡献成效和新目标新举措》，并发布了《中共中央　国务院关于完整准确全面贯彻新发展理念做好碳达峰碳中和工作的意见》《2030年前碳达峰行动方案》，其中特别提到要开展交通运输绿色低碳行动，大力推广新能源汽车，逐步降低传统燃油汽车在新车产销和汽车保有量中的占比，推动城市公共服务车辆电动化替代；到2030年，当年新增新能源、清洁能源动力的交通工具比例达到40%左右，营运交通工具单位换算周转量碳排放强度比2020年下降9.5%左右。"双碳"政策实施对新能源汽车发展是重大推动力，我国已成为全球最大的新能源汽车生产和消费国，传统汽车制造企业转型、造车新势力崛起及关键零部件的高市场占有率备受国际社会关注。零碳排放汽车制造及相关核心技术已经成为全球产业竞争的新赛道，有相当比例的经济体和汽车制造企业相继发布了燃油车禁售时间表及碳中和路线图，欧美已经或计划出台的有关新能源汽车碳足迹核算标准、认证、评级、贸易等相关政策成为2022年两会期间代表委员热议的话题，多位业界的人大代表、政协委员提交了相关提案。在此大趋势下，我国新能源汽车发展将面临长期向好的市场风口，与此同时也要应对来自国际碳中和新政下的气候贸易壁垒。

一　《巴黎协定》下全球碳中和进程新动向

（一）全球开启迈向碳中和的新征程

2021年是联合国应对气候变化《巴黎协定》正式实施的第一年，格拉斯哥气候大会（COP26）在延迟一年后举办。G20领导人第十六次峰会通过《二十国集团领导人罗马峰会宣言》，再次重申了《巴黎协定》的长期目标，承诺保持能源安全，同时应对气候变化，保证一个公正有序、确保可负担的能源体系转型。COP26 主席国英国举办世界领导人峰会，百余位国家元首、政府首脑与会，聚焦减缓和适应行动雄心、支持力度等问题，形成了《绿色电网倡议：同一个太阳、同一个世界、同一个电网》《全球煤炭向清洁能源转型的声明》《零排放中、重型车辆全球谅解备忘录》《全球甲烷承诺》《关于森林和土地利用的格拉斯哥领导人宣言》等政治宣言。《巴黎协定》实施细则谈判达成了"格拉斯哥气候协议"及多项决议，即将开启全球碳市场建设的新改革进程，COP26 特别就《巴黎协定》第 6.2 条所设的减缓成果国际转让（ITMO）合作方法的指南，第 6.4 条所设可持续发展机制（SDM）的规则、程序和模式，以及第 6.8 条所设非市场机制框架的工作计划达成了一揽子解决方案，为全球碳市场迈入新改革进程奠定了重要制度基础。会议期间，中美联合发布《中美关于在 21 世纪 20 年代强化气候行动的格拉斯哥联合宣言》，为弥合各方分歧提供重要解决方案。

这一年也被称为"碳中和元年"，截至 2021 年，已有 131 个国家、116 个地区、234 个城市和 696 个企业承诺要实现碳中和，占到了全球 GDP 的 90%、人口的 85%、温室气体排放的 88%。其中，已有 51 个国家向联合国正式提交本世纪中叶长期温室气体低排放发展战略，46 个国家提出 2050 年前实现碳中和的目标。然而，这些全球共同的努力仍然是不够的，政府间气候变化专门委员会（IPCC）第六次评估报告（AR6）揭示温室气体排放处于人类历史上最高水平，全球平均气温已比工业化前（1850~1900 年）高出了约 1.1℃。应对气候变化问题已从代际可持续发展问题转变为当下需要面对的危机，如果按照各国现有体量排放温室气体，全球可能在 10~20 年的时间内耗尽安全阈值以下的碳排放空间。从最新发布的 IPCC 第六次评估报告第三工作组的情景结果分析，综合考量自然系统碳汇及工程碳移除技术部署的限制，全球的温室气体排放将从 2019 年的 590 亿吨二氧化碳当量降低至 21 世纪末的 100 亿吨以下，要实现《巴黎协定》目标，全球温室气体排放量最迟应在 2025 年前达峰，并在 2030 年前减少 27%~43%。与此同时，联合国环境规划署发布的《2021 年排放差距报告》表明，要实现全球碳中和目标，全球到 2030 年必须在当前各国已承诺的国家自主贡献（NDCs）基础上再减排约 130 亿吨二氧化碳，而要实现 1.5℃目标的减排差距约为 280 亿吨。加大减排力度需要付出额外的经济成本，但不减排所造成的经济代价也很大，全球每年因此损失 20 万亿~72 万亿美元，而根据我国《第三次气候变化国家评估报告》，本世纪以来由气候变化造成的直接经济损失平均每年占我国国内生产总值的 1.07%，是同期全球平均水平的 7 倍多，大约相当于每年 1.2 万亿元。

（二）碳规制促发全球经贸规则变革

全球碳中和进程引致新一轮投融资热潮，快速增长的各项数据表明我们正处在转型机遇期。2021 年全球能源转型投资总额达 7550 亿美元，中国连续多年成为全球最大投资国；电力装机容量建设投资总计 5300 亿美元，其中可再生能源约占 70%；全球绿色债券发行规模 6210 亿美元，累计超过 1.8 万亿美元，中国是全球最大的绿债发行国之一；全球碳市场交易总额约 7594 亿欧元，相比于 2020 年增长了 164%，尤其我国在 2021 年启动了全球覆盖排放量最大的碳市场，交易额及市场流动性有较大上升空间。2021 年，硅料、钴锂等上游原材料价格的上涨一定程度上抑制了新能源汽车的推广进程。尽管如此，在全球碳中和的热潮下，光伏、风电、储能、氢能和新能源汽车板块在资本市场持续保持高估值，各研究机构纷纷调整对未来能源需求和结构的预期。根据世界银行的预测，碳交易市场未来有可能会超过油气期货市场，成为全球能源环境权益类市场中最大的板块。

全球范围的绿色低碳转型将大大加速，经济社会发展将在未来发生系统性的变化，碳中和将会成为全球产业投资、能源市场、资金流动、国际贸易的重要指引。在全球协同推进碳中和的进程中，我国企业也将面临新的挑战，诸如碳边境调节机制（CBAM）、产品碳足迹标准限制、跨国企业供应链管辖等，比如欧盟即将实施工业储能和新能源汽车动力电池碳足迹限额标准、欧美国际汽车品牌对上游车身钢架和铝轮毂等供应商提出绿色评级要求。碳中和战略的实施不但影响传统高耗能行业的发展模式，也将为环境监测装备、新型电力系统、新能源汽车、氢/氨替代燃料、新材料、数智降碳、碳监测检测、产品碳足迹认证、机构碳效评级、碳金融等新兴行业创造巨大的长期需求。对于金融企业而言，碳中和战略的实施将使气候变化成为其需要面对的新风险敞口。

二　双碳背景下国内外新能源汽车产业发展情况

（一）主要经济体交通运输领域转型进展

在全球碳中和进程的推动下，世界各主要经济体交通领域的产业政策、技术路线、战略定位以及行业发展趋势都做出相应调整。许多国家已经开始宣称禁售内燃机汽车（见表1），同时大力发展新能源汽车；部分国家也制定氢能发展路线图，力图在更好地满足出行需求的同时大幅减少全生命周期的环境污染和温室气体排放。欧盟在2020年发布《欧洲氢能战略》，提出要在长途及重型车辆领域推广氢能燃料电池汽车；到2035年将停止销售新的汽油、柴油和混合动力车型。美国交通近零碳排放的战略路径核心是扩大交通低碳技术应用，联邦政府宣布设定到2030年所有乘用车和轻型卡车新车销量中，50%为零排放汽车（包括BEV、PHEV、FCEV）的目标，并建成至少50万座充电站；包括美国加州在内的14个州提出2035年之前全部新售乘用车和轻型卡车实现100%零排放的目标。英国交通部发布的《交通脱碳：更好、更绿色的英国》是全球首个专门针对交通领域的碳中和路线图，英国或将逐步向零排放车辆过渡，从2030年起将停止销售新的汽油、柴油乘用车和小型货车，从2035年起禁止销售新的混合动力汽车及小型柴油卡车。日本发布新规，到2035年新销售乘用车100%为电动车（含HEV）。我国海南省也提出了2030年前燃油车退出销售市场的目标。

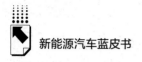

表1　部分国家/地区燃油车禁售时间表

时间	国家/地区
2024年	意大利罗马
2025年	法国巴黎、西班牙马德里、希腊雅典、墨西哥、挪威
2029年	美国加州
2030年	荷兰、德国、印度、以色列、爱尔兰、日本东京、丹麦、冰岛、斯洛文尼亚、瑞典、英国、中国海南
2032年	英国苏格兰
2035年	日本、加拿大魁北克省
2040年	法国、西班牙、加拿大不列颠哥伦比亚省

（二）大型跨国汽车企业的零碳转型愿景

在全球燃油车逐步禁售的趋势下，新能源汽车成为全球主要汽车企业占领未来市场、确立行业地位的战略选择，大众、宝马、戴姆勒、丰田等大型跨国车企以及博世等领先零部件企业，通过促进生产供应环节绿色化和增加可再生能源使用比例以实现自身碳中和目标（见表2）。

表2　主流汽车企业/集团应对双碳目标的愿景

汽车企业/集团	时间节点	应对双碳目标的愿景
戴姆勒	2022年前	所有欧洲工厂实现碳中和
	2030年前	新能源汽车销量占集团总销量的50%以上
	2039年	停止销售传统内燃机乘用车，届时旗下所有乘用车将实现碳中和
大众	2025年	汽车全生命周期温室气体排放总量较2015年减少30%
	2028年	在全球累计交付2200万辆电动车，超50%来自中国市场
	2030年前	推出约70款电动车
	2050年	实现整个集团层面的全面碳中和
宝马	2021年	在全球销售10万辆纯电动车（2020年NEV交付量为19.3万辆），包括沈阳基地在内的全球宝马工厂都实现碳中和
	2030年	单车平均二氧化碳排放量较2019年至少降低1/3
日产	2050年	计划到2050年实现整个企业的运营和产品全生命周期的碳中和，包括车辆原材料的提取、制造、利用和报废车辆的循环/再利用

汽车企业/集团	时间节点	应对双碳目标的愿景
沃尔沃汽车集团	2025 年	全面电动化,届时纯电动车占比将达 50%,其余为混动车型
	2030 年	成为纯电豪华车企
	2040 年前	成为全球气候零负荷标杆企业(沃尔特根特工厂已实现零排放,并已在瑞典建立多个碳中和工厂)
保时捷	2030 年	争取实现全价值链碳中和
博世	2020 年底	集团在全球 400 个业务所在地所有相关工程、制造和管理设施不再留下碳足迹
	2030 年前	逐步增加可再生能源份额,并投资 10 亿欧元提升分支机构能效
丰田	2025 年	销售 550 万辆电动化车型,其中混动车 450 万辆,纯电动和氢燃料电池车 100 万辆
	2050 年	实现产品全生命周期碳中和

（三）中国新能源汽车的发展现状和前景

交通领域已成为中国温室气体排放最重要、增长最快的领域之一,其碳排放占全国终端碳排放的 15% 左右。相关数据显示,2019 年交通领域能源消耗约 4.49 亿吨标准煤,占全国能源总消耗的 9.24%。根据国家气候战略中心自主研发的中国应对气候变化战略规划综合评估模型（SPAMC）测算,2060 年新能源汽车保有量将有望达到 3.5 亿辆左右,新能源汽车占比约在 95% 以上,道路交通领域二氧化碳排放量相较 2030 年将降低 85% 以上。作为世界第一汽车产销大国,加大创新投入,促进低碳转型,大力推广使用新能源汽车已成为必然趋势。

我国先后在多个政策文件中提到新能源汽车发展目标（见表 3）。作为第一个新能源汽车发展的战略性纲领性文件,2012 年发布的《节能与新能源汽车产业发展规划（2012-2020 年）》,将电动化确定为中国汽车发展的战略方向。2017 年发布的《汽车产业中长期发展规划》中提到,到 2025 年新车平均燃料消耗量降到 4.0L/100km,排放达到国际先进水平,新能源汽车能耗处于国际领先水平，汽车实际回收利用率达到国际先进水平，新能源汽车占汽车产销的20%以上。同时，《中国制造2025》《节能与新能源汽车技术路线图2.0》也都提到了类似发展目标。2020年底发布的《新能源汽车产业发展规划（2021-2035年）》再次明确，纯电动乘用车新车平均电耗降至12.0kWh/100km，新能源汽车新车销售量达到汽车新车销售总量的20%左右。2020年以来，"双碳"政策体系的陆续出台对新能源汽车发展提出新的要求，2022年两会代表也针对推动汽车产业碳中和进程这一主题提交了部分提案，涉及绿色甲醇替代燃料、汽车换电和快充体系建设、电池碳足迹研究核算体系等方面（见表4）。

表3 中国新能源汽车相关政策目标

时间	发布部门	文件名称	2020年目标	2025年目标
2012年6月	国务院	《节能与新能源汽车产业发展规划（2012-2020年）》	纯电动汽车和插电式混合动力汽车生产能力达200万辆，累计产销量超过500万辆	—
2015年5月	国务院	《中国制造2025》	自主品牌纯电动和插电式新能源汽车年销量突破100万辆，在国内市场占70%以上	自主品牌新能源汽车年销量300万辆，在国内市场占80%以上
2017年	工信部、国家发改委、科技部	《汽车产业中长期发展规划》	新能源汽车年产销达到200万辆	新能源汽车占汽车产销的20%以上
2020年10月	中汽学会	《节能与新能源汽车技术路线图2.0》	新能源汽车市场销量占比达7%	新能源汽车占市场总销量的20%左右
2020年11月	国务院	《新能源汽车产业发展规划（2021-2035年）》	—	新能源汽车新车销售量达到汽车新车销售总量的20%左右

表 4 2022 年中国汽车产业碳中和进程两会代表提案

代表	提案
吉利集团李书福	提案 1:推广应用甲醇汽车,助力交通领域碳中和 提案 2:关于加强电动汽车换点体系建设的建议 提案 3:关于将新能源动力电池材料纳入国家战略储备资源管理的建议
奇瑞集团尹同跃	提案:把新能源汽车纳入碳交易管理
宁德时代曾毓群	提案:加快启动电池碳足迹研究
小米汽车雷军	提案 1:建设新能源汽车碳足迹核算体系并加强快充网络规划布局 提案 2:关于加快新能源汽车大功率快充基础设施建设的建议

长远来看,新能源汽车在我国还有着更大的市场空间,在将来进一步提升市场渗透率的基础上,新能源汽车全产业链也将受益。同时,新能源汽车许多相关技术已发展成熟,具备大范围推广应用的条件。根据最新数据统计,2021 年销量前十的新能源汽车榜单中,中国车型占据六席。2020~2021年,中国新能源汽车的销量出现大幅增长,销量增量超过 200 万辆,超过全球所有其他地区销量增量的总和。这一系列数据均显示出我国新能源汽车发展的巨大潜力。

三 我国新能源汽车高质量发展的双面影响因素

(一)政策顶层设计赋能新能源汽车发展

发展新能源汽车是汽车产业实现转型升级和绿色发展的重要方向,也是汽车产业实现碳减排,持续、健康、高质量发展的重要战略选择,强有力的产业政策保障则为新能源汽车有序发展提供了坚实的后盾和发展动力。在消费升级大背景下,近年来随着财税扶持政策的实施,以及双积分、油耗标准等政策的加持,中国新能源汽车行业实现了爆发式增长。

从全球来看,政策法规文件的出台对新能源汽车产业发展产生了深刻影响。基于各国更严格的汽车碳排放法规,汽车产品需要达到一定标准来满足法规要求。例如,2020 年欧盟采用了更严格的车辆二氧化碳排放标准，新标准将乘用车和轻型商用车的平均二氧化碳排放限值降低到 95g/km 和 147g/km，促使欧洲新能源汽车销量在 2020 年显著增长。

2017 年 9 月，国家发布了乘用车"双积分"政策，并于 2020 年 6 月发布了《关于修改〈乘用车企业平均燃料消耗量与新能源汽车积分并行管理办法〉的决定》。2021 年 2 月，《乘用车燃料消耗量限值》（GB 19578 - 2021）强制性国家标准发布（见表 5）。在双积分政策、油耗标准等压力之下，汽车行业加快结构调整与转型升级。随着新能源汽车渗透率不断提高，在新能源汽车发展初期起到关键促进作用的购置补贴、车购税及车船税等财税优惠政策从 2019 年开始逐步退坡，双积分政策对保持新能源汽车持续发展起到了助推作用。此外，中国正研究制定基于全生命周期的乘用车碳排放标准，加快研究乘用车全生命周期碳排放核算技术，推进国家标准落地实施，开展乘用车全生命周期碳排放管理政策研究。由此可见，政策法规助力新能源汽车发展的中长期趋势不会变。

表 5 国内新能源汽车推动性措施梳理

时间	发布部门	文件名称
2017 年 9 月	工信部、财政部、商务部、海关部署、质检总局	《乘用车企业平均燃料消耗量与新能源汽车积分并行管理办法》
2020 年 4 月	财政部、工信部、科技部、国家发改委	《关于完善新能源汽车推广应用财政补贴政策的通知》
2020 年 6 月	工信部、财政部、商务部、海关总署、国家市场监管总局	《关于修改〈乘用车企业平均燃料消耗量与新能源汽车积分并行管理办法〉的决定》
2020 年 12 月	财政部、工信部、科技部、国家发改委	《关于进一步完善新能源汽车推广应用财政补贴政策的通知》
2021 年 2 月	国家市场监管总局、国家标准化管理委员会	《乘用车燃料消耗量限值》（GB 19578—2021）

作为新能源汽车高速发展的重要窗口期，"十四五""十五五"阶段如何充分借鉴当前双积分政策和新能源汽车补贴政策退坡的经验，并深化研究论证发展新能源汽车的配套政策，将成为传统汽车产业破解发展桎梏的重要

途径。汽车企业脱碳之路也将逐渐由被动走向主动，深度脱碳将成为传统车企向新能源转型的驱动力并引领未来发展趋势。

（二）技术变革拓展新能源汽车产业生态

从技术层面看，新能源汽车相比燃油车具有运行阶段零排放、生命周期低排放的显著特性。通过与新一代能源、交通、大数据、信息技术的深度融合，采取深度脱碳的技术路线，使用清洁可再生能源大规模替代化石能源，将为传统车企转型升级带来新的发展机遇。《2030 年前碳达峰行动方案》中明确提出，要积极扩大电力、氢能、天然气、先进生物液体燃料等新能源、清洁能源在交通领域的应用。随着风力发电、光伏发电等可再生能源技术的发展以及氢能、生物质能逐步在市场得到应用，多种类新能源汽车共存将成为常态。

总体来说，各大车企主要通过增加可再生能源汽车销售占比和燃油车逐步禁售两种方式助力能源转型升级实现减排目标。以广汽、长城汽车等为代表的自主品牌新能源汽车企业发展迅速，积极推动产业低碳发展布局，先后明确了双碳战略的时间表和路线图。此外，通过代际升级，整车能耗、行驶里程等综合性能实现全面进步，产品竞争力显著提高。随着汽车保有量持续增加，一、二线城市的交通压力持续提升，为缓解交通压力，共享出行方式将得到广泛普及，同时随着基础设施建设速度加快，未来我国新能源汽车共享出行市场将进一步发展。未来数年内，以电力驱动、智能网联、低碳出行等前沿技术、新型模式为抓手，将进一步促进车辆轻型化、智能化、氢能化的蓬勃发展，催生汽车产业结构、产品形态、出行方式的系统性变革。

（三）碳贸易壁垒对汽车排放的约束与限制

为支撑欧盟"Fit for 55"一揽子政策，欧盟委员会 2021 年提出了针对现行《乘用车和轻型商用车二氧化碳排放标准》（EU）2019/631 的修订立法提议，新的立法提议设定了更为激进的二氧化碳排放限值，并且考虑将从 2025 年起，所有乘用车和货车必须报告其全生命周期二氧化碳排放量。

2022 年 6 月，欧洲议会全会投票通过了乘用车和厢式货车的碳排标准（CO_2 Emission Standards for Cars and Vans）的修订草案，要求欧盟国家从 2035 年起禁售燃油车，2030 年乘用车、厢式货车排放分别减少 55% 和 50%（此前目标分别为 37.5% 和 31%）。美国交通部也在 2022 年发布 2024~2026 年新车燃油经济性标准目标，新标准要求 2024~2025 年乘用车和轻型卡车的燃油效率每年提高 8%，2026 年提高 10%。我国在 2019 年发布 GB 27999-2019《乘用车燃料消耗量评价方法及指标》和 2015 年发布 GB 20997-2015《轻型商用车辆燃料消耗量限值》之后，没有再对乘用车和轻型商用车进行标准层面的更新。根据国际清洁交通委员会（ICCT）报告，将各国的二氧化碳排放限值目标转化为相同工况标准化下的对比如表 6 所示。随着各国排放标准的更迭，汽车企业纷纷提出了停止生产传统燃油车的目标及路线图。

表 6　NEDC 工况标准化下的二氧化碳排放量限值目标

国家/地区	乘用车	轻型商用车
欧盟	2035 年 0g/km,2021 年已经 100% 达到 95g/km	2035 年 0g/km
美国	2026 年 86g/km	2026 年 126g/km
中国	2025 年 95g/km	2025 年 139g/km

根据欧盟碳边境调节机制的最新提案，欧洲议会环境、公众健康和食品安全委员会（ENVI）将考虑采取更严格的碳边境调节机制（CABM），计划提前至 2025 年起对电力、钢铁、水泥、铝、化肥、有机化学品、塑料、氢和氨等高耗能产品的直接和间接排放征收"碳关税"，并设立欧盟主管机构，到 2030 年逐步取消所有欧盟碳市场免费配额。除了碳边境调节机制外，欧盟还将正式实施"新版电池法规"，未来只有符合全生命周期碳足迹限额及再生材料使用最低比例要求的工业储能和电动汽车电池产品才能进入欧盟市场。即使对于已经在欧盟投资建厂的汽车企业来说，钢铁、铝、塑料等相关上游原材料的进口成本会上升，相应的汽车生产经营成本也会增加。

（四）汽车全生命周期管理的短板与局限

针对上游原材料产业链碳减排技术，目前已经有针对传统燃料汽车钢铁、铝合金、铜合金、塑料等车身制造原材料的碳排放强度情景分析研究。其中，国家气候战略中心和中汽中心合作的课题研究结果显示，铝合金和铜合金碳排放强度在碳中和时会产生最大的降幅，降幅可以达到80%以上。但随着新能源汽车产业发展，包括对镍、钴、锂在内的动力电池原材料依赖逐步加大，甚至还将包括正在研发的动力电池涉及材料，相关产业链的降碳技术和碳强度评估预测研究还相对较少。

世界经济论坛2019年的洞察力报告《2030年可持续电池价值链的愿景》中提到，全球电池产业在2010~2018年快速增长，并预测到2030年，由于交通领域电气化的发展，电池工业中89%的需求将会由电动交通工具带来，中国的电池需求大概占全球的43%，欧洲的电池需求量虽然没有中国大，但是年均增速较中国高出9个百分点。高工产研锂电研究所（GGII）2022年初发布的数据显示，2021年中国动力电池出货量为220GWh，同比涨幅达175%。巨大增幅的数据背后源于新能源汽车的蓬勃发展，以及对动力电池越来越紧迫的需求。

在动力电池大规模发展的背景下，欧盟委员会为此开展了"电池2030+大规模长期研究计划"，旨在提供一个科研平台联合欧洲整体解决未来电池研发过程中面临的各项挑战，并达成既定的电池性能目标。其中就包括各种材料的电池研究，以及从原材料到先进材料的发展、电池的设计制造、电池回收利用和电池实际应用场景等。同时，欧盟新版电池法规规定从2024年起，电动汽车电池制造商需要提供碳足迹声明和碳标签，并逐步严格要求。我国新能源汽车产业的发展，必须解决"卡脖子"的问题，摆脱关键技术的制约，完善相应的标准机制，才能应对我国新能源汽车产业高速发展以及对动力电池需求快速增长的局面。

随着新能源汽车的快速增长，我国也迎来了首批动力电池退役潮，动力电池回收拆解、资源循环利用问题逐步显现。从2016年底开始，我国大力支持动力电池回收产业发展，出台了一系列支持政策，包括《新能源汽车动力蓄电池回收利用试点实施方案》《新能源汽车废旧动力蓄电池综合利用行业规范条件（2019 年本）》《新能源汽车动力蓄电池梯次利用管理办法》等相关文件，新能源汽车动力电池回收利用体系建设也取得了相应进展，但是仍旧存在一些问题，包括回收企业技术落后、设备不规范，相关的技术研发、财税激励、管理规范等政策不完善等，诸如此类的原因都会导致新能源汽车产业和动力电池生产无法进入良性的可持续发展通道。另外，虽然中国动力电池安全问题研究早且走在世界前列，但是动力电池的安全问题至今也没有得到根本解决，关于此类必须掌握的核心技术，我国整车企业还需加强相关技术保障工作。

四　双碳目标下我国新能源汽车高质量发展建议

尽管当前新能源汽车发展势头迅猛，但我国高碳的能源和电力结构短期内得不到大幅改善，而且在相当长的时期，燃油车仍将占据道路交通的主导地位，汽车温室气体排放仍将处于较快增长的阶段，需要采取积极措施促进新能源汽车发展。

一是加快构建新能源汽车产品全生命周期碳核算标准体系。加强新能源汽车全产业链汽车产品全生命周期碳排放统计核算工作，建立汽车产业链各环节碳排放因子数据库，强化动力电池碳足迹及电池全生命周期溯源管理机制研究，逐步形成汽车产品全生命周期降碳的技术体系，形成政府、产业、研究院所共同搭建的技术信息整合平台。

二是研究在汽车相关国家标准中纳入碳排放限值的经济和技术可行性。应考虑在"十四五"期间组织相关机构开展污染物和温室气体排放协同标准的研究，进一步论证在现有汽车相关标准体系的基础上确定对应的二氧化碳排放的限值、相关技术参数及核算和测量方法，探讨纳入碳排放限值指标的可行性，并通过"十五五"期间的试行和过渡，逐步以碳排放限值指标引领汽车生产阶段和使用阶段的绿色低碳化，推动新能源汽车发展。

三是在新能源汽车补贴退坡的背景下研究出台汽车碳排放控制的配套支持政策。充分借鉴当前双积分政策和新能源汽车补贴政策的经验及教训，研究论证汽车碳排放控制的配套政策，以创新的气候投融资和市场机制为基础，推动发展智能低碳的交通基础设施，支持低温室气体排放的汽车生产和商业模式创新，破解汽车行业可持续发展的桎梏，加快实现汽车行业高质量发展。

四是推动汽车行业先进技术和产业模式变革。将"十四五""十五五"作为实现汽车行业技术变革升级的重要窗口期，明确国家强化汽车行业碳排放控制的预期，激励企业提高绿色先进技术的创新投入，促进车辆轻型化、智能化、电动化、氢能化等多元技术的蓬勃发展，在新一轮全球汽车技术变革浪潮中破除技术壁垒、抓住竞争先机。

五是大力推动符合严格环境和气候标准的汽车产品出口。在优化我国汽车相关标准体系和提升汽车制造质量的基础上，推动我国汽车和相关汽车配件产品向"一带一路"等国际市场出口，助力解决部分国家当前面临的大气污染和温室气体减排难题，实现市场与环境的共赢。以标准和质量的提升为依托，有效应对汽车贸易领域可能面临的气候贸易壁垒，实现新能源汽车领域碳足迹国际标准互认，进一步提高中国汽车产业在国际市场的竞争力。

B.12
智能电动汽车发展关键因素研究
及前景分析

邱锴俊　章涟漪 *

摘　要： 当前，新能源汽车产业发展正由以电动化为核心的初级阶段，向
以智能化为核心的中高级阶段转变，产业竞争也重点向智能化、
网联化、数字化领域聚焦。搭载先进电子电气架构、高算力芯
片、车载操作系统等相关核心技术和产品的智能电动汽车，正成
为产业竞争新高地。本文分析了智能电动汽车技术进展、商业落
地、政策配套、融资热度等内容，提出我国智能电动汽车发展基
本位于全球先进水平，但仍面临安全可靠性不足、核心零部件
"卡脖子"、商业模式落地困难、政策标准有待完善等一系列问
题。建议政府出台配套政策，引导、鼓励企业投入基础研发和应
用研发，推动核心零部件实现自主可控，同时完善法律法规，加
大智能电动汽车的示范、普及力度，不断提高中国在智能电动车
领域的竞争力。

关键词： 智能电动汽车　自动驾驶　技术落地

全球汽车市场"新四化"发展进入新阶段，智能化地位显著提升，
并开始进入落地应用阶段，此时亟须对我国智能电动汽车发展过程进行复

* 邱锴俊，学士，《电动汽车观察家》创始人、总编辑，《赛博汽车》联合创始人；章涟漪，学
士，《赛博汽车》联合创始人。

盘，分析市场整体发展情况，研究产业的困难与机遇，助力行业健康有序发展。

一 智能电动汽车进入快速成长期

汽车产业变革的上半场电动化局势已定，智能化成为下半场竞争焦点。伴随产业发展，智能化正在与电动化互相促进，共同推动智能电动汽车市场繁荣发展。从产品定义来看，智能电动汽车，即具有电动化、网联化、智能化融合特征，搭载先进智能网联技术的新能源汽车产品。参照内燃机时代以马力为指标，智能电动汽车时代，算力将成为影响汽车智能化能力的核心要素。整车电子电气架构与核心功能被重新定义，自动驾驶和智能座舱领域将成为智能电动汽车时代新的竞争焦点。从发展阶段来看，在特斯拉等造车新势力的引领下，智能电动汽车已经走进百姓生活。经过近十年的培育，智能电动汽车已经进入快速成长期。

（一）市场：智能电动汽车消费进入大众化阶段

根据车云网数据统计，2021 年智能网联汽车[①]销量达 271.8 万辆，占整体乘用车销量的 12.74%。12 月单月，智能化渗透率已经达到 18.68%。根据"创新扩散曲线"模型，当新技术产品市场占有率超过 13.5%，则意味着大众已经开始使用该技术。《赛博汽车》对新能源乘用车终端销售数据进行统计发现，2021 年具备智能化功能的新能源乘用车（具备自适应巡航或全速自适应巡航，同时又配备车道保持辅助系统车型）销量为 114.04 万辆，在新能源乘用车市场渗透率已达 39.36%，显著高于整体乘用车市场 12.74%的智能化比例，智能电动汽车正跨过早期使用者阶段，正式进入大众化阶段（见图 1）。

---

① 此处智能网联汽车指配备 L2 级以上辅助驾驶能力，并同时具备车联网 OTA 升级功能的乘用车。

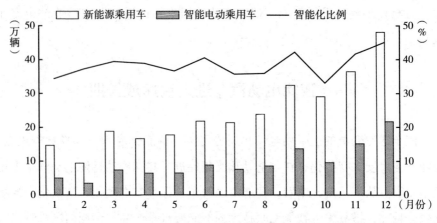

图1 2021年中国新能源乘用车及智能电动乘用车月度销量

资料来源：《赛博汽车》。

智能电动汽车进入大众化阶段的另一个例证，是平价智能电动汽车的出现。在智能驾驶方面，早期代表品牌为特斯拉，以及布局中高端市场的蔚来汽车、小鹏汽车等。目前已有一批具备L2级智能驾驶辅助功能的高性价比产品实现价格下沉，进入20万元以下乃至10万元以下价格区间。

此外，在智能座舱方面，由于实现难度较低、性价比更高，且消费者感知度更高，市场渗透速度更快。根据IHS最新调研数据，2021年中国市场座舱智能配置水平的新车渗透率约为53.3%，2025年预计超过75%。

（二）技术：乘用车闯关L3级，特殊场景无人驾驶探索商业化

智能驾驶是智能汽车最核心的功能，也是评估智能电动汽车技术发展水平的主要指标。目前，全球自动驾驶汽车分级主要依据美国汽车工程师学会（SAE）制定的分级标准。根据SAE分级标准，自动驾驶技术分为L0~L5共6个等级，由低至高分别定义为：无自动化、驾驶支援、部分自动化、有条件自动化、高度自动化以及完全自动化。

中国于2021年8月发布了针对自动驾驶功能的《汽车驾驶自动化分级》国家推荐标准（GB/T 40429-2021），将驾驶自动化系统划分为0级

（应急辅助）、1 级（部分驾驶辅助）、2 级（组合驾驶辅助）、3 级（有条件自动驾驶）、4 级（高度自动驾驶）、5 级（完全自动驾驶）共 6 个等级。而这 6 个等级，也分别对应 6 个标准。该国标于 2022 年 3 月 1 日正式实施。从实现路径上看，智能驾驶包含渐进式和跨越式两大路径。

1. 渐进式路径

采取渐进式路径的企业以传统车企和造车新势力为代表，计划实现从 L0 到 L5 自动驾驶的逐级进阶。目前来看，大部分车企的量产车型已实现 L2 级功能，且呈现价格下探、功能增多两大特征。还有一部分技术领先的车企则提出 2022 年实现 L3 级量产计划。放眼全球来看，特斯拉在智能驾驶功能落地上最为领先，已经在北美地区测试城市场景领航辅助驾驶功能（Navigate on Autopilot，NOA），这是一项接近 L3 的智能驾驶能力。自主车企中，小鹏汽车处于较为领先位置，已实现高速场景下的领航辅助驾驶功能落地，城市场景的领航辅助驾驶功能计划在 2022 年内落地。

在高阶自动驾驶技术实现上，车企大多选用"软件自研+硬件预埋"方案，后续计划通过不断 OTA 升级迭代软件算法，拓展自动驾驶边际；传感器配置方面，除传感器（摄像头、毫米波雷达、超声波雷达）外，激光雷达也开始出现在车企前装量产车中。整体来看，渐进式路线正处于 L3 级自动驾驶初步导入阶段。

2. 跨越式路径

跨越式以科技巨头、创业公司为代表，如谷歌 Waymo、百度 Apollo，以及图森未来、小马智行等，这些公司希望一步到位，实现 L4 级及以上无人驾驶。布局跨越式路线的企业又可以根据不同的落地场景进行划分，主要包括载人（出租、公交等）、载货（干线及末端物流、园区及封闭场景等）和特殊（环卫、安防等）三大类别。

目前，多数场景仍处于示范性商业运营阶段。如百度、小马智行等公司先后在北京、上海、广州、长沙等地区特定场所提供 Robotaxi 服务；美团、京东、阿里等也在北京、杭州、苏州等地特定区域、特定场景下进行无人末端配送服务。跨越式路线整体呈现"运物快于运人，低速快于高速"特征。特定场景如港口、矿山等技术实现难度相对较低有望最先商业落地，高速货运次之，Robotaxi 要排在最后。

3. 中国强调网联智能驾驶

上述两种实现路径主要围绕单车智能展开。而从技术方案来看，除单车智能外，我国也更加鼓励车路协同发展。单车智能在一定程度上存在难以解决的极端场景问题，如视距死角、延时决策等；此外，由于要搭载众多的传感器设备以及高算力平台，也面临成本高昂的问题。因此，在推动单车智能化的同时，我国也在协同发展"车路云图"一体化，不断加强智慧交通、通信基站、云控平台建设。

在两种技术方案、两种实现路线共同推动下，我国智能驾驶技术不断发展，在乘用车领域，2022 年或成为 L3 级及以上自动驾驶落地关键时间点；在特定场景下，自动驾驶技术已经在探索商业落地，近一两年有望形成较成熟的商业模式（见表1）。

表1　车企自动驾驶领域中短期布局情况

自动驾驶方案级别	现行状态	推动因素
L2+/L3 级	·多数车企中短期重点布局方向 ·新车型的主要卖点 ·政策法规正在为 L3 车辆上路做修订，预计会在 1~2 年内正式推出	·单车搭载成本较低，中高端车型能够负担成本、实现快速装车 ·需要驾驶员监管，应用风险较低 ·量产可以带来规模效应，可进一步推动技术成熟和成本下降
L4 级	·科技公司和部分车企的长期战略方向 ·限制区域范围内的试运营服务或测试服务 ·前瞻性技术和算法也在测试环境中应用	·率先布局的科技公司和车企在未来的技术发展中将占据市场竞争优势 ·新技术的发展将带来颇具规模的业务收入前景，因此吸引众多资本的加入 ·完全的无人驾驶将重塑出行市场现有商业模式

资料来源：IHS Markit。

（三）政策：政策标准体系初步形成，为落地应用开绿灯

自动驾驶行业仍处于发展初期，政策的支持与引导对行业发展至关重要。2021 年以来，国内先后发布了十几份对自动驾驶领域起到重要指导性作用或实质性推动作用的政策文件，密集的政策出台显示出我国对自动驾驶行业越发重视，我国自动驾驶法规标准体系初步形成。

政策在自动驾驶分级标准方面，对自动驾驶技术等级及其划分要素做出规定；在道路测试和市场准入方面，加强了智能网联汽车生产企业及产品准入管理；在数据和网络安全方面，对汽车数据合规、汽车软件在线升级备案等提出详细要求；在基础设施方面，对路端的基础设施建设进行了详细的规划（见表2）。

表 2 2021 年以来自动驾驶主要政策汇总

发布时间	政策名称	发布单位	相关内容
2021 年 2 月	《国家综合立体交通网规划纲要》	中共中央、国务院	推进智能网联汽车应用
2021 年 3 月	《道路交通安全法（修订建议稿）》	公安部	新增自动驾驶相关法规
2021 年 3 月	《国家车联网产业标准体系建设指南（智能交通相关）》	工信部、交通运输部、国家标准委	建立支撑车联网应用和产业发展的智能交通相关标准体系
2021 年 5 月	《关于确定智慧城市基础设施与智能网联汽车协同发展第一批试点城市的通知》	住建部、工信部	北京、上海、广州、武汉、长沙、无锡等 6 个城市成为智慧城市基础设施与智能网联汽车协同发展第一批试点城市
2021 年 6 月	《2021 年汽车标准化工作要点》	工信部	围绕多场景应用，加快 L3/L4 自动驾驶应用功能要求和场地、道路试验方法等标准制定出台
2021 年 7 月	《智能网联汽车道路测试与示范应用管理规范（试行）》	工信部、公安部、交通运输部	规范智能网联汽车自动驾驶功能测试与示范应用

发布时间	政策名称	发布单位	相关内容
2021 年 8 月	《关于加强智能网联汽车生产企业及产品准入管理的意见》	工信部	规定了 L3、L4 级自动驾驶企业及产品的准入纲领性要求
2021 年 8 月	《汽车驾驶自动化分级》	工信部等	规定了汽车驾驶自动化分级遵循的原则、分级要素、各级别定义和技术要求框架
2021 年 9 月	《物联网新型基础设施建设三年行动计划（2021-2023 年）》	工信部等 8 部门	打造车联网（智能网联汽车）协同服务综合监测平台
2021 年 9 月	《关于加强车联网网络安全和数据安全工作的通知》	工信部	加强车联网网络安全和数据安全管理工作
2021 年 11 月	《关于组织开展自动驾驶和智能航运先导应用试点的通知》	交通运输部	促进新一代信息技术与交通运输深度融合
2021 年 12 月	《数字交通"十四五"发展规划》	交通运输部	对路端基础设施建设进行详细规划
2022 年 4 月	《关于试行汽车安全沙盒监管制度的通告》	市场监管总局、工信部等 5 部门	启动汽车安全沙盒监管试点工作，以此完善汽车新技术、新业态、新模式安全监管方式
2022 年 4 月	《关于开展汽车软件在线升级备案的通知》	工信部装备中心	要求汽车生产企业完成 OTA 升级需在装备中心进行备案工作

资料来源：中国汽车技术研究中心。

此外，地方政策也在不断出台中，如 2021 年 11 月，北京市智能网联汽车政策先行区，正式对外发布《北京市智能网联汽车政策先行区自动驾驶出行服务商业化试点管理实施细则（试行）》，并向部分企业颁发国内首批自动驾驶车辆收费通知书。北京成为国内首个明确认可自动驾驶"Robotaxi"商业化试点的城市，百度与小马智行成为首批获准展开商业化试点服务的企业。

（四）资本：智能汽车引发资本追捧，配套产业链跟随受益

政策持续推进的同时，资本也在加速进入智能电动汽车产业。据《赛博汽车》不完全统计，在汽车智能化方向上，2021 年一、二级市场累计投

融资总额接近 1600 亿元, 投资热点主要集中在整车、自动驾驶解决方案、芯片、激光雷达等领域 (见图 2)。

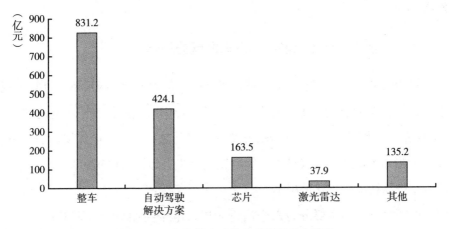

图 2　2021 年智能电动汽车投融资分布情况

资料来源:《赛博汽车》。

其中, 整车领域投融资总额超过 830 亿元, 占全年总额的一半以上 (其中上市、增发超过 553 亿元), 涉及恒大、零跑、极星、哪吒、小鹏、极氪、理想、威马、蔚来、阿维塔等 10 个汽车品牌。自动驾驶解决方案是第二大投资热点, 2021 年投融资达到 65 起, 总额达 424.1 亿元。以芯片和激光雷达为代表的自动驾驶硬件也是 2021 年投资重点, 全年累计投融资总额达到 218.9 亿元; 其中, 芯片达到 163.5 亿元, 激光雷达则获得 37.9 亿元融资。

资本的快速涌入也证明了智能电动的发展潜力, 将为下一阶段技术落地提供有力支撑。相信在未来 3~5 年, 智能电动汽车技术方向仍将是资本关注的焦点, 关注重心可能会向产业链上游转移, 芯片、激光雷达等核心零部件或将成为投资新热点。

二　智能电动汽车发展关键因素分析

作为典型的技术驱动型产业, 智能电动汽车发展过程中, 技术研发引领在前，场景化落地打磨商业模式，政策配套持续引导，消费者、行业认知水平逐步提升，这几个关键因素，共同推进智能电动汽车的快速发展。

（一）技术突破是智能电动汽车发展的基础

智能电动汽车涵盖了几大关键技术领域，包含智能感应设备、计算机视觉、芯片、人工智能、电子电气架构、线控底盘、操作系统、人机交互、5G 通信、以太网通信、大数据、车载应用等。其中，电子电气架构的变革、大算力芯片的落地、车载操作系统的正向开发，以及 AI 算法的引入，是推动汽车产品智能化进化的根本。

电子电气架构主要分为六个演进阶段，电子控制单元（ECU）升级到域控制器（DCU），DCU 升级到中央计算器，再到云化计算、协同计算（见图3）。目前，车企主要处于堆叠式的 ECU 向域控制器的演进阶段，也有部分车企具备域集中式架构和中央集中式架构的技术能力。

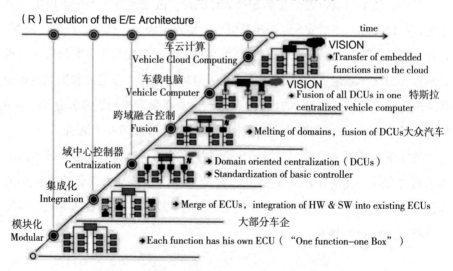

图3　博世汽车电子电气架构六阶段演进路径

资料来源：博世官网，《赛博汽车》。

电子电气架构的集中化，促成算力资源的集中化，进而产生了"计算平台"概念，随之而来的就是对大算力芯片的需求。一般而言，L4级自动驾驶汽车的算力需要300~1000TOPS，L5级自动驾驶汽车的算力需要2000~4000TOPS。2022年，随着蔚来ET7的交付，汽车产品进入"大算力芯片"时代。蔚来ET7搭载了4颗英伟达Orin芯片，整体算力达到1016TOPS，是目前量产车中搭载芯片算力最大的车型。而英伟达的下一代芯片Atlan单颗算力就将超过1000TOPS。可以看出，芯片算力已经足够支撑L4级别自动驾驶，这为自动驾驶落地提供了底层支持。

在此基础之上，部分车企也开始通过自研车载操作系统，更好地整合分配芯片、硬盘、内存等硬件资源，支撑智能驾驶、车联网、车载娱乐系统等功能模块的开发。此外，AI算法的引入，加速了自动驾驶功能的优化和迭代。例如，特斯拉已将Transformer引入自动驾驶系统中，实现了自动驾驶系统感知智能和认知智能的大幅优化。

（二）商业化应用是智能电动汽车发展的关键

对于创新型企业而言，寻找到合适的商业场景同技术创新一样重要。L2级智能辅助驾驶方面，主要车企已基本做到覆盖大部分场景；L2+级智能辅助驾驶落地，则主要局限于封闭道路。其中L2+级的顶尖功能——领航辅助驾驶功能，已开始被特斯拉、蔚来、小鹏、理想、长城、广汽埃安等企业应用，主要用于高速公路的点到点辅助驾驶。

还有部分企业在停车场景中，开始尝试L4级自动驾驶落地。这些企业的L2级、L2+级功能不仅实现落地，而且成为车型的主要卖点，获得消费者青睐。2021年以"蔚小理"为代表的造车新势力企业销量均超过9万辆，增幅大幅超越传统车企。同时，特斯拉、蔚来、小鹏均实现了软件收费，改变了传统汽车只售卖硬件赚钱的模式。越来越多车企加快智能化步伐，在合适场景落地L2级和L2+级智能驾驶应用（见图4）。

在L4级自动驾驶技术落地方面，载人、载物，以及特殊场景都在进行小范围商业化尝试。但相对而言，Robotaxi场景最为复杂，且对安全性要求

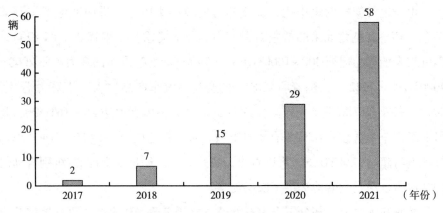

图 4　国内各年 L2+级智能驾驶车型发布数量

资料来源：中信证券（截至 2021 年 11 月）。

极高，距离大规模落地有更长的路要走。因此，2021 年以来，一些专注 Robotaxi 场景的企业开始纷纷转型，一些企业开始布局更容易落地的干线物流场景，还有一些企业则开始与车企合作，降维开发 L2+产品。

（三）政策许可是智能电动汽车发展的前提

智能驾驶公司在技术具备一定成熟度，部分场景完成测试后，将积极推动技术的商业化应用。但从分场景的推进可行性来看，乘用车领域，行业管理较为严格；特定场景中，如和公共交通并行的交通场景，同样面临着严格的监管措施；封闭场景内，对于智能驾驶嫁接在特种车、场地车等方面的管理政策较为宽松，因而也能更快落地应用。

具体而言，针对在公共道路行驶的汽车，中国智能汽车主管部门即将出台专门的企业和产品准入办法，提出有条件自动驾驶和高度自动驾驶车辆的准入条件，随着自动驾驶级别的提升、设定范围的扩大，其准入条件也会相应提升。对于自动驾驶出租车和自动驾驶卡车，除了行业主管部门的准入外，还需要中央和地方交通管理部门的市场准入许可，包括收费运营，有的还涉及特许经营。而在港口、矿山、园区这些封闭的特定场景中，自动驾驶车辆不涉及公共道路，车、路、物资等往往归属同一主体，基本不涉及政策许可。

（四）消费者、行业认知是智能电动汽车发展的转折点

在技术、政策都准备好的基础上，智能电动汽车的规模化普及，还需要解决消费者认可、行业用户认可的问题。当前，中国消费者相对其他国家，对自动驾驶技术的认可度最高；在智能座舱方面，因为移动互联网的发达和完善，消费者需求和接受度也最高。但随着更高级别智能驾驶的引入，企业仍需用产品的可靠性、稳定性说服消费者和行业用户。

三　智能电动汽车未来前景分析

在电动化、智能化融合发展背景下，2019~2021年中国智能电动汽车的销量及渗透率快速增加，从2019年不到20万辆增长至2021年的114万辆。我们认为，L2级辅助驾驶商业普及已度过初级阶段，预计在2022年进入高速发展期。同时，自动泊车、高速领航等L2+级功能也将由技术萌芽期向早期使用者阶段过渡。随着智能化、网联化技术的推进，预计2025年智能电动汽车渗透率将达到新能源汽车的60%以上。

从技术规划来看，当前主流车企多处于L3级自动驾驶导入期，技术上选择硬件预埋的方式，即预装大算力芯片、多个摄像头、毫米波雷达甚至是激光雷达等高性能硬件，使其产品在理论上可达到高阶自动驾驶水平。

从产品布局来看，造车新势力企业中，理想计划2022年推出X01车型，将支持L2~L4级别自动驾驶；小鹏P5也宣称拥有L4级自动驾驶的"硬件能力"，2022年有望进行大规模交付。国内传统主机厂中，上汽推出子品牌智己，具备L4级自动驾驶硬件能力的L7、L7S等车型将于2022年量产。国外车企中，特斯拉已面向部分测试用户推出FSD Beta；奔驰将在2022年开始在德国小范围实现L3自动驾驶量产车上路（见表3）。根据各企业规划，2022年，搭载L3级自动驾驶技术车型将陆续发布，"渐进式"车企逐渐跨越L2高级辅助驾驶和L3自动驾驶的分水岭；2023~2025年，部分企业将陆续实现L4级以上自动驾驶技术。

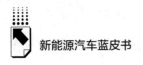

表 3　部分车企自动驾驶规划

车企		自动驾驶技术规划
新势力	蔚来	最快 2022 年推出 L4 级别自动驾驶车型
	小鹏	2024 年/2025 年实现 L4 级自动驾驶
	理想	2024 年通过 OTA 搭载 L4 级自动驾驶能力
国内车企	吉利	2025 年实现 L4 级自动驾驶商业化
	长城	2023 实现 L4 级自动驾驶；2025 实现 L5 级自动驾驶
	广汽	2023 年实现 L4 级自动驾驶
	长安	2025 年量产 L4 级自动驾驶
国外品牌	特斯拉	2022 年实现完全自动驾驶
	奔驰	2022 年开始小范围实现 L3 级自动驾驶上路

资料来源：企业官网、中国汽车技术研究中心。

作为自动驾驶基石，大算力芯片头部企业也将于 2022 年实现大规模量产。综合各公司官网数据情况来看，英伟达、高通及华为、地平线等头部企业计算平台及相关芯片算力均具备支持高级别自动驾驶的基础，将于 2022年陆续量产上市（见表 4）。

表 4　自动驾驶高算力芯片落地时间

厂商	产品	单芯片算力	适配等级	合作车企	量产时间
英伟达	Orin	254 TOPS	L2~L5	蔚来、奔驰等	2022 年
Mobileye	EyeQ Ultra	176 TOPS	L4	—	2023 年
高通	Snapdragon（平台）	700+TOPS	L4~L5	长城、通用等	2022 年
华为	MDC 810（平台）	400 TOPS	L2~L4	北汽极狐等	已量产
地平线	征程 5	96/128 TOPS	L4	—	2022 年

资料来源：企业官网、中国汽车技术研究中心。

（一）新一轮竞赛开启，头部企业更新迭代加快

智能电动汽车横跨汽车、电子、计算机、IoT 等多个领域，催生万亿级市场空间，且软件和服务打开新盈利通道，不仅为全面转型的传统车企，也为造车新势力、科技互联网企业带来了新机遇。前一批造车新势力如"蔚

小理"已经在智能电动汽车市场占有一席之地，后来者如百度、小米、创维等纷纷官宣下场造车。"后来者"想要真正在汽车市场形成"气候"还需要一段时间，但对传统汽车产业已经产生冲击。

目前来看，科技公司首款新车大多将在2024年前后上市。百度、小米、滴滴、苹果等将在未来几年陆续推出新车，考虑品牌推广及新车型、新产能爬坡，预计传统车企、新势力、科技公司将于2024年开始全面竞争。相比而言，传统车企具有规模效应下供应链整合能力优势；新势力企业具有软硬件开发、全新品牌渠道运营能力优势；科技公司具有软硬件开发能力、资金资源实力等优势。这种态势下，谁更能"扬长避短"，就更有机会成为整车巨头，并逐步向全球市场渗透。

（二）产业链价值重心向软件及服务转移

当前汽车销售形式仍以"一锤子买卖"为主，但随着软件深度参与到汽车全生命周期，用户购车行为将被视为一个"开端"。根据普华永道思略特《2020年数字化汽车报告》，到2030年，软件在消费者感知价值中的占比将达60%，随着自动驾驶技术发展，新型拥车模式将进一步提升这一比例，未来10年，随着用户期望提升和新功能涌现，只有打造软件驱动的车企才能在复杂多变的市场中持续捕获价值。

其中，OTA能力将成为汽车迭代升级的关键，也是主机厂持续创造服务价值的核心要素。智能电动汽车在OTA加持下，实现了盈利模式从传统的"一次性硬件交付收入"变为汽车全生命周期中"持续的软件及服务递延收入"。如特斯拉通过其App进行OTA软件更新服务，实现了软件、服务收费的全新盈利模式；国内车企蔚来汽车和小鹏汽车也有类似软件收费项目。

可以预见，短期来看，自动驾驶系统主导的软件收费有望成为推动企业利润增长的新动能；长期来看，参照苹果商业模式转变，基于软件生态的渠道收费将成为企业盈利的来源。随着智能电动汽车的规模化普及，单车销售利润可能长期处于较低水平，而软件和服务将成为主要利润来源。

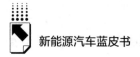
（三）车企与供应商关系面临重塑

在软件定义汽车的变革下，市场主体定位亦面临冲突、洗牌与磨合。当前车企与零部件供应商更多的是合作关系，伴随全栈自研等形式进入汽车领域，车企与供应商形成更开放和多元的关系。未来，车企与供应商关系将从单一的"交钥匙模式"，向联合开发、个性化定制等更开放的商业模式迈进，这会导致企业间合作加强。未来，整车企业、核心供应商、自动驾驶解决方案提供商、运营服务商等将会共同参与智能电动汽车产品打造、运营。伴随企业深度参与供应链体系，产业链格局也将发生改变（见图5），车企绕过传统一级零部件供应商，直接与原有的芯片、传感器、软件算法等二级供应商合作，传统供应链体系将被打破重塑，Tier0.5供应商出现，产业链地位前移。

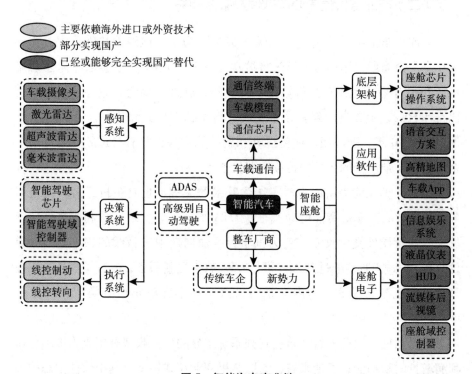

图 5　智能汽车产业链

资料来源：前瞻产业研究院、东方证券研究所。

　　与此同时，智能电动汽车的发展，也带动了相关的零部件崛起。在起点相对一致的情况下，我国整车产业地位与零部件产业地位严重失衡的局面有望得以缓解。智能电动汽车相比传统燃油车的增量部件主要包含两大类：一是以电动车为基底，包括三电系统、新能源热管理系统等，在这一领域，我国宁德时代、蔚然动力等企业已走在世界前列；二是以智能座舱、自动驾驶为核心，延伸出的摄像头、毫米波雷达、激光雷达等传感器及芯片、域控制器等企业，华为、地平线、速腾聚创等国内企业已形成较强的竞争实力。

四　智能电动汽车发展面临的挑战及建议

　　智能电动汽车朝着大规模商业化迈进，但是仍然存在诸多挑战。中国当前处在智能电动汽车领跑阵营当中，但是并无绝对优势，应当抓住行业发展机遇，建立持久的领先优势。

（一）存在技术提升、商业化、政策等多方面的挑战

　　一是自动驾驶技术仍需提升，特别是解决长尾安全问题。无论是在 L2 级、L2+级智能驾驶辅助系统，还是特殊场景下的 L4 级自动驾驶，实践中都还不能实现很高的可靠性和安全性。尽管业界认为，高阶智能驾驶软件算法已经解决了 90% 以上的问题，但仍被 10% 的长尾问题绊住。而这 10% 的长尾问题，则是决定自动驾驶是否安全、能否向一般消费者普及的关键。

　　二是核心零部件对外"过度依赖"。一方面，ADAS 系统市场份额被跨国巨头掌握，电装、博世、安波福、采埃孚、大陆五家企业占据超 80% 的份额，拥有绝对话语权。另一方面，大算力芯片依赖外国企业，其中，智能座舱芯片方面，高通暂时一家独大，高通骁龙 820A 和 8155 两代平台成为众多车型数字座舱平台的主流选择；自动驾驶方面，英伟达各项性能处于领先地位，且从相关量产车型来看，英伟达 Orin 正成为车企的主流选择。

　　三是商业模式尚不成熟。从领域进展来看，乘用车领域，车企对自动驾驶投入度较高，但消费者的感知和消费意愿相对较弱，很多人不愿为此买单；高

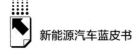

阶自动驾驶领域，则更多处于商业模式探讨阶段，尚无企业真正实现商业闭环。无论是园区、矿区、机场等特定的限速或低速场景，还是载人自动驾驶领域，都已有小范围商业化尝试，但大规模商用仍需较长时间。从成本方案来看，商业化还难取得效益，一方面是智能驾驶还不够高效、安全，另一方面是成本还很高。尽管近年来，以激光雷达为首的传感器价格有了大幅度下降，但为了保证自动驾驶更加安全，更多企业还是选择多融合的传感器方案，加上冗余要求，进一步增加了成本，单车价格处于较高水平，市场整体接受度较低。

四是政策标准不够完善。尽管近年来我国多个部门和各地政府已相继出台多项政策支持自动驾驶发展，但政策还处于较为"粗颗粒"的阶段，自动驾驶汽车测试、场景、量产、安全等方面标准尚不完善。且各地政策协调性不高，目前北京、上海、广州、深圳、苏州、长沙等城市已出台与自动驾驶相关的政策规划，但仅北京明确出台规定允许自动驾驶商业化试点运营，各地推进力度和节奏不统一。

五是消费者认可度还不够高。不同于 ADAS 阶段仍以驾驶员为核心，L3级及以上更多由车辆接管行驶任务，因此车辆的安全性和连续性至关重要。一些智能驾驶系统开启下的恶性事故，也引发了消费者担忧。如何在保证安全的前提下，提高用户体验，增强黏性，才是保证行业健康持续发展的关键。

六是数据安全导致市场割裂。各国对数据、网络安全的重视程度加深，不可避免会造成一定程度上的市场割裂。未来自动驾驶企业想要进入某个单一市场，必须在当地法律许可下开发适用于当地的自动驾驶系统，这也大幅提高自动驾驶技术供应商以及车企的研发成本。

（二）智能电动汽车发展建议

中国在全球智能电动汽车竞争中，处于应用领先但基础研究不强的局面。要将市场优势转化为全方位的竞争优势，需要直面当前的发展挑战，给出相应的解决方案。

一是要加强核心技术研发。围绕智能电动汽车产业的基础技术，加强智能感应设备、计算机视觉、大算力芯片、人工智能、电子电气架构、线控底盘、操作系统、人机交互、5G 通信、以太网通信、大数据、车载应用等技术的研发。加强与国家科研院所、高等院校以及不同行业领先企业的合作，打通产学研，打破产业壁垒，建立联合实验室/技术中心等，持续提升产业创新能力。针对"卡脖子"核心零部件，鼓励支持企业投入核心技术研发，实现关键零部件的自主可控。

二是要鼓励企业商业模式探索。在乘用车领域，智能驾驶辅助系统已经实现商业化，并且出现了软件收费模式。主管部门对于软件收费模式，应持鼓励态度。在销售、升级、售后服务环节，给予先行先试的机会，同时总结经验，完善监管手段。特殊场景的自动驾驶商业化回报期长、风险大，除了企业自身的探索，各地发改、工业、交通、公安、科技主管部门应当扶持类似企业的商业化探索，基于政策、场景方面的支持，帮助智能电动汽车企业持续探索。

三是要进一步完善法律法规。目前，我国智能电动汽车领域政策法规多以规范性文件为主，虽然 2021 年以来已有一定突破，但依然面临事故责任主体规定不够明晰、信息安全难以保障等一系列问题，需要进一步完善 L3 级自动驾驶量产等法规，保证国内企业技术量产落地速度不落后于国际水准。

四是要开展推广、体验和示范活动。让智能电动汽车从一线、新一线城市走向纵深，提升消费者对智能电动汽车的认知与接受度，推动智能电动汽车市场规模增长。

五是要加强国际合作，解决数据安全和自由竞争的矛盾。中国智能电动汽车企业已具备较高竞争实力，当前也正积极开展国际化业务。应当通过汽车、信息主管部门的全球对话机制，探讨出既尊重各国数据安全管理法规，又能促进优势智能电动汽车企业国际化发展的机制。

B.13
智慧城市、智能交通与智能汽车融合发展战略探索

张永伟 朱雷 王赛*

摘 要： 新能源汽车电动化、网联化、智能化的加速推进，为智慧城市、智能交通与智能汽车融合发展带来全新的思路，同时，智慧城市、智能交通与智能汽车融合发展也已成为新能源汽车下一阶段变革发展的必然趋势。当前，北京、武汉等城市正加强智慧城市、智能交通与智能汽车融合发展的探索与实践，开展城市智能基础设施规划建设，搭建汇聚动静态数据的车城网平台，面向汽车、交通和城市落地多样化示范应用，推动相关领域的关键技术和产业发展，努力打造集技术、产业、数据、应用、标准等于一体的融合发展体系。但智慧城市、智能交通与智能汽车融合发展仍面临协同机制不完善、跨领域融合发展不成熟、部分标准文件缺乏等问题，还需政企多方持续发力，尽快建立跨部门协同机制，推动跨领域、跨行业多元协同合作，支持创新应用模式先行先试，研究制定统一的标准体系。

关键词： 智慧城市 智能汽车 智能交通

    汽车的发展与城市交通息息相关，20 世纪汽车的普及改变了传统城市

---

* 张永伟，博士，中国电动汽车百人会副理事长兼秘书长；朱雷，博士，中国电动汽车百人会智能网联研究院副院长；王赛，硕士，中国电动汽车百人会智能网联研究院。

空间形态，城市规划从以人和交往为中心转向以车和道路为中心，道路变得更宽、更长、更复杂。当前，在新一轮科技革命推动下，我国新能源汽车进入加速发展新阶段。与传统燃油车相比，新能源汽车具有更直接高效的供电能力、更强大的算力芯片以及线控底盘系统，为智能汽车落地提供了最佳载体。智能汽车的应用，对道路基础设施提出数字化、网联化发展的需求，为城市设计创造新的机会，同时也夯实了智慧城市和智能交通建设基础。智慧城市、智能交通与智能汽车融合发展成为趋势，并将催生出大量新业态、新模式、新产业，为汽车产业转型、城市建设转型、社会转型探索新路径。

一 智慧城市、智能交通与智能汽车融合加速产业变革

（一）新能源汽车快速发展为智能汽车落地提供最佳载体

从能耗角度来看，除了雨刮器、空调等传统低压电器，智能汽车还搭载了高清摄像头、激光雷达以及大量传感器和高算力芯片等器件，对整车供电能力提出更高要求，传统燃油汽车通过汽油机发电的效率较低，难以满足智能汽车的运行需求，而新能源汽车可以通过动力电池直接取电，更符合智能汽车发展的需要。从电子电气架构角度来看，在传统汽车的分布式架构下，大量的新功能带来电子控制单元（ECU）数量和线束长度大幅提升，汽车智能化进程会受限于内部空间，新能源汽车普遍采用跨域集中式架构，更适合承载智能汽车越来越复杂的功能。从控制角度来看，传统燃油车控制系统结构复杂，指令需要经过多次信号转化，才能传递给内燃机、变速箱、离合器等执行部件，实现精准控制难度很大，新能源汽车通常只需要以电信号直接向电机、电池、电控等部件传递指令，控制系统更简单，更易实现精准控制。因此，新能源汽车快速发展，将推动智能汽车创新体系、产业集群以及应用体系加快形成。

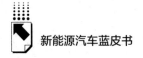
（二）跨领域融合成为新能源汽车下一阶段发展的必然趋势

汽车具有引导城市发展、塑造城市形态的功能，城市发展也要求汽车生态与之相适应。新能源汽车加速进入电动化、网联化、智能化的时代，成为我国新型城镇化进程中不可忽视的重要组成部分；与此同时，城市正推进基于数字化、网联化、智能化的基础设施建设，以更好地服务交通出行和城市治理。城市、交通和新能源汽车在智能化大趋势下形成融合交点，智能汽车成为智慧城市和智能交通建设的重要牵引力量，智慧城市和智能交通也为智能汽车提供了丰富的应用场景（见图1）。推动智慧城市、智能交通与智能汽车融合发展，有利于汽车强国、交通强国以及新型城镇化建设。

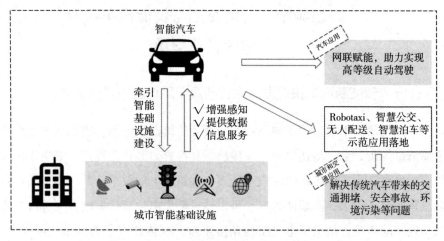

图1　城市、交通和智能汽车跨领域融合发展

1. 智能汽车可以减少交通引起的"城市病"

在过去40多年中，城市经历了高速度、大规模、粗放式的建设，城镇人口快速增长，到2021年，我国城镇人口已由1978年的1.72亿人增加到9.14亿人[①]。城市的快速发展也带来了一些问题，如城市交通拥堵、商

[①]　资料来源：国家统计局。

业区及居民区停车难等，影响正常的交通道路通行。《智能汽车创新发展战略》指出，智能汽车有利于减少事故损害、提高交通效率、促进节能减排。依托智能汽车开展智慧公交、无人驾驶出租车、智慧停车等应用，将推动汽车成为城市解决方案的提供者，有助于缓解"大城市病"，提升城市管理成效和改善市民生活质量。

2. 智能汽车可成为智慧城市建设的数字化移动终端

智慧城市是以数据为中心、由数据驱动的城市大数据生态系统。智能汽车可以成为智慧城市的数字化移动终端，助力打通数据壁垒，汇聚动静态数据。在智慧交通网中，汽车成为连接人与交通以及其他城市设施的新型智能终端。在智慧能源网中，汽车成为调节城市峰谷用电的新型储能节点。通过汽车广泛收集城市道路、交通、建筑的实时动态信息数据，促使城市数据更丰富、更智慧。同时，以智能汽车为牵引部署智能基础设施，优先建设公交专用、出租专用、环卫专用、物流专用等使用频次最高、应用需求最迫切的重点交通场景，可以避免基础设施过度投资建设造成资源浪费的问题，提高基础设施利用率。

3. 城市交通可为智能汽车提供智能基础设施支撑

智能汽车依赖城市智能基础设施增强感知能力。城市道路为智能汽车提供动静态感知信息，形成准确可靠的超视距感知体系，提升单车感知精度，助力实现自动驾驶。通过在城市道路路口和两侧布设毫米波雷达、智能摄像头、激光雷达等智能感知设备，对城市交通的静态和动态信息进行精确探测、感知和采集，细化车端和路端感知能力分工，补足单车智能感知盲点，为智能汽车提供必要的感知信息支撑，提高汽车的行驶效率和安全性（见图2）。

4. 城市和交通可为智能汽车提供测试环境和应用场景

通过建设城市级平台，汇聚道路、交通、汽车、公共设施、市政设施、地理信息等动态和静态数据，支撑智能汽车开展测试、应用与运营。在条件相对成熟的特定路段或区域开展智能公交、智慧泊车、无人配送、智能环卫和自动驾驶出租车等封闭测试、示范应用和商业化运营，为智能汽车提供可

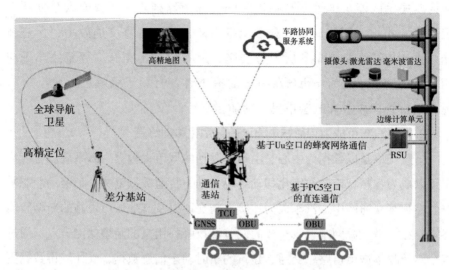

图2　城市智能基础设施为智能汽车提供支撑

落地、可试验、可展示的机会，并在应用中不断促进技术迭代。随着智能汽车实践经验的积累，可逐步探索面向智慧城市的应用，形成应用引导创新、汽车带动城市的良性循环。

（三）融合发展推动城市、交通与新能源汽车领域发生重大变革

1.智慧城市、智能交通与智能汽车融合发展将走出一条具有中国特色的转型路径

以智慧城市和智能交通应用为引导，以智能汽车为抓手，推动"汽车在城市和交通应用场景中创新、城市和交通在汽车带动下发展"。在智能汽车的赋能下，汽车由单纯的交通运输工具逐渐转变为智能移动空间，兼具移动办公、移动家居、娱乐休闲、数字消费、公共服务等功能，服务城市的新兴出行需求；智慧城市和智能交通的发展也需要依托智能汽车开展多样化的应用，驱动社会生产生活方式变革。三者融合发展，使得汽车更好地融入城市与交通，促进构建车城协同新体系，探索出一条具有新时代中国特色的智能化转型路径。

2. 智慧城市、智能交通与智能汽车融合发展将打造形成一个全新产业生态

智慧城市、智能交通与智能汽车融合发展是一项复杂的系统工程，涉及城市基础设施的改造和建设，智能汽车的研发和推广应用，也包含发展大数据运营、人工智能、信息消费等。通过打造"聪明的车、智能的路、智慧的城"，一方面可带动已有的智能基础设施、通信设备、软件服务、大数据中心、人工智能等产业快速发展；另一方面也可推动新材料、感知技术、先进制造等领域技术迭代更新和创新应用，将打造形成一个涵盖"车、路、网、云"等各个环节的全新产业生态，产生更多创新突破点，助力培育新的经济增长点。

3. 智慧城市、智能交通与智能汽车融合发展有助于加快数字社会建设

通过打造一体化的车城网平台，以数字化手段连接城市道路、交通、汽车、基础设施等要素，汇聚多维度、多层次的城市动静态数据，一网通揽、一网通管，实现平台、汽车、交通及城市管理系统的有机对接，支撑城市全面感知和车城互联。通过搭建城市运行管理服务平台，加强对市政基础设施、城市环境、城市交通、城市防灾的智慧化管理，不断提高数字政府服务效能，提升公共服务、社会治理等数字化智能化水平。

二 智慧城市、智能交通与智能汽车融合发展的路径分析

（一）发展路径分析

1. 融合发展的总体思路

智慧城市、智能交通与智能汽车融合发展，要坚持需求引领、市场主导、政府引导、循序建设、车城协同的原则。同时，服务于智慧城市、智能交通和智能汽车发展需求，规划建设城市智能基础设施。搭建汇聚动静态数据的车城网平台，开展面向汽车、交通和城市的示范应用。推动相关领域的

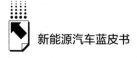

关键技术和产业发展，打造集技术、产业、数据、应用、标准等于一体的融合发展体系（见图3）。

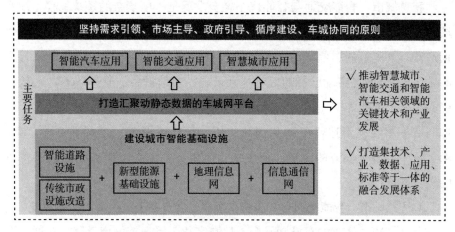

图3　智慧城市、智能交通与智能汽车融合发展总体思路

　　坚持需求引领，现阶段优先服务有人驾驶，防止盲目投资造成基础设施资源浪费。坚持政府引导，通过试点示范，完善保障措施，形成多方协作的建设机制。坚持市场主导，支持更多市场化主体如电信运营商、科技公司、地方国企等参与基础设施投资建设运营，减轻政府负担，形成可持续发展的商业闭环。坚持循序建设，优先在路口、危险路段、封闭区域等建设智能基础设施，成熟后再进行更大规模的推广，确保取得应用成效。坚持车城协同，推动形成智慧城市、智能交通与智能汽车相互支持、相互促进的良性循环。

　　2. 融合发展的重点内容

　　（1）建设城市智能基础设施

　　城市智能基础设施建设应当按照智能汽车不同发展阶段的要求来进行规划，从而使道路智能化之后可快速应用，避免出现建设就落后或者建设无人用等问题。城市智能基础设施建设主要包括五个方面：一是建设适配智能汽车发展的智能道路设施，初期可聚焦支持辅助驾驶，未来探索建设高等级智能道路助力智能汽车实现无人驾驶；二是推动传统市政设施智能化、数字化改造，如"多杆合一"智慧灯杆、智能井盖等；三是建设智能化、网联化、多元化、清洁化的新型能源基础设施；四是建设包括高精度地图在内的高精定位基础设施；五是建设支持车城互联的现代信息通信网。

（2）建设车城网平台

依托城市智能基础设施，广泛汇聚车端和城端的动静态数据，并统一接入车城网平台进行管理，实现平台、汽车、基础设施等要素的对接，赋能智慧城市、智能交通和智能汽车应用，为城市精细化治理提供支撑。车城网的内涵可分成三个层面：物理层面，实现城市智能基础设施与智能汽车的互通互联以及数据共享；应用层面，基于车城网平台，第一阶段可开展城市基础设施管理和车辆运行管理的应用，第二阶段可开展车城融合的应用，如智慧公交、Robotaxi、城市灾害预警以及路网优化等；价值层面，通过车城网平台，可以实现多源异构数据的汇聚、处理以及融合应用，实现数据价值最大化（见图4）。

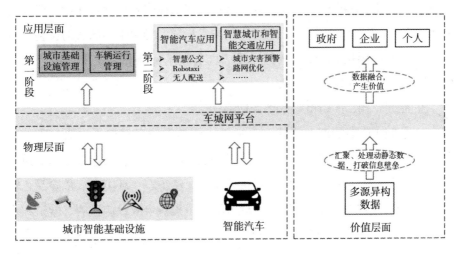

图4　车城网平台内涵

（3）开展多场景示范应用

一是面向智能汽车开展智慧公交、Robotaxi 和无人配送等示范应用。如通过智能化、网联化改造，助力智慧公交提升准点率，缩短公交行程时间；

利用城市智能基础设施可以支撑无安全员 Robotaxi 的测试与应用；通过与云平台信息交互，可实现无人配送车远程监控，降低运营成本，同时防止在路口意外停车，促进行驶安全和提升效率。二是面向智能交通开展智慧泊车、路网优化等示范应用。如通过对停车场设备的智能化改造，可实现车位信息发布和车位引导等功能，解决停车难问题，缓解城市交通拥堵；通过应用智能信控技术进行区域化路口红绿灯改造，可提升路口通行效率。三是面向智慧城市开展城市综合管理等示范应用。如通过打造城市事件统一综合管理平台，实现城市关键事件场景的智慧化治理。

（4）推动标准化进程

对于建设中发现的标准盲区，或具有地方特色的解决方案，及时开展相应的标准化工作。对已有的区域性标准与经验，根据地区特点与发展规划，逐步推进地方标准统一化、行业化。注重建设过程中的标准落实，包括建设初期顶层规划、应用场景与方案设计、设施集采与建设、平台搭建与运营等方面，坚持采用标准化的建设方案，避免出现烟囱式的规划与建设，造成效果参差不齐、影响用户体验。通过加强技术指导，确保采购部署的设备、系统通过标准化的测试认证，避免出现"已有技术标准却不使用"或者"宣称使用标准却不检测"等现象。

3. 面向 G 端、B 端和 C 端的商业模式

一是面向 G 端的商业模式初见成效。依托车城网平台为交通管理、城市管理提供服务，如面向交管部门可以提供闯红灯、逆行、违法停车等道路违法违章信息；面向交通部门可提供公交车、渣土车、环卫车、危险品运输车等重点车辆管理信息；在城市管理方面，可提供市政设施监测、隧道积水预警、道路施工提示等信息。政府部门向运营公司购买平台服务可实现商业闭环。

二是面向 B 端的商业模式可盘活产业生态。基于第一阶段 To G 端服务的积累，随着路侧设施覆盖率逐步提升，通过 4G 和 5G 公网等多终端接入可实现车辆接入量提升，形成一定规模的应用生态，进一步吸引车企进行车载单元（On Board Unit，OBU）前装量产。在接入大规模汽车数据、路侧设

施感知数据后，基于大数据分析的保险理赔、金融服务将成为可能，可拓展面向 B 端行业客户带有支付能力的服务，推动金融机构积极参与到费用结算环节，形成商业闭环。

三是面向 C 端用户提供自动驾驶服务。随着智能化基础设施和新型网络设备基本建成，面向 C 端消费者，可为智能汽车提供感知、定位、规划、决策服务，弥补单车智能尚未解决的长尾场景问题，以"单车智能+网联赋能"的方式实现自动驾驶，同时根据用户使用的流量以及时长进行收费，从而实现商业闭环。

（二）典型案例分析

1. 北京实践成果与经验

2020 年 9 月，北京启动建设网联云控式高级别自动驾驶示范区，积极开展了"车、路、云、网、图"五位一体建设，推动车路协同模式落地，推进 L4 及以上高级别自动驾驶的规模化运行，实现一系列商业应用和一批中间产品的推广应用，取得了阶段性的建设成效。2021 年 5 月，北京成为第一批"双智"试点[①]城市。

设立政策先行区，优化试点应用环境。北京设立了国内首个智能网联汽车政策先行区，通过构建适度超前的政策管理体系，为智慧城市变革营造政策友好型发展环境，支持新产品、新技术、新模式的应用推广，实现自动驾驶早晚高峰测试、异地测试结果互认、无人配送车上路、自动驾驶商业化试点和高速公路道路测试等多项突破。截至 2022 年 3 月，已累计发放乘用车号牌 147 张，无人车编码 86 个，卡车号牌 4 张，测试里程超过 400 万公里。

深度践行车路云一体化的技术路线，积极推动试点建设进展。目前在北京经济技术开发区 60 平方公里的范围内，已完成 322 个数字化智能路口基础设施的全覆盖，搭建了高级别自动驾驶车辆的城市级工程试验平台，初步

---

① "双智"试点：住房和城乡建设部、工业和信息化部联合开展的智慧城市基础设施与智能网联汽车协同发展试点。

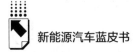

建立网联云控系统对外服务能力，投入常态化开展测试和商业化服务的各类高级别自动驾驶车辆约 300 辆。

面向智慧城市和智能交通的创新应用取得积极成效。通过实践探索，充分证明融合发展可赋能传统交通领域和城市治理。如通过对道路的智能化改造，实现信控动态优化，单一路口车均延误率可下降 28.48 个百分点，绿灯浪费时间可下降 18.33%，大大提升了民众日常出行的效率。通过建设全息路口①，可精确统计行人和车辆的流量，为警力的部署提供了决策依据。依托自动驾驶车辆的视觉感知，可以在日常行驶过程中完成巡检工作，实现对违停、违章及红绿灯故障等路侧设施运行情况的监测。②

（a）自动驾驶乘用车　　　　　　（b）无人配送

（c）无人零售车　　　　　　（d）无人小巴

图 5　北京示范区开展多类高级别自动驾驶车辆示范应用

---

① 全息路口：一般指采用多方向"雷达+摄像头"手段，实时采集路口多元化数据，并通过数字建模重现路口三维模型。

② 资料来源：根据北京经济技术开发区管委会副主任、北京市高级别自动驾驶示范区工作办公室主任孔磊公开发言整理。

2. 武汉实践成果与经验

同样作为第一批"双智"试点城市，武汉也开展了一系列探索与实践。2016 年，工信部与湖北省政府签订协议，启动国家智能网联汽车（武汉）测试示范区建设；2022 年 5 月，《武汉市新型智慧城市"十四五"规划》正式印发，指出在"十四五"期间要加快建设 5G 基站、数据中心等基础设施，建设智能网联汽车和智能交通测试道路，推动智慧城管、公安、交通智能化改造提升，对智慧城市、智能交通与智能汽车融合发展发挥良好的政策引领作用。

坚持高位推动，充分发挥行业多方力量。武汉成立新能源与智能网联汽车基地建设领导小组，统筹推进相关工作进展，领导小组下设办公室和技术统筹小组，办公室负责组织协调和具体实施各项工作，技术统筹小组为重要决策提供技术支持。武汉高度重视创新发展，联合院士工作站、产业联盟、重点企业等，共同开展相关的课题研究、技术攻关、标准制定等工作，为技术和产业发展提供支持与指导。

加速部署智能基础设施，支撑智能汽车测试与运营。武汉通过部署边控一体机设备，融合打通各类交通感知设备，实现重要路口及路段的全息感知；通过采用"宏站+微站"相结合的建设方式，为车载设备、路侧设备等提供"低时延、高可靠性"的网络。基础设施的建成与应用，为智能汽车的测试与运营提供了有力的保障。截至 2021 年 12 月，武汉已分三批累计开放自动驾驶测试道路 642 公里，全面覆盖 5G 信号、北斗高精度定位系统、路侧感知设备和车路协同系统等，具备支撑 L4 及以上等级自动驾驶测试运行条件，累计测试里程已超过 200 万公里。

开展规模化的智能汽车应用，服务居民生活出行。截至 2021 年 12 月，武汉市已投入超过 300 辆运营车辆，开放了多类智能汽车应用场景。一是自动驾驶项目，运营车辆超过 55 辆，运行里程超过 100 万公里，累计接待乘客上万人次；二是无人物流车项目，12 辆无人物流车累计有效运营 120 余天，快递总配送订单量 24000 多件；三是景区自动驾驶体验项目，共投放运营车辆 22 辆，包括无人微循环公交、AVP 自主代客泊车、无人售货等应用

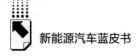

场景，接待人数达到 2 万余人；四是围绕公共出行需求，对 236 辆公交车进行智能化改造，实现与路侧设施实时信息感知和互通互联，开发了前项碰撞预警、闯红灯预警、车辆失控预警等功能，有效提升公交车的安全性和运营效率。[①]

三　存在问题和发展建议

（一）存在问题

1. 政府部门间协同机制有待完善

我国行政管理以"条块结合"方式推动为主，跨部门业务协同机制尚不完善。汽车、交通和城市建设的管理职责分属工信、交通、公安和住建等多个部门，相关信息共享、资源整合和业务协同不够，管理服务分散化、割裂化现象依然存在。同时，地方政府对智慧城市、智能交通与智能汽车融合发展的关注点各有侧重。如城市住建部门关注新一代信息技术如何应用于本地区城市规划建设，城市工信部门关注工业化、信息化如何融合发展，城市公安部门更关注如何利用信息化、数字化手段优化公共交通安全，整体上缺乏协同。

2. 跨领域融合发展模式尚不成熟

智慧城市、智能交通和智能汽车涉及行业众多，融合发展存在诸多挑战。从技术创新来看，大多数企业尚未形成系统性的技术能力和竞争优势，缺乏发挥技术引领作用的主导企业。从应用场景来看，现阶段智慧城市、智能交通和智能汽车应用场景以封闭园区和测试道路等为主，应用价值未能充分挖掘，用户缺乏"物有所值"的使用体验。从投融资主体来看，道路基础设施等公益性强的项目一般投资较大且可运营性低，缺乏"使用者付费"基础，政府及国有企业仍然是投资主体，缺乏社会资本投入。

---

① 资料来源：根据武汉市调研资料整理。

3. 部分建设内容相关标准不健全

智慧城市、智能交通和智能汽车融合发展缺乏统一的行业标准、建设标准和评估标准等加以约束和指导。近年来，智慧城市、智能交通和智能汽车等领域已分别出台多项标准，涵盖终端设备、智慧综合杆、道路测试、智慧停车和智慧社区等，但已发布的标准或是侧重于规范智慧城市建设，或是侧重于规范智能汽车发展，缺少融合领域的协同性标准，一些重要标准制修订工作亟待开展，如车城网平台标准、车城融合应用场景标准等。

（二）发展建议

1. 建立健全跨部门协同机制

智慧城市、智能交通和智能汽车融合发展横跨住建、公安、交通、工信、自然资源等多个部门，建议国家层面进一步完善部际联席会议制度，健全跨部门协同机制。加强部门间政策措施的衔接，建议相关部门联合出台指导智慧城市、智能交通和智能汽车融合发展的政策文件，完善顶层设计，为城市开展建设提供依据。地方政府在实际工作中可以成立领导小组或专班，设置相应工作小组分别负责道路建设、平台管理、产业发展、商业应用和技术创新等方面的统筹协调，强化协同能力。

2. 促进多元合作、协同创新

建议抓好政府引导、市场导向、企业主体、平台建设等核心环节，充分调动社会各界积极性，实现多主体参与，加强产业融合。支持产学研用一体化创新发展，聚焦新材料、信息通信、感知技术及先进制造等重点领域，引导高校、科研机构与整车企业、通信企业、设备厂商等加强合作，建设工程技术中心和实验室等创新平台，攻克重点领域"卡脖子"技术，促进新技术落地应用。构建新型投融资体制，鼓励社会资本设立投资基金，探索市场化建设运营模式。

3. 支持先试先行，推进应用与模式创新

支持有条件的城市先行先试，坚持包容审慎态度，推动应用与模式创新。以满足现实需求为目的，推动智能汽车特定场景的示范应用，探索开展

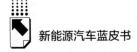

城市隧道积水预警、城市灾害预警、地下管廊监测、城市巡检等应用，助力提升城市管理水平。鼓励探索以市场化投资为主导、政府参与为辅的投资建设运营模式，由政府主导"钢筋+水泥"等具有市政性质基础设施的建设，企业主导路口路侧毫米波雷达、路侧单元（Road Side Unit，RSU）、边缘计算设备等"眼睛+大脑"类基础设施建设，引入社会资本快速推进智能基础设施建设，缓解政府资金压力和风险，充分调动企业的积极性，提高运营效率与质量。

4. 尽快制定统一的标准体系文件

建议由住房和城乡建设部、工业和信息化部、交通运输部、公安部等国家主管部门统筹规划，联合制定统一的标准体系文件，支撑示范应用规模推广、车城融合发展。在智慧城市层面，着力推进路侧基础设施面向应用场景的标准化工作，建立路侧感知与计算系统的体系化技术要求和测试方法。在车城网平台建设层面，匹配车城网平台数据服务与智能汽车需求，推动相关数据集、交互规范等平台标准体系建设。在智能汽车层面，统一数据交互标准及规范，推动传感器、计算平台、算法等不同系统要素间接口标准化。

借　鉴　篇
Experience References

　　本篇重点分析全球新能源汽车市场发展情况、欧美日新能源汽车政策最新动态及美国加州低碳燃料标准发展历程，旨在解析全球新能源市场发展趋势，借鉴新能源汽车产业发展的国际经验。

　　全球新能源汽车市场高速增长，总体规模不断扩大，《2021年全球新能源汽车市场及趋势分析》全面分析了全球新能源汽车市场的整体概况、市场结构和区域特征，研判全球新能源汽车市场发展趋势，当前全球区域格局基本稳定，产业价值向智能化转移，全球新能源汽车市场竞争正扩展至产业链、技术链、价值链等各领域。

　　政策层面，欧美日等发达国家已将发展电动汽车作为实现气候目标的重要途径，纷纷基于其基本国情及总体减排目标，优化新能源汽车政策体系。《2021年欧美日新能源汽车政策最新动态》系统梳理了近期欧盟、美国、日本等主要国家和地区的新能源汽车政策动态，总体来看，2021年以来欧美日普遍加大了新能源汽车政策支持力度，部分国家提出汽车电动化发展目标。《美国加利福尼亚州低碳燃料标准发展及其经验启示》也对美国加州出台和实施的《低碳燃料标准》历程进行了介绍，该标准的实施促进加州境内交通领域燃料平均碳强度实现大幅下降，对于我国低碳燃料发展、引导交通领域去碳化具有较强的借鉴意义。

B.14
2021年全球新能源汽车市场及趋势分析

刘可歆　刘万祥*

摘　要： 2021年全球新能源汽车销量达689万辆，同比增长1.1倍，增量达到历史最高水平。分车型来看，纯电动车型依旧占据主力，插电式混合动力车型市场开始发力。分区域来看，以东亚、欧洲、北美为主的全球区域发展格局基本形成，中、德、美、英、法等国新能源汽车销量分别完成352.1万辆、69.1万辆、67.3万辆、32.6万辆、32.1万辆，位列新能源汽车销量前五。当前新一轮科技革命和产业变革进入加速突破期，欧美等主要国家持续加大对新能源汽车产业的扶持力度，并强化新技术研发，注重本土产业链布局，全球新能源汽车市场竞争正扩展至产业链、技术链、价值链等各领域。

关键词： 新能源汽车　全球市场　区域分布

一　整体概况：全球新能源汽车市场高速增长，总体规模不断扩大

（一）2021年全球新能源汽车达到689万辆，增量达到历史最高水平

2021年全球新能源汽车市场持续大幅增长，全年销量达689万辆，

---

* 刘可歆，工程师，中汽中心中国汽车战略与政策研究中心，长期从事新能源汽车政策与市场研究；刘万祥，工程师，中汽中心中国汽车战略与政策研究中心，长期从事新能源汽车政策与市场研究。

同比增长110%，增量达360.6万辆。截至2021年底，全球新能源汽车累计销量超过1800万辆，全球新能源汽车市场渗透率快速提高，由2009年的不足0.1%提升至2021年的8.3%，比2020年提升4.1个百分点（见图1）。

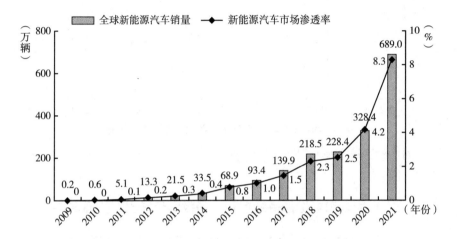

图1　2009～2021年全球新能源汽车销量及市场渗透率

资料来源：EV Volumes，中国汽车工业协会。

（二）纯电动车型依旧占据主力，插电式混动市场开始回升

从动力类型分布来看，全球新能源汽车市场一直以纯电动汽车为主，且市场份额呈现稳步增长态势。近年来，伴随沃尔沃、标致、雷诺、大众等欧系企业加紧插电式混合动力汽车布局，中系企业理想ONE、秦Plus DM-i、宋Plus DM-i等插电式混合动力车型实现量产，全球插电式混合动力汽车销量占比开始回升，2021年全球纯电动汽车、插电式混合动力汽车、燃料电池汽车销量分别为494.9万辆、192.3万辆和1.7万辆，同比分别增长117%、93%和76%，市场份额分别为71.9%、27.9%和0.2%，PHEV占比较2019年25%的最低水平回升约3个百分点（见图2）。

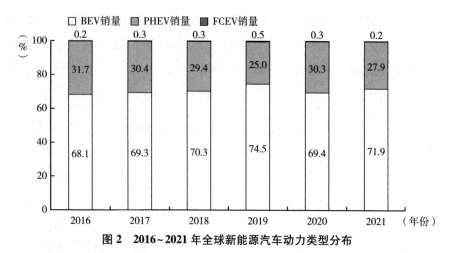

图 2　2016~2021 年全球新能源汽车动力类型分布

资料来源：EV Volumes，中国汽车工业协会。

（三）乘用车市场份额持续提升，多级别市场出现新增量

从车辆类型分布来看，2021 年全球新能源乘用车、商用车销量分别达652.2 万辆和 26.3 万辆，同比分别增长 108%和 119%，市场份额分别为95.8%和 4.2%。新能源乘用车市场份额持续提升，由 2016 年的 77.4%上升至 2021 年的 95.8%（见图 3）。

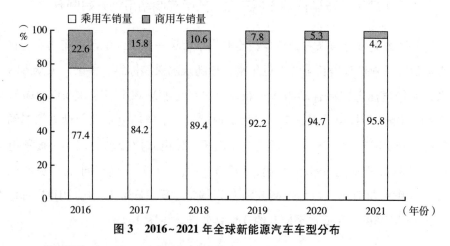

图 3　2016~2021 年全球新能源汽车车型分布

资料来源：EV Volumes，中国汽车工业协会。

从全球新能源乘用车车型级别分布来看，2019 年及之前，A 级及以下乘用车持续占据主要地位；2020 年后，A00 级、A 级和 B 级市场增量突出。2021 年全球新能源乘用车中，A00 级新能源乘用车销量为 126.1 万辆，同比增长 127%，占新能源乘用车销量的比例达 19%，较 2020 年同期增长 1 个百分点，宏光 MINI EV、雷诺 Zoe、奇瑞 eQ、欧拉 R1 等微型车持续受到市场欢迎。随着大众 ID.3/ID.4、起亚 e-Niro、日产 Leaf 在欧洲、美国、中国等主要市场上量，以及比亚迪秦 Plus DM-i/宋 Plus DM-i 等新车上市，2021 年 A 级新能源乘用车销量达 212.9 万辆，同比增长 124%，占比达 33%，较 2020 年同期增长 3 个百分点。特斯拉 Model 3/Model Y 等明星车型的持续热销，带动 2021 年 B 级新能源乘用车销量达 187.8 万辆，同比增长 104%，占比达 29%，与 2020 年市场份额基本持平（见图 4）。

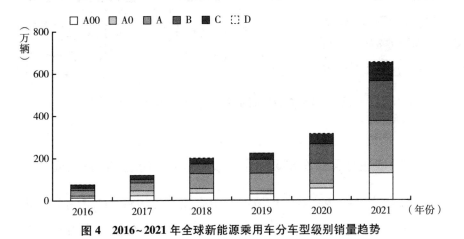

图 4　2016~2021 年全球新能源乘用车分车型级别销量趋势

资料来源：EV Volumes。

二　市场结构：产业格局加速重构，代表产品快速涌现

（一）全球产业格局加速重构，车企价值开始洗牌

全球新能源汽车企业分布一直以中、欧、美系为主，2021 年中系、欧

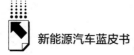

系、美系企业全球销量占比分别为 41%、32% 和 16%，合计占比达 89%；韩系、日系及其他企业占比均在 5% 以下。中系企业全面发力，市场份额较上年同期的 31% 增长 10 个百分点，其他系别企业均有小幅下降。产业格局加速重构，特斯拉 2021 年市值一度超过丰田、大众、福特、通用汽车等传统整车厂市值总和，新能源汽车销量继续排名全球首位，传统汽车产业链、技术链和价值链被打破，产业价值向电动化、智能化转移；苹果、阿里等科技企业正式宣布跨界造车计划，开启跨界造车新模式（见图 5）。

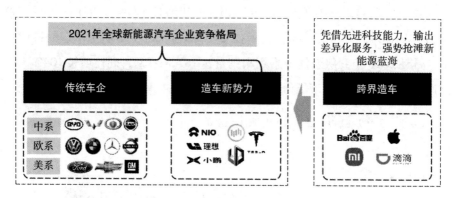

图 5　2021 年全球新能源汽车市场竞争格局分布

（二）新能源乘用车市场集中度较高，前十企业占比超六成

2021 年全球新能源乘用车销量前十企业合计销售 417.7 万辆，市场占比达 61%。特斯拉、比亚迪、上汽通用五菱位列前三，销量分别为 93.6 万辆、59.8 万辆和 45.9 万辆，全球市场占比分别为 14%、9% 和 7%；特斯拉、比亚迪、上汽通用五菱、大众、现代起亚、奔驰、Stellantis、雷诺日产三菱联盟、宝马、上汽位列前十，销量均超 20 万辆，全球市场占比均超过 3%（见图 6）。具体来看，全球销量前十企业基本实现纯电动和插电式混合动力多技术路线布局，其中特斯拉全部为纯电动车型；上汽通用五菱、大众、现代起亚、雷诺日产三菱联盟、上汽以纯电动车型为主；宝马以插电式混合动力车型为主，占比超过 70%；比

亚迪和 Stellantis 纯电动、插电式混合动力车型销量相对均衡；现代起亚还有部分燃料电池车型。

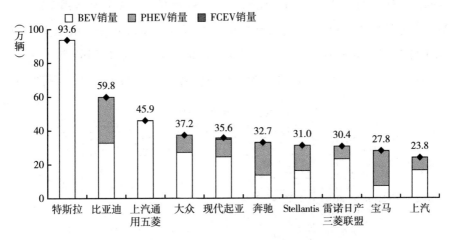

图6 **2021年全球新能源乘用车销量企业排名情况**

资料来源：EV Volumes。

（三）产品发展路线多元化，全球代表车型快速涌现

2021年全球在售的新能源乘用车车型超450款，主销车型以纯电动车型为主。其中，纯电动车型约310款，插电式混合动力车型约160款（含部分提供纯电动或插电式混合动力多动力类型选择的车型），燃料电池车型7款。排名前20的车型销量合计257.6万辆，市场占比达40%。五菱宏光 MINI EV、比亚迪秦 Plus DM-i/汉 EV/宋 Plus DM-i、理想 ONE、长安奔奔 E-Star、广汽埃安 AION. S、奇瑞 eQ1、长城欧拉 R1、小鹏 P7、上汽荣威科莱威等11款车型进入全球新能源汽车销量前20，合计销量118.9万辆，全球占比达18%。

具体来看，全球多款优势车型涌现，多领域市场出现新增量。插电式混合动力（含增程式）产品市场反馈良好，比亚迪秦 Plus DM-i 及宋 Plus DM-i 上市以来快速受到中国市场关注，丰田 RAV4 成为欧美市场畅销车型，以上车型2021年销量均超6万辆；理想 ONE（增程式）2021年销量达到9万辆。智能化产品具有明显优势，Model 3 凭借明星品牌效应及高智能化水平，稳居全球销量第一车型。宏光 MINI EV 精准定位代步市场，采取高性价比路线，2021 年继续占据中国新能源汽车销量冠军，并成为全球销量第二车型。传统车企通过品牌效应和自我革命快速参与全球竞争，大众 ID.3 及 ID.4 自 2020 年正式在欧洲交付，市场规模迅速提升，超过同品牌上一代产品帕萨特 PHEV，2021 年跃升成为全球销量第 10、第 11 位车型（见图 7）。

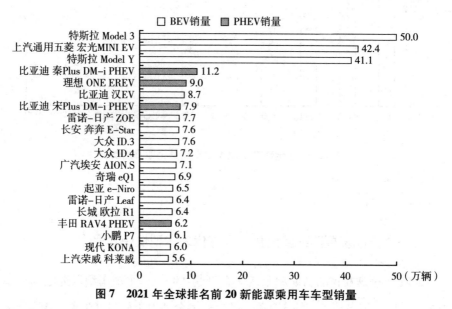

图 7　2021 年全球排名前 20 新能源乘用车车型销量

资料来源：EV Volumes。

三　区域特征：区域发展格局基本形成，
欧美市场驱动力增强

（一）"三足鼎立"区域发展格局基本形成，中欧美仍为主要市场

当前全球新能源汽车市场主要集中在东亚、欧洲、北美三个主要区域，合计新能源汽车销量占比多年维持在 95% 以上。2021 年，东亚、欧洲、北美新能源汽车销量分别为 369.0 万辆、235.2 万辆和 74.0 万辆，全球占比

继续提升至98%，"三足鼎立"区域发展格局基本形成。分国家来看，中国、德国、美国、英国、法国、挪威、意大利、瑞典、韩国、荷兰等国2021年新能源汽车销量分别完成352.1万辆、69.1万辆、67.3万辆、32.6万辆、32.1万辆、15.8万辆、14.1万辆、13.8万辆、12.4万辆和9.9万辆，排名全球前十，合计占比达90%。其中，中国新能源汽车销量达352.1万辆，占比51%，市场规模继续占据世界首位。德国、美国销量分别为69.1万辆和67.3万辆，全球占比均达10%，位列第二至第三（见图8）。

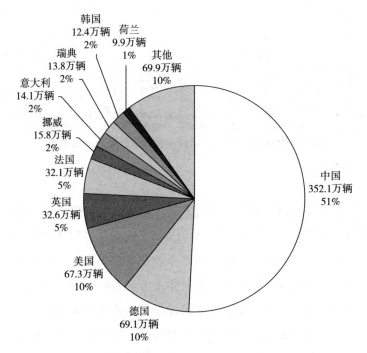

图8 2021年全球主要国家新能源汽车销量及全球占比

资料来源：EV Volumes，中国汽车工业协会。

（二）政策强力驱动+企业加快布局，促使欧洲成为全球市场重要增长极

2021年欧洲新能源汽车销量达235.2万辆，同比增长67%。其中，德

国、英国、法国作为主要销售国家，2021 年销量分别为 69.1 万辆、32.6 万辆和 32.1 万辆，同比均实现 60% 以上增幅，合计占欧洲新能源汽车销量的比例达到 57%（见图9）。欧洲市场的快速增长主要得益于更加积极的低碳发展目标、财税支持政策和产品推出方案。

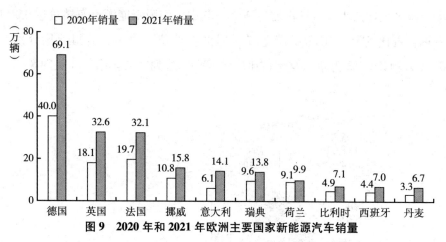

图 9　2020 年和 2021 年欧洲主要国家新能源汽车销量

资料来源：EV Volumes。

一是欧盟将发展新能源汽车作为实现气候目标的重要途径，并从顶层赋予更强驱动力。2021 年 7 月 14 日，欧盟委员会提出了应对气候变化的一揽子实施计划（Fit for 55）提案，包含 2035 年汽车零排放目标、加强充电及加氢基础设施建设、将道路交通纳入碳交易体系等主要内容。欧盟层面已明确将新能源汽车列为实现全社会交通领域碳控排不可或缺的重要途径，并从顶层设计进一步强化发展新能源汽车的战略定位。二是部分国家延长新能源汽车财税支持政策，持续推动市场增长。德国已明确将高达 9000 欧元的单车补贴延长到 2025 年底，英国也将购置补贴延长至 2023 年底，2021 年仍可享受最高 2500 英镑的单车补贴金额，法国将原定于 2021 年初的补贴退坡期限推至 2021 年 7 月，并将现行补贴政策至少延长至 2022 年 7 月。三是全球主要车企加快电动化进程，多款新车 2021 年集中上市。大众 ID.4 在欧洲实现大规模量产；戴姆勒推出 EQC、EQB、EQA 和 EQS 等系列全新纯电车型；宝马推出 iX 系列和 i4 等多款车型，欧系企业积极布局本土市场，带动市场规模进一步增长。

（三）美国企业加快电动化步伐，市场竞争加剧

拜登政府上台后将"应对气候变化"作为其执政计划的重点和亮点，宣布美国将于2050年实现碳中和的目标，并将发展新能源汽车列为实现其气候计划的重要任务之一。拟加大购置新能源汽车个人所得税抵免政策支持力度，放宽目前单个车企累计销售20万辆后抵免金额开始退坡的限制，并提高美产新能源汽车和美国工会工人生产的新能源汽车的个人所得税抵免金额，极大地激发了美国本土企业的电动化转型热情。

2021年美国新能源汽车销量达67.3万辆，同比增长105%，占全球市场总量的10%，居全球第三位。分企业来看，特斯拉、丰田、Stellantis、现代起亚、福特居美国新能源汽车销量前五位，特斯拉仍占据53%的市场份额，但较2020年同期下降约9个百分点。丰田、Stellantis及福特等企业通过投放新产品，加快参与竞争，吉普牧马人PHEV、丰田RAV4 PHEV、福特野马Mach-E等车型2021年均在美上市，受到市场欢迎并进入销量前十（见图10）。

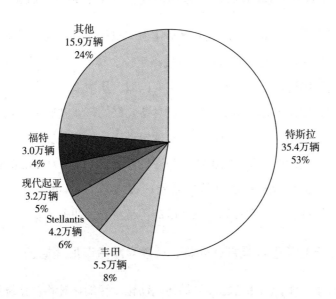

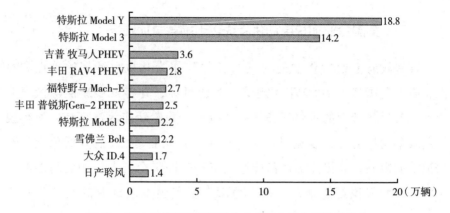

图 10　2021 年美国新能源汽车企业及主销车型销量分布

资料来源：EV Volumes。

四　趋势预判：全球新能源汽车市场长期持续增长，竞争进入新阶段

（一）新能源汽车区域格局基本稳定，国家格局动态调整

欧美等主要国家将发展新能源汽车作为实现气候目标的重要途径，从顶层设计进一步强化发展新能源汽车的战略定位。预计未来一段时间，东亚、欧洲、北美等仍将是全球新能源汽车主要区域。从国家看，中、美、德、法等国仍将成为增长主力。其中，我国已具备较好的产业基础和先发优势，加之支持政策体系完善，未来仍将保持全球销量第一地位。美国拜登政府重返《巴黎协定》并提出《清洁能源革命和环境计划》，将大力推动新能源汽车市场增长。欧盟部分成员国已从国家层面提出全面电动化目标，加之德、法、意等国激励政策双重加码，预计欧洲销量将继续快速增长。

（二）产业价值向智能化转移，智能电动汽车加速增长

当前汽车产业价值重心已经开始向电动化、智能化转移，传统汽车产业

链、技术链和价值链被逐步打破，新造车企业发展势头迅猛，科技巨头、消费电子厂商等相继宣布造车。大众、丰田等传统车企也开始加速由硬件制造向软件生态和服务转型。从产品来看，以特斯拉为代表的智能纯电动汽车产品已受到市场热捧。随着特斯拉中、美、德工厂持续扩产，2022年特斯拉全球销量有望突破150万辆。大众投入巨资开发全新纯电动智能车辆平台，其量产车型ID.3、ID.4，分别占据2021年全球车型销量第10位和第11位。新能源汽车从以电动化为核心的技术竞争，转变为电动化、网联化、智能化三者融合发展的竞争，智能电动汽车顺应市场需求，有望迎来快速增长阶段。

（三）主要国家不断增强产业链掌控能力，全球供应链集群化初见端倪

近期，逆全球化加之疫情冲击导致零部件断供频发，产业链全球化分工体系受到挑战。欧美加紧构建自身供应链体系，未来或将形成亚太、欧、美三大供应链集群。美国拜登政府签署行政命令，对电动汽车电池等关键产品供应链进行审查，并通过《国家锂电池蓝图2021-2030》，提出了保证美国动力电池及关键材料供应链安全的具体举措。欧盟已启动"欧洲共同利益重要计划"，重点支持欧洲动力电池领域研发创新，还计划通过对电池企业的供应链管控、节能降耗以及碳排放等多方面提出更高要求，在一定程度上形成技术性贸易壁垒，倒逼制造业回流。

总体来看，新一轮科技革命和产业变革进入加速突破期，汽车电动化、网联化、智能化融合发展成为必然趋势，全球新能源汽车产业迎来新的发展节点。欧美等汽车大国积极加大对新能源汽车产业的扶持力度，不仅注重刺激市场消费，同时紧抓产业变革趋势，强化对下一代智能化新能源汽车所需技术的支持。预计全球新能源汽车市场规模将持续增长，竞争也将更加激烈，并扩展至产业链、技术链、价值链等各领域。

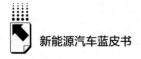
参考文献

刘万祥、刘可歆：《2020 年全球新能源汽车市场及趋势分析》，载《中国新能源汽车产业发展报告（2021）》，社会科学文献出版社，2021。

中国电动汽车百人会：《2021 年全球及中国新能源汽车产业发展趋势与政策走向》，2021。

IEA，Global EV Outlook 2021，https：//www.iea.org/reports/global-ev-outlook-2021，2021-04.

B.15

2021年欧美日新能源汽车政策最新动态

陈宜霖　简晓荣　霍潞露　石 红*

摘　要： 2021 年，全球新能源汽车市场迅速增长，全年销量达 689 万辆，同比增长 1.1 倍。政策层面，欧美日等发达国家已将发展电动汽车作为实现气候目标的重要途径，纷纷基于其基本国情及总体减排目标优化新能源汽车政策体系。总体来看，2021 年以来欧美日加大新能源汽车政策支持力度，部分国家提出汽车电动化发展目标。在此背景下，建议我国在基本国情的基础上借鉴国际经验，在"双碳"目标及"2035 规划"引领下，明确汽车低碳发展路径，完善新能源汽车财税支持政策，制定适合我国国情的汽车电动化目标及推广路线图，提高产业链供应链稳定性和竞争力，尽快优化新能源汽车政策体系。

关键词： 新能源汽车　汽车政策　财税支持

在全球"脱碳"的大背景下，各国纷纷发布碳减排目标。在交通领域，欧美日等发达国家已将发展电动汽车作为实现气候目标的重要途径，从战略层面加大电动汽车政策支持力度。本文选择欧盟、美国、日本三个地区，跟

---

* 陈宜霖，经济师，中汽中心中汽政研新能源汽车政策研究部，长期从事新能源汽车国际政策研究；简晓荣，工程师，中汽中心中汽政研新能源汽车政策研究部；霍潞露，高级工程师，中汽中心中汽政研新能源汽车政策研究部；石红，高级工程师，中汽中心中汽政研数量经济和财税金融研究部副部长。

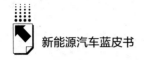

踪其2021年以来的新能源汽车政策动态，总结各地区政策特点，最后提出完善我国新能源汽车相关政策的建议。

一　欧美日新能源汽车政策最新动态汇总

（一）欧盟电动汽车相关政策最新动态

道路交通领域碳排放量约占欧盟碳排放总量的21%，是欧盟实施碳减排的重点领域之一。多年来，欧盟通过不断加严汽车行业碳减排要求推动道路交通减碳。部分成员国为加快减碳进程，多措并举支持电动汽车发展，甚至发布全面电动化时间表，坚定电动化转型决心。

2021年7月14日，欧盟委员会提出了应对气候变化的一揽子实施计划（Fit for 55）提案，该提案以《欧洲绿色协议》为框架，旨在支持欧盟最终实现2030年温室气体排放较1990年降低55%的目标。欧洲议会及欧盟理事会将进一步审议提案，并提出修改意见，待各方意见达成一致后，该计划的各项措施才能正式生效。本次一揽子计划提案中与电动汽车相关的内容主要包括：提出2035年汽车零排放目标、加强充电及加氢基础设施建设、将道路交通纳入碳交易体系。提案详细内容如下。

一是提出2035年乘用车及轻型商用车新车实现零排放。乘用车及轻型商用车碳排放量共占欧盟碳排放总量的15%左右，是欧盟碳减排的重点领域之一。在本次气候一揽子计划提案中，欧盟提出重新修订《乘用车及轻型商用车碳排放标准》。修订提案提出，与2021年相比，欧盟新注册乘用车碳排放总量需在2030年和2035年分别减少55%（原标准为37.5%）和100%，新注册轻型商用车碳排放总量需分别减少50%（原标准为31%）和100%，即欧盟境内新注册的乘用车及轻型商用车需在2035年实现零排放。

二是加强充电及加氢基础设施建设。欧盟气候一揽子计划提案中提出，修订《替代燃料基础设施法规》，加大充电及加氢基础设施建设力度，以满足欧盟电动汽车的增长需求。计划提出，2025年欧盟主要高速公路每60公里需至少设置一个超过150kW的充电站，且所有充电站总容量需超过300kW。针对燃料电池汽车，欧盟提出主要高速公路每150公里需设置一个加氢站。

三是建立覆盖道路运输领域的新的碳排放权交易体系。欧盟在气候一揽子计划提案中提出完善欧盟碳排放权交易体系的计划，拟为道路运输及建筑领域建立新的碳排放权交易体系，燃料供应商负责检测并报告其每年投入市场的燃料总量，并根据燃料碳强度承担碳排放费用。该体系将独立于欧盟现有的碳排放权交易体系（EU-ETS），并计划于2026年开始运行。

虽然本次欧盟委员会公布的一系列提案仍有待欧洲议会及欧盟理事会进一步审议修改，但欧盟大力推动零排放汽车发展的战略方向已十分笃定。2020年以来，欧盟已在《欧洲绿色协议》框架及2050年碳中和目标下，出台一系列低碳发展战略举措，其中涵盖电动汽车、充电及加氢基础设施、电池、氢能及燃料电池汽车等多个新能源汽车相关领域。

一是提出零排放汽车及基础设施建设目标。2020年12月，欧盟发布《可持续与智能交通战略》，提出到2050年欧盟交通领域碳排放减少90%的目标，并提出到2030年欧盟零排放汽车保有量达到3000万辆，建成1000个加氢站及300万个公共充电桩，同时提出重点支持动力电池、计算平台、车载操作系统等汽车电动化、智能化技术的研发和推广。

二是提出加强欧盟电池价值链战略自主。欧盟2020年12月发布新的电池法规草案，对电池供应企业供应链管控、节能降耗以及碳排放等多方面提出了更高要求，在一定程度上形成技术性贸易壁垒。截至2022年4月，欧洲议会及欧盟理事会均已通过该提案并提出修改意见。下一步，欧盟委员会、欧洲议会以及欧盟理事会将开启三方谈判，以期对法规最终文本达成协议。2021年1月，欧盟委员会批准了"欧洲电池创新"项目，为特斯拉、宝马等42家公司提供29亿欧元的资金支持，并希望额外吸引90亿欧元的社会投资。该项目提出到2025年欧洲电池每年至少装配600万辆电动汽车。该项目涵盖从原材料提取、电池的开发和生产，到处理和回收再利用的整个电池价值链，旨在加强欧盟电池价值链战略自主。

三是推动氢能及燃料电池汽车发展。2020年7月，欧盟委员会提出

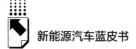

《氢能战略》，旨在通过投资、监管、市场创新、组建联盟等方式推动清洁氢能发展，同时提出在长途及重型车辆领域推广氢燃料电池汽车。

除欧盟层面的战略规划外，部分欧洲国家也加大了电动汽车政策支持力度。德国宣布将本应于 2021 年底退坡的上限高达 9000 欧元的单车补贴延长到 2025 年底。法国也推迟了电动汽车补贴退坡时间，将现行 6000 欧元上限的补贴标准由 2021 年底延长至 2022 年 6 月 30 日。

（二）美国电动汽车相关政策最新动态

美国历届政府的执政理念差异导致美国电动汽车政策在不同时期呈现截然不同的走向。奥巴马政府执政期间，美国对电动汽车的支持力度达到顶峰；特朗普政府上台后对节能环保和电动汽车支持力度大幅下降；而拜登政府上台后将"应对气候变化"作为其执政计划的重点和亮点，宣布美国将于 2050 年实现碳中和的目标，并将发展电动汽车列为实现其气候计划的重要任务之一。

2021 年 8 月 5 日，拜登总统在白宫签署关于"加强美国在清洁汽车领域领导地位"的总统行政命令，设定 2030 年零排放汽车占新车销量比例达到 50% 的目标。据中汽中心预测，届时美国电动汽车年销量需达 800 万辆左右。需要注意的是，此行政命令中的目标仅是"愿景"，不具有强制性，并且该行政命令的有效期是否能持续到 2030 年，取决于下一任总统是否也认可这一目标，如果下一任总统不认可该目标，则有权废除或颁布新的行政命令。但在拜登任期内，拜登政府仍将坚定推行气候环保相关政策，并至少采取以下五方面措施加快电动汽车的推广。

一是加严油耗和温室气体排放法规。2020 年，特朗普放宽了油耗（CAFE）和温室气体（GHG）排放法规，将奥巴马时期制定的 2021～2025 年行业平均 CO_2 排放标准和燃油经济性标准[①]规定的年改善幅度要求由原来

[①] 奥巴马时期的目标是：到 2025 年，GHG 法规和 CAFE 法规的目标分别达 163 克/英里和 54.5 英里/加仑。

的5%下降到1.5%，即到2026年行业平均CO_2排放量约为202克/英里（g/mile，约合125.5g/km），行业平均燃油经济性水平约为40.4英里/加仑（MPG，约合5.8L/100km），车企无需借助电动汽车即可满足合规要求。拜登政府上台后，要求重新评估CAFE和GHG排放法规。2021年7月，美国联邦环保署（EPA）发布《关于修订轻型汽车2023年及以后车型的温室气体排放标准的提案》，提议2023年在2022年基础上加严10%，2024~2026年每年加严5%，即到2026年行业平均CO_2排放量达171 g/mile（约合106.2g/km）。同年8月，美国国家公路交通安全管理局（NHTSA）提议将2024~2026年车辆燃油经济性年改善幅度调整为8%（相较于2021年），即到2026年达到48 MPG（约合4.9L/100km）的目标。2021年12月和2022年3月，最终GHG和CAFE法规相继出台，均对此前提案设定的目标作出进一步加严，即到2026年乘用车和轻型卡车行业平均CO_2排放量达161g/mile（约合100g/km），行业平均油耗约为49.1MPG（约合4.8L/100km）。同时，终版CAFE法规还将2019~2021年度不符合CAFE标准的新车罚款从每辆车5.5美元/0.1MPG增加到14美元/0.1MPG。

二是加大购置电动汽车所得税抵免政策支持力度。拜登曾在竞选总统时提出执政后将加大购置电动汽车所得税抵免优惠。2021年5月27日，美国参议院提出修订提案：①放宽退坡机制，将目前单个车企累计销售20万辆后抵免金额开始退坡的限制，改为美国电动汽车渗透率整体达到50%时开始退坡。②提高所得税抵免金额。分级设置单车最高抵免金额，根据生产地及生产人，将单车抵免金额上限由0.75万美元调整为0.75万、1万和1.25万美元。其中，美产电动汽车补贴上限为1万美元，美国工会工人生产的电动汽车可再提高0.25万美元，其余符合条件的电动车补贴上限金额为0.75万美元。特斯拉、大众和其他没有美国工会工人的车企，以及在美国以外制造的电动汽车将无法享受额外提高的抵免优惠。③新增车价上限要求，售价超过8万美元的车辆不得享受所得税抵免优惠。目前，该提案仍在审议中。

三是要求联邦政府车队全部更换为美产电动汽车。为加快推广电动汽车，拜登于2021年1月签署关于"加强美国制造，购买美国产品"的行政

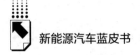

命令，提出将联邦政府车队全部替换为在美国生产的电动汽车。拜登政府还计划进一步加严本地化判定标准，或将提高本地化率并将零部件价值引入判定体系。此项工作的时间表、电动汽车车型范围、优先更新领域等具体细则尚未公布。根据美国联邦总务管理局数据，截至 2019 年，联邦政府车队规模接近 65 万辆，包括 24.5 万辆民用车、17.3 万辆军用车和 22.5 万辆邮政车。

四是投资支持充电基础设施建设。拜登竞选期间指出电动汽车充电难是制约电动汽车普及的关键因素。2021 年 8 月 10 日，美国审议通过两党基础设施投资和就业法案提案，其中提出拟在未来 5 年内投资 75 亿美元支持电动汽车基础设施建设，帮助美国实现到 2030 年新建 50 万个公共充电桩的目标。

五是支持建立安全可靠的动力电池供应链。2021 年 2 月，拜登要求100 天内审查电池等领域供应链安全。美国能源部调研后指出美国动力电池产业链存在风险，美国需加快投资动力电池生产制造，并通过联邦先进电池联席会（FCAB）发布《国家锂电池蓝图 2021-2030》，提出"1 个愿景和 5 个目标"。其中，"1 个愿景"为到 2030 年，美国将建立安全可靠的电池材料和技术供应链；"5 个目标"分别为确保电池原材料的可靠供应，构建满足国内电池制造需求的材料加工基地，鼓励电极、电池和电池包在国内生产制造，促进形成规模化的电池回收再利用体系，以及加大电池科研和人才支持力度。为此，美国能源部积极通过各方争取预算支持动力电池研发和生产，2021 年 9 月宣布拨款 3000 万美元用于铂、钴等动力电池原材料供应、研发和回收利用，同年 10 月宣布拨款 2.09 亿美元用于电动汽车先进电池研究，以确保美国国内动力电池及关键材料供应链安全。

（三）日本电动汽车相关政策最新动态

日本社会高度重视"节能"，其节能技术闻名世界。推广电动汽车是日本进一步加速汽车节能减排的重要途径。在补贴政策方面，日本政府目前对电动汽车给予购置补贴和充电基础设施建设补贴，每年对于补贴政策进行评估，决议当年预算和下一年度政策是否调整。2021 年 12 月，日本政府出台了追加 2021 年度电动汽车及充电基础设施建设补助金预算以及 2022 年度继续实施补贴政策的具体方案。

一是加大电动汽车购置补贴。针对电动汽车购置补贴，一方面提升了单车补贴上限，另一方面也扩大了补贴车型范围。具体内容包括：①对 2021 年 11 月 26 日以后新登记注册的电动汽车提高单车补贴上限，特别对于配备 V2X（Vehicle-to-everything，车辆与外界互通）充电装置和 1500W 车载插座装备等的车型，大幅提升了补贴上限，其中纯电动汽车由 40 万日元提高到 85 万日元（约合人民币 4.3 万元），插电式混合动力汽车由 20 万日元提高到 55 万日元（约合人民币 2.8 万元），燃料电池汽车由 225 万日元提高到 255 万日元（约合人民币 12.9 万元）；②2022 年 4 月 1 日起，对应用高度安全驾驶辅助技术的车辆，如符合应用高精度定位特定技术、通过 OTA 升级可确保自动驾驶系统安全性、可实现路—车通信和车—车通信等条件，将增加最高 10 万日元（约合人民币 5000 元）补贴。

二是加大充电基础设施支持力度。此次补助金预算修正案为支持充电基础设施建设增加了 65 亿日元预算。一方面扩大补贴范围，将快充基础设施补贴范围由高速公路、道路车站、15 公里范围内无充电桩的空白区域等扩充至除个人住宅以外的所有区域，包括 15 公里范围内有充电桩的区域、包月停车场等；将普通充电基础设施的更新、更换也纳入补贴范围。另一方面提升了补贴金额，主要包括：①鼓励增加充电接口数量，例如针对配备 6 个充电桩的高速公路服务区，补贴上限由 600 万日元提高到 1800 万日元；②支持引入大功率充电设施，大功率充电桩补贴上限提高 5 万日元；③支持引进可满足多辆车同时充电设备，如安装总输出 50~90kW 设备的补贴上限为 200 万日元，安装 90~150kW 设备补贴上限增至 300 万日元，安装 150kW 以上设备上限则增至 400 万日元。此外，针对双向充电系统 V2H（Vehicle-to-home，车辆到住宅）相关设备和引进外部供电器辅助项目，明确在 2022 年度将对 V2H 设备给予最高 75 万日元的设备费补贴和最高 95 万日元的工程费补贴（法人单位最高 95 万日元，个人 40 万日元）；对于外部供电器给予最高 50 万日元的设备费补贴。

三是支持加氢基础设施建设。日本加氢站建设补贴政策始于 2013 年的"燃料电池汽车用氢供给设备设置补助事业"。在 2020 年 12 月发布的《绿色增长战略》中又明确提出将加速燃料电池商用车（尤其是燃料电池货车）的推广，并将适时推动加氢站等基础设施建设。此次补助金预算修正方案中也再次加强对加氢基础设施的补贴，包括：①将氢供应能力在 $50Nm^3/h$ 以下的加氢设备也纳入补贴范围；②提高部分新建加氢基础设施补贴上限；③对于已建成设施的扩建项目也给予补贴支持。

除 2021 年 12 月发布的电动汽车及基础设施补贴方案外，日本在税收政策方面也延续了对于电动汽车的税收优惠政策。日本目前汽车税制主要涉及汽车税、微型车税、汽车重量税三个税种。2021 年 4 月 1 日起，汽车税和微型车税继续对电动汽车实施减税政策（减税 75%），对节能汽车不再给予优惠；汽车重量税上阶段优惠政策于 2021 年 4 月 30 日到期后，日本再次延续优惠政策，并更新针对节能汽车的油耗与排放要求（见表 1、表 2）。

表 1 乘用车汽车重量税优惠（2021 年 5 月至 2023 年 4 月）

车型及条件				税收优惠
纯电动汽车 燃料电池汽车 天然气汽车(符合 2018 年排放标准) 插电式混合动力汽车				免税
清洁柴油车				免税
汽油车、LPG 车 （包括混合动力车）	排放要求：比 2018 年排放标准降低 50%	油耗要求：对比 2030 年油耗基准	达到 70%	减税 25%
			达到 85%	减税 50%
			达到 100%	免税

注：①仅列出新车首次注册优惠条件；
②汽油车、LPG 车（包括混合动力车）需同时满足排放和油耗要求。

表2　轻型货车汽车重量税优惠（2021年5月至2023年4月）

车型及条件			税收优惠
纯电动汽车 燃料电池汽车 天然气汽车(比2009年NOx排放要求降低10%以上或符合2018年排放标准) 插电式混合动力汽车			免税
清洁柴油车			免税
汽油车、LPG车（包括混合动力车）	排放要求：比2005年排放标准降低75%以上或比2018年排放标准降低50%	油耗要求：对比2015年油耗基准 提升10%	减税25%
		提升15%	减税50%
		提升20%	减税75%
		提升25%以上	免税

注：①轻型货车指车辆总重量2.5吨以下的载货车；
②仅列出新车首次注册优惠条件；
③汽油车、LPG车（包括混合动力车）需同时满足排放和油耗要求。

二　欧美日新能源汽车政策特点分析

总体来看，各国新能源汽车相关政策均基于其基本国情。欧洲化石能源对外依存度较高，加之公民环保诉求强，汽车低碳转型需求迫切。美国新能源汽车政策与领导人执政理念高度相关，拜登政府上台后将"应对气候变化"作为其执政计划的重点和亮点。日本历史上的环境公害、石油危机等事件也直接促使日本推动产业向节能环保转型。各国新能源汽车政策呈现以下特点。

一是将发展电动汽车作为实现气候目标的重要途径。落实碳中和目标是目前欧美日政府的优先事项。电动汽车因行驶阶段碳排放低，全生命周期具有更高减碳潜力，而被明确列为实现全社会交通领域碳控排不可或缺的重要途径，从顶层设计进一步强化发展电动汽车的战略定位。

二是加大电动汽车财税支持力度。2019年，我国补贴力度显著高于其

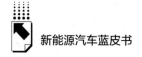
他国家。但 2020 年起，部分欧洲国家提高补贴金额，延长补贴时间，德国已明确将高达 9000 欧元的单车补贴延长到 2025 年底。美国正在积极修改所得税抵免政策，企业 20 万辆抵免上限有望取消。日本也加大了电动汽车及充电基础设施补贴力度。

三是提出汽车电动化发展目标。欧盟委员会已提议 2035 年欧盟乘用车及轻型商用车新车实现零排放，部分欧盟成员国也从国家层面提出全面电动化目标。日本已明确到 21 世纪 30 年代中期，新车销售全部为电动汽车（包括 BEV、PHEV、FCEV 和 HEV）。美国也提出了 2030 年零排放汽车占新车销量比例达到 50% 的目标。

四是着力强化本地产业链供应链竞争力。受新冠肺炎疫情影响，全球产业链受到冲击，完善本地制造业尤其是关键领域产业链的重要性凸显。美国计划通过加强教育、强化专利保护等方式推动电池关键技术研发创新，同时为芯片制造业提供财政支持及税收抵免，力图推动芯片制造业回流。欧盟不仅通过加大资金支持、组建企业联盟等方式加强电池等核心零部件自主可控能力，还计划构筑绿色壁垒，利用欧盟电力清洁化程度高的优势，通过增加非欧盟企业碳排放合规成本，倒逼制造业回流。

三　对我国的启示和建议

当前，汽车与能源、交通、信息通信等领域加速融合，新能源汽车已成为推动能源转型、低碳发展的关键环节。我国应在基本国情的基础上借鉴国际经验，在"双碳"目标及"2035 规划"引领下，明确汽车低碳发展路径，制定适合我国国情的汽车电动化中长期目标及推广路线图，提高产业链供应链稳定性和竞争力，尽快完善新能源汽车政策体系。

一是明确汽车低碳发展路径。建议充分借鉴国际碳减排及碳管理经验，构建基于我国国情的碳控排政策体系。加强规划战略引领，明确汽车行业碳达峰碳中和目标定位，积极研究做好汽车行业碳减排顶层方案设计。

二是完善新能源汽车财税支持政策。建议进一步降低新能源汽车成本，根据国情及产业发展情况实施多元化的财税政策，缩小与欧洲国家财税支持差距。一方面，进一步落实完善现有财政政策，延长新能源汽车车辆购置税优惠年限，持续巩固和扩大领先优势；另一方面，根据新能源汽车技术发展趋势，研究制定适应下一代新能源汽车发展的政策体系，支持智能化、网联化等新技术推广应用，加快抢占发展制高点。

三是制定适合我国国情的汽车电动化目标及推广路线图。推动汽车电动化是国际上减少交通领域碳排放的共同选择，部分国家已出台全面电动化时间表，但我国是否具备开展全面电动化的条件，仍需基于基本国情进行深入研究。建议综合考虑我国国情和汽车产业发展情况，结合车型特点、应用领域、实施区域等因素，按照不同的时间节点，研究适合我国国情的汽车电动化目标及推广路线图。

四是提高产业链供应链韧性、稳定性和竞争力。超前布局面向新体系、新材料、新工艺、新结构的前瞻性技术，加强在全固态动力电池、高功率密度电驱动系统、高比功率燃料电池、高算力芯片、安全可控操作系统、集成化电子电气架构等关键技术领域的创新突破，支持新技术推广应用。加快突破芯片等关键"卡脖子"环节，加快推动"卡脖子"技术国产化，提高我国产业链供应链的韧性、稳定性和竞争力。

B.16
美国加利福尼亚州低碳燃料
标准发展及其经验启示

秦兰芝　安　锋*

摘　要： 低碳燃料在美国、欧洲等国家和地区具有很好的应用实践案例，最典型的是美国加州出台和实施的低碳燃料标准（Low Carbon Fuel Standard，LCFS）。该标准自 2011 年实施后促使加州境内交通领域燃料平均碳强度实现了大幅下降。在实现"双碳"目标之路上，低碳燃料仍将发挥重要作用。中国发展低碳燃料可借鉴先进国家和地区的宝贵经验和教训，持续引导交通领域去碳化并最终实现脱碳。

关键词： 低碳燃料　碳强度　双碳目标

交通领域是重要的温室气体排放源，在欧美等发达经济体，交通领域温室气体排放占比约为 1/4，在中国这一比例虽不足 10% 但有很大增长空间。交通电动化转型是该领域碳减排的重要措施，并且展现了良好的发展势头，尤其在道路交通领域，主要汽车市场都将零排放汽车作为未来产业发展的最终方向。但传统能源汽车有着坚固庞大的产业和消费基础以及丰富的应用场景，实现零排放转型绝不可能一蹴而就。除道路交通外，航空、水运等非道路交通运输形式也难以在短期内形成以电力为核心的能源消费结构。因此，推动交通领域碳减排需要考虑多种技术路线并加以论证。

---

* 秦兰芝，硕士，能源与交通创新中心项目经理，长期从事能源与交通低碳发展研究；安锋，博士，能源与交通创新中心创始人兼执行总裁，长期从事新能源汽车技术、低碳经济战略及气候变化政策研究。

一 国际低碳燃料相关法规政策

（一）低碳燃料的含义

低碳燃料是一个相对概念，主要以目前普遍应用的高碳化石燃料（如汽油和柴油）为参照对象。其中的"碳"是指碳强度，它是基于某一被认可的评价标准，衡量单位能量的燃料在其全生命周期（LCA）内所产生的温室气体（GHG）排放量，国际上最常用的单位是克二氧化碳当量/兆焦（g CO2e/MJ）。

因此，低碳燃料不特指某些特定种类的燃料，既包括传统的生物乙醇、生物柴油等液体燃料，也包括清洁电力、绿氢等后起之秀。但需要明确，燃料的碳强度与产生路径密切相关，即便是同一种燃料，在不同的工艺条件下，其生命周期碳强度也会有很大的差异。

对交通燃料而言，可将其生命周期内温室气体排放细分到 12 个组成环节或要素中，不同环节的组合可反映燃料的具体生产路径（pathway）[①]，如表 1 所示。

表 1 交通燃料生命周期细分组成

	组成环节/要素	包括哪些过程
1	从天然气中除去二氧化碳和硫化氢	与从天然气中去除二氧化碳和硫化氢有关的活动和过程
2	燃料中含有的空气中的碳	在原料生产过程中，将碳加入生物质原料的过程
3	副产品生产	在燃料生产过程中，除正在分析的燃料外,可用产品的生产,包括在原料回收点以及在燃料生产设施中生产的副产品

---

① Carbon Intensity Records under the Renewable and Low Carbon Fuel Requirements Regulation, Ministry of Energy, Mines and Petroleum Resources, British Columbia, 2018.

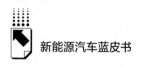

组成环节/要素		包括哪些过程
4	直接土地使用改变	与土地使用用途改变相关的活动与过程,包括将土地用途从原有状态改变至以下用途: (a)原料生产和回收 (b)燃料生产 (c)获取原料或能源的道路 (d)原料勘探活动 (e)输送原料或燃料的管道、传输线或其他方式
5	原料生产和回收	与生产和回收原料相关的活动和过程,包括但不限于将原料运输到燃料生产设施之前的加工、处理和储存
6	原料运输	与将原料从生产或回收地点运输到燃料生产设施有关的活动和过程,包括但不限于车辆的制造和维护,用于运输的容器和管道,以及在将原料转移到运输工具的过程中发生的泄漏和溢出
7	肥料、农药制造	与农业原料使用化肥和农药有关的活动和过程,包括但不限于原材料的回收和运输以及制造、运输和使用化肥和农药
8	燃料分配(泵)	与将燃料从存储站点转移到交通工具相关的活动和过程,包括但不限于转移过程中发生的泄漏
9	燃料生产	与在燃料生产设施中制造或生产燃料有关的活动和过程,包括燃料生产过程中物质的瞬变排放、燃烧和泄漏
10	燃料的储存和分配	燃料生产设施和加油站之间储存、处理和运输燃料有关的活动和过程
11	泄漏和扩口	原料生产和回收过程中物质的瞬变排放、泄漏和燃烧
12	交通工具运行	车辆及船只营运时的燃料消耗,包括营运车辆或船只所需的任何装置

资料来源:中国汽车技术研究中心。

(二)国际主要低碳燃料相关法规政策

低碳燃料种类多,包含范围广,如美国加州已将生物乙醇、生物柴油、可再生汽油、可再生柴油、天然气及电力和氢能等包含在低碳燃料范畴里。在美国、欧洲等国家和地区,低碳燃料的应用具有很好的实践案例,这些地区也有较为系统和科学的低碳燃料发展目标。

在法规和政策层面,目前比较成功的低碳燃料政策主要包括欧盟实施的可再生能源指令(Renewable Energy Directive,RED)、美国联邦实施的可再生燃料标准（Renewable Fuel Standard，RFS）、美国加州实施的低碳燃料标准（Low Carbon Fuel Standard，LCFS）以及英国实施的可再生交通燃料法（Renewable Transport Fuel Obligation，RTFO），具体见表2。

表 2　国际主要低碳燃料政策简介

类目	可再生能源指令 （RED）	可再生燃料标准 （RFS）	低碳燃料标准 （LCFS）	可再生交通燃料法 （RTFO）
实施范围	欧盟成员国	美国联邦	美国加州	英国
管理机构	欧盟委员会	美国环保署	加州空气资源委员会	英国交通部
出台时间	2009 年	2005 年	2009 年	2008 年
制定依据	Clean energy for all Europeans package-RED II	《能源政策法案》-RSF 《能源独立与安全法案》-RSF II	AB32 法案	修订版本依据欧盟RED 和 FQD（Fuel Quality Directive，燃料质量指令）政策
政策性质	强制	强制	强制	强制
政策目标	RED II 2030 年目标:最终能源消费中可再生能源比例32%	可再生燃料在交通燃料中的添加比例逐年增加，2022 年达到 360 亿加仑	2020 年比 2010 年基准水平下降10%（2018 年修订后将这一比例改为 7.5%）；2030 年比 2010 年基准水平下降 20%	2032 年,合规主体供应的燃料中生物燃料掺烧比例达到12.4%
涵盖的替代燃料种类	食物基生物燃料（RED II 不包括） 先进生物燃料 生物基可再生液体和气体交通燃料 可再生电力 废弃物基化石燃料（RED II）	常规生物燃料 先进生物燃料 生物柴油 纤维素燃料	生物乙醇 生物柴油 可再生汽油 可再生柴油 天然气 电力和氢能	生物乙醇 生物柴油 生物甲醇 其他生物燃料 非生物基可再生燃料（如氢能）
强制合规主体	交通运输、电力、制冷及供热行业燃料供应商,各成员国	炼油商、汽油和柴油进口商	化石燃料的生产商和进口商	年供应量超过 45 万升的交通及非道路移动机械燃料供应商

资料来源：中国汽车技术研究中心。

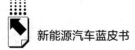
其中，加州作为发展低碳交通和应对气候变化的先行者，于 2009 年出台了低碳燃料标准（Low Carbon Fuel Standard，LCFS）法规，有力地推动区域性交通低碳化进程。据官方统计，在低碳燃料标准法规的推动下，2021年加州境内销售的交通燃料平均碳强度相比 2010 年下降了 9.36%。[1] 由于多种历史因素，加州在低碳燃料领域非常重视生物柴油、可再生柴油、燃料乙醇等液体生物燃料。2018 年低碳燃料标准法规进行了一次重大修订，升级为 2.0 版本。新版本对碳强度设定了更严格的下降目标，增强了对电力和氢能的重视，也对法规的运行机制、监管范围等内容做了多处重要更新，成为支持加州 2045 年实现碳中和的有力保障。

与欧盟等其他地区的低碳燃料标准和法规相比，LCFS 对低碳燃料的定义和覆盖范围更广，尤其是在最新一次的修订版本中，LCFS 法规极大地强化了对电力和氢能的支持，更加符合目前全球交通领域零排放的发展进程。此外，加州低碳燃料标准法规在制定、实施和修订过程中也积累了许多先进经验，值得中国学习和借鉴。

二 美国加州低碳燃料标准发展历程及实施情况

（一）出台背景

随着煤电在加州的退出，交通部门成为加州最主要的温室气体排放源和大气污染源。加州能源委员会（California Energy Commission，CEC）的数据显示，交通部门占加州碳排放总量的约 50%，氮氧化合物（NOx）排放量的近 80%，以及 PM 排放量的 90%。[2] 推动交通部门的低碳化、清洁化成为加州实现应对气候变化目标最有力的抓手。

---

[1] California Air Resources Board，LCFS Data Dashboard，https：//ww2. arb. ca. gov/resources/doc-uments/lcfs-data-dashboard.

[2] California Energy Commission，https：//www. energy. ca. gov/about/core - responsibility - fact - sheets/transforming-transportation.

美国加州空气资源委员会（California Air Resources Board，CARB）董事会 2009 年通过了全球首个低碳燃料标准法规（California Low Carbon Fuel Standard，CA-LCFS），目的是支持加州的《全球变暖解决方案法案》（2006年），降低加州交通燃料整体的碳强度，拓展低碳、可再生的交通燃料选择，减少交通领域的气候影响。LCFS 法规在出台之初提出的目标是，到 2020 年将加州的交通燃料全生命周期碳强度（Carbon Intensity，CI）降低 10%（与 2010 年基准水平相比）。

LCFS 法规机制于 2011 年全面启动，在实施初期并不被看好，加之化石能源游说团体的强烈抵制，CI 下降目标几次被法院冻结。经历了两次重大修订（2011 年和 2018 年）、一次重新启用（2015 年）和多次司法挑战，LCFS 法规最终经受住了时间的考验，为节能减排和替代燃料多元化做出的贡献日益显现，成为利用市场化机制实现减排目标的成功范例。最新数据显示，截至 2021 年，加州出售的交通燃料平均碳强度相比 2010 年下降 9.36%。

随着交通领域的清洁减排、降碳任务成为重中之重，LCFS 法规的价值逐渐得到认可。2018 年，加州行政法办公室通过修正案，设定了更宏伟的目标——确保到 2030 年加州交通领域燃料全生命周期的碳强度（CI）相比 2010 年的基准水平下降 20%，折合平均每年下降 1.25%，以支持 2030 年温室气体排放比 1990 年减少 40% 和 2045 年碳中和目标。2018 年的 LCFS 修正案被称为 LCFS 2.0 版本，这次修订不但给生物燃料创造更大的增长空间，还首次给予氢能加注和电动汽车快充等基础设施"容量"积分激励，最新版标准已于 2020 年 7 月 1 日正式生效。

目前，除加州外，美国境内的俄勒冈州以及加拿大的不列颠哥伦比亚省也批准实施了 LCFS 标准。①

（二）运行机制

加州 LCFS 法规强制要求高碳化石燃料的生产者或进口商（将加州境外

---

① Incubex，https：//theincubex.com/states-and-provinces-with-lcfs-markets-2/.

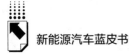
生产的燃料出售到加州的经销商）每年申报不同种类交通燃料的销售量和全生命周期碳强度，其他燃料生产者/进口商可选择性申报。CARB 作为主管部门，给交通燃料设定年度全生命周期碳强度基准值（Carbon Intensity Benchmarks），申报燃料的碳强度与同类燃料的年度基准值比较，会产生相应的积分或赤字——碳强度低于基准值的清洁燃料生产者获得相应的积分，碳强度超标的传统化石燃料生产者获得相应的负积分（以下简称"赤字"）。

为了履行合规义务，持有赤字的申报主体需要向其他主体购买积分来抵消赤字，于是形成了 LCFS 积分交易市场。随着基准值逐年下降，化石燃料生产者的合规压力越来越大，不断增长的合规成本激励传统油气企业逐渐转型，发展更清洁的替代性燃料。与此同时，积分交易实现了利益从化石燃料生产者及进口商向清洁燃料生产者及运营商的转移，变相补贴激励替代性燃料产业的发展（见图1）。

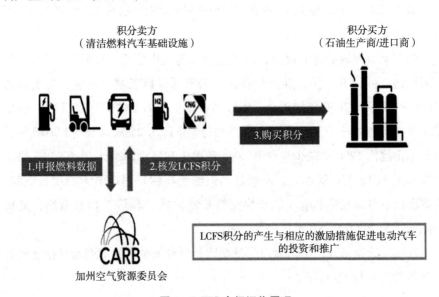

图 1 LCFS 市场运作原理

资料来源：根据加州 LCFS 政策整理。

1. 约束主体

LCFS 市场运行的基础和前提是建立完善的数据申报和管理系统

（LRT-CBTS），各市场主体或强制或主动地申报交通燃料的种类、销售量和全生命周期碳强度。CARB 在此基础上核算平均碳强度、预测各产品线的发展情景、设定基准参数、监管市场交易，激励交通燃料持续低碳化。

LCFS 法规适用的交通燃料包括：汽柴油、CNG、LNG、L-CNG、电能、氢能、混合/纯生物柴油、乙醇占比超 10% 的混合燃料、变性燃料乙醇、替代性航空燃料、丙烷等。其中，高碳化石燃料的生产者/进口商必须在 LCFS 数据管理系统开设账户，定期申报其出售燃料的种类、销售量和全生命周期碳强度。电能、生物 CNG、生物 LNG、生物 L-CNG、替代性航空燃料和可再生丙烷等一些新兴低碳替代性燃料（Opt-in fuels）的生产者及运营商则可以选择性加入 LCFS 系统，自愿申报全生命周期碳足迹，获取积分。

LCFS 政策体系中涉及的主体较为复杂，这里说明的是有强制性合规要求的化石燃料相关主体。根据 CARB 的说明，LCFS 的约束主体是指在该地区（加州）进行化石燃料精炼生产或进口及复混化石燃料的主体（经销商），而非独立经营的油气加注站。

LCFS 对某些情况不适用或豁免其合规义务，包括非生物质基的替代燃料、在加州境内供应且总量低于 4.2 亿 MJ/年的替代燃料、常规航油、用于支撑军用车辆使用的燃料、州际机动车使用的燃料、远洋轮船上使用的燃料等。

2. 积分产生

在 LCFS 市场中，参与主体通过交易积分实现履约与获利。1 个 LCFS 积分代表 1 吨二氧化碳当量的减排量。产生积分的方式主要有以下三种。

（1）基于燃料路径生成积分

基于燃料路径产生 LCFS 积分的过程如图 2 所示。LCFS 积分根据碳强度（CI）值、车用燃料组合的能源效率与能源消费量参数进行计算，积分以季度为单位进行上报，经审核后，最终核算全年度的积分值和 CI 值。

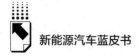

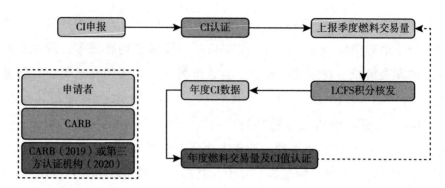

图 2 基于燃料路径的 LCFS 积分获得过程

资料来源：根据加州 LCFS 政策整理。

LCFS 法规给传统汽油、柴油、航空燃料及其替代性燃料分别设定了相应的碳强度基准值，基准值 2011~2030 年逐年下降。表 3 展示了各种燃料的年度碳强度基准值，2019~2030 年下降了 10%~15%。

表 3 汽油、柴油、航空燃料及其替代燃料的碳强度基准值（2019~2030 年）

单位：gCO2e/MJ

年份	汽油及其替代燃料的碳强度基准值	柴油及其替代燃料的碳强度基准值	航空燃料及其替代燃料的碳强度基准值
2019	93.23	94.17	89.37
2020	91.98	92.92	89.37
2021	90.74	91.66	89.37
2022	89.50	90.41	89.37
2023	88.25	89.15	89.15
2024	87.01	87.89	87.89
2025	85.77	86.64	86.64
2026	84.52	85.38	85.38
2027	83.28	84.13	84.13
2028	82.04	82.87	82.87
2029	80.80	81.62	81.62
2030	79.55	80.36	80.36

资料来源：根据加州 LCFS 政策整理。

申报的碳强度低于基准值产生积分，高于基准值则产生赤字。市场主体需要先在 LRT-CBTS 系统上进行燃料路径申报，利用最新的 OPGEE 和 CA-GREET 模型对申报燃料的碳强度进行测算，经 CARB 批准后即可生成 LCFS 积分或赤字。申报燃料的实际碳排放与产生同等热值的基准碳排放之差为积分值。积分的具体计算方法如下：

积分（或赤字）＝（年度基准碳强度 − 申报燃料碳强度）× 申报燃料总量

在 LCFS 法规 2.0 中，要求每种路径用于计算积分/赤字值的燃料申报碳强度值都需经官方核证，主要有 3 类：①查表燃料路径（Lookup Table Pathway），这是最简单的路径方式，可使用查表路径的燃料品类生产过程相对标准化，其碳强度可以直接查表获得；②第 1 层级路径（Tier 1 Pathway），适用于绝大多数低碳燃料，其碳强度有相对标准化的核算方法；③第二层级路径（Tier 2 Pathway），适用于创新性或下一代燃料，该路径下的燃料品类碳强度值的一些计算方法和参数需要另行申请与核证。

（2）基于减排项目获得积分

减排项目包括对使用创新工艺生产原油、对化工工艺和设施采取的减排措施，以及碳捕捉与封存（CCS）等项目。项目运营者基于这类项目产生的温室气体减排量获得相应积分。

其中，值得一提的是碳捕捉与封存（CCS）项目。凡是在燃料生产及加工过程中捕捉二氧化碳或将二氧化碳封存隔离于地层的项目方都可获得相应的 LCFS 积分，将捕捉到的二氧化碳再次用于燃料生产的项目除外。在 CARB 对加州 2045 年实现碳中和的情景预测中，CCS 相关应用是保障交通燃料零碳排甚至负碳排的重要技术手段。[①]

（3）基于零排放汽车（ZEV）基础设施容量获得积分

2018 年修正案新增规定，除了通过申报燃料路径产生积分，氢能加注设施和电动汽车快充设施还可基于未使用的加注容量获得积分。具体计算方

---

① Energy and Environmental Economics, Inc. Achieving Carbon Neutrality in California. PATHWAYS Scenarios Developed for the California Air Resources Board. Aug. 2020.

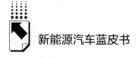
法如下：

ZEV 基础设施积分 ＝（汽油的年度基准碳强度 － 氢能或电力的申报碳强度）×
（基础设施满负荷运行状态下的燃料消耗量 － 实际燃料消耗量）

ZEV 容量积分总量不得高于上一季度赤字总量的 5%，其中氢能加注设施与直流快充设施各占 2.5%。

此处的 ZEV 基础设施包括氢气加注设施（HRI）和直流快充设施（FCI）。在 2018 年对 LCFS 标准的修订中，增加了 ZEV 基础设施基于容量的积分，而此前 ZEV 基础设施拥有者或运营者只能通过加注完成的氢气或电力来获得积分。这一措施制定的目的在于鼓励 ZEV 基础设施的快速布局，以解决"鸡和蛋"的难题。政策制定者认为，ZEV 应用缓慢的重要原因在于基础设施不足，而基础设施投建者也因为过低的 ZEV 保有量而不愿意投建。尽管如此，LCFS 标准中对申请获得 ZEV 基础设施容量积分的设施也进行了严格要求，包括必须对公众公开和提交每天的运营时长等。

截至 2022 年 2 月 18 日，CARB 通过了 67 座 HRI 和 1949 个 FCI（共 318 个快充站点）关于 ZEV 基础设施容量积分的申请（见图 3）。

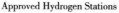

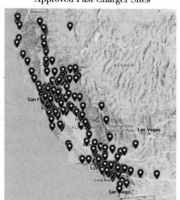

图3 美国加州已通过审核的 ZEV 基础设施容量积分申请站点分布
（截至 2022 年 2 月 18 日）

资料来源：根据 CARB 网站公开资料整理。

3. 积分合规与交易

需要说明的是，CARB 规定 LCFS 积分没有失效日期，也就是说，只要 LCFS 法规仍在实施，之前结余的所有积分都可用于交易和抵偿赤字。

（1）合规义务

LCFS 账户中赤字多于积分的主体需要先用已有积分抵扣赤字，再购买积分抵扣剩余的赤字以履行当年的合规义务。主管部门会在每年年底核算所有强制参与主体的合规义务，计算方法如下：

$$合规义务 = 当年的赤字余额 + 往年延续的赤字余额$$

（2）积分交易

为了履行合规义务，高碳化石燃料的生产商及进口商需要向新兴替代燃料的生产者或运营商购买积分。通常情况下，积分的买方和卖方通过签订协议的方式实现交易，并将协议录入 LRT-CBTS 账户。近几年的交易数据分析显示，越来越多的第三方机构开始参与到积分交易过程中。

市场规律以及过去的经验显示，积分供应量越充足，交易价格会越低；供应量越少，交易价格越高，但不会超过当年的价格上限。主管部门给积分交易设置了价格上限（Maximum Price），主要目的是避免交易价格过高致使消费者间接承受价格压力。2016 年的 LCFS 积分价格上限为每个积分 200 美元，之后每年随通胀率调整。2021 年的价格上限调整为 221.67 美元。① 价格上限的设定需要在消费者利益与减碳目标之间寻求平衡——既不能过高，避免燃料价格飙升，伤害普通消费者的利益；也不能过低，影响企业投资研发创新性低碳燃料的积极性。

当强制申报主体 LCFS 账户中的积分不足以抵扣赤字导致合规出现困难时，其可以在下一年的积分出清市场（Credit Clearance Market，CCM）上购买积分。从 CCM 购买的积分只能用于履行前一年的合规义务，而不能用于交易获利。账户中尚有赤字的主体无权出售积分，但新兴替代燃

---

① California Air Resources Board, LCFS Credit Clearance Market, https://ww2.arb.ca.gov/resources/docu-ments/lcfs-credit-clearance-market.

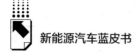

料的生产者或运营商则可以在 CCM 上出售积分获利。主管部门根据当年的合规状况判断是否需要开启 CCM。如果当年合规情况良好,则来年不需要开启 CCM。

为了应对参与 CCM 交易积分数量不足、无法全部抵扣赤字的情况,2018 年修正案新增了一项规则:如果当年申报出售的积分总量不足以满足合约所需,主管部门会发行预支积分(Advanced Credits),补齐供需差额,保证充足的积分供应。这部分积分会按比例预支给那些有稳定基础积分收入的大型配电公共事业公司。预支积分只能在当年的 CCM 上以最高交易价格出售。这些大型公共事业公司需要在接下来 6 年的窗口期内,按一定比例的积分逐年偿还预支积分。

(3)违规处理

未能在合规周期内消除的赤字可判处每个赤字不超过 1000 美元的罚款。赤字余额会自动转结到下一年,产生赤字利息,且须在五年内清零。赤字利息是指从每年的 9 月 1 日起,对上一年度未消除的所有赤字给予每年 5% 的利息复算。强制参与主体若存在不按时、不完整、不准确提交申报材料的情况,也会受到相应的违规处罚。

连续两年未完成合规义务的企业需要向 CARB 提交合规计划书(Compliance Plan),详细汇报未来五年计划采取的合规措施。主管部门审查合格后方能生效。一年后企业还需要提交合规计划书的执行报告(Compliance Plan Implementation Report),对合规计划的执行情况做详细的汇报。

(三)修订与发展

自 2009 年出台以来,LCFS 经过两次重要修订,共有四个标志性版本。首版为 2009 年出台时的版本,在该版本里设定了碳强度"到 2020 年比 2010 年基准水平下降 10%"的目标;第二版为 2011 年正式启用时的修订版本,CI 目标不变,构建了更多的合规情景分析;第三版也是第一次重大修订版本,为 2015 年受司法挑战后重新启动时所做的调整,要求使用 CA-

GREET 2.0 模型对燃料的 CI 进行重新核证,并正式设立了积分出清市场(CCM);第二次重大修订为 2018 年的修订案,设立了 2030 年的 CI 下降目标,强制要求进行第三方核证,并增加了 ZEV 基础设施容量积分的生成路径,设立"清洁燃料奖励项目",直接对电动汽车使用者提供补贴,根据电池容量,电动汽车使用者可获得 500~1400 美元不等的奖励,进一步通过 LCFS 鼓励电动汽车的推广和应用。

LCFS 历次调整的目的包括:①调整碳强度下降目标,以不断适应技术发展和市场变化;②增加积分生成路径,确保充足的积分供应;③优化监管流程,提升便利性与灵活性。

(四)实施情况

1. 市场运行情况

从近几年的交易活动数据来看,LCFS 积分交易市场的活跃度逐渐增加。一方面,交易次数和平均单次交易体量稳步上升,2016 年平均单次积分交易量为 5751 吨二氧化碳当量,2021 年这一数值增长 65%,达到 9489 吨二氧化碳当量。另一方面,积分价格也大幅提升,2016 年积分单价仅为 101 美元,2020 年达到 199 美元,2021 年积分单价略有回落,年度均价为 187 美元(见图 4)。

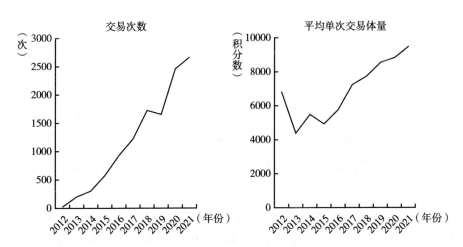

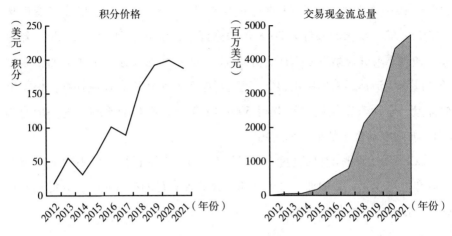

图4 LCFS 积分交易趋势

资料来源：中国汽车技术研究中心。

LCFS 市场交易主体有三类，一是单纯卖方主体，即它们只对外出售 LCFS 正积分，主要为替代燃料生产商和进口商，其数量在 2014 年仅有三四十家，至 2021 年底已经超过 180 家，说明 LCFS 提供的积分生成路径增多和市场运转不断趋良，激励了越来越多的替代燃料生产商出现并参与到积分市场中来。二是单纯买方主体，主要为化石燃料生产商和进口商，数量基本维持在 25~30 家。三是同为买方和卖方的交易主体，主要由第三方经纪商组成，它们的加入恰好说明了 LCFS 积分市场运营良好且具有不错的增长空间和潜力，是其更趋于市场化机制的一个佐证（见图5）。

2. 积分储量情况

从 2011 年标准启动以来，LCFS 积分储备量（累计净值）总体呈现先上升后下降的趋势（见图6），2017 年第三季度达到峰值 994 万吨二氧化碳当量，截至 2021 年第四季度 LCFS 积分储备量为 951 万吨二氧化碳当量。积分储备的变化主要受到各年度 CI 下降目标、积分生成路径及总量的影响。

LCFS 季度积分净值是指该季度产生的总正积分量与赤字量绝对值的差值，该指标虽然在一定程度上受到燃料生产商和进口商年度规划的影

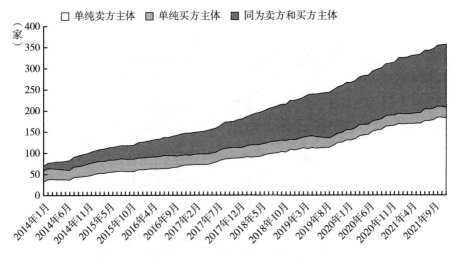

图 5　LCFS 交易主体数量发展趋势

资料来源：中国汽车技术研究中心。

响，但也可以更直观地反映在短期内 LCFS 市场的运行状况。图 6 显示，在市场初期，CI 基准值较高，生成的积分大于赤字，季度 LCFS 积分净值呈正值且逐年上升，特别是 2013 年和 2014 年 CI 下降目标被法院冻结，季度积分净值也呈现上涨趋势。随着 2015 年 LCFS 重新启动，CI 下降目标逐渐收紧，造成季度积分净值快速达峰，然后迅速下降，2017 年度开始的大部分时间内 LCFS 季度积分净值由正转负，从而导致积分储备总量不断下降。不过，除第一季度积分净值为负外，2021 年第二至四季度 LCFS 积分净值实现了三连增。

从 LCFS 积分储备的来源来看，乙醇是市场初期最主要的替代燃料；可再生柴油的角色变得越来越重要，自 2018 年起已成为体量最大的替代燃料；2018 年修订案以来，电力和氢能的替代作用逐渐凸显，在年度正积分中的占比也稳步提升，2021 年电力和氢能产生的 LCFS 正积分占到总量的 23%，仅次于可再生柴油，表明修订案中对电力、氢能终端零排放燃料的激励作用得到了市场认可和正向反馈（见图 7）。

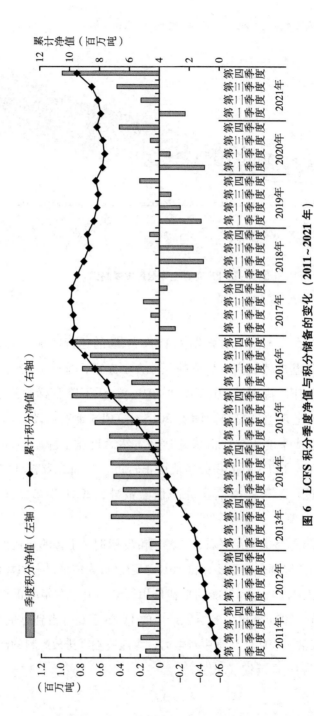

图 6 LCFS 积分季度净值与积分储备的变化（2011~2021 年）

资料来源：中国汽车技术研究中心。

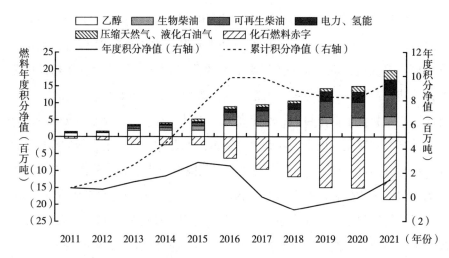

图 7 不同燃料生成的积分或赤字净值（2011~2021年）

资料来源：中国汽车技术研究中心。

三 对中国的启示

（一）中国低碳燃料发展现状

交通行业的碳排放主要来自交通燃料的燃烧。国家统计数据显示，中国交通运输部门主要的能源消耗仍以汽、柴、煤油等传统能源为主，这在公路、水路和航空领域的特征尤其明显。[①] 在乘用车等技术、市场相对成熟的领域，电动化转型乃至全面电动化的阻力相对较小，在商用车、远洋航运以及民航等领域，仍有必要在电动化转型之外，继续探索使用更多元化的低碳燃料。

1.可再生低碳生物燃料

这一类是目前国际主流的低碳燃料种类之一，根据产品形态主要包括生物乙醇、生物柴油和可再生柴油以及生物航煤。

---

① 王庆一：《2020能源数据》，能源基金会，2021。

生物乙醇在美国、巴西、欧盟等国家和地区作为交通燃料掺烧物有良好的使用传统。为解决大量"陈化粮"处理问题,中国自 2001 年开始启动生物燃料乙醇试点,从"十一五"起,根据形势变化暂停了粮食燃料乙醇发展,并陆续在广西、内蒙古、山东、河南等地建成多个非粮燃料乙醇示范项目或产业化装置。截至目前,有黑龙江、吉林、辽宁、河南、安徽和天津 6个省份全境和河北、山东、江苏、内蒙古、湖北和广东 6 个省份的部分地区开展乙醇汽油推广试点①,尚未实现全国范围内车用燃料乙醇汽油全覆盖的目标,包括生物燃料乙醇在内的生物燃料产业与国际先进水平尚存在差距。中国对生物燃料生产及在交通领域的推广使用支持政策虽然在过去 20 年不断完善,但覆盖生物燃料全品类、全产业链的整体性发展战略仍然缺位,特别是缺少激励产业持续创新的市场化机制。

根据生产技术的不同,生物柴油目前有三代产品,一代产品仍是全球生物柴油的主要组成,约占产量总量的 85%,二代即为加州低碳燃料标准中的"可再生柴油",是通过对动植物油脂加氢脱氧或降凝改质,过程中氢取代了氧、硫、氮等元素,可任意比例与普通柴油掺混。三代生物柴油是在二代生物柴油氢化技术和异构化技术的基础上,采用高纤维含量的非油脂类生物质和微生物油脂作为主要原料制得,提取和分离难度较大,且成本高昂,目前全球占比不足 2%。② 中国目前以第一代生物柴油为主,年产量约为 120万吨,应用有限。③

生物航煤方面,目前我国自主炼制的生物航煤已完成试飞,但受成本高昂、原料供应短缺等问题影响,尚未取得更好的发展。

2. 低碳电力

低碳电力的内涵较为丰富,覆盖电力从生产到使用以及对周围生态的影

---

① 《国家能源局科技司负责人就〈关于扩大生物燃料乙醇生产和推广使用车用乙醇汽油的实施方案问答〉》,http://www.nea.gov.cn/2017-09/13/c_ 136606048.htm,2017 年 9 月 13 日。

② 国信证券,http://pg.jrj.com.cn/acc/Res/CN_ RES/INDUS/2020/12/30/2a6a588b - 26d8 - 462a - b4a3 - e8de2fb59b82.pdf。

③ 吉林省人民政府网站,http://www.jl.gov.cn/szfzt/tzcj/zdxm/syhg/202101/t20210119 _ 7917048.html。

响等多个方面。狭义上是指采用综合资源战略规划的方法,在电力供应侧鼓励发展清洁能源发电,采用各种新技术、新工艺减少污染物排放,主要形式为可再生能源发电,包括水电、风电、光伏发电、生物质发电等类型。

近年来中国低碳电力的发展形势喜人,可再生能源发电规模世界第一。截至 2021 年底,可再生能源发电装机规模突破 10 亿 kW,占总装机量的比重达到 44.8%,2021 年可再生能源发电量达到 2.48 万亿 kWh,占全社会用电量的 29.8%。[①] 随着交通领域电动化转型进程的深入,低碳电力的使用将减少更多的碳排放。

3. 绿氢

氢能在未来能源体系中扮演着越来越重要的角色。中国氢能联盟预测[②],在 2060 年碳中和目标下,到 2030 年,中国氢气的年需求量将达到 3715 万吨,在终端能源消费中占比约为 5%。到 2060 年,氢气年需求量将增至 1.3 亿吨左右,在终端能源消费中的占比约为 20%。

绿氢是依据生产来源划分的氢能的一种,指利用风能、太阳能等可再生能源发电,再电解水生产的氢气,绿氢从源头上杜绝了碳排放,是真正意义上的清洁能源,也是氢能产业发展的方向和目标。而实际上,虽然中国是世界第一制氢大国,但当前的氢能源主要为通过化石能源制得的灰氢,绿氢供应量仅占市场消费量的 1% 左右[③],制氢路线仍需进一步改进。不过这其中不仅仅包含绿氢规模化生产所面临的技术问题,更重要的是绿氢的制备成本居高不下,氢气制备路线的转型挑战重重。

制氢环节的政策与保障体系尚不完善,需要在接下来的发展窗口期,借助氢燃料电池汽车产业的发展来推动技术进步。

(二)加州低碳燃料标准对中国的借鉴意义

低碳燃料标准是加州应对气候变化政策机制的有机组成部分。在交通部

---

① 中华人民共和国中央人民政府网站,http://www.gov.cn/xinwen/2022-01/29/content_5671076.htm。
② 中国经济网,http://www.ce.cn/xwzx/gnsz/gdxw/202107/30/t20210730_36764587.shtml。
③ 氢启未来,https://www.h2weilai.com/cms/index/shows/catid/88/id/2402.html。

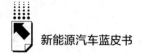

门，CARB 规划了一个互补型、多管齐下的方案，鼓励清洁燃料和清洁汽车的发展与部署，以实现 2045 年碳中和目标。三大以市场为导向的政策机制在推动加州低碳交通发展中发挥了战略性作用，它们分别是：碳排放总量控制与交易项目（Cap-and-Trade Program-C&T）、低碳燃料标准（CA-LCFS）以及零排放汽车（ZEV）积分交易项目。

在中国，除低碳燃料标准外，另外两个项目均有本地化政策。中国制定类似 LCFS 的相关机制，也能发挥联动作用，有助于解决当前交通脱碳方面的一些关键问题。包括：①与全国碳排放权交易市场相辅相成，与地方试点平行推进，促进交通领域温室气体稳步减排。②鼓励燃料多元化创新，控制减少石油消费总量。目前中国促进石油消费减量化主要依靠财税手段，例如成品油消费税，增加消费者的负担，施行的阻力较大。LCFS 可成为财税手段的重要补充，减排的成本由石油公司分担，积分收益则补贴了低碳燃料供应商，促进低碳燃料技术创新。③与"双积分"政策相互配合，促进新能源汽车推广，这其中还包括借鉴 LCFS 中的"清洁燃料奖励项目"制度，在新能源汽车补贴退出之后，为新能源汽车使用者提供可持续的奖励和补贴，同时借助 LCFS 中 ZEV 基础设施容量积分的条款，鼓励基础设施项目建设和使用。

（三）对中国引入低碳燃料标准的建议

加州 LCFS 法规是在充分调研加州当地交通能源情况的前提下，以燃料生命周期碳强度为评价参数，开发的一套完整的以模型核算为基础，以法规命令托底实施的政策体系。LCFS 法规对高碳油气企业实行强制合规管理，与中国体系下标准文件的性质不同。LCFS 法规具有很高的精细度和复杂度，在引入中国时，既需要对标准的具体形式和内容进行本土适应性解析，还要在政策框架上查漏补缺，建立健全相关的政策工具包。

1. 建立交通能源消费统计制度与平台

LCFS 是一套基于定量核算机制的政策体系，完整、翔实且可靠的数据统计是政策实施的核心和关键。基于可靠的数据，合规主体上报的数据才能被追踪和核查，政策的公平性和公正性也才能得到保证。而中国目前尚未建立专门服务于交通领域的能源消费统计制度与平台。除了服务于 LCFS 政策外，该统计平台还能在未来的碳市场及交易、碳达峰及碳中和研究和实施过程中发挥重要作用。考虑到中国的具体情况，建议交通能源消费统计制度与平台由国家发改委牵头，会同交通部、商务部、公安部、市场监管总局和海关总署等相关部门共同负责制定。

而科学的燃料生命周期碳强度核算方法体系是建立上述制度和平台的基础。在之前的关键问题探讨中也已经指出，目前中国缺乏一套具备公信力的燃料生命周期温室气体核算工具。建立健全燃料生命周期温室气体核算标准是当务之急，前期试点可以由地方主管部门提出核算方法或指南，但是长期来看，需要以标准的形式加以规范。燃料生命周期温室气体排放的核算则可通过多种途径实现，包括支持高校和研究机构合力开发，以及推动和认可第三方认证渠道等。

2. 开展交通燃料碳强度预测研究并提供相应工具

CARB 对低碳燃料强度基准值的预测是基于交通燃料的详细数据，通过核算平均碳强度，并在此基础上预测未来的情景，从而给出中长期的基准参数。目前，中国在燃料生命周期温室气体排放核算方面缺乏完备的数据库和相应标准，对交通燃料碳强度缺少准确的定量判断，在此基础上的预测能力也亟待建设和加强。建议在引入低碳燃料政策过程中，集中研究力量开展交通燃料碳强度的预测研究，并结合前文提到的燃料生命周期温室气体核算工具，开发交通燃料碳强度预测工具，保证碳强度目标的严格性和可实现性。

3. 精简标准体系

LCFS 较高的精细度确保了法规的科学性和公平性，同时也对法规实施管理提出了较高要求。目前中国交通低碳转型需求和压力都高于加州开始实施 LCFS 法规时期，为尽快落实低碳燃料系列政策，建议在保证科学和公平的前提下，对标准体系进行精简设计，包括纳入标准的低碳燃料类型，原则上"舍小顾大""由易入难"；前期放宽对化石燃料供应商规模的认定标准，主抓典型；积分生成路径和规则方面，先纳入规模较大、市场较成熟的积分

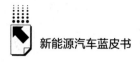

路径，后期逐渐放开。

4. 建立和加强第三方核证体系

低碳燃料标准的实施必须依靠准确的数据监测、报告和核查系统。2018年加州空气资源委员会通过修正案要求企业在申报数据时，必须经过第三方审核机构的核证，以保证数据的完整度、精确度和与法规的一致性。为落实这一措施，加州空气资源委员会对第三方核证系统工作人员提出了严格的资质要求，且不允许与 LCFS 合规主体之间存在利益冲突。同时，加州空气资源委员会还会为第三方核证人员提供免费的技术培训及资料。通过批准被认可的第三方核证机构名单，可以在 CARB 网站上进行查询。在低碳燃料政策构建的过程中，要同步建立和完善数据监测和核查标准，构建第三方机构核证体系，同时积极培育一批专业技术人员，提升第三方机构和人员的业务水平。

5. 开展地方试点应用

首先要充分识别低碳燃料政策在中国本地化过程中需要克服的问题，根据地方需求与积极性，开展地方试点工作。试点应满足以下几个条件：一是强有力的政府部门牵头，多部门协同配合。二是根据该地区的能源禀赋、发展需求和所偏重的技术路线，可建立相对独立的省级/区域性试点交易市场。三是研究构建多种多样的燃料路径发展及合规情景，并基于预测结果不断调整目标设置。情景分析的主要结论应包括不同技术路线发展情景下，对生成积分的数量、储量、市场交易量和价格的预测。四是保持机制的灵活性，对机制不断加以优化，间隔以两到四年为宜，同时保持实施规则的连贯性、统一性，保护参与主体对政策的信心和正向预期。

参考文献

王庆一：《2020 能源数据》，能源基金会，2021。

《国家能源局科技司负责人就〈关于扩大生物燃料乙醇生产和推广使用车用乙醇汽油的实施方案问答〉》，http://www.nea.gov.cn/2017-09/13/c_136606048.htm，2017年9月13日。

Carbon Intensity Records under the Renewable and Low Carbon Fuel Requirements Regulation, Ministry of Energy, Mines and Petroleum Resources, British Columbia, 2018.

California Air Resources Board, LCFS Data Dashboard, https：//ww2. arb. ca. gov/resources/doc-uments/lcfs-data-dashboard.

California Energy Commission, https：//www. energy. ca. gov/about/core-responsibility-fact-sheets/transforming-transportation.

Incubex, https：//theincubex. com/states-and-provinces-with-lcfs-markets-2/.

Energy and Environmental Economics, Inc. Achieving Carbon Neutrality in California. PATHWAYS Scenarios Developed for the California Air Resources Board. Aug. 2020.

California Air Resources Board, LCFS Credit Clearance Market, https：//ww2. arb. ca. gov/resources/docu-ments/lcfs-credit-clearance-market.

附　　录

Appendixes

B.17
附录一：2021年中国新能源汽车大事记

2月7日　工业和信息化部印发《关于2020年度乘用车企业平均燃料消耗量和新能源汽车积分管理有关事项的通知》，明确在2020年度企业平均燃料消耗量积分核算中，对标准配置怠速起停系统、制动能量回收系统、换挡提醒装置的车型，其燃料消耗量可相应减免一定额度（可累加）；企业2020年度产生的新能源汽车负积分，可以使用2021年度产生的新能源汽车正积分进行抵偿；对于注册地在湖北省的乘用车企业，其在2020年度产生的平均燃料消耗量负积分和新能源汽车负积分，减按80%计算。

3月26日　工业和信息化部、农业农村部、商务部和国家能源局联合下发《关于开展2021年新能源汽车下乡活动的通知》。活动主题为绿色、低碳、智能、安全——一步跨入新时代，助力全面推进乡村振兴。据中国汽车工业协会统计，2021年新能源汽车下乡车型累计销售量为106.8万辆。

3月30日　小米创始人雷军正式宣布造车，定义为"人生中最后一次重大创业项目"。按照计划，小米初期将会投资100亿元造车，未来10年投资有望达到100亿美元，首款产品将在2024年量产。

6月17日 工业和信息化部正式公开征求对推荐性国家标准《纯电动乘用车技术条件》的意见。其主要涉及两方面内容：一是对原纯电动乘用车技术条件进行修订更新，二是增加针对微型低速纯电动乘用车的技术要求，包括增加微型低速纯电动乘用车的定义以及增加动力性、制动性、外廓尺寸和整备质量等相关技术指标和要求。

8月18日 五部门联合启动燃料电池示范应用工作，批复同意北京、上海、广东三大示范应用城市群启动实施燃料电池汽车示范应用工作。北京、上海、广州、浙江等13个省份于2021年先后制定了氢燃料电池汽车产业相关政策和规划，对加氢站的规划建设、氢燃料电池汽车的推广应用、核心产业链的布局等进行了部署。

8月27日 工业和信息化部、科技部、生态环境部、商务部、国家市场监管总局联合制定发布《新能源汽车动力蓄电池梯次利用管理办法》，提出鼓励梯次利用企业与新能源汽车生产、动力蓄电池生产及报废机动车回收拆解等企业协议合作，加强信息共享，高效回收废旧动力蓄电池用于梯次利用，鼓励动力蓄电池生产企业参与废旧动力蓄电池回收及梯次利用。

9月22日 中共中央、国务院编制完成《关于完整准确全面贯彻新发展理念做好碳达峰碳中和工作的意见》，明确提出要大力发展绿色低碳产业，加快发展新一代信息技术、新能源、新材料、新能源汽车等战略性新兴产业。该文件于10月24正式向社会公布。

10月 受新能源汽车行业发展速度超出预期、新冠肺炎疫情及上游矿产产能释放不足等因素叠加影响，锂电池主要原材料、汽车零部件持续涨价且严重缺货。比亚迪、鹏辉能源、赣锋锂业等多家动力电池企业纷纷宣布涨价消息，一些产品价格涨幅达20%。

10月24日 工业和信息化部会同有关部门组织编制了《关于进一步加强新能源汽车安全体系建设的指导意见》（征求意见稿），向公众征求相关意见。

10月26日 国务院印发《2030年前碳达峰行动方案》，提出大力推广新能源汽车，逐步降低传统燃油汽车在新车产销和汽车保有量中的占比，推

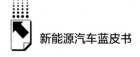
动城市公共服务车辆电动化替代，推广电力、氢燃料、液化天然气动力重型货运车辆。到 2030 年新增新能源、清洁能源动力的交通工具比例达到 40% 左右。

10 月 28 日 工业和信息化部启动新能源汽车换电模式应用试点工作。北京、南京、武汉、三亚、重庆、长春、合肥、济南、宜宾、唐山、包头等 11 个城市纳入此次试点范围。试点计划推广换电车辆超 10 万辆，换电站超 1000 座，并且在突破换电产品关键技术、打通基础设施审批流程、建立换电汽车监管平台、健全换电技术标准体系、形成换电模式产业形态、构建换电政策支持体系六方面发力，预期实现每年节省燃油超 70 万吨，碳减排超 200 万吨。

11 月 19 日 在广州车展上，全球首款纯电续驶里程超过 1000 公里的车型，广汽埃安 AION LX PLUS 正式发布。

11 月 2021 广州国际车展首发 67 款新车中，传统动力车型 28 款，新能源车型共 39 款，新能源汽车新车数量第一次超过传统燃油车型。

11 月 我国自主新能源汽车品牌市场渗透率达 37.4%，豪华品牌市场渗透率为 19.4%，各传统车企纷纷独立运营新能源汽车品牌，集体冲击中高端新能源汽车市场，如智己汽车、飞凡汽车、岚图汽车、沙龙智行、极氪汽车等品牌相继亮相，定价均突破 30 万元。同时，造车新势力企业第一梯队的蔚来汽车、小鹏汽车、理想汽车、哪吒汽车集体实现月销量破万。

12 月 10 日 中国汽车工业协会公布的数据显示，1~11 月，中国新能源汽车累计年产销首次超过 300 万辆，产销量再创历史新高。

12 月 13 日 中国保险行业协会发布《新能源汽车商业保险专属条款（试行）》，针对新能源汽车特点扩大了保险责任范围，增加了新能源汽车特有的"配套设施"保障，附加外部电网故障损失险、附加自用充电桩损失保险、附加自用充电桩责任保险、附加智能辅助驾驶软件损失补偿险、附加火灾事故限额翻倍险、附加新能源汽车增值服务特约条款。

12 月 20 日 全国工业和信息化工作会议在北京召开，会议强调要扩大新能源汽车消费，健全车联网和智能网联汽车等安全保障体系，大力发展绿色制造，开展绿色低碳技术和产品示范应用。

12月31日　财政部、工业和信息化部、科技部、国家发展改革委联合发布《关于2022年新能源汽车推广应用财政补贴政策的通知》，明确2022年新能源汽车补贴政策保持技术指标体系框架及门槛要求不变，补贴标准在2021年基础上退坡30%（公共领域补贴标准退坡20%）。2022年12月31日之后上牌的车辆不再给予购置补贴。继续加大审核力度，做好以前年度推广车辆的清算收尾工作，加强产品安全监管引导，确保质量和信息安全。

B.18
附录二：2021年以来世界新能源汽车大事记

时间	企业/国家	摘要
2021 年 1 月	欧盟	欧盟委员会批准"欧洲电池创新"项目，提出到 2025 年欧洲电池每年至少装配 600 万辆电动汽车的目标。该项目涵盖从原材料提取、电池的开发和生产到处理和回收再利用的整个电池价值链，旨在加强欧盟电池价值链战略自主
2021 年 1 月	日产汽车	计划到 2050 年整个集团的企业运营和产品生命周期(包括车辆原材料的提取、制造、利用和报废车辆的循环/再利用)实现碳中和。同时，日产汽车计划在 2030 年代初期，实现核心市场新车型 100% 的电动化
2021 年 3 月	欧洲	欧洲议会通过了设立碳边境调节机制(CBAM)的初步决议，决定对部分进口产品加征碳排放费用
2021 年 6 月	加拿大	2035 年起禁售化石燃料新乘用车和轻型卡车，旨在到 2050 年全国实现净零排放
2021 年 7 月	欧盟	公布应对气候变化的一揽子实施计划(Fit for 55)提案，提出涵盖能源、工业、交通、建筑等领域的 12 项减排举措，以实现 2030 年底温室气体排放量较 1990 年减少 55% 的气候目标。与新能源汽车相关的内容包括：一是欧盟境内新注册的乘用车及轻型商用车需在 2035 年实现零排放。二是 2025 年欧盟主要高速公路每 60 公里需至少设置一个超过 150kW 的充电站，且所有充电站总容量相加需超过 300kW。针对燃料电池汽车，欧盟提出主要高速公路每 150 公里需设置一个加氢站。三是拟为道路运输及建筑领域建立新的碳排放权交易体系，燃料供应商负责检测并报告其每年投入市场的燃料总量，并根据燃料碳强度承担碳排放费用。该体系将独立于欧盟现有的碳排放权交易体系(EU-ETS)，并计划于 2026 年开始运行

续表

时间	企业/国家	摘要
2021年7月	欧盟	欧盟委员会正式提出碳边境调节机制实施细则提案，标志着CBAM立法程序正式启动。根据提案，欧盟将要求进口商根据进口商品的碳排放量向指定机构购买相应的"碳边境调节机制证书"，证书价格将根据EU-ETS下的碳配额拍卖价格每周动态调整。碳边境调节机制最终措施将于2026年起正式实施，在此之前的3年为过渡期。在3年的过渡期内，钢铁、铝、水泥、化肥及电力5个行业进口商需要向欧盟提供进口商品的碳排放量报告（仅覆盖以上产品生产过程中的直接排放），但无需支付费用。过渡期结束前，欧盟委员会将再次对政策进行评估，以决定是否扩大产品征收范围及核算范围，包括是否将原材料制品及间接排放纳入覆盖范围
2021年7月	大众汽车	大众汽车发布"2030 NEW AUTO战略"，提出到2030年，集团每辆汽车在整个生命周期内的碳足迹与2018年相比将减少30%。同时，纯电动车型份额上升到50%；到2040年，在全球主要市场的所有新售车辆接近零排放；最迟到2050年，集团将实现碳中和
2021年8月	美国	签署关于"加强美国在清洁汽车领域领导地位"的总统行政命令，设定2030年零排放汽车占新车销量比例达到50%的目标
2021年11月	全球	英国、瑞典、加拿大、爱尔兰等28个国家①签署《COP26关于加速向100%零排放汽车过渡的宣言》，承诺2040年前在全球实现所有新销售的轿车和货车均为零排放汽车
2021年11月	日产汽车	计划到2030财年推出23款电驱化车型，其中包括15款纯电动车型，日产和英菲尼迪品牌的电驱化车型占比将超过50%。未来五年，日产汽车将推出20款纯电动车型和搭载日产e-POWER技术的车型。至2026财年，提升核心市场电驱化车型的销售占比，其中包括： ·欧洲市场：电驱化车型销量占车型总销量的75%以上； ·日本市场：电驱化车型销量占车型总销量的55%以上； ·中国市场：电驱化车型销量占车型总销量的40%以上； ·美国市场：截至2030财年，纯电动车型销量占车型总销量的40%

① 签署相关承诺的国家包括：奥地利、阿塞拜疆、比利时、柬埔寨、加拿大、佛得角、智利、克罗地亚、塞浦路斯、丹麦、萨尔瓦多、芬兰、冰岛、爱尔兰、以色列、列支敦士登、立陶宛、卢森堡、马耳他、荷兰、新西兰、挪威、波兰、斯洛文尼亚、瑞典、梵蒂冈、英国、乌拉圭。

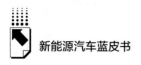

续表

时间	企业/国家	摘要
2021 年 12 月	日本	日本第三次追加补助金预算。其中,在电动汽车补助方面,对 2021 年 11 月 26 日以后新登记注册的电动汽车提高单车补贴上限,特别对于配备 V2X(Vehicle-to-everything,车辆与外界互通)充电装置和 1500W 车载插座装备等的车型,大幅提升了补贴上限,其中纯电动汽车由 40 万日元提高到 85 万日元(约合人民币 4.3 万元),插电式混合动力汽车由 20 万日元提高到 55 万日元(约合人民币 2.8 万元),燃料电池汽车由 225 万日元提高到 255 万日元(约合人民币 12.9 万元);在充电基础设施补助方面,增加了 65 亿日元预算,对补贴范围和补贴标准进行了扩大或提升
2021 年 12 月	美国	美国联邦环保署(EPA)发布《关于修订轻型汽车 2023 年及以后车型的温室气体排放标准的提案》,到 2026 年乘用车和轻型卡车行业平均 CO_2 排放达 161g/mile(约合 100g/km)
2021 年 12 月	丰田汽车	丰田汽车公布最新电动化战略,2030 年前将投入 350 亿美元进行电动车研究,并推出 30 款电动车型,全球销量目标为 350 万辆;2035 年雷克萨斯品牌彻底转型为纯电动品牌,销售目标为 100 万辆
2022 年 1 月	全球	据 AFS(Auto Forecast Solutions)数据统计,2021 年全球汽车市场累计减产量约为 1027.2 万辆,从地区分布来看,北美洲减产 317.8 万辆,欧洲减产 295.4 万辆,中国减产 198.2 万辆,亚洲其他地区减产 174 万辆,南美洲减产 35.5 万辆,中东/非洲合计减产 6.2 万辆
2022 年 1 月	全球	2021 年全球新能源汽车市场销量达 689 万辆,同比增长 1.1 倍。其中,欧美等主要国家市场规模快速增长,德国、美国、英国、法国、意大利等国家 2021 年新能源汽车销量分别达 69.1 万辆、67.3 万辆、32.6 万辆、32.1 万辆和 14.1 万辆,同比分别增长 72%、105%、80%、63% 和 132%
2022 年 3 月	美国	美国国家公路交通安全管理局(NHTSA)发布最终版 2024~2026 年油耗法规(CAFE)标准,规定到 2026 年乘用车和轻型卡车行业平均油耗约为 49.1MPG(约合 4.8L/100km),2024 年和 2025 年的燃油效率分别在上一年基础上提高 8%,2026 年燃油效率在上一年基础上提高 10%。此外,还将 2019~2021 年度不符合 CAFE 标准的新车罚款从每辆车 5.5 美元/0.1MPG 增加到 14 美元/0.1MPG
2022 年 3 月	欧盟	欧盟理事会在经济与金融事务委员会会议上通过 CBAM 提案,下一步将重点讨论关于欧盟碳市场的免费配额退出时间表、欧盟出口产品的碳成本退还以及 CBAM 收入分配问题

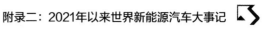

续表

时间	企业/国家	摘要
2022年5月	欧盟	欧洲议会在环境、公共卫生和食品安全委员会会议上通过CBAM提案,相比于2021年7月欧盟委员会提出的CBAM立法提案,欧洲议会在碳排放范围、产品范围乃至实施时间上均提出了更高的要求和目标:①扩大覆盖行业,新增化工、塑料、氢气和氨等;②扩大碳排放范围,将电力等间接碳排放纳入征税范围内;③将过渡期缩短至2年,2025年正式实施;④2030年前,碳交易免费配额完全取消,碳交易市场下的所有行业须纳入CBAM。欧洲议会将于6月6~9日进行内部全体表决,如表决通过,欧洲议会、欧盟理事会、欧盟委员会将针对CBAM立法进行三方会谈,形成最终法案

B.19

附录三：2021年主要国家及企业新能源汽车销量/动力电池装机量

表1　2021年全球新能源汽车销量排名前十国家

单位：万辆，%

序号	国别	BEV	PHEV	FCEV	总计	市场份额
1	中　国	291.6	60.3	0.2	352.1	51.1
2	德　国	36.7	32.3	0.0	69.1	10.0
3	美　国	48.9	18.0	0.3	67.3	9.8
4	英　国	20.4	12.1	0.0	32.6	4.7
5	法　国	17.9	14.2	0.0	32.1	4.7
6	挪　威	11.9	3.8	0.0	15.8	2.3
7	意大利	7.1	7.1	0.0	14.1	2.1
8	瑞　典	6.0	7.8	0.0	13.8	2.0
9	韩　国	9.7	1.9	0.8	12.4	1.8
10	荷　兰	6.7	3.1	0.0	9.9	1.4
前十合计		457.0	160.6	1.4	619.1	89.9
总计		494.9	192.3	1.7	688.9	100.0

资料来源：国外数据源于 EV Volumes，中国数据源于中国汽车工业协会。

表2　2021年全球新能源汽车销量排名前十集团

单位：辆，%

序号	前十集团	BEV	PHEV	FCEV	总计	市场份额
1	特斯拉	936149			936149	13.6
2	比亚迪	327284	270735		598019	8.7
3	上汽通用五菱	458949	68		459017	6.7
4	大众	270421	101313		371734	5.4
5	现代起亚	243437	102920	9145	355502	5.2

384

续表

序号	前十集团	BEV	PHEV	FCEV	总计	市场份额
6	奔驰	134616	192523	5	327144	4.7
7	Stellantis	160507	149321		309828	4.5
8	雷诺日产三菱联盟	229754	74594		304348	4.4
9	宝马	71120	206571	44	277735	4.0
10	上汽	163371	74294	10	237675	3.4
	前十合计	2995608	1172339	9204	4177151	60.6
	总计	4949402	1922818	16955	6889175	100.0

资料来源：国外数据源于 EV Volumes，中国数据源于中国汽车工业协会。

表3　2021年全球新能源乘用车销量排名前20车型

单位：辆，%

序号	前20车型	BEV	PHEV	总计	市场份额
1	特斯拉 Model 3	500291		500291	7.7
2	上汽通用五菱宏光 MINI EV	424142		424142	6.5
3	特斯拉 Model Y	410916		410916	6.3
4	比亚迪 秦 Plus DM-i PHEV		111553	111553	1.7
5	理想 ONE EREV		90491	90491	1.4
6	比亚迪 汉 EV	86902		86902	1.3
7	比亚迪 宋 Pro PHEV		78973	78973	1.2
8	雷诺-日产 ZOE	77156		77156	1.2
9	长安奔奔 E-Star	76464		76464	1.2
10	大众 ID.3	76329		76329	1.2
11	大众 ID.4	72346		72346	1.1
12	广汽埃安 AION.S	71192		71192	1.1
13	奇瑞 eQ1	68821		68821	1.1
14	起亚 e-Niro	64636		64636	1.0
15	雷诺-日产 Leaf	64359		64359	1.0
16	长城欧拉 R1	63538		63538	1.0
17	丰田 RAV4 PHEV		61729	61729	0.9
18	小鹏 P7	60607		60607	0.9
19	现代 KONA	60206		60206	0.9
20	上汽荣威科莱威	56116		56116	0.9
	前20合计	2234021	342746	2576767	39.5
	总计	4559501	1946898	6521833	100.0

资料来源：国外数据源于 EV Volumes，中国数据源于中国汽车工业协会。

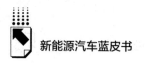

表4 2021年全球动力电池装机量前十企业

单位：GWh，%

序号	前十企业	装机量	市场份额
1	宁德时代	96.7	32.6
2	LG新能源	60.2	20.3
3	松下	36.1	12.2
4	比亚迪	26.3	8.8
5	SK On	16.7	5.6
6	三星SDI	13.2	4.5
7	中创新航	7.9	2.7
8	国轩高科	6.4	2.1
9	远景动力	4.2	1.4
10	蜂巢能源	3.1	1.0
前十合计		270.8	91.2
总计		296.8	100.0

资料来源：SNE Research。

B.20

附录四：国内部分新能源乘用车车型信息

表1 国内部分企业纯电动乘用车车型信息

车企	通用名称	整备质量（kg）	电池系统能量密度（Wh/kg）	最高车速（km/h）	工况条件下百公里电量（kWh/100km）	续驶里程（km,工况法）	驱动电机类型	驱动电机峰值功率/转速/转矩（kW/r/min/N·m）
安徽江淮汽车集团股份有限公司	瑞风E3	2160	127.7	140	18.4	415	永磁同步电机	150/16000/295
安徽江淮汽车集团股份有限公司	思皓E·10X	1160	141.47	102	11.4	310	永磁同步电机	45/11000/150
安徽江淮汽车集团股份有限公司	蔚来ET7	2379	185.44	200	16	675	前:永磁同步电机/后:交流异步电机	前:180/16000/350/后:300/15000/500
安徽江淮汽车集团股份有限公司	蔚来ES6	2345	170.5	200	ˉ18.1	510	前:永磁同步电机/后:交流异步电机	前:160/15000/305/后:240/15000/420

387

续表

车企	通用名称	整备质量(kg)	电池系统能量密度(Wh/kg)	最高车速(km/h)	工况条件下百公里耗电量(kWh/100km)	续驶里程(km,工况法)	驱动电机类型	驱动电机峰值功率/转速/转矩(kW/r/min/N·m)
安徽江淮汽车集团股份有限公司	蔚来ES8	2425	135.08	200	17.4	415	前:永磁同步电机/后:交流异步电机	前:160/15000/305/后:240/15000/420
北京奔驰汽车有限公司	EQA260	2011	188	160	12.7(CLTC)	619(CLTC)	永磁同步电机	140/12000/380
北京新能源汽车股份有限公司	EX3	1540	200.22	150	13.6	470	永磁同步电机	120/13500/240
北汽蓝谷麦格纳汽车有限公司	极狐α-S	2180	186.2	180	16.9(CLTC)	603(CLTC)	前:永磁同步电机/后:永磁同步电机	前:160/12500/360/后:160/12500/360
比亚迪汽车工业有限公司	比亚迪唐	2360	147	180	15.7	600	永磁同步电机	168/15500/350
比亚迪汽车有限公司	比亚迪海豚	1450	140	160	11.3	401	永磁同步电机	130/16000/290
比亚迪汽车有限公司	比亚迪元PLUS	1690	150	160	12.5	510	永磁同步电机	150/16000/310
东风汽车集团有限公司	岚图FREE	2190	150	180	18.7	505	交流异步电机	255/16000/520

续表

车企	通用名称	整备质量（kg）	电池系统能量密度（Wh/kg）	最高车速（km/h）	工况条件下百公里耗电量（kWh/100km）	续驶里程（km，工况法）	驱动电机类型	驱动电机峰值功率/转速/转矩（kW/r/min/N·m）
东风汽车集团有限公司	风神E70	1439	125	101	14	270	永磁同步电机	45/9000/150
东风汽车有限公司	睿英·轩EV	1600	165	105	13.8	450	永磁同步电机	80/8500/240
东风汽车有限公司	启辰D60EV换电版	1479	160	160	12.9	430	永磁同步电机	120/12000/280
东风汽车有限公司	启辰D60EV	1487	151	160	12.9	410	永磁同步电机	120/12000/280
东风汽车有限公司	小虎	705	168.83	100	8.5	215	永磁同步电机	30/8000/90
广汽乘用车有限公司	传祺AION.S	1660	170	160	12.9	460	永磁同步电机	150/16000/350
广汽乘用车有限公司	传祺AION LX	2270	175	180	16.4	550	永磁同步电机	前：200/16000/320/后：150/15000/220
合众新能源汽车有限公司	哪吒V	1151	160	121	11.5	401	永磁同步电机	70/13000/150
合众新能源汽车有限公司	哪吒U	1670	172	150	13.5	501	永磁同步电机	120/14000/210

车企	通用名称	整备质量（kg）	电池系统能量密度（Wh/kg）	最高车速（km/h）	工况条件下百公里耗电量/（kWh/100km）	续驶里程（km，工况法）	驱动电机类型	驱动电机峰值功率/转速/转矩/（kW/r/min/N·m）
零跑汽车有限公司	零跑T03	1190	136.6	100	10.9	403	永磁同步电机	80/12000/158
零跑汽车有限公司	零跑C11	2070	180.98	170	16.4	610	永磁同步电机	200/13000/360
奇瑞新能源汽车股份有限公司	eQ1	975	140	100	9.4	301	永磁同步电机	30/2387/120
奇瑞新能源汽车股份有限公司	QQ冰淇淋	699	101	100	8.8	120	永磁同步电机	20/7500/85
上海汽车集团股份有限公司	智己L7	2290	195	200	15.4	615	前：永磁同步电机/后：永磁同步电机	前:175/8000/209/后:250/6000/399
上海汽车集团股份有限公司	科莱威EV360	981	140	100	9.9	311	永磁同步电机	33/10000/100
上汽大众汽车有限公司	奥迪Q5 e-tron	2410	175	160	17	520	前：交流异步电机/后：永磁同步电机	前:80/13500/162后:/150/16000/310

续表

车企	通用名称	整备质量（kg）	电池系统能量密度（Wh/kg）	最高车速（km/h）	工况条件下百公里耗电量（kWh/100km）	续驶里程（km,工况法）	驱动电机类型	驱动电机峰值功率/转速/转矩（kW/r/min/N·m）
上汽大众汽车有限公司	ID.6 X	2395	175	160	17.7	510	前：交流异步电机/后：永磁同步电机	前：80/13500/162/后：150/16000/310
上汽大众汽车有限公司	ID.4 X	2250	175	160	17.2	520	前：交流异步电机/后：永磁同步电机	前：80/13500/162/后：150/16000/310
上汽通用五菱汽车股份有限公司	宏光MINIEV	822	130	100	9.6（CLTC）	300（CLTC）	永磁同步电机	30/7600/110
特斯拉（上海）有限公司	Model 3	1836	168	261	13.2	675	前：交流感应电机/后：永磁同步电机	前：137/17000/219/后：220/19000/440
特斯拉（上海）有限公司	Model Y	1997	168	217	13.6	640	前：交流感应电机/后：永磁同步电机	前：137/17000/219/后：194/19000/340
长城汽车股份有限公司	欧拉 R1	990	162	102	10.2（CLTC）	351（CLTC）	永磁同步电机	35/8500/125

续表

车企	通用名称	整备质量（kg）	电池系统能量密度（Wh/kg）	最高车速（km/h）	工况条件下百公里耗电量（kWh/100km）	续驶里程（km，工况法）	驱动电机类型	驱动电机峰值功率/转速/转矩（kW/（r/min）/N·m）
长城汽车股份有限公司	欧拉 R2	1032	178.92	102	10.2	401	永磁同步电机	45/10000/130
长城汽车股份有限公司	欧拉好猫	1455	160.76	150	13.4	401	永磁同步电机	105/16000/210
肇庆小鹏新能源投资有限公司	小鹏 P5	1734	135	170	13.4	460	永磁同步电机	155/12000/310
肇庆小鹏新能源投资有限公司	小鹏 P7	1965	160	170	13.5	670	永磁同步电机	196/12000/390
浙江豪情汽车制造有限公司	几何 C	1545	160.35	150	13.9	400	永磁同步电机	150/15000/310
浙江豪情汽车制造有限公司	几何 A	1635	183.23	150	13	600	永磁同步电机	150/15000/310
浙江吉利汽车有限公司	极氪 01	2350	170.21	200	17.8	606	前：永磁同步电机/后：永磁同步电机	前：200/5500/384 后：200/5500/384

续表

车企	通用名称	整备质量（kg）	电池系统能量密度（Wh/kg）	最高车速（km/h）	工况条件下百公里耗电量（kWh/100km）	续驶里程（km,工况法）	驱动电机类型	驱动电机峰值功率/转速/转矩（kW/r/min/N·m）
郑州日产汽车有限公司	帕拉索	2070	157.18	100	16.9	320	永磁同步电机	120/9000/420
中国第一汽车集团有限公司	红旗 E-QM5	1810	140	160	13.5	431	永磁同步电机	140/12000/320
中国第一汽车集团有限公司	红旗 E-HS9	2644	206	200	18	690	前:永磁同步电机/后:永磁同步电机	前:160/15000/300 后:160/15000/300
重庆金康新能源汽车有限公司	金康赛力斯 SF5	2390	155.24	200	17.5	510	前:永磁同步电机/后:交流异步电机	前:150/17600/300/ 后:255/16000/520
重庆长安汽车股份有限公司	奔奔 E-Star	1160	133	101	10.6	310	永磁同步电机	55/9500/170
重庆长安汽车股份有限公司	COSMOS EV	1890	201	120	15.5	500	永磁同步电机	150/12300/310

资料来源：工信部《新能源汽车推广应用推荐车型目录》。

表 2 国内部分企业插电式混合动力乘用车车型信息

车企	通用名称	整备质量（kg）	最高车速（km/h）	纯电动模式下续驶里程（km，工况法）	燃料消耗量（L/100km，B状态）	条件 A 试验电能消耗量（kWh/100km）	节油率水平（%）	排量/功率（mL/kW）	驱动电机类型	驱动电机峰值功率/转速转矩（kW/r/min/N·m）
比亚迪汽车工业有限公司	比亚迪唐 PHEV	2010	180	45（WLTC）	3.22（WLTC）		47.2	1497/102	永磁同步电机	145/16000/316
比亚迪汽车工业有限公司	比亚迪秦 PLUS PHEV	1500	185				51.2	1498/81	永磁同步电机	132/16000/316
比亚迪汽车工业有限公司	比亚迪汉 PHEV	1870	185	121	4.2	17.1		1497/102	永磁同步电机	145/16000/316
比亚迪汽车有限公司	比亚迪 F5	1515	185	46（WLTC）			51.5	1498/81	永磁同步电机	132/16000/316
比亚迪汽车工业有限公司	比亚迪宋 MAX PHEV	1807	160	105	4.5	18.1		1498/81	永磁同步电机	145/16000/325
比亚迪汽车有限公司	比亚迪宋 PLUS PHEV	1790	170	110	4.5	18		1498/81	永磁同步电机	145/16000/325
比亚迪汽车有限公司	比亚迪宋 Pro PHEV	1772	170	110	4.5	18		1498/81	永磁同步电机	145/16000/325

续表

车企	通用名称	整备质量（kg）	最高车速（km/h）	纯电动模式下续驶里程（km，工况法）	燃料消耗量（L/100km，B状态）	条件A试验电能消耗量（kWh/100km）	节油率水平（%）	排量/功率（mL/kW）	驱动电机类型	驱动电机峰值功率/转速/转矩（kW/r/min/N·m）
成都高原车车工业有限公司	吉利 TX	2210	140		2.71		36.3	1477/100	永磁同步电机	120/12000/240
大庆沃尔沃汽车制造有限公司	沃尔沃 S60	2009	180				45.4	1969/253	永磁同步电机	107/15900/309
大庆沃尔沃汽车制造有限公司	沃尔沃 S90	2086	180	75			45.9	1969/253	永磁同步电机	107/15900/309
东风汽车集团有限公司	岚图 FREE PHEV	2290	200	140	8.3	20.2		1498/82	交流异步电机	255/16000/520
福建天际汽车制造有限公司	天际 ME5	1940	160	155	4.9	14.9		1498/72	永磁同步电机	150/16000/310
广汽本田汽车有限公司	本田 BREEZE	1989	160	85	4.6	16.2		1993/107	永磁同步电机	135/5000~6000/315
奇瑞捷豹路虎汽车有限公司	揽胜极光	2245	206	56	6.2		41.5	1498/147	永磁同步电机	80/12195/260

续表

车企	通用名称	整备质量(kg)	最高车速(km/h)	纯电动模式下续驶里程(km,工况法)	燃料消耗量(L/100km,B状态)	条件A试验电能消耗量(kWh/100km)	节油率水平(%)	排量/功率(mL/kW)	驱动电机类型	驱动电机峰值功率/转速/转矩(kW/r/min/N·m)
奇瑞汽车股份有限公司	TIGGO 8 PLUS PHEV	1740	180	100	5	18.1		1498/115	永磁同步电机	55/3283/160/ 70/4313/155
日照魏牌汽车有限公司	玛奇朵 PHEV	1790	160	110	4.4	18.2		1497/75	永磁同步电机	115/14000/250
上海汽车集团股份有限公司	荣威 RX5 ePLUS	1730	200				36.4	1490/124	永磁同步电机	100/12000/230
上汽大众汽车有限公司	帕萨特 PHEV	1750	200	63	5.1		42	1395/110	永磁同步电机	85/6200/330
上汽通用汽车有限公司	上通 VELITE6	1580	170	50	5.08		47.9	1485/72	永磁同步电机	前:49/9500/116/ 后:82/9500/289
长城汽车股份有限公司	摩卡 PHEV	2250	190				49.9	1499/115	永磁同步电机	130/14500/ 300/135/ 12500/232
浙江豪情汽车制造有限公司	吉利缤越 PHEV	1552	210	85	4.5	17.1		1477/130	永磁同步电机	60/11500/160
浙江吉利汽车有限公司	博瑞	1790	210	84	5	17.2		1477/130	永磁同步电机	60/11500/160

续表

车企	通用名称	整备质量（kg）	最高车速（km/h）	纯电动模式下续驶里程（km，工况法）	燃料消耗量（L/100km，B 状态）	条件 A 试验电能消耗量（kWh/100km）	节油率水平（%）	排量/功率（mL/kW）	驱动电机类型	驱动电机峰值功率/转速转矩（kW/r/min/N·m）
浙江吉利汽车有限公司	领克 09 PHEV	2320	230	60			39.3	1969/187	永磁同步电机	130/16000/309
重庆金康新能源汽车有限公司	华为问界 M5	2350	210	150	6.3	20.6		1498/82	前：交流异步电机/后：永磁同步电机	前：255/16000/520 后：150/16000/300
重庆理想汽车有限公司	理想 ONE	2300	172	148	6.8	19.6		1199/96	永磁同步电机	前：100/12000/240 后：145/16000/215
重庆长安汽车股份有限公司	UNI-K	2075	200	130	5	18.8		1494/125	永磁同步电机	85/2899/280

资料来源：工信部《新能源汽车推广应用推荐车型目录》。

B.21
附录五：2021年以来国家新能源汽车政策出台情况

分类	编号	政策名称	文号	发布部门	发文时间
宏观战略	1	关于完整准确全面贯彻新发展理念做好碳达峰碳中和工作的意见		中共中央、国务院	2021年10月24日
	2	关于印发2030年前碳达峰行动方案的通知	国发〔2021〕23号	国务院	2021年10月26日
促消费	1	关于开展2021年新能源汽车下乡活动的通知	工信厅联通装函〔2021〕57号	工业和信息化部、农业农村部、商务部、国家能源局	2021年3月31日
	2	关于开展2022新能源汽车下乡活动的通知	工信厅联通装函〔2022〕107号	工业和信息化部、农业农村部、商务部、国家能源局	2022年5月31日
投资管理	1	西部地区鼓励类产业目录(2020年本)	国家发改委令第40号	国家发改委	2021年1月26日
	2	关于支持海南自由贸易港建设放宽市场准入若干特别措施的意见	发改体改〔2021〕479号	国家发改委、商务部	2021年4月7日
	3	外商投资准入特别管理措施（负面清单）(2021年版)	国家发改委、商务部令2021年第47号	国家发改委、商务部	2021年12月27日
生产准入	1	关于加强智能网联汽车生产企业及产品准入管理的意见	工信部通装〔2021〕103号	工业和信息化部	2021年8月12日

续表

分类	编号	政策名称	文号	发布部门	发文时间
财政补贴	1	关于2022年新能源汽车推广应用财政补贴政策的通知	财建〔2021〕466号	财政部、工业和信息化部、科技部、国家发展改革委	2021年12月31日
税收政策	1	关于印发《车辆购置税收入补助地方资金管理暂行办法》的通知	财建〔2021〕50号	财政部、交通部	2021年4月2日
	2	关于调整免征车辆购置税新能源汽车产品技术要求的公告	工业和信息化部 财政部 税务总局 公告2021年13号	工业和信息化部、财政部、国家税务总局	2021年5月13日
	3	关于调整享受车船税优惠的节能 新能源汽车产品技术要求的公告	公告〔2022〕2号	工业和信息化部、财政部、国家税务总局	2022年1月25日
	4	关于2022年关税调整方案的通知	税委会〔2021〕18号	国务院关税税则委员会	2021年12月13日
	5	关于减征部分乘用车车辆购置税的公告	财政部税务总局公告2022年第20号	财政部、国家税务总局	2022年5月31日
试点示范	1	启动新能源汽车换电模式应用试点工作		工业和信息化部	2021年10月28日
积分管理	1	关于开展2020年度双积分数据核算审查工作的通知	装备中心〔2021〕291号	工业和信息化部	2021年5月14日
	2	2020年度中国乘用车企业平均燃料消耗量与新能源汽车积分情况公告	工业和信息化部、商务部、国家海关总署、国家市场监管总局公告2021年第19号	工业和信息化部、商务部、国家海关总署、国家市场监管总局	2021年7月15日
	3	关于2021年度双积分核算有关事项的通知	装备中心〔2021〕618号	工业和信息化部装备中心	2021年10月12日
	4	关于2021~2023年度循环外技术纳入乘用车企业平均燃料消耗量与新能源汽车积分管理有关事项的通知	工信部通装函〔2021〕339号	工业和信息化部	2021年12月3日

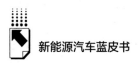

续表

分类	编号	政策名称	文号	发布部门	发文时间
动力电池	1	关于发布国家生态环境标准《废锂离子动力蓄电池处理污染控制技术规范（试行）》的公告	公告2021年第30号	生态环境部	2021年8月9日
	2	关于印发《新能源汽车动力蓄电池梯次利用管理办法》的通知	工信部联节〔2021〕114号	工业和信息化部、科技部、生态环境部、商务部、国家市场监管总局	2021年8月27日
	3	《锂离子电池行业规范条件（2021年本）》和《锂离子电池行业规范公告管理办法（2021年本）》	2021年第37号	工业和信息化部	2021年12月10日
基础设施	1	关于进一步提升电动汽车充电基础设施服务保障能力的实施意见	发改能源规〔2022〕53号	国家发展改革委、国家能源局、工业和信息化部等十部门	2022年1月21日
金融保险	1	关于发布《中国保险行业协会新能源汽车商业保险专属条款（试行）》的通知		中国汽车保险协会	2021年12月14日
安全监管	1	关于深化"证照分离"改革的通告	工信部政法函〔2021〕159号	工业和信息化部	2021年7月2日
	2	家用汽车产品修理更换退货责任规定	国家市场监督管理总局令第43号	国家市场监管总局	2021年7月22日
	3	关于试行汽车安全沙盒监管制度的通告	2022年第6号	国家市场监管总局、工业和信息化部、交通运输部、应急管理部、国家海关总署	2022年4月1日

续表

分类	编号	政策名称	文号	发布部门	发文时间
安全监管	4	关于进一步加强新能源汽车企业安全体系建设的指导意见	工信厅联通装〔2022〕10号	工业和信息化部、公安部、交通运输部、应急管理部、国家市场监督管理总局	2022年4月8日
交通运输	1	关于印发《交通运输"十四五"立法规划》的通知	交办法〔2021〕69号	交通运输部	2021年11月11日
	2	国务院关于印发"十四五"现代综合交通运输体系发展规划的通知	国发〔2021〕27号	国务院	2022年1月18日
	3	关于组织开展第三批城市绿色货运配送示范工程申报工作的通知	交办运函〔2021〕2122号	交通运输部、公安部、商务部	2022年1月5日

B.22

附录六：2021年以来主要地方新能源汽车政策出台情况

政策类型	地区	发布日期	新能源汽车相关政策
			北京市
基础设施	北京市	2022 年 5 月	《北京市城市更新专项规划(北京市"十四五"时期城市更新规划)》
交通政策	北京市	2022 年 5 月	《2022 年北京市交通综合治理行动计划》
交通政策	北京市	2022 年 5 月	《北京市"十四五"时期交通发展建设规划》
燃料电池	北京市	2022 年 5 月	《2021-2022 年度北京市燃料电池汽车示范应用项目拟承担"示范应用联合体"牵头企业公示》
燃料电池	北京市	2022 年 4 月	《关于开展 2021-2022 年度北京市燃料电池汽车示范应用项目申报的通知》
发展规划	北京市	2022 年 4 月	《北京市"十四五"时期能源发展规划》
燃料电池	北京市	2022 年 3 月	《大兴区促进氢能产业发展暂行办法(2022 年修订版)》
财政补贴	北京市	2022 年 3 月	《北京市新能源轻型货车运营激励资金管理办法》
环保政策	北京市	2022 年 3 月	《北京市深入打好污染防治攻坚战 2022 年行动计划》
基础设施	北京市	2022 年 2 月	《关于做好住宅区电动车充电桩安装及后期秩序维护工作的意见》
环保政策	北京市	2021 年 11 月	《北京市"十四五"时期生态环境保护规划》
燃料电池	北京市	2021 年 10 月	《昌平区氢能产业创新发展行动计划(2021-2025 年)》
基础设施	北京市	2021 年 9 月	《关于加强新能源汽车充换电设施安全管理工作的通知》
基础设施	北京市	2021 年 8 月	《北京市电动汽车社会公用充换电设施运营补助暂行办法》
燃料电池	北京市	2021 年 8 月	《北京市氢能产业发展实施方案(2021-2025 年)》
基础设施	北京市	2021 年 8 月	《北京市单位内部电动汽车公用充电设施建设补助暂行办法》
交通政策	北京市	2021 年 7 月	《关于对外省区市机动车采取交通管理措施的通告》
实施方案	北京市	2021 年 3 月	《北京市关于构建现代环境治理体系的实施方案》

续表

政策类型	地区	发布日期	新能源汽车相关政策
交通政策	北京市	2021年2月	《关于为北京市新能源轻型货车运营激励企业提供优先城区通行的实施方案》
交通政策	北京市	2021年2月	《北京市小客车数量调控暂行规定》实施细则（2020年修订）
财政补贴	北京市	2021年1月	《关于开展2020年新能源小客车公用充电设施项目建设投资补助资金申报工作的通知》
上海市			
基础设施	上海市	2022年2月	《关于本市进一步推动充换电基础设施建设的实施意见》
实施方案	上海市	2022年1月	《嘉定区关于持续推动汽车"新四化"产业发展的若干政策》
低碳政策	上海市	2022年1月	《上海市公共机构绿色低碳循环发展行动方案》
燃料电池	上海市	2022年1月	《2021年度上海市燃料电池汽车示范应用拟支持单位公示》
促消费	上海市	2022年1月	《2022年上海市扩大有效投资稳定经济发展的若干政策措施》
燃料电池	上海市	2022年1月	《嘉定区加快推动氢能与燃料电池汽车产业发展的行动方案（2021-2025）》
智能网联	上海市	2021年12月	《上海市智能网联汽车测试与应用管理办法》
燃料电池	上海市	2021年12月	《关于开展2021年度上海市燃料电池汽车示范应用项目申报工作的通知》
燃料电池	上海市	2021年11月	《中国（上海）自由贸易试验区临港新片区关于加快氢能和燃料电池汽车产业发展及示范应用的若干措施》
燃料电池	上海市	2021年10月	《关于支持本市燃料电池汽车产业发展若干政策》
智能网联	上海市	2021年10月	《上海市智能网联汽车测试与示范实施办法》
燃料电池	上海市	2021年10月	《中国（上海）自由贸易试验区临港新片区氢燃料电池汽车产业发展"十四五"规划（2021-2025）》
用电价格	上海市	2021年9月	《关于本市电动汽车充电设施用电价格政策有关事项的通知》
基础设施	上海市	2021年8月	《关于规范停车场（库）充电设施设置的通知》
发展规划	上海市	2021年7月	《上海市先进制造业发展"十四五"规划》
推广应用	上海市	2021年2月	《上海市鼓励购买和使用新能源汽车实施办法》
推广应用	上海市	2021年2月	《关于2021年度上海市鼓励购买和使用新能源汽车实施办法相关操作流程的通知》

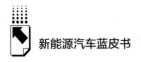

续表

政策类型	地区	发布日期	新能源汽车相关政策
发展规划	上海市	2021 年 2 月	《上海市加快新能源汽车产业发展实施计划（2021～2025 年）》
天津市			
环保政策	天津市	2022 年 5 月	《天津市"十四五"节能减排工作实施方案》
环保政策	天津市	2022 年 3 月	《天津市加快建立健全绿色低碳循环发展经济体系实施方案》
智能网联	天津市	2022 年 1 月	《天津市智能网联汽车道路测试与示范应用实施细则（试行）》
环保政策	天津市	2022 年 1 月	《天津市生态环境保护"十四五"规划》
发展规划	天津市	2021 年 6 月	《天津市制造业高质量发展"十四五"规划》
促消费	天津市	2021 年 5 月	《天津市进一步促进汽车消费的措施》
实施方案	天津市	2021 年 5 月	《天津市产业链高质量发展三年行动方案（2021-2023 年）》
实施方案	天津市	2021 年 2 月	《天津市新型基础设施建设三年行动方案（2021-2023 年）》
财政补贴	天津市	2021 年 1 月	《关于申报 2020 年新能源汽车基础设施建设奖补资金的通知》
重庆市			
实施方案	重庆市	2022 年 5 月	《重庆市新能源汽车换电模式应用试点工作方案》
促消费	重庆市	2022 年 5 月	《重庆市促进绿色消费实施方案（征求意见稿）》
财政补贴	重庆市	2022 年 4 月	《关于重庆市 2022 年度新能源汽车与充换电基础设施财政补贴政策的通知》
促消费	重庆市	2022 年 4 月	《促进消费恢复发展若干政策措施》
燃料电池	重庆市	2021 年 11 月	《重庆市支持氢燃料电池汽车推广应用政策措施（2021-2023 年）》
发展规划	重庆市	2021 年 10 月	《重庆市综合立体交通网规划纲要（2021-2035 年）》
发展规划	重庆市	2021 年 10 月	《重庆市综合交通运输"十四五"规划（2021-2025 年）》
交通政策	重庆市	2021 年 10 月	《支持交通强市建设若干政策措施》
实施方案	重庆市	2021 年 8 月	《重庆市 2021 年度新能源汽车推广应用工作方案》
财政补贴	重庆市	2021 年 5 月	《重庆市 2021 年度新能源汽车推广应用财政补贴政策》
河北省			
基础设施	河北省	2022 年 4 月	《关于加快提升充电基础设施服务保障能力的实施意见》
燃料电池	河北省	2021 年 7 月	《河北省氢能产业发展"十四五"规划》
低碳政策	河北省	2021 年 4 月	《关于建立健全绿色低碳循环发展经济体系的实施意见》

续表

政策类型	地区	发布日期	新能源汽车相关政策
燃料电池	保定市	2021年12月	《保定市氢能产业发展"十四五"规划》
基础设施	沧州市	2021年12月	《关于加快接入新能源汽车充电基础设施综合服务平台的通知》
燃料电池	唐山市	2021年11月	《唐山市氢能产业发展规划（2021–2025）》
智能网联	雄安新区	2021年8月	《雄安新区智能网联汽车道路测试与示范应用管理规范（试行）》
山西省			
促消费	晋中市	2022年5月	《关于"惠享晋中燃情购车"汽车消费补贴活动的公告》
燃料电池	吕梁市	2022年4月	《吕梁市氢能产业发展2022年行动计划》
燃料电池	长治市	2021年7月	《长治市加氢站建设运营管理实施意见（试行）》
辽宁省			
基础设施	辽宁省	2021年2月	《大连市加氢站管理暂行办法》
促消费	沈阳市	2022年5月	《关于促进汽车消费的实施意见》
财政补贴	沈阳市	2022年3月	《关于开展2021年度新能源汽车产业发展财政补助资金申报工作的通知》
实施方案	沈阳市	2021年6月	《沈阳市加快新能源汽车产业发展及推广应用实施方案》
基础设施	大连市	2021年10月	《大连市新能源汽车充电基础设施建设奖补资金管理办法》
吉林省			
促消费	吉林省	2022年4月	《关于积极应对疫情影响促进消费回补和潜力释放若干措施的通知》
促消费	吉林省	2021年1月	《吉林省人民政府办公厅关于进一步促进汽车消费若干措施的通知》
黑龙江省			
环保政策	黑龙江省	2022年3月	《黑龙江省"十四五"节能减排综合工作实施方案》
促消费	黑龙江省	2021年9月	《黑龙江省人民政府办公厅关于进一步扩大消费若干措施的通知》
江苏省			
基础设施	江苏省	2022年3月	《江苏省新能源汽车充（换）电设施建设运营管理办法》
投资管理	江苏省	2021年2月	《关于切实加强汽车产业投资项目监督管理和风险防控的通知》
推广应用	苏州市	2022年4月	《关于进一步加快全市新能源汽车推广应用的实施意见》
基础设施	苏州市	2022年3月	《苏州市居民住宅小区电动汽车自用充电基础设施建设管理指导意见（试行）》

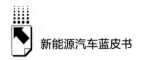
续表

政策类型	地区	发布日期	新能源汽车相关政策
财政补贴	苏州市	2021年11月	《关于做好2020年度苏州市新能源汽车推广应用财政补贴工作的通知》
基础设施	无锡市	2022年4月	《无锡市"十四五"新能源汽车充换电设施规划》
燃料电池	无锡市	2022年5月	《无锡市氢能企业安全管理暂行规定》
燃料电池	张家港市	2021年10月	《张家港市"十四五"氢能产业发展规划》
推广应用	南通市	2021年5月	《南通市公共机构与国有企业推广应用新能源汽车和加强单位内部电动汽车充电基础设施建设指导意见》
燃料电池	常熟市	2021年3月	《2021年常熟市氢燃料电池产业发展工作要点》
燃料电池	常熟市	2021年3月	《常熟市加氢站布局规划(2021-2025年)》
浙江省			
财政补贴	浙江省	2022年5月	《关于2018-2021年度浙江省新能源汽车推广应用补助资金清算申报材料的公示》
燃料电池	浙江省	2021年11月	《浙江省加快培育氢燃料电池汽车产业发展实施方案》
发展规划	浙江省	2021年4月	《浙江省新能源汽车产业发展"十四五"规划》
发展规划	杭州市	2021年1月	《杭州市重点领域机动车清洁化三年行动方案(2021-2023年)》
交通政策	杭州市	2021年1月	《杭州市小客车"区域指标"和"浙A区域号牌"设置管理办法》
燃料电池	宁波市	2021年12月	《宁波市氢能示范应用扶持暂行办法》
财政补贴	宁波市	2021年7月	《宁波市电动汽车充电基础设施奖励补贴资金使用管理实施细则》
燃料电池	嘉兴市	2021年4月	《关于加快推动氢能产业发展的实施意见》
燃料电池	嘉兴市	2022年1月	《嘉兴市推动氢能产业发展财政补助实施细则》
促消费	温州市	2022年4月	《应对新冠肺炎疫情进一步帮助市场主体纾困解难30条措施》
低碳政策	台州市	2022年4月	《台州市财税支持碳达峰碳中和工作实施意见(征求意见稿)》
安徽省			
发展规划	安徽省	2022年3月	《安徽省"十四五"汽车产业高质量发展规划》
发展规划	安徽省	2021年6月	《安徽省新能源汽车产业发展行动计划(2021-2023年)》
财政补贴	合肥市	2022年4月	《合肥市2021年度电动汽车充电设施运营奖补资金申报操作规程》
智能网联	合肥市	2022年3月	《合肥市智能网联汽车道路测试与示范应用管理规范》

续表

政策类型	地区	发布日期	新能源汽车相关政策
			福建省
发展规划	福建省	2022年4月	《福建省新能源汽车产业发展规划(2022-2025年)》
促消费	福建省	2022年4月	《福建省促进商务领域消费提质扩容的若干措施》
发展规划	福建省	2021年6月	《福建省"十四五"制造业高质量发展专项规划》
促消费	宁德市	2021年8月	《宁德市鼓励新能源汽车消费七条措施》
燃料电池	福州市	2021年1月	《福州市促进氢能源产业发展扶持办法》
			江西省
促消费	南昌市	2022年3月	《南昌市战疫情促消费若干措施》
基础设施	萍乡市	2021年11月	《2021年萍乡市支持新能源电动汽车推广应用及充电桩基础设施建设实施方案》
			山东省
促消费	山东省	2022年5月	《山东省促进汽车消费的若干措施》
交通政策	山东省	2021年7月	《山东省"十四五"综合交通运输发展规划》
发展规划	济南市	2022年4月	《济南新旧动能转换起步区新一轮"四减四增"三年行动落实方案(2021-2023年)》
推广应用	济南市	2021年6月	《关于加快新能源汽车推广应用的若干政策的通知》
智能网联	青岛市	2022年3月	《青岛市智能网联汽车道路测试与示范应用管理实施细则(试行)》
发展规划	青岛市	2021年9月	《关于印发青岛市"十四五"战略性新兴产业发展规划和青岛市"十四五"现代服务业发展规划的通知》
低碳政策	淄博市	2021年11月	《淄博市实施减碳降碳十大行动工作方案》
智能网联	淄博市	2021年12月	《淄博市智能网联汽车产业发展规划(2021-2025年)》
燃料电池	泰安市	2021年1月	《关于加快推进氢能产业发展的实施意见》
基础设施	潍坊市	2022年3月	《关于进一步规范新建居民小区电动汽车充电基础设施建设要求的通知》
			河南省
实施方案	河南省	2022年5月	《关于进一步加快新能源汽车产业发展的指导意见》
实施方案	河南省	2021年11月	《河南省加快新能源汽车产业发展实施方案》
低碳政策	河南省	2021年8月	《关于加快建立健全绿色低碳循环发展经济体系的实施意见》
促消费	河南省	2021年5月	《关于进一步扩大消费的若干意见》
基础设施	河南省	2021年4月	《河南省推进新型基础设施建设行动计划(2021~2023年)》

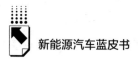

续表

政策类型	地区	发布日期	新能源汽车相关政策
财政补贴	郑州市	2021 年 12 月	《关于 2020 年度郑州市汽车产业奖补专项资金拟支持企业和项目的公示》
实施方案	郑州市	2021 年 8 月	《郑州市城市绿色货运配送示范工程实施方案》
基础设施	洛阳市	2021 年 2 月	《洛阳市城市建设提质工程三年行动方案》
燃料电池	濮阳市	2021 年 11 月	《濮阳市支持氢能与氢燃料电池产业发展若干政策》
促消费	安阳市	2021 年 11 月	《关于实施购买汽车补贴的公告》
推广应用	三门峡市	2022 年 4 月	《三门峡市加快推进新能源汽车产业发展若干措施》
湖北省			
发展规划	湖北省	2022 年 5 月	《湖北省能源发展"十四五"规划》
促消费	湖北省	2021 年 8 月	《关于提振重点消费促进消费增长的若干措施》
基础设施	湖北省	2021 年 5 月	《湖北省新能源汽车充电基础设施建设运营管理暂行办法》
燃料电池	武汉市	2022 年 4 月	《关于支持氢能产业发展的意见》
基础设施	武汉市	2021 年 9 月	《武汉市新能源汽车充电基础设施建设运营管理暂行办法》
湖南省			
基础设施	湖南省	2021 年 12 月	《关于推动城市停车设施加快发展的实施意见》
基础设施	湖南省	2021 年 2 月	《关于加快电动汽车充(换)电基础设施建设的实施意见》
动力电池	湖南省	2021 年 1 月	关于印发《湖南省先进储能材料及动力电池产业链三年行动计划(2021-2023 年)》《湖南省化工新材料产业链五年行动计划(2021-2025 年)》的通知
广东省			
促消费	广东省	2022 年 4 月	《广东省新能源汽车购置补贴活动公告》
促消费	广东省	2022 年 4 月	《广东省进一步促进消费若干措施》
发展规划	广东省	2022 年 4 月	《广东省能源发展"十四五"规划》
促消费	广东省	2022 年 3 月	《广东省促进工业经济平稳增长行动方案》
促消费	广东省	2021 年 6 月	《广东省 2021 年汽车以旧换新专项行动公告》
实施方案	广东省	2021 年 2 月	《广州穗港智造合作区建设实施方案》
燃料电池	广州市	2022 年 2 月	《关于组织开展 2022 年区促进氢能产业发展办法兑现工作(第一批)的通知》
基础设施	广州市	2022 年 1 月	《广州市电动汽车充电基础设施安全管理办法》
发展规划	广州市	2021 年 12 月	《广州市智能与新能源汽车创新发展"十四五"规划》
交通政策	广州市	2021 年 9 月	《广州市交通物流融合发展第十四个五年规划》

续表

政策类型	地区	发布日期	新能源汽车相关政策
燃料电池	广州市	2021年6月	《广州市黄埔区广州开发区促进氢能产业发展办法》
基础设施	广州市	2021年1月	《广州市推进新型基础设施建设实施方案（2020~2022年）》
促消费	深圳市	2022年4月	《深圳市宝安区2022年汽车促消费实施细则》
财政补贴	深圳市	2022年3月	《关于组织开展深圳市2019年及以前年度新能源汽车充电设施建设补贴申报工作的通知》
交通政策	深圳市	2022年1月	《关于新能源汽车停车收费减免优惠有关事项的通知》
交通政策	深圳市	2021年12月	《关于调整新能源小汽车增量指标个人申请条件的通告》
燃料电池	深圳市	2021年12月	《深圳市氢能产业发展规划(2021-2025年)》
推广应用	深圳市	2021年3月	《深圳市新能源汽车推广应用工作方案(2021-2025年)》
促消费	深圳市	2021年1月	《深圳市"以旧换新"汽车购置奖励申领工作指引》
基础设施	东莞市	2022年5月	《东莞市汽车能源基础设施"十四五"规划》
交通政策	东莞市	2021年6月	《关于绿色物流片区实施柴油货车限行的通告》
实施方案	东莞市	2021年2月	《关于印发东莞市战略性新兴产业基地规划建设实施方案的通知》
指导意见	东莞市	2021年2月	《东莞市人民政府关于加快打造新动能推动高质量发展的若干意见》
财政补贴	佛山市	2022年3月	《佛山市新能源城市配送货车运营扶持资金管理办法》
基础设施	佛山市	2021年12月	《关于进一步做好物业管理区域新能源汽车充电设施安全建设管理工作的通知》
燃料电池	佛山市	2021年11月	《佛山市南海区促进加氢站建设运营及氢能源车辆运行扶持办法(修订)》
基础设施	佛山市	2021年3月	《佛山市推进新型基础设施建设行动方案（2020-2022年)》
促消费	汕头市	2022年5月	《汕头市2022年促进汽车消费补贴活动公告》
基础设施	湛江市	2022年3月	《关于既有住宅物业小区电动汽车充电基础设施建设适用标准的通知》
海南省			
实施方案	海南省	2022年3月	《海南省2022年鼓励使用新能源汽车若干措施》
实施方案	海南省	2021年11月	《海南省新能源汽车换电模式应用试点实施方案》
基础设施	海南省	2021年3月	《关于做好2021年电动汽车充电基础设施建设工作的通知》
基础设施	海南省	2021年3月	《海南省发展和改革委员会关于做好2021年电动汽车充电基础设施建设工作的通知》

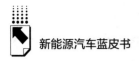

续表

政策类型	地区	发布日期	新能源汽车相关政策
用电价格	三亚市	2022 年 4 月	《关于完善电动汽车充换电服务收费有关问题的通知》
促消费	三亚市	2021 年 5 月	《关于海南省 2021 年促进新能源汽车消费综合奖励申报的通知》
财政补贴	东方市	2021 年 8 月	《东方市新能源汽车购买补贴暂行办法》
用电价格	儋州市	2021 年 11 月	《关于延续执行新能源电动汽车充换电服务费收费标准的通知》
四川省			
实施方案	四川省	2022 年 5 月	《关于推动城乡建设绿色发展的实施方案》
实施方案	四川省	2022 年 3 月	《新能源与智能汽车产业 2022 年度工作方案》
发展规划	四川省	2022 年 3 月	《"电动四川"行动计划(2022-2025 年)》
财政补贴	四川省	2021 年 12 月	《关于做好新能源与智能汽车相关政策奖励申报工作的通知》
基础设施	四川省	2021 年 8 月	《四川省公(专)用充电基础设施项目省级预算内基本建设投资补助管理暂行办法》
基础设施	四川省	2021 年 5 月	《关于四川省干线公路公用充电基础设施建设运营管理的实施意见》
发展规划	四川省	2022 年 3 月	《四川省"十四五"能源发展规划》
低碳政策	成都市	2022 年 5 月	《关于印发成都市优化产业结构促进城市绿色低碳发展行动方案、成都市优化产业结构促进城市绿色低碳发展政策措施的通知》
基础设施	成都市	2022 年 4 月	《成都市电动汽车充电设施建设技术规定(2022 版)》
基础设施	成都市	2021 年 8 月	《成都市居民小区电动汽车充电设施建设管理实施细则》
燃料电池	成都市	2021 年 3 月	《成都市加氢站建设运营管理办法(试行)》
基础设施	绵阳市	2022 年 4 月	《绵阳市新能源汽车充电基础设施"十四五"规划》
基础设施	自贡市	2022 年 3 月	《自贡市"十四五"新能源汽车充电基础设施规划》
基础设施	自贡市	2022 年 1 月	《自贡市公(专)用充(换)电基础设施建设运营管理暂行办法》
燃料电池	广元市	2021 年 12 月	《关于进一步做好氢燃料电池汽车示范奖励资金管理相关工作的通知》
贵州省			
基础设施	贵州省	2021 年 7 月	《贵州省电动汽车充电基础设施建设三年行动方案(2021-2023 年)》

续表

政策类型	地区	发布日期	新能源汽车相关政策
燃料电池	盘州市	2021年11月	《关于成立盘州市推进氢能源产业发展工作领导小组的通知》
燃料电池	六盘水市	2021年9月	《六盘水市氢能源产业发展规划(2019-2030年)》
云南省			
促消费	云南省	2021年12月	《关于开展汽车惠民促销"彩云购车补"活动的通知》
发展规划	云南省	2021年11月	《云南省新能源汽车产业发展规划(2021-2025年)》
基础设施	昆明市	2021年5月	《昆明市支持新型基础设施建设的若干政策措施》
燃料电池	丽江市	2021年7月	《关于氢能产业发展的指导意见》
陕西省			
基础设施	陕西省	2021年5月	《陕西省电动汽车充电基础设施"十四五"发展规划》
低碳政策	陕西省	2021年9月	《加快建立健全绿色低碳循环发展经济体系若干措施》
促消费	西安市	2022年2月	《关于延长新能源汽车消费补助活动期限的通告》
促消费	西安市	2021年11月	《促进重点消费百日行动若干措施》
实施方案	西安市	2021年11月	《关于加快推动新能源汽车产业高质量发展的实施意见》
财政补贴	西安市	2021年4月	《关于申报公共(专用)充换电基础设施建设市级补贴的通知》
基础设施	西安市	2021年1月	《西安市新能源汽车充(换)电基础设施建设实施细则》
甘肃省			
实施方案	甘肃省	2022年4月	《甘肃省新能源汽车产业发展实施意见》
用电价格	酒泉市	2022年1月	《酒泉市电动汽车充电设施充换电服务收费价格方案》
用电价格	天水市	2021年12月	《关于天水市电动汽车充电桩充换电服务收费标准的通知》
青海省			
实施方案	青海省	2021年8月	《关于青海省贯彻国家新能源汽车产业发展规划(2021-2035年)的实施意见》
内蒙古自治区			
燃料电池	内蒙古自治区	2022年3月	《关于促进氢能产业高质量发展的意见》
基础设施	内蒙古自治区	2021年5月	《内蒙古自治区加快充换电基础设施建设实施方案(2021-2025年)》
燃料电池	乌兰察布市	2021年5月	《关于推进氢能产业发展的实施意见》
广西壮族自治区			
基础设施	广西壮族自治区	2022年4月	《广西"能源网"建设2022年工作推进方案》

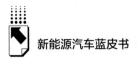

续表

政策类型	地区	发布日期	新能源汽车相关政策
财政补贴	广西壮族自治区	2022 年 1 月	《广西壮族自治区新能源汽车推广应用三年行动财政补贴实施细则》
发展规划	广西壮族自治区	2021 年 12 月	《广西新能源汽车产业发展"十四五"规划》
实施方案	广西壮族自治区	2021 年 11 月	《关于支持广西新能源汽车推广应用若干措施的通知》
基础设施	广西壮族自治区	2021 年 10 月	《广西新能源汽车充电基础设施规划(2021-2025 年)》
基础设施	广西壮族自治区	2021 年 9 月	《广西新能源汽车充电站(桩)建设安装和运营维护技术指南》
基础设施	广西壮族自治区	2021 年 3 月	《广西"能源网"建设 2021 年工作推进方案》
宁夏回族自治区			
环保政策	宁夏回族自治区	2021 年 10 月	《宁夏回族自治区能耗双控三年行动计划(2021－2023 年)》
推广应用	宁夏回族自治区	2021 年 3 月	《自治区清洁能源产业高质量发展科技支撑行动方案》

附录七：2021年度汽车产业发展
数据一览表

指标	2020 年	2021 年 12 月		2021 年 1~12 月	
	绝对量	绝对量	同比增长	绝对量	同比增长
汽车市场					
汽车产量	2522.5 万辆	290.7 万辆	2.4%	2608.2 万辆	3.4%
中国占比	33.1%	39.8%	+2.7 个百分点	33.0%	-0.1 个百分点
分车辆类型					
乘用车	1999.4 万辆	252.7 万辆	8.4%	2140.8 万辆	7.1%
其中，新能源	124.7 万辆	48.8 万辆	127.7%	335.9 万辆	169.5%
商用车	523.1 万辆	38.0 万辆	-25.3%	467.4 万辆	-10.7%
其中，新能源	12.0 万辆	3.0 万辆	42.1%	18.6 万辆	55.4%
分动力类型					
非新能源汽车	2385.9 万辆	238.9 万辆	-8.3%	2253.7 万辆	-5.5%
新能源汽车	136.6 万辆	51.8 万辆	120%	354.5 万辆	159.5%
其中：BEV	110.5 万辆	43.4 万辆	110%	293.8 万辆	165.9%
PHEV	26.0 万辆	8.4 万辆	160%	60.1 万辆	131.1%
FCEV	0.1 万辆	0.0627 万辆	140%	0.1627 万辆	62.7%
汽车销量	2531.1 万辆	278.6 万辆	-1.6%	2627.5 万辆	3.8%
中国占比	33.1%	38.8%	+3.7 个百分点	32.9%	-0.2 个百分点
分车辆类型					
乘用车	2017.8 万辆	242.2 万辆	2.0%	2148.2 万辆	6.5%
其中，新能源	124.6 万辆	49.8 万辆	120.6%	333.4 万辆	167.5%
商用车	513.3 万辆	36.4 万辆	-20.1%	479.3 万辆	-6.6%
其中，新能源	12.1 万辆	3.3 万辆	46.6%	18.6 万辆	54%
分动力类型					
非新能源汽车	2394.4 万辆	225.5 万辆	-12.7%	2275.4 万辆	-5.0%

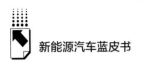

续表

指标	2020 年	2021 年 12 月		2021 年 1~12 月	
	绝对量	绝对量	同比增长	绝对量	同比增长
新能源汽车	136.7 万辆	53.1 万辆	113.9%	352.1 万辆	157.5%
中国占比	41.8%	56.7%	15.8 个百分点	51.1%	9.5 个百分点
其中：BEV	111.5 万辆	44.8 万辆	110%	291.4 万辆	261.3%
PHEV	25.1 万辆	8.2 万辆	120%	60.4 万辆	240%
FCEV	0.1 万辆	0.0486 万辆	110%	0.1486 万辆	48.6%
二手车交易量	1434.14 万辆	161.82 万辆	-5.25%	1758.51 万辆	22.62%
二手车/新车销售比	0.57∶1	0.58∶1	—	0.67∶1	—
汽车保有量	27339 万辆	—	—	30200 万辆	10.5%
千人保有量	195 辆	—	—	214 辆	9.7%
新能源汽车保有量	492 万辆	—	—	784 万辆	—
经济发展与汽车社会					
汽车与经济发展					
汽车工业增加值	—	—	2.8%	—	5.5%
增加值占 GDP 比例	—	—		—	
汽车工业总产值/汽车制造业营业收入	81557.7 亿元	—	—	86706.2 亿元	6.70%
利润总额	5093.6 亿元	—	—	5305.7 亿元	1.90%
汽车税收[1]	12247 亿元				
税收占比	10.1%				
汽车产品税收[2]	11333 亿元				
其中：车购税	3531 亿元	—	—	3520 亿元	-0.3%
车用成品油税收	4531 亿元				
社零总额占比	10.1%	11.3%	-0.7 个百分点	9.9%	-0.2 个百分点
从业人数占比	—			—	
能源与环境					
汽车污染物排放量	—				
报废汽车回收量[3]	206.6 万辆	—	—	249.3 万辆	20.7%
交通与出行					
网约车平台经营许可	214 家	—	—	258 家	20.6%
车辆运输证	112.0 万张	—	—	155.8 万张	39.1%
国际化发展					
进口量	93 万辆	6 万辆	-46.8%	94 万辆	0.6%

续表

指标	2020 年	2021 年 12 月		2021 年 1~12 月	
	绝对量	绝对量	同比增长	绝对量	同比增长
进口额[4]	791.5 亿美元	66.4 亿美元	-28.4%	915.6 亿美元	15.6%
其中，整车	467.02 亿美元	41.7 亿美元	-32.3%	539.1 亿美元	15.4%
其中，零部件	324.45 亿美元	24.8 亿美元	-20.6%	376.4 亿美元	15.9%
出口量	108.2 万辆	19.0 万辆	50.8%	211.9 万辆	95.9%
出口额[4]	722.5 亿美元	102.1 亿美元	33.2%	1100.2 亿美元	52.3%
其中，整车	157.4 亿美元	30.7 亿美元	77.9%	344.6 亿美元	119.2%
其中，零部件	565.2 亿美元	71.4 亿美元	20.2%	755.7 亿美元	33.7%
新能源汽车 NEV					
电池能量密度[5]	150.6Wh/kg	148.6Wh/kg	-0.1%	149.8Wh/kg	-0.5%
动力电池装车量	63.6GWh	26.2GWh	101.5%	154.5GWh	252.5%
其中，三元占比	61.1%	42.4%	-3.8 个百分点	48.1%	-13 个百分点
磷酸铁锂占比	38.3%	57.6%	4.4 个百分点	51.7%	13.4 个百分点
驱动电机装车量	140.9 万套	59.1 万套	122.7%	364.0 万套	158.3%
充电桩保有量	168.1 万个	—	—	261.7 万个	70.1%
车桩比	2.93∶1	—	—	3.00∶1	—
私人充电桩	87.4 万个	—	—	147.0 万个	74.3%
公共充电桩	80.7 万个	—	—	114.7 万个	65.0%
换电站	555 万座	—	—	1298 万座	133.9%
智能网联汽车 ICV					
新上市车型中 L1 级数量	287 个	19 个	0	237 个	-17.1%
占新车比例	40.7%	26.8%	—	33.3%	—
新上市车型中 L2 级数量	316 个	26 个	23.8%	328 个	3.8%
占新车比例	44.8%	36.6%	—	46.1%	—

注：［1］"汽车税收"，包括对汽车产品和汽车生产企业征收的消费税、增值税、车辆购置税、车船税及企业所得税，以及车用成品油消费税和增值税。

［2］"汽车产品税收"，包括对汽车产品征收的消费税、增值税、车辆购置税、车船税。

［3］报废汽车回收量为全国机动车回收数量。

［4］"进口额"及"出口额"同比增长数据为数据海关总署最新公布数据推算。

［5］电池能量密度为公告内纯电动乘用车车型能量密度均值。

中国汽车技术研究中心
中国汽车战略与政策研究中心介绍

中国汽车技术研究中心（简称"中汽中心"）成立于1985年，总部位于天津，是隶属于国务院国资委的中央企业，是在国内外汽车行业具有广泛影响力的综合性科技企业集团。

中国汽车战略与政策研究中心（简称"中汽政研"）是中汽中心专门从事汽车战略和政策研究的部门，依托天津和北京双基地，专注于基础性、战略性、前瞻性行业课题研究。中汽政研支撑国家发改委、财政部、工信部、商务部、交通部、科技部等政府部门制定了多项汽车行业重大政策，获得政府和行业的高度认可。中汽政研致力于建设成为中国汽车产业发展的核心智囊团、参谋部和思想库，打造"中汽智库"金字招牌。主要研究领域包括战新产业（新能源汽车、数字汽车、智慧共享出行）、产业治理（生产管理、消费管理、财税调控）、国际经贸（国际规则、进出口及国际化、海外市场政策）、经济社会（汽车与经济、汽车与能源环境、汽车与交通、产业安全）等。曾参与过"汽车产业'入世'对策"《汽车产业发展政策》《汽车产业调整和振兴规划》《节能与新能源汽车产业发展规划（2012-2020年）》《汽车产业投资管理规定》《乘用车企业平均燃料消耗量核算办法》《电动汽车动力蓄电池回收利用技术政策》《新能源汽车生产企业及产品准入管理规定》《关于免征新能源汽车车辆购置税的公告》《汽车销售管理办法》《新能源汽车产业发展规划（2021-2035年）》，以及2016~2022年新能源汽车推广应用财政支持政策等多项国家重要政策的研究和起草工作。

中国汽车战略与政策研究中心目前有86名研究人员，已形成专业配置基本合理，分工明确和专业化特点突出，包括30名教授级高级工程师和高级工程师、1 名中汽中心资深首席专家和 2 名首席专家等在内的强大研究团队。取得了丰硕的研究成果，曾获中国汽车工业科技进步奖 9 项、中汽中心科技成果奖若干项。中国汽车战略与政策研究中心已成为汽车行业著名的政策研究机构，在汽车行业具有很高的知名度和影响力。

联系方式

地址：天津市东丽区先锋东路 68 号

电话：022-84379397

电子邮箱：nevzys@ catarc. ac. cn

Abstract

Blue Book of New Energy Vehicles is an annual research report on the development of China's new energy vehicle industry. It was first published in 2013 and this book is the 10th edition. With the support of Nissan (China) Investment Co., Ltd. and Dongfeng Motor Co., Ltd. and under the guidance of a number of senior experts and academic advisors in new energy vehicle industry and related industries, this book is jointly written by a number of researchers from the China Automotive Strategy and Policy Research Center and experts in related fields in the industry.

This annual report includes eight parts: General Reports, Reviews, Experts' Comments, NEV Indexes, Hot Issues, Prospects, Experience References and Appendixes. The part "General Reports" summarizes the development of China's new energy vehicle industry in 2021; the part "Reviews" sorts out the development history of China's new energy vehicle industry and summarizes the achievements and experience; the part "Experts' Comments" invites well-known industry experts to comment on the hot issues existing during the development of new energy vehicle industry since 2021; the part "NEV Indexes" objectively evaluates new energy vehicles from three dimensions of industry, enterprise and product; the part "Hot Issues" analyzes some hot topics in the industry, such as new NEV- Manufacturing forces, integration of new energy vehicles and energy, battery swapping mode and automotive chips etc; the part "Prospects" explores forward-looking topics such as the development opportunities of new energy vehicles under the double carbon goals, development prospects of intelligent electric vehicles and development strategy of cross-border integration of automobiles; and the part "Experience References" focuses on the global new energy vehicle market and trends, latest developments in new energy vehicle policies implemented in Europe, U. S. and Japan, as well as the enlightenment from development of California's low-carbon fuel standards.

Looking back on the development of new energy vehicles, China's new energy vehicle industry has generally gone through the stages of "technological exploration, pilot demonstration, popularization and application, rapid development and large-scale application". During continuous exploration and innovation, a comprehensive and systematic policy system has been gradually established, the most complete technical standard system in the world has been built, an industrial system with a complete structure and independent control has been formed and significant economic and social benefits have been achieved. In 2021, China's new energy vehicle sales hit a new high, reaching 3. 521 million vehicles and ranking the first in the world for seven consecutive years. The electrification level of China's new energy vehicles has been rapidly improved. The breakthrough of intelligent technology has been accelerated. The advanced technology of power batteries has been continuously innovated and applied. The driving motor technology has basically reached the international advanced level and the gap in electronic control technology has gradually narrowed. The international competitiveness of China's new energy vehicle industry has risen to the second, while overall competitiveness of enterprises has reached the highest level in history and the level of product intelligence is high. However, some functions are not suitable for typical driving scenarios in China. Traditional vehicle manufacturers are accelerating their deployment in the industry; passenger car manufacturers are becoming increasingly competitive; competitiveness of leading new energy bus manufacturers is steadily improving and the competitive advantages of leading truck manufacturers have initially formed. Driven by the "double carbon" strategy, China's intelligent electric vehicles are accelerating the integration with clean energy, smart cities and intelligent transportation. In addition, under the influence of global spread of COVID-19 and external unfavorable factors such as the conflict between Russia and Ukraine, the internal and external development environment and situation of the industry have undergone great changes, while the security issues in the automobile industry chain and supply chain have become increasingly prominent. The

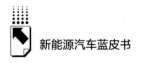

international new energy vehicle industry has entered a new stage of competition now, so it is necessary to strengthen analysis and judgment and give serious research and response. It is recommended to focus on the research and development of core technologies, improve China's ability to independently control the development of the next-generation new energy vehicle technology chain and industrial chain, establish a new policy system to adapt to the new trends and new needs and take multiple measures to promote the high-quality development of the new energy vehicle industry.

The "2022 Blue Book of New Energy Vehicles" comprehensively and systematically introduces and analyzes the development of China's new energy vehicle industry from the perspective of social science in a rigorous and popular way. It not only allows readers to understand the development status and trends of China's new energy vehicle industry from the perspective of the audience, promotes and popularizes the development concept of new energy vehicles, but also objectively evaluates new energy vehicle technologies and products from a professional perspective, analyzes the problems encountered during industrial development and puts forward some suggestions and measures. This book will help automobile industry management authorities, research institutions, vehicle and parts manufacturers as well as the public to understand the latest dynamics in the development of China's new energy vehicle industry and provide necessary reference for government authorities to release relevant policies and regulations for new energy vehicle industry and for vehicle manufactures to formulate relevant strategic planning.

Keywords: New Energy Vehicles; Vehicle Industry Chain; Competitive Power

Contents

I   General Report

Abstract: In 2021, with the joint efforts of all sectors of the industry, the marketization process of China's new energy vehicle industry was further accelerated by taking advantage of continuous improvement in the consumption environment. Major countries in Europe and America have also strengthened their strategic positioning for the development of new energy vehicles, extended fiscal and taxation support for new energy vehicles and emphasized improving the stability and competitiveness of local industrial chain, which effectively promotes the substantial growth of the global new energy vehicle market. China's new energy vehicle industry has achieved unexpected development. The annual sales reached a new high of 3. 521 million new energy vehicles and China has ranked the first in the world for seven consecutive years. The market penetration rate has increased significantly to 13. 4% . Electrification and intelligent technologies were upgraded alternately and the integration was accelerated. The commercialization of autonomous driving technology was implemented in many places, while more non-industry enterprises were attracted to join the competition. China's power battery, electric drive and raw material industries have further consolidated its dominant position in development, while the automotive chip industry also make

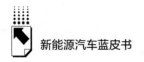
great efforts to seek breakthroughs. The coverage and density of charging infrastructure have been significantly improved, while swapping model has shown an explosive development trend. Driven by the national double-carbon strategy, the policy environment for new energy vehicles has been continuously optimized, gradually forming a policy atmosphere that is highly inclusive, encourages innovation and supports strong policies. Under the combined effect of multiple factors, the competitiveness of China's new energy industry has jumped to the second in the world. Looking forward to the future, China shall further deepen reform and encourage innovation, insist on expanding domestic demand and stabilizing external demand for new energy vehicles, strengthen the independent and controllable industry chain of new energy vehicles, accelerate integration into the global market and continue to promote high-quality development of the industry.

Keywords: New Energy Vehicle; Vehicle Market; Vehicle Industrial Chain; High-quality Development

II   Reviews

B.2   Review of Development of New Energy Vehicle

Industry in China   *New Energy Vehicle Policy Research Group* / 045

Abstract: China's new energy vehicle industry has gone through the initial technical research, demonstration and application stage and rapid development stage of national promotion, and finally became an important force leading the transformation and upgrading of the global automobile industry. After more than 20 years of industrial development, a comprehensive and systematic policy system has been established; the most complete technical standard system has been built; an industrial system with a complete structure and independent control has been formed; some technologies and products have reached the world's leading level; China has ranked the first in the world for seven consecutive years in terms of market size; the world's largest charging facility network has been built in China; China's international competitiveness has been continuously improved; significant economic and social benefits have been achieved. During industrial development, China's new energy vehicles have accumulated and formed "five core experiences" in terms of top-level strategy, government role, policy support, ecosystem and industrial layout, which contributed Chinese wisdom and solutions to the development of global new energy vehicles. At present, the global auto industry is undergoing major changes unseen in a century, while the development of China's new energy vehicle industry is facing new opportunities and challenges. It is required to actively turn crises into opportunities, strengthen overall planning and establish a policy system adapting to the new trends and new needs to achieve high-quality development of the automobile industry in the changing situation.

Keywords: New Energy Vehicle; Vehicle Industry; Policy System

Ⅲ Experts' Comments

Ⅳ NEVI Indexes

Abstract: The international competitiveness index of China's new energy vehicle industry has been released for nine consecutive years and has become an important indicator for judging the development direction of China's new energy vehicle industry. Based on the quantitative data of the new energy vehicle industry in major countries and the qualitative scores given by some experts in 2021, this paper evaluates the competitiveness index of China's new energy vehicle industry

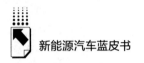
by using the comprehensive index method and analytic hierarchy process. The results show that the relative value of the international competitiveness of China's new energy vehicle industry has increased from 62 in 2012 to 97 in 2021; China's ranking has also improved from the fifth in 2012 to the second in 2021, while the level of competitiveness has been steadily improving year by year.

Keywords: New Energy Vehicle; International Competitiveness; Industrial Competitiveness

B.5 Evaluation on Competitiveness of China's New Energy Vehicle Enterprises in 2021

Yunbin Mei, Tianzhi Liu and Yin Dan / 189

Abstract: In 2021, China's new energy vehicle industry ushered an explosive growth, with production and sales of 3. 545 million and 3. 521 million respectively, a year-on-year increase of 1. 6 times. Under the background of the overall downturn in the automobile industry, China's new energy vehicle market has risen against the trend and the competitiveness of Chinese vehicle enterprises has gradually improved. China's new energy vehicle industry has overcome the adverse effects of COVID-19 and lack of chips, while vehicle manufacturers have further consolidated the development foundation. Statistical analysis results show that the enterprise competitiveness evaluation index has improved significantly. In 2021, the overall competitiveness of new energy vehicle enterprises reached the highest level in history, while the whole industry developed rapidly. The competitiveness of new energy passenger vehicle manufacturers has risen sharply and traditional automotive enterprises have accelerated their deployment, so industry competition has become increasingly fierce. The competitiveness of new energy bus manufacturers still showed a downward trend, but the competitiveness of several new energy bus manufacturers that are industry leaders was stable and progressing. On the whole, new energy vehicle manufacturers have entered a period of rapid growth, the market has broken through the bottleneck of scale and the industry has entered a stage of rapid development. The new energy vehicle industry has steadily transitioned from policy-driven mode to market-driven mode.

Keywords: New Energy Vehicle; Enterprise Competitiveness; Index Analysis

B. 6 Evaluation on Competitiveness of China's New Energy Vehicle Products in 2021 (Based on Intelligent Electric Vehicle) *Boya Zhou, Lu Zhang and Yu Wang* / 203

Abstract: This paper introduces the "CCRT (Intelligent Electric Vehicle) Management Rules (2020 Edition)" and its practical application results and comprehensively analyzes the performance indicators of vehicles in five sections including intelligence, electrification, driving experience, health and environmental protection, quality and assurance. This paper shows the test results of this batch of 10 mainstream intelligent electric models sold in the market: the overall level of the tested models is good, with an average score of 80. 5%, but some electrification and intelligent functions shall be further improved and perfected. Secondly, this paper focuses on the in-depth analysis of intelligent driving performance and points out that there are still some common problems in the performance and driver interaction of mainstream intelligent electric vehicles in the typical driving scenarios in China. Finally, this paper suggests to further improve expected functional safety level of vehicle's intelligent driving and focus on driver interaction system performance in terms of intelligence, attach importance to and improve the low temperature performance of vehicles in terms of electrification.

Keywords: Intelligent Electric Vehicle; CCRT; Intelligence; Vehicle Test and Evaluation System

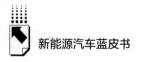
新能源汽车蓝皮书

V Hot Issues

B.7 Research on the Competitiveness and Investment Value
of China's New Vehicle Manufacturing Forces *Xuehong Ji* / 227

Abstract: In the past two years, the valuation of new Chinese automakers represented by NIO, Lixiang and Xiaopeng has risen rapidly. Based on the comparative analysis with traditional vehicle manufacturers, it is found that the new car-making forces are significantly different from traditional vehicle manufacturers in terms of car-building concept, product development, manufacturing model, sales channel and industrial ecological construction, which also creates differences in their capabilities. In this case, new car-making forces has maintained a very good development trend in recent years and has the potential to impact or even replace the industrial status of traditional vehicle manufacturers under the circumstance that industrial resources have not been abundant.

Keywords: New Vehicle Manufacturing Forces; Vehicles Industry; Vehicles Enterprise; New Energy Vehicles

B.8 Chinese Practice in the Integration of New Energy Vehicles
and Energy

Wen Wang, Ye Yang, Jinyang Dong,
Bingjie Zheng and Yueyan Zhu / 240

Abstract: Integrated development of vehicle and power grid is an important way for deep integration of new energy vehicles and traffic energy. Under the guidance of the national energy strategy, it has become an important practice to use the mobile energy storage characteristics of new energy vehicles, optimize the transportation energy structure via vehicle & power grid interaction and help the construction of new power systems. This paper systematically introduces the vehicle & power grid interaction system and confirms the important role of new energy vehicles in building a clean energy system and assisting the realization of the "double carbon" goals through specific cases of vehicle & power grid interaction. In addition, this paper starts from practice experience and puts forward three suggestions of increasing the support for vehicle-network interaction, accelerating the construction of interconnected intelligent charging networks and expanding the scale of vehicle & power grid interaction for the purpose of accelerating the development of vehicle & power grid interaction and helping new energy vehicles and traffic energy to reduce carbon emissions.

Keywords: New Energy Vehicles; Clean Charging; Vehicle & Power Grid Interaction; New Energy Infrastructure

B.9 Development Status of Battery Swapping Mode for New Energy Vehicles, Existing Problems and Some Recommendations

Yunzhe Jiang, Yibo Zhou and Wei Zhou / 250

Abstract: As an important energy replenishment method for new energy vehicles, swapping mode has attracted widespread attention due to its advantages such as significant economy and good experience in energy replenishment. In 2021, the Ministry of Industry and Information Technology launched the pilot work on the application of swapping mode for new energy vehicles to promote the continuous improvement of swapping mode. At the same time, some involved enterprises have also accelerated the pace to deploy swapping mode. From the perspective of market size, the number of battery-swapped models has continuously increased, while production and sales have increased significantly. From the perspective of application scenarios, swapping mode has formed a certain scale in the sectors of private sphere, rental and online ride hailing, transportation in closed

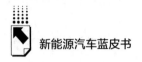

scenes, short-term transportation, urban sanitation, logistics and distribution. However, swapping mode still faces some problems in terms of standards and regulations, policies and systems, supervision and management, which shall be continuously explored and solved. This paper briefly reviews the development history of the swapping mode, systematically sorts out the development status of the swapping mode at the policy and industrial levels, studies and analyzes the difficulties and pain points existing in the development of the swapping mode and finally gives some suggestions for promoting the standardization of battery swapping, adjusting and improving management system, increasing support for the construction and operation of battery-swap stations and promoting the pilot work of the swapping model for new energy vehicles.

Keywords: New Energy Vehicles; Battery Swapping Mode; Vehicle Battery Separation; Battery-swap Station

B.10 Current Status of Policies and Regulations Implemented in China's Automotive Chip Industry and Some Recommendations

Xianzhao Xia, Chengbin Song, Xuebin Shao and Changqing Dong / 264

Abstract: Chip is an important bottleneck area in China's automotive industry chain. At present, China's supply of automotive chips is heavily dependent on imports, so industrial safety issues are prominent. At present, the competition among major countries is becoming increasingly fierce, while chip has become a new competitive highland in the global automotive industry. This paper sorts out the policies, standards, testing and certification systems implemented in the automotive chip industry at home and abroad, and analyzes the adaptation of the current policies and regulations to the current status of the industry. On the whole, China has not yet established a specialized policy system for automotive chips; the standard system is not yet perfect; the testing capacity is weak; and the certification process is monopolized by foreign countries. Unsuitable policies and regulations have had a serious impact on the healthy development of China's automotive chip industry, so it is urgent to aggregate resources and make overall arrangements at the national level. It is recommended to formulate a development plan for the automotive chip industry, build an industrial public service platform and boost the promotion and application of standard testing and certification.

Keywords: Automotive Chip; Policies and Regulations; Standard Testing and Certification

VI   Prospects

B . 11   Opportunities and Challenges for the Development of

New Energy Vehicles under the Double Carbon Goals

Qimin Chai, Yujie Ma and Zhongxia Liu / 279

Abstract: Coping with climate change and realizing the vision of carbon neutrality have become a global consensus. Under the background that China implements the "double carbon" strategy to promote the accelerated transformation of the transportation sector, the Europe and U. S. plan to introduce unilateral climate trade policies, high-quality of new energy vehicles has become the key factor for global competition in the automotive industry. In order to effectively promote China's new energy vehicle industry to grasp the development opportunities of zero-carbon economy, respond to the challenges from international carbon emission reduction technologies and trade and improve China's competitiveness in the new field of carbon neutrality, this paper systematically sorts out the development strategies of new energy vehicles implemented in major economies and progress of implementation of the carbon neutrality goal by large vehicle manufacturers, identifies the driving factors and binding issues that affect the high-quality development of China's new energy vehicle industry, especially focusing on major hotspots such as new energy vehicle carbon footprint accounting standard,

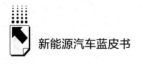
carbon pricing mechanism and climate trade barriers. In addition, this paper also puts forward some countermeasures and suggestions for accelerating the high-quality development of the new energy vehicle industry in line with China's national conditions.

Keywords: Carbon Peaking; Carbon Neutrality; New Energy Vehicle; Climate Trade Barriers; Carbon Footprint

B . 12　Research and Prospect Analysis on Key Factors of the Development of Intelligent Electric Vehicles

Kaijun Qiu, Lianyi Zhang */ 294*

Abstract: At present, the development of the new energy vehicle industry is changing from the primary stage with electrification as the core to the middle and advanced stage with intelligence as the core, while industrial competition is also focusing on the fields of intelligence, connecting and digitalization. The intelligent electric vehicles equipped with relevant core technologies and products such as advanced electronic and electrical architecture, high computing power chips and in-vehicle operating systems are becoming a new height of industrial competition. This paper analyzes the technological progress, commercial implementation, policy support and financing enthusiasm of intelligent electric vehicles. This paper also points that the development level of intelligent electric vehicles in China is basically at the advanced level in the world, but it still faces a series of problems, such as insufficient safety and reliability, core components "bottleneck", difficulties in the implementation of commercial models and need to improve policies and standards. It is recommended that the government introduces supporting policies to guide and encourage enterprises to invest in basic R & D and application R & D, promote the independent control of core components, improve laws and regulations, enhance the demonstration and popularization of intelligent electric vehicles and continuously improve China's competitiveness in the field of intelligent electric vehicles.

Keywords: Intelligent Electic Vehicles; Autopilot; Technology Landing

B.13 Exploration on the Strategies for Integrated Development

of Smart City, Intelligent Transportation and

Intelligent Vehicles

Yongwei Zhang, Lei Zhu and Sai Wang / 312

Abstract: The acceleration of electrification, connecting and intelligence of new energy vehicles has brought new ideas for the integrated development of smart cities, intelligent transportation and intelligent vehicles. At the same time, the integrated development of smart cities, smart transportation and intelligent vehicles has also become an inevitable trend in the next stage of the transformation and development of new energy vehicles. Now, Beijing, Wuhan and other cities are strengthening the exploration and practice of the integrated development of smart cities, intelligent transportation and intelligent vehicles, carrying out the planning and construction of urban intelligent infrastructure, building a vehicle-city-network platform aggregating dynamic and static data, aiming at the implementation of diversified demonstration applications in automobiles, transportation and cities, promoting the development of key technologies and industries in related fields and striving to create an integrated development system that integrates technology, industry, data, application and standard. However, the integrated development of smart cities, intelligent transportation and intelligent vehicles still encounters some problems such as imperfect coordination mechanism, immature cross-domain integration and development as well as lack of some standard documents. In addition, it is also necessary for the government and enterprises to continue to make efforts to establish a cross-departmental coordination mechanism as soon as possible, promote cross-field and cross-industry cooperation, support the pilot test of innovative application models, research and formulate a unified standard system.

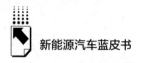

新能源汽车蓝皮书

Keywords: Integrated Development; Smart City; Intelligent Vehicle

Ⅶ　Experience References

B.14　Analysis on the Global Market and Development Trend of

New Energy Vehicles in 2021　　*Kexin Liu*, *Wanxiang Liu* / 328

Abstract: In 2021, the global sales of new energy vehicles reached 6.89 million, with a year-on-year increase of 1.1 times; and the increment reaches the highest level in history. In terms of models, blade electric models still occupy the main force, while plug-in hybrid models have begun to develop in the market. In terms of regions, the global regional development pattern dominated by East Asia, Europe and North America has basically taken shape, while the sales of new energy vehicles in China, Germany, U. S. , U. K. and France have completed 3521000, 691000, 673000, 326000 and 321000. China ranked among the Top-5 countries with the largest sales of new energy vehicles in the world. The new round of scientific and technological revolution and industrial transformation has entered a period of accelerated breakthrough. Major countries in Europe and America continue to increase their support for the new energy vehicle industry, strengthen the research and development of new technologies and focus on the layout of the local industrial chain. The global new energy vehicle competition in the market is expanding to the industrial chain, technology chain, value chain and other fields.

Keywords: New Energy Vehicle; Vehicle Market; Regional Distribution

Contents ⤴

Abstract: In 2021, the global new energy vehicle market grew rapidly and the annual sales of new energy vehicles reaches 6. 89 million, with a year-on-year increase of 1. 1 times. At the policy level, some developed countries such as Europe, the United States and Japan have regarded the development of electric vehicles as an important way to achieve climate goals and have optimized the new energy vehicle policy system based on their basic national conditions and overall emission reduction goals. Overall, since 2021, Europe, the United States and Japan have enhanced their policy support for new energy vehicles, even some countries have proposed the goals for vehicle electrification development. In this context, China is recommended to draw international experience by its basic national conditions. Under the guidance of the "carbon peaking and carbon neutrality goals" and "2035 plan", China shall clarify the low-carbon development path of automobiles, improve the fiscal and taxation support policies for new energy vehicles, formulate vehicle electrification goals and promotion roadmaps for China's national conditions, improve the stability and competitiveness of industrial chain and supply chain, and optimize the new energy vehicle policy system as soon as possible.

Keywords: New Energy Vehicle; Vehicle Policy; Fiscal and Tax Support

Abstract: Low-carbon fuels have good application practice cases in the United States, Europe and other countries and regions. The most typical example is the Low Carbon Fuel Standard (LCFS) released and implemented by

433

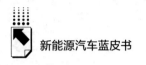

California. The standard has led to a significant reduction in the average carbon intensity of fuels in California's transportation sector since its implementation in 2011. Low-carbon fuels will still play an important role in achieving the "double-carbon" goals. It is necessary for China to learn of valuable experience and lessons in the development of low-carbon fuels from advanced countries and regions, continue to guide the de-carbonization in the transportation sector and ultimately achieve full-range de-carbonization.

Keywords: Low Carbon Fuels; Carbon Intensity; Double-carbon Goals

Ⅷ   Appendixes

权威报告·连续出版·独家资源

皮书数据库
ANNUAL REPORT(YEARBOOK)
DATABASE

分析解读当下中国发展变迁的高端智库平台

所获荣誉

● 2020年，入选全国新闻出版深度融合发展创新案例

● 2019年，入选国家新闻出版署数字出版精品遴选推荐计划

● 2016年，入选"十三五"国家重点电子出版物出版规划骨干工程

● 2013年，荣获"中国出版政府奖·网络出版物奖"提名奖

● 连续多年荣获中国数字出版博览会"数字出版·优秀品牌"奖

皮书数据库

"社科数托邦"
微信公众号

成为会员

登录网址www.pishu.com.cn访问皮书数据库网站或下载皮书数据库APP，通过手机号码验证或邮箱验证即可成为皮书数据库会员。

会员福利

● 已注册用户购书后可免费获赠100元皮书数据库充值卡。刮开充值卡涂层获取充值密码，登录并进入"会员中心"—"在线充值"—"充值卡充值"，充值成功即可购买和查看数据库内容。

● 会员福利最终解释权归社会科学文献出版社所有。

数据库服务热线：400-008-6695
数据库服务QQ：2475522410
数据库服务邮箱：database@ssap.cn
图书销售热线：010-59367070/7028
图书服务QQ：1265056568
图书服务邮箱：duzhe@ssap.cn

社会科学文献出版社 皮书系列
SOCIAL SCIENCES ACADEMIC PRESS (CHINA)

卡号：366292286492

密码：

S 基本子库
UB DATABASE

中国社会发展数据库（下设 12 个专题子库）

紧扣人口、政治、外交、法律、教育、医疗卫生、资源环境等 12 个社会发展领域的前沿和热点，全面整合专业著作、智库报告、学术资讯、调研数据等类型资源，帮助用户追踪中国社会发展动态、研究社会发展战略与政策、了解社会热点问题、分析社会发展趋势。

中国经济发展数据库（下设 12 专题子库）

内容涵盖宏观经济、产业经济、工业经济、农业经济、财政金融、房地产经济、城市经济、商业贸易等 12 个重点经济领域，为把握经济运行态势、洞察经济发展规律、研判经济发展趋势、进行经济调控决策提供参考和依据。

中国行业发展数据库（下设 17 个专题子库）

以中国国民经济行业分类为依据，覆盖金融业、旅游业、交通运输业、能源矿产业、制造业等 100 多个行业，跟踪分析国民经济相关行业市场运行状况和政策导向，汇集行业发展前沿资讯，为投资、从业及各种经济决策提供理论支撑和实践指导。

中国区域发展数据库（下设 4 个专题子库）

对中国特定区域内的经济、社会、文化等领域现状与发展情况进行深度分析和预测，涉及省级行政区、城市群、城市、农村等不同维度，研究层级至县及县以下行政区，为学者研究地方经济社会宏观态势、经验模式、发展案例提供支撑，为地方政府决策提供参考。

中国文化传媒数据库（下设 18 个专题子库）

内容覆盖文化产业、新闻传播、电影娱乐、文学艺术、群众文化、图书情报等 18 个重点研究领域，聚焦文化传媒领域发展前沿、热点话题、行业实践，服务用户的教学科研、文化投资、企业规划等需要。

世界经济与国际关系数据库（下设 6 个专题子库）

整合世界经济、国际政治、世界文化与科技、全球性问题、国际组织与国际法、区域研究 6 大领域研究成果，对世界经济形势、国际形势进行连续性深度分析，对年度热点问题进行专题解读，为研判全球发展趋势提供事实和数据支持。

法律声明